滇西发展研究

第一辑

杨临宏　主编

Research on the Development of Western Yunnan

云南大学出版社
Yunnan University Press

图书在版编目（CIP）数据

滇西发展研究. 第1辑 / 杨临宏主编. —昆明：
云南大学出版社，2014
ISBN 978-7-5482-2206-4

Ⅰ. ①滇… Ⅱ. ①杨… Ⅲ. ①区域经济发展—研究—
云南省②社会发展—研究—云南省 Ⅳ. ①F127.74

中国版本图书馆CIP数据核字（2014）第288705号

责任编辑： 张丽华
责任校对： 何传玉
装帧设计： 刘 雨

出版发行： 云南大学出版社
印　　装： 云南大学出版社印刷厂
开　　本： 889mm × 1194mm 1/16
印　　张： 20
字　　数： 480千
版　　次： 2014年12月第1版
印　　次： 2014年12月第1次印刷
书　　号： ISBN 978-7-5482-2206-4
定　　价： 58.00元

社　　址： 昆明市翠湖北路2号云南大学英华园内
邮　　编： 650091
电　　话：（0871）65033244 65031071

目　　录

☆发展理论探索

☆发展现状与发展战略研究

☆发展理论探索

滇西边境片区产业减贫效应动态化研究*

郑 猛 晏月平**

摘 要：文章以《中国农村扶贫开发纲要（2011—2020年）》在全国划分11个集中连片特殊困难地区中的滇西边境片区为研究对象，基于产业发展研究三大产业减贫效应，并将其分解为增长效应和结构效应。研究结果表明，滇西边境片区第一、二产业的减贫效应显著为正，第一产业高于第二产业，第三产业作用不明显。且第一产业增长效应始终占据主导地位，但呈现逐渐减弱趋势，与第二产业差距不断缩小；结构效应中除了个别年份，其余年份第一产业均高于第二产业。

关键词：滇西边境片区 产业减贫 动态效应 增长效应 结构效应

一、问题提出

滇西边境片区位于我国西南边陲，集边境地区和民族地区于一体，不仅是我国新一轮扶贫开发攻坚战主战场中边境县数量最多和世居少数民族最多的片区，而且是我国西南地区面向南亚开放的重要通道。[①]按照国务院支持云南省加快建设面向西南开放重要桥头堡战略部署，滇西边境片区应发挥延边区位优势，大力推进延边开发，积极参与中国—东盟自由贸易区、大湄公河次区域等经济合作平台建设，加强与东南亚、南亚国家全方位合作与交流，建设我国面向西南开放的重要门户，也就是说，这里是“桥头堡”建设战略部署中重点且重要的加速发展区。西部大开发政策实施以后，滇西边境片区经济实现了显著增长。以2001年数据为基期，过去10多年滇西边境片区经济年均增长率从2002年8.3%增长到2012年16.49%，除了2004年低于云南省平均水平0.14个百分点以外，其余年份均明显高于全省平均水平近1个百分点，2012年还超出云南省平均水平1.2个百分点。[②]尽管滇西边境片区实现了相对较快的经济增长，但是由于其地理环境、历史因素与长期封闭等因素，这里的社会经济发展相对缓慢，在56个特殊困难地区县市区中仍然有45个是国家扶贫开发工作重点县。[③]以2010年为例，滇西边境片区按照1274元扶贫标准计算[④]，这一片区的贫困总人口为157万人，贫困发生率为10.5%，比

* ［基金项目］2013年云南省学习贯彻习近平总书记一系列重要讲话精神专题研究成果（YB2013117）。

** 郑猛，云南大学滇西发展研究中心、发展研究院博士研究生；晏月平，云南大学滇西发展研究中心、发展研究院副教授。

全国同期平均水平高7.7个百分点，比西部地区同期平均水平高4.4个百分点[⑤]；滇西边境片区农村居民收入水平较低且来源单一，工资性、财产性、转移性收入偏低，人均纯收入相当于全国平均水平的55.9%，比全省平均水平低646元，比全国平均水平低2613元。[⑥]如何实现在经济快速增长基础上继续推动滇西边境片区经济更快更好地发展，实现“区域发展带动扶贫开发，扶贫开发促进区域发展”的良性互动循环，是现阶段亟须解决的关键性问题，进而为深入推进西部大开发、“桥头堡”与中国—东盟自由贸易区建设、大湄公河次区域合作，促进区域协调发展和全面建设小康社会目标的实现等一系列战略部署提供根本保证。

二、文献回顾

研究经济增长中的减贫问题已引起各国政策制定者的高度重视，也成了国内外越来越多经济学者研究的热点问题之一。近年来，一些大的经济体已经起飞，如中国、巴西和印度，它们成为新的全球经济增长极。这些国家的高经济增长率导致贫困的显著减少。[⑦]西方学术界对经济增长与减贫问题的研究众多，其中大多数学者支持经济增长有利于贫困减少，他们认为，通过资本积累实现的经济增长利益将对贫困人口起到“涓滴”作用，不仅为贫困者创造更多就业机会，增加其收入，而且还能为增加政府支出（包括针对贫困人口的转移支付提供足够资金），这两个方面都会对减贫起到重要作用。其中Ahluwalia等人（1979）的研究发现，几乎所有国家的经济增长都能有效地减少贫困，而20世纪80年代一些国家的负增长伴随着贫困的增加[⑧]；Fields（1984）结合世界银行对贫困、平等和增长的政治经济研究项目分析后得出结论：“经济增长越快，贫困减少得越快”[⑨]；Roemer和Gugerty（1997）则发现：GDP增长率每提高1%导致收入最低的20%贫困人口收入增长率将提高0.921%，并且GDP增长速度与收入最低的40%贫困人口收入增长速度呈现一对一的直接对应关系，经济增长对贫困减少具有重要作用[⑩]；Dollar和Kraay（2002）也证明经济增长是减少贫困的一个最重要的决定因素，最穷的那部分人口的收入与总人口平均收入的增长之间存在着一一对应的关系，随着整体经济增长，贫困人口的收入会进一步增长。[⑪]国内大多数研究也得到与上述研究一致的基本结论，即中国的经济增长有效地减少了贫困。其中胡鞍钢等（2006）通过对1978—2004年中国经济增长与减贫的关系分析认为，持续的经济高增长是减少贫困人口的基础[⑫]；林伯强（2003）、汪三贵（2008）、王雪妮和孙才志（2011）以及叶初升、张凤华（2011）分别从不同时间区间、不同层面、不同角度对经济增长与贫困减少进行了相关研究，其结论与胡鞍钢基本一致，即经济增长有利于减贫，大规模减贫的主要推动力来源于经济增长，经济增长始终发挥着减少贫困的重要作用，即使在不均等状况恶化的情况下，经济增长率越大，其减贫作用越显著。[⑬]胡兵等人（2007）在建立农村居民收入Lorenz曲线的基础上，利用贫困指示增长曲线的实证分析揭示，1985—2003年间中国的经济增长使农村居民收入增加，大幅度减少了贫困，但农村居民的收入差距不断拉大，收入不平等加剧部分地抵消了经济增长的减贫成效[⑭]；攸频和田菁（2009）的结果也表明，农村人均纯收入的提高是促进贫困减少的影响因素，收入不平等在一定程度上阻碍了贫困减少，经济增长对贫困减少的积极效应大于收入不平等对贫困减少的消极效应，这与章元和丁绎镤（2008）所得结论一致。[⑮]可见，经济增长能够减少贫困已成为不争的事实，而其中收入分配对经济增长减少贫困产生更大影响。

中国改革开放30多年来实现的快速经济增长

始终伴随着工业化进程不断推动，主要表现在三大产业在整个国民经济产值中比重的相应改变。经济社会发展水平的提高或工业化的核心内容在于从传统的农业社会向现代工业社会转变，进而最大限度地提高国民生活水平。[16]综合上述文献研究可以发现，迄今为止关于经济增长与贫困减少关系的研究，其关注视角始终坚持在中国整体经济增长的外在或者是整体影响上，抛开收入分配因素的影响，经济增长的确实现了贫困的减少。但是整体效用不能代表个体效用，对经济增长自身内部特征以及构成经济增长中三大产业各自构成对减贫影响的研究相对较少，而研究滇西边境片区相关问题的文献则更少。

本研究基于上述认识，从产业减贫角度对滇西边境片区经济增长与贫困减少之间的关系进行更深层次的分析，不仅可以对相关文献研究进行一定程度上的梳理与完善，而且还可以甄别出滇西边境片区具有比较优势的特色产业，最大程度实现经济增长的减贫效应，为区域减贫工作的顺利进行提供新思路，从而更好地实现这一特殊地区的“经济增长—脱贫致富”目标，为进一步研究滇西边境片区产业结构优化以及未来发展方式转变提供必要的理论依据和指导。滇西边境片区疆域面积占云南省总面积的一半以上，其自身发展势必关系到云南全省的整体发展，通过滇西边境片区经济增长中不同产业对减贫的影响剖析，可以提出更加符合滇西边境片区更快更好的发展路径，实现区域减贫工作的顺利进行，从而确保这一地区到2017年城乡居民收入倍增，贫困人口减少500万人以上，2020年全面建成小康社会的宏伟目标。

三、初步统计观察

经济增长并非是贫困减少的充要条件，抛开收入分配因素，经济增长仍然是贫困减少的必要非充分条件，这是本文的基本出发点和研究依据。在深入研究之前，有必要对滇西边境片区相关经验数据进行初步统计分析，从而对上述依据进行一定程度上的验证，为后面的研究分析提供立论基础。

本文以1992年为基期选取滇西边境片区10地州共56个贫困县作为研究样本[17]，1993—2012年各地州人均GDP的增长率作为经济增长变量，记为 gp_{it}；鉴于本文所涉及的所有地区（包括城镇和农村）都是贫困地区，收入的提高是促进贫困减少的影响因素，并且收入的主要来源是工资收入，故直接选取1993—2012年各地州职工平均工资的增长率作为收入变量，记为 P_{it}。[18]其中 i 表示10地州（$i=1,2,\cdots,10$），t 表示时间（1993—2012年），考虑到我国正处于工业化推进时期，三大产业在整个国民经济产值中的比重也在不断变化，并且一个地区经济总体变化是由第一、二、三产业的变化加总而得。因此，首先将地区GDP变化量进行分解，即：

$$\Delta GDP_{it} = \Delta GDP_{it}^{1} + \Delta GDP_{it}^{2} + \Delta GDP_{it}^{3} \quad (i=1,2,\cdots,10;\ t=1993\text{—}2012，下同) \tag{1}$$

其中 ΔGDP_{it}^{1}、ΔGDP_{it}^{2} 和 ΔGDP_{it}^{3} 分别表示第一产业、第二产业和第三产业产值的变化量，（1）式等号左右同时除以人口数量 R_{it} 可得到人均GDP变化量 ΔGP_{it} 等式：

$$\Delta GP_{it} = \Delta GP_{it}^{1} + \Delta GP_{it}^{2} + \Delta GP_{it}^{3} \tag{2}$$

等式（2）左右同除以上一年人均GDP水平可得到人均GDP增长率 gp_{it}（经济增长变量）的表达式：

$$gp_{it} = \frac{\Delta GP_{it}}{GP_{it-1}} = \frac{\Delta GP_{it}^{1}}{GP_{it-1}} + \frac{\Delta GP_{it}^{2}}{GP_{it-1}} + \frac{\Delta GP_{it}^{3}}{GP_{it-1}} = gp_{it}^{1} + gp_{it}^{2} + gp_{it}^{3} \tag{3}$$

可见，经济增长变量即人均GDP增长率可以分解为三大产业相应变化的加总，接下来本文将所选样本数据分别绘制出经济增长对贫困减少的整体以及个体效应散点图：

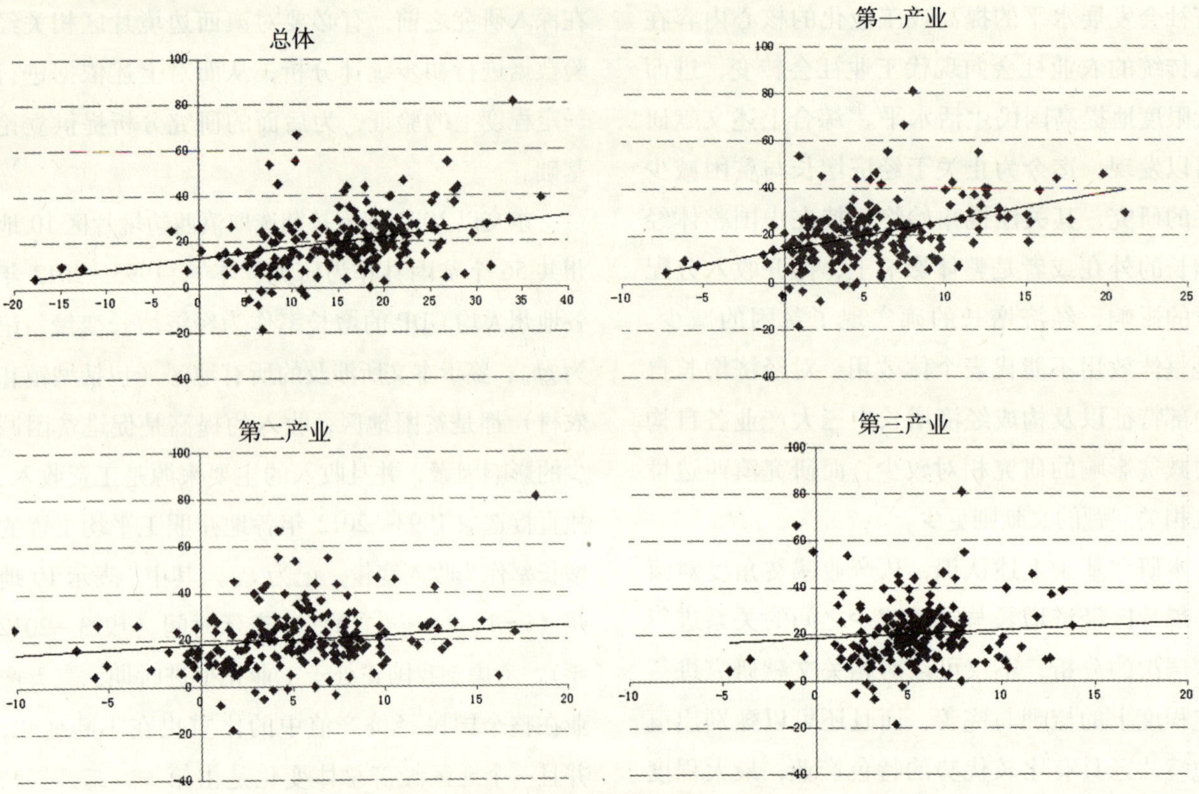

图1　经济增长减贫整体效应和个体效应（%）

注：以上各图纵坐标均为收入水平 P_{it}，横坐标分别为 gp_{it}、gp_{it}^1、gp_{it}^2 和 gp_{it}^3。

根据图1可以明显看出：总体上，滇西边境片区经济增长对其贫困的减少的确起到了正向推动作用，这与现有文献结论一致；如果将整体效应分解成三大产业各自的个体效应，那么尽管个体效应同样呈现出正向作用，但是第一产业较第二、三产业而言，对贫困减少的作用更大，而第二、三产业的推动作用相对较小；通过观察各个散点图的分布可以发现，总体上散点呈现出较为明显的变化趋势，并且第一、二产业散点分布趋势较第三产业而言更加明显，即经济增长中第一、二产业对减贫的影响更加显著，而第三产业的减贫效应不能确定。

以上是从定性分析的角度对经济增长和贫困减少的关系进行的初步观察，接下来将通过设定计量模型以及选取相应的变量对经济增长中各个产业的变化对贫困减少的具体影响以及影响程度的大小进行实证分析。

四、模型设定、数据选取及描述性分析

本文将 $P_{it}=\alpha_i+\beta_i gp_{it}+\mu_{it}$ 作为基础模型，考虑到三大产业减贫效应不仅包括结构变化效应，而且还包括增长变化效应，基于此本文借鉴 Ravallion 和 Datt（1996）的做法[⑲]，将三大产业的期初产出比重引入（3）式：

$$gp_{it}=\frac{\Delta GP_{it}}{GP_{it-1}}=\frac{GP_{it}^1}{GP_{it-1}}+\frac{\Delta GP_{it}^2}{GP_{it-1}}+\frac{\Delta GP_{it}^3}{GP_{it-1}}$$

$$=\frac{GP_{it-1}^1}{GP_{it-1}}\frac{\Delta GP_{it}^1}{GP_{it-1}^1}+\frac{GP_{it-1}^2}{GP_{it-1}}\frac{\Delta GP_{it}^2}{GP_{it-1}^2}+\frac{GP_{it-1}^3}{GP_{it-1}}\frac{\Delta GP_{it}^3}{GP_{it-1}^3}$$

$$=\frac{GP_{it-1}^{1}}{GP_{it-1}}gp_{it-1}^{1}+\frac{GP_{it-1}^{2}}{GP_{it-1}}gp_{it-1}^{2}+\frac{GP_{it-1}^{3}}{GP_{it-1}}gp_{it-1}^{3} \quad (4)$$

如果令 $M_{it-1}^{j}=\frac{GP_{it-1}^{j}}{GP_{it-1}}$，$N_{it}^{j}=\frac{\Delta GP_{it}^{j}}{GP_{it-1}^{j}}=gp_{it}^{j}$，那么 M_{it-1}^{j} 可以理解为结构变化效应，而 N_{it}^{j} 为增长变化效应，于是（4）式可以变为：

$$gp_{it}=\sum_{j=1}^{3}M_{it-1}^{j}N_{it}^{j}=\sum_{j=1}^{3}M_{it-1}^{j}gp_{it}^{j} \quad (5)$$

将（5）式带入基础模型中并令 $Q_{it}^{j}=M_{it-1}^{j}\cdot N_{it}^{j}$ 可得到产业减贫模型：

$$P_{it}=\alpha_{i}+\sum_{j=1}^{3}\beta_{i}^{j}Q_{it}^{j}+\varepsilon_{it} \quad (6)$$

考虑到影响收入的因素不仅仅包含经济增长中的三产业构成，本文还引入以下变量作为控制变量：①年末从业人员比重（L）：用各地州年末从业人口占各地州总人口的比重衡量，原因在于就业是获得收入减少贫困的有效方法，年末从业人员所占比重的变化势必会对贫困人口收入水平产生影响；②政府财政支出（GE）：用地方财政支出占地州 GDP 的比重衡量，原因在于政府在减贫中居于主导地位，财政支出不仅可以通过转移支付进行直接减贫，而且也可通过发展经济提高贫困人群收入实现间接减贫，该指标考察政府在减贫过程中所起的作用；③非农化水平（NA），该指标用各地州非农业人口占总人口的比重来衡量，随着我国整体城市化水平步伐的不断加快，人口从乡村向城市转移，实现了农业人口向非农人口大幅度转变，产业结构也相应向第二、三产业倾斜，这对贫困人口的收入和生活水平同样起到不可忽视的作用；④基础设施建设（INC）：用各地州公路通车里程占云南省公路运输线路长度的比重来衡量，众所周知“要想富，先修路”，公路建设作为基础设施建设的一部分是地区经济发展的关键因素，对减少贫困和提高人口收入起到重要作用，党的十八届三中全会在《中共中央关于全面深化改革若干重大问题的决定》中明确提出：政府的职责和作用主要是加强和优化公共服务，而基础设施建设正是政府所需工作的集中体现，因此基础设施对减少贫困同样需要实证来检验。上述所有变量的数据均来自于《云南统计年鉴》，所以本文所研究的产业减贫动态模型最终设定为：

$$P_{it}=\alpha_{i}+\beta_{i}^{1}Q_{it}^{1}+\beta_{i}^{2}Q_{it}^{2}+\beta_{i}^{3}Q_{it}^{3}+\gamma_{1i}L_{it}+\gamma_{2i}GE_{it}+\gamma_{3i}NA_{it}+\gamma_{4i}INC_{it}+\varepsilon_{it} \quad (7)$$

最后，在正式进行回归之前有必要对主要变量进行统计特征和相关系数的描述，具体结果见表1。从表1中可以看出，第一、二产业对于解释变量的相关性为正，并且都在1%水平上显著，由此可以初步推断第一、二产业的发展对收入水平的提高可以起到促进作用，但是第三产业作用不显著；并且通过最后一行考察方差膨胀因子（VIF）发现结果处于｛1.05，2.63｝区间内，根据经验法则，如果最大的方差膨胀因子 $VIF=\max\{VIF_{1}, VIF_{2}, \cdots, VIF_{n}\}\leqslant 10$，则表明不存在多重共线性[20]，所以本文可以排除多重共线性问题。

表1　主要变量的相关系数、统计特征与共线性检验

变　量	P	Q^1	Q^2	Q^3	L	GE	NA	INC
P	1.0000							
Q^1	0.4189***	1.0000						
Q^2	0.2035***	0.1455**	1.0000					
Q^3	0.0967	0.3002***	0.0954	1.0000				

续 表

变 量	P	Q^1	Q^2	Q^3	L	GE	NA	INC
L	0.0950	0.0158	0.0046	0.0306	1.0000			
GE	-0.0135	-0.1409**	0.0911	0.1232*	-0.2126***	1.0000		
NA	-0.1688	-0.2169***	0.0214	0.0659	0.6921***	-0.0825	1.0000	
INC	0.0692	0.1574**	0.0671	0.1146	0.6214***	0.0672	0.5829***	1.0000
最大值	0.8098	0.2109	0.7368	0.3134	0.1213	0.649	0.2404	0.1131
最小值	-0.1858	-0.0735	-0.1756	-0.0468	0.0266	0.1117	0.0573	0.0167
均值	0.2017	0.0523	0.0518	0.0553	0.052	0.2717	0.1083	0.0574
标准差	0.1268	0.0439	0.0662	0.0349	0.0198	0.1124	0.045	0.0265
样本量	200	200	200	200	200	200	200	200
VIF		1.36	1.05	1.19	2.63	1.17	2.29	1.94

注：***、**、*分别表示1%、5%、10%的显著性水平；中间部分为所有变量的描述性统计；最后一行显示的为各解释量方差膨胀因子（Variance Inflation Factor，VIF）。

五、计量回归和结果分析

面板数据的估计方法有混合最小二乘回归（pooled least square）、固定效应模型（FE）、随机效应模型（RE）等，但是使用哪种估计方法须通过事先的设定检验来确定。其中，本文通过面板设定的F检验结果对混合最小二乘回归和固定效应模型进行选择，通过Hausman检验对固定效应还是随机效应模型进行选择。[21]此外，由于面板数据往往容易存在异方差问题，所以在进行回归时都通过White异方差修正，从而使回归结果更稳健。在计量分析中，本文依次逐渐添加向量集所包含的控制变量以便逐步观察各个控制变量对产业构成与职工平均工资（贫困减少）关联效应的影响，具体结果见表2。

表2 回归结果

变 量	1	2	3	4	5
Q^1	1.1823*** (5.77)	1.2560*** (5.42)	1.2918*** (5.98)	0.9990*** (4.68)	1.0450*** (5.03)
Q^2	0.2831** (2.42)	0.2463* (1.92)	0.2540** (2.10)	0.2840* (1.98)	0.2781** (2.30)
Q^3	-0.1466 (-0.74)	-0.1876 (-0.91)	-0.2561 (-1.24)	-0.0708 (-0.33)	-0.1265 (-0.52)
INC		0.3579** (2.39)	0.6523*** (3.37)	0.8681** (2.37)	0.8676** (2.11)

续 表

变 量	1	2	3	4	5
GE			0.0417 (0.72)	0.0560 (0.64)	0.0405 (0.54)
NA				-1.6048*** (-3.22)	-0.9907*** (-3.77)
L					1.4601** (2.28)
常数项	0.1332*** (10.43)	0.3262*** (3.99)	0.1611*** (9.22)	0.4618*** (5.65)	0.2098*** (3.50)
R^2	0.1977	0.1041	0.2165	0.2035	0.2708
Hausman检验	2.66 (0.4476)	7.78 (0.0999)	7.44 (0.19)	11.19 (0.0827)	4.72 (0.6937)
模型设定	RE	FE	RE	FE	RE
观察值	200	200	200	200	200

注：***、**、*分别表示1%、5%、10%的显著性水平，括号内为*t*统计值；FE表示固定效应，RE表示随机效应。

首先，将经济增长中三大产业构成与贫困地区职工工资按照方程（6）进行回归（见表2第1列），结果显示，第一、二产业的发展对职工工资的增长起到了正向作用，进而起到减少贫困的作用，并且分别在1%和5%水平上显著，说明滇西边境片区经济增长中第一、二产业构成的减贫效应较明显，并且第一产业的减贫效应要大于第二产业，此外第三产业的估计系数为-0.1466，但是并不显著，说明经济增长中的第三产业部分并没有对贫困地区职工工资收入产生显著影响。

在此基础上引入基础设施建设变量（*INC*），结果显示在表2第2列，从结果上看，*INC*的引入并没有实质性的改变第一步的结果，即第一、二产业的减贫效应仍然为正且显著，第三产业不显著，但是第二产业系数估计的显著性有所下降，但是在10%水平上显著。值得注意的是*INC*的系数为正，且在5%水平上显著，这说明滇西边境片区的基础设施建设（本文用公路里程占云南省公路总里程的比重来表示）对本地区职工收入或者说贫困的减少起到明显的推动作用，其原因可以解释为：公路建设是保障生产生活的基本条件，是各个产业发展的先导性、基础性设施，是地区经济发展的关键因素，而经济增长又在很大程度上对减贫产生促进作用，故基础设施建设势必会对减贫产生正向作用。

表2第3～5列分别显示的是在第2列的基础上逐步加入控制变量*GE*（地方财政支出）、*NA*（非农化水平）以及*L*（年末从业人员比重）后的回归结果，从中可以发现新引入*GE*变量的回归系数并没有通过显著性检验，说明政府支出的减贫效应并不明显，这与张萃（2011）的研究所得结论一致；但是第4列结果显示，非农化率的提高不

仅没有实现减贫反而加重了贫困程度，这与现有文献的结论有所出入。但是，如果考虑到滇西边境片区整体现状则可以理解为：滇西边境片区整体经济和社会发展相对落后，农业人口比重较大，例如 2012 年各个地州中的非农化率均高于 75%，而包括丽江、红河等在内的 5 个地州有 90% 以上的人口从事第一产业[22]，如果随着农业人口不断向非农人口转变，势必会导致农民不断由第一产业向第二、三产业转移，但是由于本地二、三产业的发展水平制约了其吸收更多劳动力的能力，使一定规模的非农人口将会向经济发展较快的其他地区流动，导致本地区劳动力流失，进而使本地区经济发展受到限制，不能有效的实现减贫效应；通过引入滇西边境片区年末从业人员人数所占比重 L，对最终形式的产业减贫动态模型进行回归（结果见第 5 列），结果显示年末从业人员数所占比重的增加会带来明显减贫效应，可见，不断提高就业水平是实现减贫的重要途径之一。

综合表 2 各列的估计结果发现，随着控制变量的不断引入，经济增长中第一产业构成部分的减贫效应都很明显，均在 1% 水平上显著，并且其估计系数变化不大。尽管第二产业估计系数的显著性有所波动，但是都在可接受的范围之内，数值大小也比较稳定，并且其他大多数变量的系数符号和显著性也并没有发生实质性改变，由此本文认为表 2 中 1 ~ 5 列估计系数具有较强的稳健性。对于第三产业，由于其估计系数一直不显著，所以本文认为滇西边境片区经济增长中的第三产业减贫效应并不能确定。

六、产业减贫效应分解分析

回顾第四部分模型推导中的方程（4）和方程（5）发现，不仅滇西边境片区经济增长可以分解为第一、二、三产业三个组成部分，而且进一步可以将三大产业部分继续分为结构变化效应以及增长变化效应，接下来将根据上述分解方法对产业减贫效应进行分解，进而对经济增长中各个产业的结构减贫效应和增长减贫效应进行动态化分析。

按照表 2 第 5 列回归结果可以得到产业减贫的最终方程：

$$P_{it} = 0.2098 + 1.045Q_{it}^1 + 0.2781Q_{it}^2 - 0.1265Q_{it}^3 + 1.4601L_{it} + 0.0405GE_{it} - 0.9907NA_{it} + 0.8676INC_{it} \quad (8)$$

将 $Q_{it}^j = M_{it-1}^j \cdot N_{it}^j$ 带入方程（8）得到产业减贫效应分解方程为：

$$P_{it} = 0.2098 + 1.045M_{it-1}^1 N_{it}^1 + 0.2781M_{it-1}^2 N_{it}^2 - 0.1265M_{it-1}^3 N_{it}^3 + 1.4601L_{it} + 0.0405GE_{it} - 0.9907NA_{it} + 0.8676INC_{it} \quad (9)$$

鉴于第三产业的减贫效应并不显著，所以本文在此并不分析第三产业，仅对第一、二产业的产业减贫效应进行动态化分析。由于 $M_{it-1}^j = \frac{GP_{it-1}^j}{GP_{it-1}}$ 表示某一产业产值在 $t-1$ 年时期的比重，而 $N_{it}^j = \frac{\Delta GP_{it}^j}{GP_{it-1}^j}$ 表示某一产业产值 t 年的增长率，那么上一年某一产业产值比重的大小并不会影响其本年产值的增长率，并且本年产值的增长率同样不会影响上一年产值比重，即 M_{it-1}^j 和 N_{it}^j 两者是相互独立的，这是本文接下来进行分析的前提条件。既然满足上述条件，方程（9）左右分别对 M_{it-1}^1、N_{it}^1、M_{it-1}^2 以及 N_{it}^2 求偏导，得到下列方程组：

$$\text{结构效应：}\begin{cases}\dfrac{\partial P_{it}}{\partial M_{it-1}^1} = 1.045N_{it}^1, \\ \dfrac{\partial P_{it}}{\partial M_{it-1}^2} = 0.2781N_{it}^2\end{cases}$$

$$\text{增长效应：}\begin{cases}\dfrac{\partial P_{it}}{\partial N_{it}^1} = 1.045M_{it-1}^1 \\ \dfrac{\partial P_{it}}{\partial N_{it}^2} = 0.2781M_{it-1}^2\end{cases} \quad (10)$$

按照方程（10）计算出第一、二产业各自的结构减贫效应数值和增长减贫效应数值，绘制出滇西边境片区第一、二产业减贫效应的动态化趋势图，见图2。

根据图2所显示，首先从增长效应数值大小以及变化趋势方面可以看出，从1993年至今，滇西边境片区第一产业增长效应明显高于第二产业，这主要取决于第一产业整体的减贫效应相对较高，即表2第5列回归系数较高，但是两者差距不断减小，主要原因是随着时间的推移，第一、二产业产值所占比重的差距越来越小，主要表现在第一产业增长效应持续下降的同时，第二产业增长效应持续上升，在2010年第二产业所占比重（32.77%）超过了第一产业（31.77%），并持续至今。按照这样的趋势发展下去，如果令$\frac{\partial P_{it}}{\partial N_{it}^{1}}=\frac{\partial P_{it}}{\partial N_{it}^{2}}$，此时第一产业与第二产业的增长减贫效应相等，进而推出$\frac{M_{it-1}^{2}}{M_{it-1}^{1}}\approx 3.76$，即当第二产业前一年比重为第一产业比重约3.76倍时，两者的增长减贫效应将实现相等，并且当第二产业比重高于第一产业比重3.76倍时，第二产业的增长减贫效应将超过第一产业。

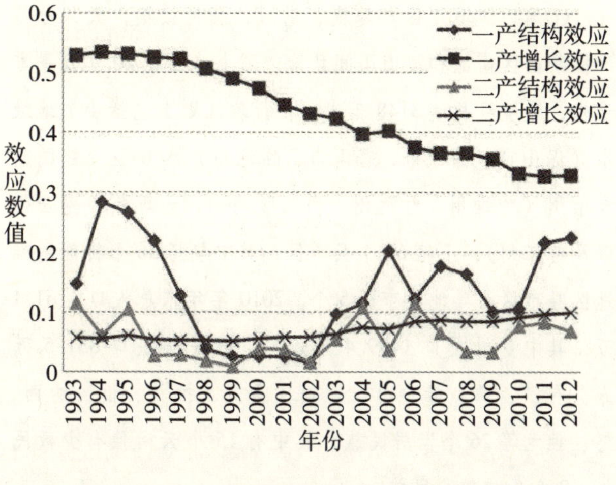

图2　第一、二产业结构减贫及增长减贫动态效应

其次，从结构效应数值大小以及变化趋势方面可以看出，第一、二产业的结构减贫效应均呈现出不规则波浪式波动，整体上第一产业要高于第二产业，但是在1998—2004年期间以及2006年、2010年两者数值十分接近，主要是由于第一产业增长率持续下降，此时第二产业产值增长率明显高于第一产业，从而缩小了两者结构减贫效应的差距。按照分析增长效应的思路，那么如果$\frac{N_{it}^{2}}{N_{it}^{1}}\geqslant 3.76$，也同样将实现第二产业结构效应对第一产业的赶超，但是增长率并不像结构一样能够保持稳定，这在一定程度上解释了图2中两产业的结构减贫效应呈现出不稳定的波动趋势。

最后，综合图2中4条趋势线可以发现，在增长效应和结构效应上均体现出滇西边境片区第一产业的减贫效应大于第二产业，其中第一产业增长效应占主导作用，但日趋减弱，而第二产业的增长效应绝大多数年份大于其结构效应，但差距并不明显。

七、结论及启示

尽管学术界对于经济增长能够实现贫困减少基本达成共识，但是整体效应并不能代替个体效应，经济增长中各个产业发展的减贫效应却并不相同。本文选取滇西边境片区10地州56个贫困县作为研究样本，通过从整体到个体，从静态到动态的分析思路得出以下结论：

（1）滇西边境片区整体经济增长的减贫效应明显为正，与现有文献结论一致。但是进一步按照三大产业将经济增长分解发现，第一、二产业的减贫效应显著为正，且第一产业减贫效应高于第二产业，而第三产业作用不明显。

（2）进一步将第一、二产业减贫效应分解为结构效应和增长效应后发现，第一产业增长效应始终占据主导地位，但呈现逐渐减弱趋势，而第二产业增长效应尽管水平相对较低，但随着递增趋势的不断加强导致与第一产业差距越来越小。而第一、二产业结构效应均呈现不同程度的波动态势，除个别年份第二产业与第一产业效应值相近以外，其余年份均低于第一产业。

（3）通过引入相关控制变量后的回归结果可以看出，基础设施建设以及促进就业能够实现贫困的减少，但是非农化程度不断提高，却没有带来本地区职工工资收入的提高，这在一定程度上可通过劳动力流失以及本地区产业吸收劳动力能力有限等因素解释，而政府财政支出的减贫效应不显著。

基于以上分析结论，本文提出以下几点启示，为未来滇西边境片区经济社会持续发展和贫困人口脱贫致富奠定基础。

（1）努力发展特色农业和兼具生态经济功能的林木产业，完善农业服务体系，提高农技社会化服务水平，健全农业市场体系，继续发挥第一产业对减贫的积极推动作用。

（2）有序推进矿产资源开发，积极培育和发展新材料产业，合理布局清洁载能产业（即在水电和矿产资源富集地区，推进多种形式的矿电联营，发展水电铝、水电铁合金产业），完善生物医药产业体系，进一步促进农林产品向精细化、深加工领域扩展，不断增强第二产业的减贫效应。

（3）加快推进国家高速公路建设，提高国家级通道的运输能力，加快信息基础设施建设，按照统筹规划、合理布局、保护生态等原则，加强交通、水利等基础设施建设，为一、二产业发展提供硬件及软件的有力支撑。

（4）基于以上三点，不断调整就业结构、着力提高劳动者综合素质，大力加强职业技能培训，深入开发农村劳动力资源，提高本地区产业吸纳劳动力能力，不仅可以使劳动就业人数增加，而且还可以减少本地区劳动力流失，进一步推动第一、二产业的发展。

（5）近年来，中印缅孟地区的次区域合作进展顺利，越来越体现出强劲的合作欲望，通过进一步扩大开放云南桥头堡建设与滇西片区重点项目建设，加强云南与各国的经济合作，不仅可缓解资源环境压力，而且还可以带动农业机械化，探索云南与周边国家共同建立跨境农业经济合作区和保税区，使其互利互惠；其次，应大力促进境外水电、矿产等资源开发合作及科技方面的合作，不断推进对外贸易转型升级，促进一般贸易和加工贸易协调发展，鼓励外资重点投向我国农业和农产品加工业、制造业、高新技术和劳动密集型产业。

（6）文中虽论述了政府财政支出对滇西片区的减贫作用不显著，但如果通过不断加大财政均衡性转移、生态和资源补偿相关转移等支付，进一步完善收益分配机制，加大财政对保障制度的支持力度以及加强教育经费保障机制等途径，同样可以实现滇西边境片区的减贫目标，最终实现共同富裕。

注　释：

①滇西边境片区与越南、老挝、缅甸接壤，大部分位于横断山区南部和滇南山间盆地，国土总面积20.9万平方千米，边境线长达3148千米，在行政区划上包括4个地级市（保山市、丽江市、普洱市、临沧市）和6个少数民族自治州（楚雄州、红河州、西双版纳州、大理州、德宏州以及怒江州），下辖61个县市区，其中包括56个特殊困难地区县市区，其他县市区5个。2010年年末总人口1751.1万，其中乡村人口1499.4万人，少数民族人口831.5万人。有汉、彝、傣、白、景颇、傈僳、拉祜、佤、纳西、怒、独龙等26个世居民族，其中有15个云南独有少数民族，8个人口较少民族。

②根据2002—2013年《云南统计年鉴》中的数据计算得出。

③云南省连片特困地区区域发展与扶贫攻坚规划编制

领导小组办公室：《滇西边境片区区域发展与扶贫攻坚规划》，2012年10月。

④2011年11月29日中央扶贫开发工作会议上指出，为顺应经济社会发展和扶贫开发的阶段性变化并完善扶贫开发政策，中央决定将农民人均纯收入从2010年1274元的标准提高到2300元（2010年不变价）作为新的国家扶贫标准。

⑤按照2300元的新扶贫标准，2011年区域内（不含腾冲县、丽江市古城区、普洱市思茅区、大理市、楚雄市）扶贫对象有424万人，贫困发生率为31.6%，高出全国18.9个百分点。

⑥云南省连片特困地区区域发展与扶贫攻坚规划编制领导小组办公室：《滇西边境片区区域发展与扶贫攻坚规划》，2012年10月。

⑦Justin Yifu Lin, *New Structural Economics A Framework for Rethinking Development and Policy*, the World Bank, 2012, pp. 2-3.

⑧M. Ahluwalia, N. Carter, H. Chenery, Growth and poverty in developing countries, *Journal of development economics*1979 (6): 299-341.

⑨G. S. Fields, Employment, income distribution and economic growth in 7 small opening countries, *the Economic Journal*1984 (3): 74-83.

⑩M. Roemer, M. Gugerty, Does economic growth reduce poverty? CAER discussion paper No. 5, 1997 April.

⑪D. Dollar, A. Kraay, Growth is Good for the Poor, *Journal of economic growth* 2002 (3): 195-225.

⑫胡鞍钢等：《中国经济增长与减少贫困（1978—2004）》，《清华大学学报》（哲学社会科学版）2006年第5期。

⑬林伯强：《中国的经济增长、贫困减少与政策选择》，《经济研究》2003年第12期；汪三贵：《在发展中战胜贫困——对中国30年大规模扶贫经验的总结和评价》，《管理世界》2008年第11期；王雪妮、孙才志：《1996—2008年中国县级市扶贫效应分解与空间差异分析》，《经济地理》2011年第6期；叶初升、张凤华：《政府扶贫行为的动态效应——中国农村扶贫问题的SVAR模型实证分析（1990—2008）》，《中国人口·资源与环境》2011年第9期。

⑭胡兵：《经济增长、收入分配与贫困缓解——基于中国农村贫困变动的实证分析》，《数量经济技术经济研究》2007年第5期。

⑮攸频、田菁：《贫困减少与经济增长和收入不平等的关系研究——基于时序数据》，《管理科学》2009年第8期；章元、丁绎镤：《一个"农业大国"的反贫困之战——中国农村扶贫政策分析》，《南方经济》2008年第3期。

⑯赵伟：《工业化与省域经济"二重开放"：辽宁路径——长期视野下的30年转型》，《社会科学战线》2008年第10期。

⑰本文所涉及的滇西边境片区的10地州并非传统意义上的行政划分，而是将56个贫困县按照各自所在地州进行合并，例如红河州中包括石屏县、金平县、元阳县、红河县以及绿春县6个贫困县，故本文的红河州即为综合上述6县的综合指标。选取1992年为基期的理由可以解释为本文需要涉及三大产业产值增长率及比重，但是1991年及以前没有统计此类指标，故选取1992年为基期。

⑱在此需要强调的是关于贫困的测度，现有文献较多选用FGT贫困指数或者按收入等级分类的一定比例最低收入人群的平均收入来衡量，但本文与之不同的是研究样本均处于贫困水平，并且考虑到年鉴中只有农村人均纯收入，缺少城镇数据，故本文选取单位职工平均工资作为收入的代理变量。由于减贫的目标和手段通常由职工平均工资水平的提高来实现，因此可以认为与其他指标有异曲同工之效。

⑲M. Ravallion, G. Datt, How important to India's poor is the sectoral composition of economic growth?, *The World Bank Economic Review* 1996 (1): 1-25；张萃：《中国经济增长与贫困减少——基于产业构成视角的分析》，《数量经济技术经济研究》2011年第5期。

⑳毛其淋、盛斌：《对外经济开放、区域市场整合与全要素生产率》，《经济学》（季刊）2011年第1期。

㉑面板设定的F检验原假设为固定效应都相同，若拒绝则选择固定效应，反之为混合最小二乘回归；Hausman检验原假设为随机效应，若拒绝则应选择固定效应模型。

㉒根据《云南统计年鉴2013》相关数据计算而得。

滇西就业结构与产业发展的匹配研究

郑　猛　晏月平*

摘　要：滇西是我国西南地区面向南亚开放的重要通道，是云南“桥头堡”战略实施中不可或缺的主要地区。本研究通过对近十年滇西产业发展及就业结构进行分析后得出如下结论：由于发展的长期滞后，滇西产业结构主要以第一产业或初级产业为主，对经济发展贡献高的二、三产业发展相对较弱；尽管滇西就业人口与产业分布整体保持较高匹配，但由于其内部各地州差异较大，形成“高匹配，低增长”的异化格局。基于以上结论，本研究认为：滇西应在不断提高人口与产业分布匹配的基础上，积极培育能够凸显本地区特色的优势产业，突出职业教育满足其产业发展需求，这样才有可能最大限度地促进人口、资源与经济社会的协调发展。

关键词：滇西　产业发展　就业结构　匹配度　职业教育

“滇西”在行政区划上包括四个地级市（保山市、丽江市、普洱市、临沧市）和六个少数民族自治州（楚雄州、红河州、西双版纳州、大理州、德宏州以及怒江州），下辖61个县市区，包括56个特殊困难地区县市区。与越南、老挝、缅甸接壤，地域面积为24.7万平方千米，边境线长达3148千米，2011年总人口2240.4万，包括汉、彝、傣、白、景颇、傈僳等26个世居民族，其中15个云南独有少数民族，8个人口较少民族。由于特殊的地理环境和地貌特点，滇西地区是世界上生物多样性和民族文化多样性最丰富的地区之一，也是我国水能资源、有色矿产资源和生态景观资源最富集的地区，有着发展特色经济的巨大潜力。同时由于沿边等特定地理区位，这里是我国西南地区面向南亚开放的重要通道，2011年国务院关于支持云南省加快面向西南开放重要“桥头堡”建设的战略部署出台，直接把滇西推向了加速发展的最前沿。但是，由于长期形成的落后与封闭局面，滇西地区的经济和社会总体发展水平仍处于欠发达状态。如何尽快摆脱这种落后状态，促进滇西产业发展与就业结构的互动协调，是新形势下必须关注和认真研究的重要课题。

一、滇西产业发展现状

（一）滇西地区产业结构现状

产业结构是指一个地区不同产业的组合状态或比例关系，可反映区域经济发展水平、发达程度、内在活力与增长潜力。通常可以根据不同生

* 郑猛，云南大学滇西发展研究中心、发展研究院博士研究生；晏月平，云南大学滇西发展研究中心、发展研究院副教授。

产部门对产业结构进行划分，即通常所划分的一、二、三产业。

进入21世纪以来，伴随国家西部大开发战略实施，滇西地区三大产业不仅在总产值上发生了明显变化，比重也产生了不同的变化趋势。据总产值构成观察，滇西地区三大产业变化最大的是第二产业，从2001年的241.55亿元上升到2011年的1407.43亿元[①]，增长了5.83倍，年均增长率为19.27%，其次变化较大的是第三产业，产值从2001年的268.14亿元上涨至2011年的1160.75亿元，增长了4.33倍，年均增长率为15.78%，第一产业在2001—2011年期间仅从238.28亿元上涨到772.97亿元，增长倍数和速率均低于二、三产业；从三大产业所占比重来看，由于第二产业产值增长迅猛，从而表现出其所占比重呈显著提高的特点，2001—2011年由32.29%上涨到42.12%，增长近10个百分点，而第三产业产值增长缓慢，其比重由于第一、二产业变化相互抵消，基本维持在35%左右。可见，滇西地区自2001—2011年期间其产业结构发生了由"三足鼎立"向第一、二产业剪刀差增大的转变趋势。

以2001年为基期，通过计算2001—2011年10年间滇西地区GDP以及三大产业的年均增长率可以发现，滇西地区GDP年均增长率整体呈现上涨趋势，并且其增长水平基本都在10%以上，且最近5年超过了15%，其中第一产业产值年均增长率尽管实现了不断增长，但始终低于GDP增长水平近4个百分点，第二产业产值不仅实现了高速增长，而且增速在GDP增长水平之上，第三产业增长水平基本与GDP增速持平，由此可以看出，滇西地区GDP高速增长主要依靠第二产业增长拉动。另外，通过对三次产业的贡献率[②]计算2001—2011年三大产业对滇西地区经济增长的贡献率同样可以得到以上结论，还是以2001年为基期，计算得出三大产业2001—2011年10年中，第二产业对经济增长的贡献最大，第三产业次之，第一产业最小。

尽管滇西地区在2001—2011年整体及三大产业均实现了不同程度的快速增长，但是与云南省整体水平相比仍然存在一定差距。其中最主要的差距来自第二、三产业，云南省2001—2011年第二、三产业产值增长速度基本一致，第二产业产值从881.49亿元上涨到3780.32亿元，增长4.29倍，年均增长15.67%，第三产业也实现了17.43%的增长，由此可看出，滇西第二、三产业产值与云南省平均水平的差距越拉越大，而全省第一产业产值增长与滇西地区一样缓慢，两者差距尽管有所增大，但变化不明显。

从滇西片区各地州GDP总量可以看出，红河州在整个滇西片区的经济发展水平中是最高的，2001—2011年红河州GDP一直居于首位，大理州、楚雄州次之，怒江州经济发展水平相对比较落后。

另外，通过对三大产业结构的发展变化可以看出其产业变化状态，将每年第一产业产值或比重（结果相同）定义为单位"1"可以计算得出各地州2001—2011年第二、三产业相对第一产业的比值。首先各地州2001—2011年每年三大产业相对结构的变化如结果小于1，说明产值或比重低于第一产业水平，反之则大于第一产业水平；其次，如果考虑每一年不同地州内第二、三产业相对于第一产业的优势或劣势程度，如2004年第二产业相对数最高值红河州为2.86，说明第二产业相对于第一产业产值或比重而言，具有明显的优势，而保山市仅为0.611，低于1，说明其第二产业相对于第一产业不具优势；最后，从各地州在不同时期的支柱产业变化看，大理州在2001年其产业结构为"三、一、二"结构，说明第三产业在总体经济中比重最高，是其支柱产业，但随着时间变化，到2007年其产业结构已转变成"二、三、一"，意味着此时大理州支柱产业由第三产业转变为第二产业。

值得强调的是怒江州，在2001—2011年期间第二、三产业较第一产业更具优势（比值均大于1），其产业结构与红河、楚雄等十分相似，但是其经济发展水平却在滇西地区相对落后。为什么像红河、楚雄、大理这些以第二、三产业为主导或支柱产业的地区经济发展水平与同样产业结构的怒江差距如此之大？怒江州第一产业水平过低势必成为一种解释，但是除此之外，还可以得到另一个基本推断：以二、三产业为主导或支柱产业是经济发展水平良好的必要但非充分条件。

（二）滇西地区城镇就业人员现状

滇西地区2002—2011年期间城镇年底就业人员数从108.61万人上涨到145.21万人，增长近40万人，2007—2011年5年间增长幅度较前5年增长更为明显。其中增长幅度最大的是第二产业就业人数，10年期间共增加23.24万人，其次是第三产业，增加了17.85万人，与二、三产业就业人数增长态势相反，第一产业就业人数呈下降走势，从12.92万人减少到8.43万人，并在2009年降为最低水平仅5.89万人。从各个产业就业人员数占总体就业人数比重来看，2002—2006年期间三大产业就业结构变化不大，而2007—2011年第二产业就业人员数增加了近40%，第一产业就业人员数明显下降，降至10%以下，第三产业就业人员数下降幅度减少，但其比重仍高于50%。

尽管滇西地区城镇就业人员在过去10年内实现了近40万的增长，但较云南省整体增长水平来说，差距仍然在不断扩大。其中表现最为明显的是第三产业，云南省2002—2011年期间实现从155万人增加到199.8万人，而滇西地区同期与全省的差距从88.82万人增加到115.77万人；其次，在第二产业就业人员方面尽管滇西片区与云南省在变化趋势上基本保持一致，但两者差距同样在不断拉大，两者二次产业就业人员的差距从2002年的47.58万人增加到2011年的86.51万人；最后，云南省第一产业就业人员数和滇西地区几乎完全重合，这可以判断出，云南省第一产业绝大多数就业人员来源于滇西地区，其他地区从事第一产业就业人数少之又少。

由于滇西地区内各个地州整体经济发展水平和产业结构均有所不同，所以势必会导致各地州人口就业总量及结构差异。其中红河州为滇西地区经济发展水平最高地州，其城镇就业人口同样最多（尽管2002—2006年期间出现下降趋势），大理人口就业人数同样与其经济发展水平一样居第二位，怒江州则相对较少。回顾前文发现，楚雄州在2002—2011年期间经济发展水平一直高于普洱市，但进一步分析却凸显一个值得深思的问题，即2002—2006年期间为什么普洱市就业人员数大于楚雄，但其经济发展水平却落后于楚雄？其原因可以解释为就业人员数多并不能理解成经济发展水平高，而经济发展水平高应该是由越来越多的劳动力所带动，即劳动就业量大是经济发展水平高的必要但非充分条件。

二、滇西地区人口与产业分布匹配度分析

进入新世纪后，无论是云南省还是滇西地区经济都经历了迅猛增长。但与此同时，云南省内部发展不平衡问题也逐渐显现，突出表现在滇西地区与云南省整体相比差距不断拉大。地区差异从空间上体现为人口和产业之间的不匹配，这将导致空间效率的损失，从而造成大量中间损耗。

滇西地区就业人口份额可用滇西地区就业人口规模与云南省就业人口总量的比值来表示，产业分布用滇西地区GDP占云南省GDP的份额进行描述。蔡翼飞、张车伟（2012）的研究结果显示：1978—2010年间中国东部沿海GDP份额提高幅度

明显大于人口份额的提高幅度，而内陆人口份额下降幅度却低于产业份额下降幅度。人口与产业分布匹配性实际上反映的是两者分布的偏离程度，本研究选取人口份额与产业份额差的绝对值加总得到人口与产业分布不匹配指数 P，其计算公式可以表示为：

$$P=\sum_{i=1,2}P_i=\sum_{i=1,2}|S_i^c-S_i^r| \tag{1}$$

其中 $i=1$ 代表滇西地区，$i=2$ 代表其他地区，S_i^c 表示 i 地区产业份额，S_i^r 表示 i 地区人口份额。P 取值在［0，1］区间内，当 P 等于 0 时，说明产业和人口完全匹配，各地区拥有的产业份额和人口份额相等，越接近于 0 说明产业和人口的匹配度越高，反之不匹配度越高；当 P 等于 1 时，说明产业和人口完全集中于某个地区。根据公式（1）计算得出滇西地区 2002—2011 年人口和产业分布不匹配指数，同理也可得到就业人口与产业分布不匹配指数（见表 1）。

表 1　滇西地区人口、就业人口与产业分布不匹配指数（2002—2011）

不匹配指数	2002 年	2003 年	2004 年	2005 年	2006 年	2007 年	2008 年	2009 年	2010 年	2011 年
人口与产业分布	0.31	0.30	0.32	0.24	0.22	0.22	0.24	0.21	0.21	0.22
就业人口与产业分布	0.16	0.15	0.19	0.15	0.10	0.13	0.12	0.10	0.09	0.08

资料来源：《云南统计年鉴（2003—2012）》数据计算而得。

从表 1 数据分析可发现，滇西地区 2002—2011 年期间无论总人口还是就业人口与产业分布不匹配指数均呈现下降趋势，即匹配程度不断增加，与前文得到的结论一致，并且就业人口相对于总人口与产业分布的匹配度更高。

如果考虑滇西片区 10 个地州，那么各地州就业人口与产业分布匹配度与经济发展水平的关系可以通过威廉姆森指数来描述。威廉姆森指数用相对人均收入与 1 之差的加权平方和再开方得到，权重为某地区就业人员数所占份额，具体公式可以表示为：

$$W=\sqrt{\sum\left[\left(\frac{y_i-\bar{y}}{\bar{y}}\right)^2\cdot\frac{p_i}{p}\right]}=\sqrt{\sum\left[\left(\frac{y_i}{\bar{y}}-1\right)^2\cdot\frac{p_i}{p}\right]} \tag{2}$$

式中 y_i 为 i 地区人均 GDP，$\bar{y}$ 表示云南省人均 GDP，p_i 表示 i 地区就业人口数量，p 表示云南省就业人口总数。按照公式（2），可以得出滇西地区各个地州 2002—2011 年的 W 值，具体结果见表 2。

表 2　滇西地区 2002—2011 年威廉姆森指数

	2002 年	2003 年	2004 年	2005 年	2006 年	2007 年	2008 年	2009 年	2010 年	2011 年
W 指标	0.196	0.192	0.199	0.188	0.177	0.178	0.178	0.160	0.158	0.163

资料来源：《云南统计年鉴（2003—2012）》数据计算而得。

从表 2 结果同样可以看出，滇西地区 W 指标整体较小并趋于下降，经济发展水平与 W 指数呈现双低状况，这说明滇西地区匹配程度较高，但是其经济发展水平较低，而同期中国的情况则相反，呈现双高态势。

至此，通过上述两种指标基本得到一致结果，即滇西地区尽管经济发展水平相对较为落后，但是其人口与产业分布匹配度却相对较高，为什么高匹配不能带来经济的快速增长呢？其原因或许可以解释为：滇西地区人口与产业的高匹配状态，是由于其主导或支柱产业大部分处在初级产业，尚没有有效利用其丰富的自然资源发展特色产业，从而带动其经济增长，这一点是未来滇西地区经济发展中亟须解决的一个主要问题。

三、高匹配为何不能带来高增长

通过对滇西片区人口或就业人口与产业分布匹配度的分析，如果从经济学研究资源的有效配置角度来看，滇西地区人口或就业人口与产业分布匹配度较高应该能够带来较高水平的经济增长，理由是滇西地区的就业人口与其产业结构特点相互匹配度较高，劳动力资源得到了有效配置。但是事实却与上述观点明显矛盾，通过对《云南统计年鉴》的相关数据进行分析后发现近10年(2002—2011年)，包括红河、大理等在内的滇西地区10个地州GDP总和还不及昆明、曲靖和玉溪三地区的GDP总和，占云南省总体GDP比重一直低于40%，而昆明、曲靖和玉溪三地区所占比重一直保持50%以上。人口与产业的高匹配并没有为滇西地区带来高经济增长，其原因可以解释为：①滇西地区产业结构中大部分处于第一产业及第二产业中的初级产业，对经济增长的贡献并不是十分明显，这一结论对绝大多数国家或地区都是成立的；②对于滇西地区而言，除了上述原因外，其自身内部匹配差异化同样是影响其经济增长的关键性因素，即“整体匹配高，内部差异大”。

为了能够准确清晰地分析滇西地区内部各地州就业人口与产业分布的匹配程度，本研究借鉴区域经济中“区位商”[③]计算方法，引用“就业人口与产业分布”匹配系数这一指标，通过此项指标的大小，可以分析滇西地区各地州就业人口与产业分布的匹配程度。

“就业人口与产业分布”匹配系数衡量的是一个地区就业人口分布与其地区产业分布偏离程度的指标，它可以反映出一个地区就业与产业是否能够相互匹配，也就是说“就业人口与产业分布”匹配系数数值越接近1，说明劳动力资源越得到了有效配置，就业人口分布与产业分布越匹配，反之，如果数值越偏离1，则说明两者匹配效果越差；并且通过“就业人口与产业分布”匹配系数与1的比较可以得出：如果数值大于1，则说明就业人口的增长会更好地促进经济快速增长，反之，如果小于1，则说明就业人口不断增长将会对经济增长产生不利影响。苏迅在其《资源贫困：现象、原因及补偿》(2007)一文中提出“资源贫困指数”，表示为一个地区矿产总值占全国矿产总值比重与该地区生产总值占全国生产总值比重的比值；郑猛、罗淳(2013)选取一个地区一次能源生产量占全国一次能源生产量比重与一个地区第二产业产值占全国第二产业产值比重的比值作为“资源诅咒”系数对云南能源与经济增长关系进行了分析，由此本研究借鉴上述文献的方法，选取滇西地区各地州就业人口所占比重与产业所占比重的比值作为“就业人口与产业分布”匹配系数，具体表达公式如下所示：

$$LG_{it}=\frac{Lar_{it}}{Lar_t}/\frac{GDP_{it}}{GDP_t} \qquad (i=1,2,3,\cdots,10) \tag{3}$$

(3)式中LG_{it}表示i地州在t时期的“就业人口与产业分布”匹配系数，Lar_{it}和GDP_t分别表示i地州t时期的就业人员数和地区GDP，Lar_t和GDP_t分别表示滇西地区t时期就业人员数和GDP，$i=1,2,3,\cdots,10$表示滇西地区10个地州。按照(3)式计算得出2002—2011年期间各地州“就业人口与产业分布”匹配系数结果如表3所示。

表3　滇西地区各地州2002—2011年就业人口与产业分布匹配系数

年份	保山	丽江	普洱	临沧	楚雄	红河	西双版纳	大理	德宏	怒江
2002年	0.90	1.15	1.48	0.96	0.73	1.02	1.44	0.69	1.55	1.63
2003年	0.91	1.14	1.45	1.00	0.73	0.97	1.39	0.74	1.63	1.72
2004年	0.97	1.04	1.38	0.99	0.72	0.92	1.35	0.87	1.54	1.62
2005年	0.96	1.06	1.39	1.23	0.71	0.85	1.37	0.87	1.53	1.43
2006年	1.00	1.09	1.36	1.21	0.75	0.84	1.38	0.86	1.58	0.98
2007年	1.02	1.19	1.25	1.10	0.82	0.84	1.28	0.87	1.71	0.93
2008年	1.03	1.21	1.23	1.01	0.80	0.84	1.30	0.96	1.44	1.25
2009年	1.08	1.21	1.19	0.94	0.81	0.84	1.30	0.96	1.39	1.22
2010年	1.09	1.22	1.14	0.92	0.80	0.84	1.32	0.97	1.43	1.25
2011年	1.13	1.22	1.21	1.00	0.79	0.83	0.91	0.98	1.48	1.48

资料来源：《云南统计年鉴（2003—2012）》数据计算而得。

从表3中的数据不难发现，自2002—2011年10年期间，滇西地区10个地州就业人口与产业分布匹配关系与其经济发展水平的关系并不能明确，具体表现在以下几个方面：①经济发展水平相对较高的地州并非就业人口与产业分布匹配度高，如红河、楚雄；②就业人口与产业分布匹配度高的地州并非经济发展水平高，如保山、临沧；③经济发展水平相对落后的地州的就业人口与产业分布匹配度相对较低，如西双版纳、丽江、德宏、怒江；④值得一提的是大理州，自2002年开始至2011年，其就业人口与产业分布匹配度系数一直保持增长并不断接近于1，并且其经济发展水平也在此期间保持相对快速增长，与其他地州表现出显著不同。

进一步分析可以看出：滇西地区10个地州中，经济发展居前三位的红河、大理以及楚雄三个地州的“就业人口与产业分布”匹配系数相对较小，绝大部分处于1以下并接近于1，说明这三个地州就业人口的有效分配可以对经济增长产生较好的促进作用，即就业人口比重的上升势必会导致第二、三产业的发展从而转化为经济更加快速增长；与之相对应的是处于经济增长最后两位的德宏和怒江州，其“就业人口与产业分布”匹配系数明显高于其他地区，并且与1相比差距较大，说明这两个地州不仅就业人口与产业分布匹配度较低，而且就业人口比重增大并不能有效带动经济的快速增长，其原因可以解释为这些地州的就业人口大多集中在第一产业或其他初级产业，而对经济推动贡献较大的第二、三产业就业人口相对不足；其余5个地州所表现出来的特点是尽管“就业人口与产业分布”匹配系数处于中间位置，数值在1附近，但是经济发展水平为何不及红河等地州，其原因可以解释为就业人口尽管在一定水平上实现了与产业结构的匹配，但是就业人口并没有从事对经济增长贡献较大的产业，导致经济增长动力不足。按照上述分析可以将滇西地区10个地州分为以下五类（见表4）。

表4 滇西地区10个地州分类及特点

	大理	红河、楚雄	保山、普洱、临沧	西双版纳、丽江	德宏、怒江
特点	高匹配、高增长	低匹配、高增长	高匹配、中增长	低匹配、中增长	低匹配、低增长

注：表中所阐述的高匹配和低匹配以及高增长与低增长都是相对于滇西地区内部而言，并不表示在全省中的水平。

由此可见，尽管滇西地区整体而言其就业人口与产业分布匹配度较高，但是由于其内部各地州差异较大，导致其整体经济发展水平落后，并且从表4也可看出：一个地区就业人口与产业分布匹配度高并不能等同于经济发展水平高，除了就业人员与产业分布相互匹配之外，还取决于本地区的产业结构中的特色产业地位，比如，如果西双版纳所有就业人员均从事旅游产业，红河州所有就业人员均从事第一产业，尽管两地区的就业人员与产业分布匹配度是理想状态，但是在此情况下，谁的经济发展水平高可想而知。综上所述，一个地区如果想要实现经济快速发展，应该从以下两个方面着手：既要积极提高人口与产业间匹配程度，还要积极发展本地区特色与优势产业。

四、滇西产业发展前景及瓶颈研究

《国家"十二五"规划纲要（草案）》把云南建成面向西南开放桥头堡纳入国家"十二五"规划，表明其已上升为国家战略。该战略提出："把云南建设成为面向西南开放的桥头堡列入国家战略，在国家层面上打开一条新的通道，为国家加强印度洋周边国家的地区合作起到支持的作用。云南要抓紧大通道建设、抓紧大基地建设、抓紧大平台建设、抓紧大窗口建设，同时还要抓好生态建设。"①通道建设：强化了滇西对外开放前沿性、重要性的战略区位。为电子口岸、国家能源建设提供契机，推进信息流、现代物流建设。②基地建设：滇西与周边国家的产业具有互补性。"桥头堡"将使滇西成为产业基地的前沿，并促成优势产业和新兴产业发展。③平台建设：推进滇西边境会展、商贸和外向型经济结构发展及双边合作机制。④窗口建设：加强滇西作为南亚产业合作基地建设，增进民间交往、民族交流，促进滇西历史文化传承和贸易往来。⑤生态建设：滇西地处三条国际河流的上游，维护流域国家生态安全，为发展生态产业和循环经济提供了支持。

（一）滇西地区产业结构相似性分析

产业结构相似性系数（以相似性系数方法衡量）是指一个地区与另一个地区同种产业结构相似程度。相似性系数公式如下：

$$S=\frac{\sum_{k=1}^{n}X_{ik}X_{jk}}{\sqrt{\sum_{k=1}^{n}X_{ik}^{2}\sum_{k=1}^{n}X_{jk}^{2}}}\qquad(0\leqslant S\leqslant 1)\qquad(4)$$

公式中，X_{ik}、X_{jk}分别表示区域i和区域j产业部门k在产业结构中所占比重，S代表两区域产业结构的相似系数。当$S=1$时，说明两区域产业结构完全相同；$S=0$时，说明两区域产业结构完全不同。通常情况S介于0和1之间，S数值越大，两区域产业结构越是相似；S越小，两区域产业结构越不相似。本研究选取2011年最新数据，以昆明市作为参考物，对滇西10个地州与昆明产业结构相似度进行了计算，具体结果见表5。

表5　2011年滇西各地区与昆明市的产业结构相似性系数

地　区	第一产业比重（%）	第二产业比重（%）	第三产业比重（%）	相似系数	相似度排名	GDP排名
昆明市	15.9	42.5	41.6	—		
保山市	30.4	33.1	36.5	0.956342	9	4
丽江市	17.1	41.7	41.2	0.999735	1	8
普洱市	29.7	36.2	34.1	0.961697	7	5
临沧市	32.2	38.2	29.6	0.941815	10	6
楚雄州	22.4	43.2	34.4	0.987636	3	3
红河州	15.9	54.1	30	0.966458	6	1
西双版纳州	29	30.3	40.7	0.956703	8	7
大理州	21.7	41.9	36.4	0.992207	2	2
德宏州	26.4	34.7	38.9	0.976565	5	9
怒江州	12.7	37.2	50.1	0.986469	4	10

资料来源：《云南统计年鉴2012》。

从表5计算得到的相似系数可以明显发现：滇西地区10个地州，丽江市与昆明产业结构相似度最高，相似系数为0.999735，临沧市与昆明市产业结构相似度最低，相似系数为0.941815。但是从各地州与昆明相似度排名和GDP排名相对照来看，与昆明相似度排名最靠前的丽江市GDP并没有处于领先位置，而是居于10个地州中的倒数第三位，相似度排名最靠后的临沧市，其GDP排名也并非最后，而是处于中等偏下的位置。从这一点看，与昆明产业结构相似度与其经济增长之间并没有明显的因果关系。但是楚雄州和大理州与昆明产业结构的相似度排名与其GDP排名却一致，一定程度上说明对于楚雄州和大理州而言，其地区产业结构与其经济增长有着一定的相关性。综上所述，对于滇西地区各个地州而言，并不是其产业结构与昆明越相似，其经济增长水平越高，这取决于滇西不同地州所表现出的不同优势，也就是说对于楚雄及大理这样的地区，随着与昆明产业结构的相似度的提高，经济水平会随之增长，那么对于这两个地区应加大力度调整其产业结构，从而实现与昆明间的差距减小，而对于其他地州而言，由于其产业结构与昆明的相似度并不能实现其经济的增长，所以应该充分认识本地区的优势产业，发展本地区特色产业，进而实现本地区的经济发展。

（二）滇西产业发展瓶颈

1. 特色经济与小规模生产的矛盾

集聚效应理论指出：规模较大的企业常常可以通过采取大规模生产、流水线作业等生产组织形式实现降低平均成本，或者投入新的技术工艺使边际成本降低，获得规模效益，在关联性和带动性作用下促进区域经济发展。同时，企业集聚可减少基础设施的复杂性，节约基础设施建设的费用并增加就业机会，吸纳农村剩余劳动力，从而实现就业人口与产业分布的优化协调。然而，滇西北大多数企业多以规模小、设备陈旧、初级产品加工和传统民族工业为主，并没有形成规模生产。如滇西地区极具民族特色的传统手工技艺，以其深厚的文化底蕴、观赏价值和实用价值具有市场潜力，但目前却尚未形成具有市场竞争力的企业。首先其分布散乱，使其不能形成有组织的生产体系；其次资金雄厚、规模较大的作坊形成一方垄断局面，一方面抑制个人的创新能力，另一方面缺乏竞争机制而发展乏力，使这一特色优势只能进行家庭生产组织结构下的分散小生产，无法形成连续的均衡生产。这种分散的市场往往使商品只能局限于狭小的地方市场而无法扩展，这就是为什么滇西北地区拥有丰富的资源，却难以转化为经济发展优势的原因之一。

2. 沿边国家发展落后与产业合作需求之间的矛盾

与云南相交界的越南、老挝、缅甸三国，水源充足，林业资源丰富，渔业资源发达。缅甸在三个国家里经济发展条件较好，是世界上最大的柚木供应国；越南在世界大米出口国中居第二位，是我国进口果蔬的主要国家；老挝多山，但地势平坦适宜农作物生长，是水稻生产的主要基地。缅甸、老挝、孟加拉国都是国际上的贫困国家，中南半岛国家和南亚国家基础设施也很落后，经济发展水平也很低。总体上三个国家均面临耕作方式落后、农业用地的利用率低、技术落后、机械化程度低、工业不发达的现状。

3. 跨国界流域水电合作开发与生态环境保护之间的矛盾

怒江流域上游地区耕地面积少，流域降水多，山高坡陡的地理环境阻碍了农业的专业化和规模化生产，水土流失严重，生态脆弱。农业产业结构与资源特征极不相称，林业用地多但产值较小。非农业人口比重小，城镇化水平低。怒江水电的开发可以促使该区域经济跨越式发展，但可能导致一系列生态环境和能源安全等问题。水电开发问题关系下游流域国家的相关利益，如何评估给下游流域国家生态环境带来的影响，或进行跨国界流域水电合作的可能性，也是值得思考的问题。怒江州、德宏州两地虽有较丰富的矿产资源，但其发展的多为采掘业和原材料工业，原材料工业又以初级产品加工为主，地区内加工链条短，精深加工能力弱，资源没有得到有效的加工增值，部分地区因开发的外部条件较差，工业化水平较低。

4. 交通建设周期较长与产业链亟待发展的矛盾

生态环境的保护治理和恢复重建一定程度限制了土地资源利用，导致产业发展水平低、产业结构不协调，对资源和环境的压力不断加大，制约了经济快速发展。三级、四级公路路面较多，高等级公路较少，耗时较长；滇西片区除大理以外的地州都没有与内陆相连的铁路，且地处边远，航班并不是每天起飞；铁路运能与运量的矛盾仍然存在，在客流高峰时期，铁路供求矛盾更为突出；规划中的国家高速（国外亚洲公路网）、中缅输油管道（昆明—瑞丽—曼德勒—实兑）、泛亚铁路西线（昆明—瑞丽—曼德勒—仰光—曼谷）施工期较长。由于地形地貌原因，各种运输方式发展速度不均衡，对外交通不便，资源分布的时空组合欠佳。

5. 产业结构与职业教育专业设置的矛盾

最近通过对滇西 10 个地州的 15 所职业学校，其中包括弥勒民族职业高级中学等在内的 12 所中职学校、保山中医药高等专科学校等在内的 3 所高职院校进行问卷调查后发现，所有在读学生所学专业与第一产业相关的仅占 3.08%，而 8.67% 的学生所学专业为第二产业相关，其余均为第三产业，占比接近 90%，这与滇西各产业对经济增长贡献率形成了鲜明的反差。以 2011 年为例，滇西地区经济增长中有 22.33% 来源于第一产业，49.71% 来源于第二产业，而第三产业仅仅贡献了 27.96%，可见产业结构与人才培养或专业设置等相关矛盾仍然十分突出。

（三）滇西产业发展建议

桥头堡战略是推进我国向西南开放、实现睦邻友好的战略需要，也是云南推进“兴边富民”工程、促进云南和滇西产业发展、实现边疆少数民族脱贫致富奔小康的现实需要，具有十分重要的战略意义。

1. 加强境外合作，重视生态保护

第一，缅甸北部地区土地宽广，水热条件十分优越，有很大的开发潜力。滇西地区如能加强与缅甸在经济上的全方位合作，不仅可缓解资源环境的压力，还能促进两国经济社会发展，且缅甸对建立“中缅自由贸易区”显示出越来越大的合作欲望，云南或滇西应该利用这样良好的机遇，加强合作，促进发展。另外，滇西片区整个坝区仅占总面积的12.25%，山区面积达87.74%，可耕地十分有限。如果到越南开垦和利用闲置土地，提供农业科学技术进行规模化生产，建立农产品进出口基地，带动农业机械化、专门化发展。在此基础上，积极探索与相邻国家共同建立跨境经济合作区和保税区，使双方互利互惠。

第二，运用侨乡带来的海外资金和技术可为家乡造福。目前农业合作仅限于政府、科研团体之间，实际上还可以考虑一批有实力的华侨私营、个体及跨国公司投资并参与相关产业合作，提供有力的人力、物力和先进的设备协助，促进当地特色经济的发展。

第三，积极引导企业走出去，加强合作。积极鼓励与引导企业走出去，大力促进境外农业、水电、矿产等资源开发合作及机电、科技等方面的合作。推进对外贸易转型升级，促进一般贸易、边民互市贸易和加工贸易的协调发展，创新利用外资方式，鼓励外资重点投向农业和农产品等加工业、制造业、高新技术和劳动密集型产业。

第四，严格实施生态保护计划。比如积极推进怒江两岸流域的农业退耕还林，开展流域经济开发与生态环境保护规划。对已遭到自然环境破坏的地方尽快开展生态环境保护，摸清资源量、破坏因素等，建成清洁可再生能源为主的能源基地和输变电枢纽。充分利用云南丰富的水能资源，科学合理开发。同时要对国家限制开发区的资源开发利用、生态环境保护、乡村循环经济等问题进行实证分析，在工业化和制造业不断发展壮大的前提下，走电矿结合、水电结合的发展道路。

2. 调整产业结构，扶持新兴优势产业发展

东盟自由贸易区关税的下调，通关手续的简便，有利于建立集生产、加工、出口为一体的新兴优势产业集群。优先发展生物医药产业链，组建生物资源开发的龙头企业，形成在国内外市场具有较强竞争力的骨干企业。

首先，发展特色农业。稳定发展滇西片区粮食生产，提高茶叶、橡胶、甘蔗、烟草、咖啡等传统作物的生产水平；大力发展黄连、杜仲、砂仁、滇红花等地道中药材以及香蕉、菠萝等热带水果作物的生产。因地制宜发展奶牛等特色养殖，支持特色种植基地建设，积极促进农产品就地加工转化，做大区域品牌。鼓励云南农垦企业整合以天然橡胶为主的优势产业，建设立足国内、辐射东南亚和南亚的橡胶主产区。积极发展兼具生态经济功能的林木产业，大力发展核桃、油茶等木本油料，鼓励发展林间中药及野生菌采集等林下经济。

其次，发展特色工业。加大滇西片区矿产勘查力度，有序推进矿产资源开发，做大做强有色金属产业，加快发展稀贵金属深加工，不断提高技术水平，延长产业链条，提升综合效益，并积极培育和发展新材料产业。在水电和矿产资源富集地区合理布局清洁载能产业，推进多种形式的矿电联营，发展水电铝、水电铁合金产业，探索原料、能源、市场在外的外向型产业发展型模式。

进一步完善生物医药产业体系，大力发展中药、民族药、天然药，积极开发化学药、植物提取物等，加强名医名方的产业化开发及推广力度。巩固提升制糖产业和橡胶产业，推动跨区域整合，促进主产品精深加工及副产品综合利用。整合提升制茶产业，实施品牌战略。

最后，发展特色服务业。依托中心城市和产业基地，建设专业物流中心，并依托重点开发开放实验区和重要口岸，发展面向东南亚、南亚开放的国际物流。完善城乡商业网点，构建服务配套的商贸服务格局。围绕矿产资源加工、生物医药和现代农业等重点领域关键技术需求，改善科研条件，加大研发力度，完善推广体系，加快发展科技服务业。

3. 合理开发旅游资源，加强交通体系建设

依托多彩民族民俗文化资源和丰富的自然资源，以国家级自然保护区、国家级风景名胜区等为主体，打造重点景区和线路。加强旅游区域合作和资源共享，增强旅游产业的整体活力和综合实力，重点发展民族文化体验等特色旅游，推动特色旅游商品设计及制造产业。旅游业破坏小、开发价值高，已成为滇西片区产业替代与发展的最佳选择。滇西的旅游资源可分为自然旅游资源的高山峡谷、秘境探险、地热火山温泉，人文旅游资源的南诏大理国文化、博南古道、和顺侨乡、红色旅游等，旅游资源丰富，吸引力强。应保护少数民族文化传承，重修茶马古道，发展以南诏大理国文化为主的文化影视产业，加强红色爱国教育示范基地建设。要深化口岸一日游、边境游，选示范带动作用强的景点优先开发，以保护性开发为主，避免开发商业化。发挥大理作为滇西公路、铁路、航空的交通枢纽中心的作用，推进泛亚铁路西线、中缅陆水联运通道、境外水能开发、中缅油气管道的配套建设。滇西公路通车里程3.8861万千米，只占云南全省的19.07%。应争取境内外资金支持，改造公路路面向高等级化发展。在此过程中应该考虑两国的需求结构、技术差距、价格差、规模经济等问题。实现交通运输超常规发展态势，推广电子口岸示范作用，为境外贸易、运输条件、通关便利发挥积极作用。建成以电子口岸为点，以国道、铁路为主线，航空为辅，输油管道为支撑的交通网络体系。

4. 优化职业教育专业设置，满足产业发展需求

滇西职业教育的发展过快或过慢不能适应产业结构现状。第一产业相关专业所培养的人才不能满足第一产业的发展。由于需求的长鞭效应，产业结构与职业教育之间互动关系的形成，主要是以就业结构为纽带的。就业结构反映了产业结构尤其是产业结构的收益水平、产业之间收入的相对差别，并且由产业结构所决定。由于不同产业之间的收益综合水平差异对就业人员具有不同的吸引力，形成了产业结构的就业导向。而职业教育是以就业为导向的，职业教育的办学目的即是为了提高职业能力，从而促进就业。这样，产业对人才的需求与职业教育对人才的供给在就业处得到统一。从这方面来看，滇西地区职业教育应服务于本地区产业结构的需求，为发展迅速、对经济增长贡献大的产业或行业培养更多的劳动力，使专业的发展程度适应产业的发展力度，实现二者的对接，这样不仅可以满足优势产业或行业的劳动力需求，而且还可以解决更多的就业问题，对减少贫困起到积极的作用。

注　释：

①数据来自2002—2012年《云南统计年鉴》，以下数据未做说明都是来源于此。

②指各产业增加值增量与GDP增量之比。

③在区域经济学中，区位商是指一个地区特定部门的产值在地区工业总产值中所占的比重与全国该部门产值在

全国工业总产值中所占比重之间的比值。

参考文献：

[1] 斯琴，武友德，李灿松．滇西北地区特色经济的发展与产业结构优化研究［J］．资源开发与市场，2007，23（11）．

[2] 蔡翼飞，张车伟．地区差异的新视角：人口与产业分布不匹配研究［J］．中国工业经济，2012，5（5）．

[3] 苏迅．资源贫困：现象、原因及补偿［J］．中国矿业，2007，16（10）．

[4] 郑猛，罗淳．论能源开发对云南经济增长的影响——基于“资源诅咒”系数的考量［J］．资源科学，2013，5（5）．

[5] 云南“桥头堡”建设升格为国家战略［EB/OL］．昆明日报，http：//finance. eastmoney. com/news/1346，20110307123436131. html，2011-03-17.

[6] 杨鹏程．“桥头堡”战略下的滇西中心城市建设［J］．经济研究导刊，2011（28）．

[7] 何沁璇，骆华松．基于桥头堡战略下的产业发展——以云南滇西为例［J］．改革与战略，2011（12）．

[8] 郑猛．滇西职业教育与产业结构——基于调查问卷数据的分析［R］．2013.

[9] 云南省统计局．云南统计年鉴［M］．北京：中国统计出版社，2002—2012.

滇西边境片区人口红利、人力资本转化与产业对接状态研究

袁红辉　吕昭河*

摘　要：滇西边境片区人力资源相对丰富、人口负担轻，正处于丰厚的人口红利期，但劳动力的就业结构和技能人才的供给结构与产业发展严重不匹配，人口红利对区域经济的推动作用十分有限。为了推动滇西边境片区经济发展与产业结构升级，尽快实现全面小康目标，须大力发展现代职业教育，培养市场需求人才，实现技能人才与市场需求的对接。政府应加强对专业设置的宏观调控；拓展职教园区建设，加快实现校企合作；建立大片区培训格局，拓展人才服务渠道，为产业发展与经济建设提供充分的人才支持。

关键词：滇西边境片区　人口红利　人力资本转化　产业对接

滇西边境片区[①]地理位置特殊，整片区域集边境、山区、少数民族聚集区和连片贫困区为一体，经济发展滞后，产业结构与从业人员配置不合理，人均收入低。按照1274元的扶贫标准，贫困人口有157万人，占该片区人口的10%。滇西边境片区人口文化素质不高，劳动技能低，大量劳动力囿于第一产业，限制了丰富的人口红利推动区域经济发展的作用，并且由于区域内现代职业教育[②]供给不足和配置不对位，人口红利不能有效转化为有用人才以支持产业发展，因此，寻求滇西边境片区人口红利与产业有效对接是促进区域经济社会发展、提高人民收入、实现地区扶贫攻坚战略与全面小康社会目标任务的主要途径。

一、滇西边境片区人口状况

当一个国家或地区人口生育率迅速下降，造成人口老龄化加速的同时，少儿抚养比亦迅速下降，劳动年龄人口比例上升，在老年人口比例达到较高水平之前，将形成一个劳动力资源相对丰富、抚养负担轻、对经济发展十分有利的“黄金时期”，引导整个国家或地区的经济成高储蓄、高投资和高增长的局面，这一由人口年龄结构变化而引致的“额外经济利益”称为人口红利。滇西边境片区人口发展轨迹和全国基本一致，都经历人口数量的快速增长与人口素质的提高的过程，但是由于其特有的区位特征与经济发展状况，使滇西边境片区人口红利形成与变化有自身特点。

* 袁红辉，云南大学发展研究院博士研究生；吕昭河，云南大学发展研究院教授，博士生导师。

（一）人口数量变化状况

据2010年“六普”数据，滇西边境片区人口总量占全省总人口的33%，比2000年“五普”时占全省人口的34.5%略有下降，2000—2010年10年间滇西边境片区人口净增长52.67万，年均增长3.5‰，该片区人口增长速度慢于全省平均增长速度。

（二）人口结构特征

1. 劳动力资源丰富，处于人口红利丰厚期

人口年龄结构是人口自然结构的基本要素，结构的类型与演化趋势会构造出人口再生产，从而引致不同的人口红利。据“六普”资料，滇西边境片区0~14岁人口为221万人，15~59岁人口为1039万人，60岁及以上人口数为169万人。由此得到的三大年龄类别的人口系数与抚养比为：少儿人口系数15.49%，老年人口系数11.82%；人口总抚养比37.57%，少儿抚养比为21.3%，老年抚养比达16.27%（见表1）。与全省比较，滇西边境片区的少儿抚养比低于全省平均水平9.08个百分点，老年抚养比仅略高于全省。由此可见，滇西边境片区相对于全省拥有更多的劳动力资源与更小的人口负担，劳动力资源丰厚。

表1　云南省及滇西区人口系数、抚养比

单位：%

地　区	少年人口系数	老年人口系数	总抚养比	少儿抚养比	老年抚养比
云南省	20.73	11.06	46.6	30.38	16.22
滇西区	15.49	11.82	35.57	21.3	16.27

数据来源：根据云南省第六次人口普查资料整理而得。

根据陈友华（2005）判断人口红利的标准：以60岁作为老年起始年龄，总抚养比为50%~60%，处于人口高利期；总抚养比为60%~64%，处于人口红利期；总抚养比超过75%，处于人口负债期；当人口总抚养比在56%以下时，处于人口暴利期。[③]若按此标准，滇西边境片区处在人口红利期，且正处于人口暴利期。该片区2010年15~59岁人口占总人口72.69%，丰富的劳动力资源为发展经济提供了良好机会和可靠的人力资源保障。

2. 受教育程度略低于全省，人口素质较低

2010年，云南省6岁及以上人口具有大学及以上文化程度的有265.6万人；高中（含中专）文化程度的有385.0万人；初中文化程度的有1263.1万人；小学文化程度的有1994.4万人，全省6岁及以上人口平均受教育年限为7.54年。滇西边境片区6岁及以上人口中，具有大学（指大专以上）以上文化程度的有60.91万人；高中（含中专）文化程度95.82万人；初中文化程度397.4万人；小学文化程度716.13万人，6岁及以上人口平均受教育年限为7.12年，平均受教育年限低于全省0.42年。此外，滇西边境片区15岁及以上人口文盲率为7.97%，其中男性4.77%，女性11.39%，而全省文盲率7.6%，其中男性4.41%，女性11%，两者比较，滇西边境片区文盲率高出全省0.37个百分点，其中男性高出0.36%，女性高出0.39%。由此得出，滇西边境片区人口文化素质全面低于全省平均水平。

3. 农业人口与乡村人口占人口绝大部分，人口城市化率很低

滇西边境片区农业人口、乡村人口比重较大，其中2010年农业人口为1339.9万人，占总人口的89.4%，非农业人口仅159.1万人，占总人口的10.6%。滇西边境片区农业人口比重比全省同期的83.55%高出5.85个百分点，比全国的70.86%高出18.58%。2010年滇西边境片区城镇化率为27%[④]，远低于全省35.2%的城镇化率和全国49.68%的城镇化率。因此，滇西边境片区人口的

非农化和城镇化水平明显偏低，限制了人口红利的高效率发挥。

二、滇西边境片区人口—劳动资源动态特征与产业发展对接

（一）滇西边境片区人口—劳动资源动态特征与行业分布

1. 滇西边境片区人口—劳动资源动态特征

表2显示，滇西边境片区劳动年龄人口绝对数量从2000年的958.5万人增加到2010年的1039.0万人，相对数量从65.5%上升到68.21%。人口年龄结构的10年动态变化，使滇西拥有更为丰富的劳动力资源，为经济发展提供了更丰富的人口红利，由此为该区域的经济发展提供了有利的战略机遇。首先，由于劳动力人口供给充分，劳动力人口年龄结构比较年轻，且劳动力资源价格便宜，依托劳动力资源禀赋的比较优势发展劳动密集型产业，将有效引导人口红利转化为社会财富创造；其次，由于总人口抚养比较低，劳动年龄人口的经济抚养负担较低，工资收入持续增长的条件下，消费支出和储蓄都可以保持持续增长，使得经济体系可以得到储蓄和消费增长的“双重”支持，由此加速财富积累；最后，由于人口老龄化的高峰尚未到来，社会保障支出负担较轻，国民收入可以更多用于生产性积累，为未来的高龄社会和人口负债困局提供经济准备。

表2　2000年与2010年滇西边境片区人口—劳动资源数量

年　份	总人口（万人）	15~59岁人口（万人）	15~59岁人口比例（%）
2000年	1463.7	958.5	65.5
2010年	1514.2	1039.0	68.21

数据来源：根据云南省第五次、第六次人口普查资料计算而得。

2. 滇西边境片区劳动力资源行业分布动态特征

表3显示，2000—2010年间，滇西边境片区第一产业就业人口比重虽有所下降，但无论是绝对数还是相对数第一产业就业人员都占绝对优势，近80%的劳动力从事第一产业，10年来其就业人员比重仅降低了3.22个百分点。与全国从事第一产业就业人员比重48.34%相比，高出近32个百分点，也高出云南全省10个百分点。滇西边境片区各行业就业比重中，建筑业就业人口比重略有上升，但与同期全国的5.5%和云南4.1%相比差距较大；批发零售餐饮业就业人口比重虽上升了1.92个百分点，与全国（9.23%）及云南省（5.7%）相比差距更大；其他行业就业人口比重变化不大，其中教育文化就业人口比重还下降了0.54个百分点。由此可见，滇西边境片区劳动力资源行业分布几乎是静态表现，与全国全省的较快发展与动态变化特征不一致，这也是其经济发展滞后的一个重要原因。

表3　2000年与2010年滇西边境片区劳动力行业分布状况

行　业	2000年就业人数（人）	2010年就业人数（人）	2000年就业比重（%）	2010年就业比重（%）
农林牧渔	1021175	1354155	82.55	79.33
采掘业	11261	16476	0.91	0.97
制造业	39758	54685	3.21	3.2

续 表

行 业	2000 年就业人数（人）	2010 年就业人数（人）	2000 年就业比重（%）	2010 年就业比重（%）
电力、燃气、水的生产与供应	4081	6540	0.33	0.38
建筑业	18406	47180	1.49	2.76
地质勘探水利管理	1241	3134	0.1	0.18
交通仓储邮电	19417	25935	1.57	1.52
批发零售餐饮	47099	97881	3.81	5.73
金融保险	3859	4482	0.31	0.26
房地产	563	2551	0.04	0.15
社会服务	13995	24734	1.13	1.45
卫生体育社会福利	8770	14538	0.71	0.85
教育文化	24361	24342	1.97	1.43
科研与技术服务	725	1615	0.06	0.09
党政机关社会团体	20783	28655	1.68	1.68
其他	1521	—	0.12	—

数据来源：根据第五次、第六次人口普查资料整理得出。

（二）滇西边境片区产业发展特征

表4所示为滇西边境片区与全省三次产业构成状况，2000年，滇西边境片区一、二、三产业产值比重分别为33.77%、31.03%、35.2%，2010年分别调整为23.31%、40.51%、36.19%。10年间，第一产业所占比重下降了10.46%，第二产业上升9.48个百分点，第三产业在35%左右徘徊。2010年，云南省三次产业产值比重分别为15.4%、44.64%、40.0%。相比较而言，滇西边境片区第一产业比重下降幅度较大，超出10个百分点，但第一产业比重仍高出云南全省平均水平7.91个百分点；第二、三产业比重都低于全省，但第二产业比重上升幅度高于全省，滇西边境片区产业产值结构呈“二、三、一”格局。

表4 2000—2010年滇西边境片区与全省三次产业增加值构成分布

单位:%

产业 年份	第一产业		第二产业		第三产业	
	滇 西	全 省	滇 西	全 省	滇 西	全 省
2000年	33.77	22.3	31.03	43.1	35.2	36.6
2005年	27.9	19.3	36.31	41.2	35.78	39.5
2008年	25.78	17.9	39.36	43.0	34.97	39.1
2010年	23.31	15.4	40.51	44.64	36.19	40.0

数据来源：根据《云南统计年鉴》计算得出。

（三）滇西边境片区劳动力供给与产业发展对接状况

基于与全国、全省的比较分析，采用三次产业劳动力容量与产业劳动力配置合理性的分析，我们可以分析出滇西边境片区劳动力供给与产业发展之间的对接状态。

1. 滇西边境片区三次产业就业人口容量分析

表5 2010年三次产业产值与就业人口容量的比较

		全国	云南	滇西
就业人员构成	第一产业	48.34	69.32	79.3
	第二产业	24.16	16.91	7.30
	第三产业	27.50	13.77	13.4
产值构成	第一产业	10.1	15.3	23.31
	第二产业	46.8	44.6	40.5
	第三产业	43.1	40	36.19

资料来源：第六次人口普查资料，《云南统计年鉴》，《中国统计年鉴》。

表5显示，滇西边境片区第一产业就业人员超过云南省近10个百分点，超出全国平均水平30.96个百分点，即高出全国平均水平近一倍；而该片区第二产业就业人员比重不及云南省平均水平的一半，比全国平均水平低16.86个百分点，充分说明滇西边境片区第二产业容量严重不够；该片区第三产业就业人口容量与云南全省水平大致持平，但不及全国平均水平的一半。

在三次产业增加值构成中，全国、云南省与滇西边境片区的产业构成都是“二、三、一”结构，但比较来看，全国第一产业产值所占比重最低，第二产业产值与第三产业产值所占比重最高；而滇西边境片区，第一产业增加值所占比重相比较很高，第二与第三产业增加值所占比重相对都较低。产业结构合理性依次是全国、云南省、滇西边境片区。

滇西边境片区第一产业就业人员占79.3%，而其产值仅占该片区的23.32%，劳动力产出贡献效率非常低，而有较高产出率的第二、三产业的就业人口容量非常有限。与全省全国相比较，滇西边境片区二、三次产业的就业人口容量严重不足，三次产业的就业结构不合理，就业结构的现代转型缓慢，导致劳动力资源基本集中在第一产业就业，第二产业与第三产业吸纳剩余劳动力的能力很有限，农村剩余劳动力无法转移至其他部门及行业就业。

2. 滇西边境片区三次产业产值与就业结构变化比较

产业的产值与就业结构的变化表达了劳动力供给与产业发展的对接状态，数据分析表明全国、云南全省、滇西边境片区的产业变化存在着差异性。

表6 2000—2010年滇西边境片区三次产业产值与就业构成变化的比较

		全国	云南	滇西
就业人员构成	第一产业	-0.266	-0.1962	-0.1042
	第二产业	0.2756	0.4783	0.2306
	第三产业	0.2582	0.5882	0.6254
产值构成	第一产业	-0.3311	-0.3139	-0.3083
	第二产业	0.01961	0.0346	0.3052
	第三产业	0.1051	0.1561	0.02815

资料来源：云南省第五次、第六次人口普查资料，《云南统计年鉴》，《中国统计年鉴》。

表6数据显示，10年来全国、云南与滇西边境片区都发生了第一产业就业人数减少，第二、三产业就业人数增加的变化，这表明第一产业就业人员向第二、三产业转移仍然是一个普遍现象；同样，产业产值结构也体现出第一产业产值比重下降，第二、三产业产值比重上升的变化趋势。但是三者在10年间的变化率存在较大的差异性。

在就业人员结构上，全国第一产业就业人员比重下降最快，云南省次之，滇西边境片区最慢；云南省第二产业就业人员比重上升幅度最大，滇西边境片区最小；滇西边境片区第三产业就业人员比重上升幅度最大。由此而言，滇西边境片区人口红利所构造的丰富的劳动力资源利用，没有得到工业化支持，仍然被限制在传统农业范围。从增加值构成来看，全国第一产业增加值比值下降幅度最大，滇西边境片区下降幅度最小；第二产业增加值构成变化中，滇西边境片区上升幅度最大，全国最小；第三产业增加值构成变化中，云南省上升比重最大，滇西边境片区上升幅度最小，并且变化幅度只有全国的1/4，全省的1/5。滇西边境片区第二、三产业产值存在着较大的增长空间，人口红利的经济效应应在非农产业的发展中得以更大的转化。

3. 滇西边境片区三次产业就业弹性系数比较

就业弹性系数是从业人数增长率与GDP增长率的比值，即GDP增长1个百分点带动的就业增长百分数，系数越大，吸收劳动力的能力就越强，反之则越弱。

表7　滇西边境片区各产业就业弹性及比较

	全　国	云　南	滇　西
第一产业	0.80	0.63	0.34
第二产业	14.05	13.82	0.76
第三产业	2.46	3.77	22.22

注：该弹性系数为2000—2010年就业变化率与GDP变化率之比。

由表7的弹性系数可见，滇西边境片区第一产业就业弹性系数在比较中最小，表明10年间第一产业对就业的推动作用最小；该片区第二产业就业弹性远小于全国与全省水平，证实其工业化发展滞后，难以有效拉动就业增长；而其第三产业的就业弹性非常大，对实现人口红利转化为劳动资源的真实利用提供了重要的产业支持。滇西片区第一产业的劳动力容量大，单位劳动就业对GDP增长的贡献远小于全省水平，只及全国42%；而其第二产业对劳动就业吸纳作用更小，对比全国、云南全省GDP每增长1%，拉动劳动就业增加14%左右的作用，滇西片区仅能拉动0.76%的劳动就业增长；滇西片区第三产业对劳动就业拉动作用最大，在加大工业化建设，扩大第二产业对劳动就业的吸纳能力的同时，有效发挥第三产业对就业的推动作用是滇西片区充分发挥人口红利作用效率的重要选择。

综合上述分析可以得出滇西边境片区劳动力供给与产业发展存在多方面的不匹配问题：

首先，第一产业发展与劳动就业不匹配。第一产业产值所占比重下降速度快，但是就业人员比重下降远低于产值下降幅度，与全国及全省相比，滇西边境片区第一产业劳动力冗员过多。

其次，第二产业发展不能提供农业劳动力非农转移的有效路径，与工业化社会所依托的第二产业拉动劳动就业增长的发展需求不匹配。原因在于：滇西片区地处边境山区，工业基础薄弱，区位劣势，第二产业发展受到市场范围的限制，因此，第二产业对劳动力就业的贡献很低。

最后，第三产业发展具有广阔的劳动就业吸纳力，增长很快，但容量很小，其匹配效率与现代性转变严重欠缺。滇西片区第三产业就业人员在三次产业中比重最小，但就业弹性最大，具有较大的就业容纳力。若能有机融入云南“两强一堡”建设，充分发挥与东南亚和南亚毗邻的地缘优势，大力发展旅游业、民族文化产业与现代服务业，滇西边境片区第三产业对就业人口的吸纳潜力巨大。因此，依托于劳动力的职业技能培训，大力推进滇西边境片区的工业化和现代服务业，是发挥人口红利并实现劳动力资源与产业有效对接的最重要突破口。

三、滇西边境片区现代职业教育与产业发展的匹配性

随着经济发展，产业结构不断地从劳动密集型转变为资本、技术密集型产业，从低技术含量、低附加值商品和服务生产向高技术含量、高附加值商品和服务生产转变。合理的职业教育学科专业结构为适应上述转变提供技术支持和智力保障。

（一）滇西边境片区现代职业教育发展现状

基于数据可得性，本文分析了当前滇西边境片区各高职高专院校专业设置状况，由此分析滇西边境片区现代职业教育发展现状。

2008—2012年滇西边境片区的高职教育专业设置数量多，形成了一批新兴专业、优势专业以及支持该片区支柱产业发展的重点专业，形成了农林牧渔业、电子信息、财经、文化教育等专业大类占优势的格局。

数据显示，滇西片区高职高专专业涉及15个专业大类，比《普通高职高专专业目录》的19个专业大类，仅缺公安，交通运输，制造，环保、气象与安全四个大类，具体专业见表8。

表8 2008—2012年滇西边境片区高职院校招生的人数

单位：人

行业	2008年	2009年	2010年	2011年	2012年
农林牧渔大类	906	992	970	920	995
生化与药品大类	80	80	80	130	160
资源开发与测绘大类	0	0	40	100	70
材料与能源大类	0	40	40	45	45
土建大类	40	40	40	40	75
水利大类	65	75	75	75	75
电子信息大类	330	340	400	510	565
轻纺食品大类	0	0	50	40	75
财经大类	470	578	651	715	800
医药卫生大类	2100	2250	2305	2360	3210
旅游大类	190	262	262	336	340
公共事业大类	0	75	75	75	75
艺术设计与传媒大类	0	140	170	276	270
法律大类	95	100	140	140	140
文化教育大类	4893	5019	5473	5595	5801

数据来源：根据高职高专院校历年招生计划数计算获得。

通过统计分析发现，滇西边境片区高职高专院校文化教育大类所招生和培养学生数最多，其次是医药卫生大类，排在第三的是农林牧渔大类，第四是财经大类，第五是电子信息大类，其特点如下：

第一，滇西边境片区高职高专院校医药卫生大类、农林大类等专业布点少，但招生人数最多。第二，文化教育大类在所有师范类学校开设，专业种类多且齐全，招收人数也多；非师范类院校一般只涉及文秘专业。第三，除三所医学类学校外，其他院校均开设有电子信息、财经与旅游三个大类，一般包括市场营销、经济管理、物流管理、会计等专业。第四，生化与药品、资源开发与测绘技术、公共事业、法律、土建、水利等大类的相关专业仅在少数学校开设。第五，一些学校开设了具有区域特色的专业，包括矿物加工技术、宝石鉴定与加工、有色食品生产与检验等。第六，公安，交通运输，制造，环保、气象与安全四个大类没有开设。

（二）滇西边境片区职业教育与产业对接现状

滇西边境片区高职高专院校专业设置与产业结构对接还存在诸多问题。

1. 专业设置与产业结构部分匹配，但专业存在缺失

第一产业在滇西片区国民经济中比重有所下降，但仍占有重要经济地位，吸纳劳动力最多，与第一产业相关的专业匹配和人才仍然保持较大的规模，片区内高职高专院校还根据产业发展情况开设茶叶加工、茶艺表演等新专业。第二产业处在上升进程中，专业匹配也有所扩展，增加了宝石加工技术、矿产加工技术、水利水电技术等专业。第三产业的发展势头较好，与之匹配的旅游类、财经类、法律类、医药卫生类、文化教育类的招生培养人数一直在上升，满足产业的发展需求。

专业设置与三次产业发展之间存在着缺失，例如，在满足第一产业发展需求上，农林专业开设较多，畜牧业专业也有开设，但渔业专业缺失，尤其是现代农业中农产品精深加工所需的农业技术人才不足甚至缺失。第二产业领域广泛包括采掘业、制造业、建筑业、水利、水电与燃气供应业，但滇西高职高专的专业设置中，与采掘业相关的只有矿产品加工技术专业，没有与制造业相关的专业，总体上第二产业发展所需人才几乎不能自主提供。建筑业只有一个建筑工程管理专业。交通运输业在第三产业占有重要位置，但现在仍然没有交通运输业相关专业。第三产业所需的专业人才得不到职业教育的充分支持，远远不能满足第三产业发展的人才需求。

2. 专业设置支撑产业结构发展能力不强

首先，专业设置与培养模式不能支撑第一产业发展。滇西现代农业已开始发展，并有逐渐上升趋势，例如，农产品加工方面的龙头企业有楚雄卷烟厂、红河卷烟厂、大理州的乳业企业等，优势农林产品普洱茶、橡胶、核桃等已经形成产业。但在职教专业设置上，传统类型的专业设置比例远大于现代农业、农产品加工及精深加工的专业。在农林牧渔类的专业布点数最多的是作物生产技术、园林园艺技术，没有农产品保鲜与加工专业，导致职业的人才培养与第一产业发展的产业需要不匹配，不能有效支撑第一产业的效率提升和现代转型。

其次，职教专业难以支撑第三产业的发展。滇西片区职教的主干专业仍然是财经商贸类和旅游服务类，而交通运输、仓储和邮政业等产业所需人才供给不足，就业容量没有得到有效扩展，人才培养与第三产业的发展难以匹配。

最后，职教的专业设置与第二产业的发展匹配性最差，需要从外部引入与内部加快培养两个路径加以解决，以此支持滇西边境片区第二产业的快速发展。

（三）滇西边境片区未来职业技术人才供给与产业发展选择的对接

1. 未来技能人才供给预测

表9　2013—2015年滇西边境片区技能人才供给

行　业	2013年		2014年		2015年	
	人才供给数（人）	比重（%）	人才供给数（人）	比重（%）	人才供给数（人）	比重（%）
农林牧渔大类	970	9.0	920	8.1	995	7.8

续 表

行 业	2013 年		2014 年		2015 年	
	人才供给数（人）	比重（%）	人才供给数（人）	比重（%）	人才供给数（人）	比重（%）
生化与药品大类	80	0.7	130	1.1	160	1.3
资源开发与测绘大类	40	0.4	100	0.9	70	0.6
材料与能源大类	40	0.4	45	0.4	45	0.4
土建大类	40	0.4	40	0.4	75	0.6
水利大类	75	0.7	75	0.7	75	0.6
电子信息大类	400	3.7	510	4.5	565	4.5
轻纺食品大类	50	0.5	40	0.4	75	0.6
财经大类	651	6.0	715	6.3	800	6.3
医药卫生大类	2305	21.4	2360	20.8	3210	25.3
旅游大类	262	2.4	336	2.95	340	2.67
公共事业大类	75	0.7	75	0.7	75	0.6
艺术设计与传媒大类	170	1.6	276	2.4	270	2.1
法律大类	140	1.3	140	1.2	140	1.1
文化教育大类	5473	50.8	5595	49.3	5801	45.7

从表 9 数据可看出，根据市场需求与经济社会发展状况，滇西边境片区未来技能人才供给主要为教育、医药卫生、农林牧渔三大类。其中，教育大类占总供给的 50% 左右，但随着时间推移，供给人数占总人数比重在下降；农林牧渔大类供给的人才从 2013 年的 9% 下降到 2015 年的 7.8%，生化与药品大类所供给的人才量有所上升，但是占的比重很小；财经大类人才供给量在 6% 左右，医药卫生大类技能总供给在 20% ~25% 之间，电子信息类在 4.5%；其他专业大类人才供给量很小。从近年来开设专业看，随着产业发展，各高职高专院校在专业上做了一些调整，开设了一些新专业，但传统专业招生人数基本不变，由于专业数增多，传统专业招生人数的比重呈下降趋势。

2. 产业发展对技能人才的需求

从表 3 中的各行业劳动力分布可看出，2000 年第一产业就业人数比重达 82.55%，2010 年就业比重为 79.33%，比重有所下降，但就业总人数在上升；第二产业 2000 年就业比重 5.94%，2010 年 7.32%，就业人数和比重也有所上升，其中建筑业就业人员比重从 2010 年的 1.49% 上升到 2010 年的 2.76%；第三产业就业比重由 2000 年的 11.5% 上升到 2010 年的 13.35%。按此发展速度推算，未来产业发展对劳动力的需求第一产业就业人员比重将下降，第二、三产业就业比重将上升，但是三次产业需要劳动力的绝对数量是上升的。技能人才是构成劳动力的一部分，三次产业的产值都在增加，技能人才就业人数以及比重也会相应增加。未来产业对技能人才的需求在三次产业都是增加的，只是各产业增加的数量和比值存在差异。

3. 技能人才供给与产业发展匹配性分析

将表 9 的专业大类按三次产业重新分类（见

表10）可发现，第三产业技能人才供给无论从数量上还是比重上都处于绝对优势，第二产业技能人才供给数量和比重最小，根据三次产业发展与技能人才供给现状，可以得出其匹配性解释。

表10　按三次产业分类的滇西未来三年技能人才的供给

三次产业	2013 年		2014 年		2015 年	
	技能人才数（人）	比重（%）	技能人才数（人）	比重（%）	技能人才数（人）	比重（%）
第一产业	970	9.0	920	8.1	995	7.8
第二产业	195	2.1	260	2.4	265	2.2
第三产业	9526	88.9	10047	89.5	11276	90

（1）与三次产业中第一产业劳动就业比重下降一致，第一产业技能人才的比重下降，数量仍居第一。基于滇西边境片区第一产业的产品要向精深加工发展的战略取向，需要大量技术人才的支持，而本地高职高专院校供给的人才数量、结构特别是技术能力远不能满足第一产业发展需要，特别需要补充牧业、渔业等专业人才。

（2）2010 年第二产业产值占三次产业总产值的44.64%，就业人员比重仅占7.32%。而未来职业技能人才供给仅占总供给的约2%，即该片区职教专业与第二产业技能人才需求的匹配性最差，专业缺口多，供给规模远远不够。第二产业将是滇西边境片区经济发展的主要战略取向，特别是矿产资源开发、清洁载能产业、生物医药产业、农林产品深精加工产业等产业发展将对职业技能人才提出巨大需求，滇西高职高专院校必须进行相应的专业结构调整，最大限度与第二产业发展需要实现在人才供给上的对接。

（3）文化教育类人才供给占第三产业技能人才供给的55%左右，这源于滇西边境片区人口文化素质偏低，需要加快文化教育的发展，推动基础教育从而全面提升滇西边境片区总体人口的素质。在第三产业技能人才供给中，医药卫生类人才供给位于第二位，占第三产业技能人才供给的28%，有效保障了滇西边境片区人口对医疗保健的需求，有效地支持了滇西边境片区人口红利转化为现实民生福祉和以人为本的社会发展目标。

财经、旅游与电子信息三大类的人才供给位于第三产业技能人才供给量的第三位，三者之和为第三产业技能人才供给的12%左右。滇西片区旅游业较发达，是支持该片区经济发展的特色产业和支柱产业，需要大量旅游专业人才。滇西边境片区正在加速推行新型工业化，对电子信息技术人才、财经专业人才的需求也将持续增加。

但是，总体而言，滇西边境片区未来技能人才供给与三次产业发展不匹配、难对接。该片区第三产业的未来发展面临着现代转型与领域扩展的双重路径选择，由此实现对农业现代化和新型工业化在产业服务上的支持，这种产业发展的需求需要职业教育体系能够在专业人才培养上实现无缝对接，包括数量规模、空间分布、专业设置、技术能力和代际交替等方面的匹配性。

四、技能人才与产业发展对接的路径选择

产业发展与技能人才的对接应实现双向推进。既要有效利用滇西边境片区宝贵的人口红利，也要避免因应用型人才缺乏而错过承接东中部产业转移、面向南亚东南亚开放而带来的机遇。为充分获取人口红利，必须实现劳动力资源向人力资

本的有效转换，使得人口红利的实现基于专业技能人才与产业发展需求的合理匹配。

2014 年 2 月 27 日国务院常务会议提出“发展职业教育是促进转方式、调结构和民生改善的战略举措”⑤。职业教育就是民生教育，也是公益性最强、最能贴近民生需求的公共政策。滇西边境片区具有突出的区位特殊性：一是作为中国面向西南开放重要桥头堡建设的先行区及国际陆路大通道重要门户，二是作为西部大开发的内陆边疆和沿边地区，三是作为世居少数民族聚居与连片贫困地区。要抓住发展机遇，就必须大力发展现代职业教育，充分利用人口红利，通过职业教育培养和向社会输出有用人才，匹配产业发展需求，促进区域经济发展，使滇西边境片区与全国一起共同步入全面小康社会。

为此，要充分发挥职业教育在两个方面的作用，即一方面为产业提供所需的技能人才，另一方面为社会提供培训服务。使滇西边境片区的新增劳动力（流量）得到充分的职业教育的培养，也使现有的劳动力资源（存量）得到覆盖广泛和就业针对性的在职培训，由此保障就业增长和农村剩余劳动力的非农转移。

（一）以区域产业为基础，加强政府对专业设置的宏观调控

职业院校要为产业发展提供所需的技能人才，就必须使其专业设置和专业结构调整符合区域经济和产业结构发展的需要。滇西边境片区正在着力发展特色农业与林业、清洁载能产业、生物医药产业、民族文化产业、现代服务业等，正在着力构建农业服务体系与农业市场体系、开发多元化的旅游产品，并积极推动跨境经济合作，与此相适应，需要大量的现代应用型技能人才。因此，区域政府应以产业发展为基础，加强对职业院校专业设置的宏观调控，避免专业设置过分集中或部分专业设置缺失的现象，实现职业教育与产业发展之间的动态匹配性。

1. 根据产业发展需要，做好专业设置规划

首先，规划专业数量。专业数量应与学校发展规划、区域经济发展需求以及三大产业的现实需求相适应，要符合三次产业结构变化的趋势、企业规模和用工总量动态变化的要求。在两者的匹配关系上，要以产业规划和市场需求来指导职业教育规划和人才培养模式。

其次，规划专业方向。政府应该以各个产业内部的发展情况为依据，根据滇西边境片区总体情况与各地区产业特点建立特色专业群，针对区域支柱产业发展要求确定职业教育的专业重点。

最后，规划专业结构。合理的专业结构是构建合理人才结构的基础。滇西边境片区各职业院校专业结构不合理，在专业设置上缺乏动态调整性，造成一些产业发展急需专业的缺失，传统和陈旧的专业设置难以按照市场规则有效出清，专业结构设置规划上既缺乏“有形之手”统筹，也缺乏“无形之手”引导。因此，针对专业结构设置，政府应进行宏观指导，根据产业发展的现状与趋势构建合理的专业结构，使职业院校提供的技能人才能满足产业发展需要。

2. 加强专业资源建设，提升专业支撑能力

目前，滇西边境片区职业院校特别是高职高专院校专业设置对产业发展的支持性不强，培养的人才与产业发展不能对接，急需进行高职高专专业资源整合。政府要根据技能人才结构和产业结构对人才结构的需求，整合专业资源，调整现有专业结构，合理设置专业。根据滇西边境片区经济社会发展、人口规模、产业结构调整和人才需求等具体情况，统筹区内高职高专院校专业大类设置，在区内职业教育资源优化组合的基础上，规划出中等职业学校的专业设置，形成中职中专与高职高专教育的纵向匹配性。

（二）拓展职教园区建设，加快实现校企合作

为促进滇西边境片区经济社会快速发展与桥头堡建设的顺利实施，应实施人才优先发展战略，基于滇西边境片区的区情，政府应把现代职业技术教育摆在优先发展地位，培养市场需要的技能型人才，打造职教支持和带动产业发展的滇西发展新气象。职业院校要改变传统职业教育中重理论轻实践、重知识轻技能、重理念轻操作的做法，改变传统职业教育的教学方式，将实践与应用教学放在非常重要的位置，加强校企结合，培养实干型技能人才。

全面推行校企合作，职教应以产业与行业为依托，整合校企资源，做到双向参与，优势互补，使学校办学资源和办学空间得到充分扩展，打破学校只看到校内资源搞教学而看不到市场变化和产业需求的封闭办学理念。职教要面向社会各层次人群和多样化需求，以市场发展产业为导向，将学历教育扩展到资格培训、技能训练、上岗培训等方面，形成职业院校与企业结合、多形式、多层次办学的局面，激发学校办学活力。

推进滇西职教园区建设是实现与加快校企结合的有效方式，整合滇西甚至全省职业教育资源，大力发展滇西边境片区的现代职业教育特别是中等职业教育，促进现代职业教育与产业发展、转移就业的紧密结合。围绕旅游、现代物流、商贸服务、特色农业和加工制造业等产业发展需要，重点建设大理、楚雄、普洱等一批现代职业教育与劳动力培训基地，建立以“总部＋特色职业教育学院”的职教园区，在具有资源优势的地州建立特色职业教育学院，使特色职业教育有力支持地方特色产业的发展。围绕各地资源优势及其产业发展趋势，加强与当地企业合作，如保山的珠宝制作加工技术、普洱的茶叶加工技术等通过开展校企合作式培训，使学生一毕业就成为高级技能型人才。滇西边境片区职业园区建设应由政府主导，通过政府统筹规划，实现技能人才供给与产业发展的对接，在职业园区建设较为成熟的基础上，逐渐引导职教园区的建设向企业主导型发展，实现现代职业教育与企业、产业和市场的直接对接。

（三）建立大片区培训格局，拓展人才服务渠道

滇西边境片区现代职业教育的第二大作用是为社会提供服务。按照产业发展与人口就业的无缝对接计划，应针对滇西边境片区人力资源与该区域发展特点，重点开展当地农民工转移就业、特种行业的安全操作与培训、新工人岗前培训、下岗职工的再就业、企业职工技能水平的提高、工业与农业新技术培训、市场需求的新型技能的培训等大类的职业培训。

1. 重点开展农村劳动力技能培训

针对当前滇西边境片区近 80% 的就业人员从事第一产业的实际情况，为了该片区尽快适应全省及全国工业化、城镇化和农业现代化发展等要求，各级职业院校应充分利用师资、场地、设备等优势，对在乡农民开展全方位免费的职业技术培训。

第一，实施农村劳动力非农转移就业培训。结合资源开发与产业发展的实际需要，各类职业院校应大力开展农村剩余劳动力转移就业培训，根据市场需求开展订单、定向、定岗等技能培训。培训形式多样，如工学结合、半工半读等，培训内容可为岗前培训也可为转岗培训，以实现农村过剩劳动力在非农产业的稳定就业和转移。

第二，实施贫困家庭劳动力职业教育与培训。作为教育扶贫的特定目标，支持贫困家庭的劳动力接受职业培训，对农村贫困家庭新生劳动力培训免予收费并给予一定的补助，帮助他们早日走

出贫困。

第三，推行农村实用技术培训。各类职业院校应深入农村建立技术示范推广基地，在农村基层开展实用技术培训，使每户农户掌握1~2门适用技术，围绕特色产业，开展种植、养殖实用技术与农业产业化技能培训，提高农民种植养殖水平，培养科技种植养殖能手和农机操作能手，通过技能培训提高农业劳动力自我创业能力，由此提高农业劳动力的产出效率。

第四，展开乡土人才培养。国家正在滇西边境片区实施扶贫攻坚计划，通过项目、资金、培训等方式扶持致富带头人、技术能人与农村经纪人，各类职业院校应积极支持配合该计划的实施，对所需乡土人才进行全方位的技能培训。

农村劳动力的技能提高有助于稳定就业以及就业结构的优化，使滞留在第一产业的劳动力资源能够有效地向第二、第三产业转移，最终实现区域人口就业结构与产业发展对接的目的，实现区域经济社会发展与人民富裕的“双赢”。

2. 面向企业进行职工素质培训

面向企业开展初、中、高级职业资格培训与考试、发证等工作，建立国家职业技能鉴定所以完善职业资格的相关手续与程序，开设面向社会开展高级工技能培训和鉴定工作，为企业培养更多符合需要的高技能人才。

按照“合作第一、服务为主”的原则，可以与区域内的相关企业开展新工人岗前教育与培训、职工的职业技能鉴定等培训，尽早做到在企业内就可随时进行员工需求的培训，真正做到边工作边学习，做到企业职工学习的常态化，同时也能实现学生在学校就能随处实现培训的愿景，真正做到走向社会就能上岗的“企业人”和“社会人”。

注　释：

①这里的滇西片区包括云南省10个州（保山、丽江、普洱、临沧、楚雄、红河、西双版纳、德宏、大理和怒江）与56个县，其中有7个边境州与22个边境县，涵盖瑞丽、畹町、河口、勐腊陆路口岸4个一类口岸和陇川（章凤）、盈江、腾冲、景洪、打洛、思茅、孟连、孟定、南伞、片马、麻栗坡、金平12个二类口岸。

②因为职业教育结构对社会经济结构的作用主要表现为它与社会经济结构的适应性变动上。

③陈友华：《人口红利与人口负债的数量界定、经验观察与理论思考》，《人口研究》2005年第11期。

④滇西边境片区的城镇化率来源于《滇西边境片区区域发展与扶贫攻坚规划资料汇编》。

⑤《李克强主持国务院常务会议部署发展现代职业教育》，http://news.eastday.com/eastday/13news/auto/news/china/u7ai837823_K4.html。

滇西经济贫困与教育反贫困调查报告

郑　宇*

摘　要：滇西地区贫困问题的产生，是与环境、资本、信息等方面息息相关的。在该地区的扶贫工作中，除了逐步增加投入、改进相关政策、注意平衡协调外，目前最为紧迫也最为根本的，应当是人力资本的持续有效投资，特别是受教育程度的提升发展。它直接关系甚至决定着滇西片区贫困问题解决的成效，决定着该片区各民族群体能否真正实现自我持续性的长期发展，甚至影响着未来我国小康社会的全面建成。

关键词：滇西　贫困　教育

滇西片区贫困问题的产生，有其深刻的历史文化根源。他们在现代转型中所遭遇的诸多困难与经济层面普遍的贫困状况，是与环境交通约束、资本匮乏、市场经济观念淡薄、商品经济意识缺乏、信息不对称等因素紧密相关的。而在当代，人力资本即受教育程度，已经越来越凸显为制约滇西片区贫困的核心关键。

一、滇西片区贫困总体状况与教育发展问题

总体来看，国家反贫困的推进速度在不断增快，近年来已经取得了显著的成绩。目前，该区域扶贫项目中效果较为显著的如"新农村建设"项目。以基础设施建设为主，新农村建设的"生产发展、生活宽裕、乡风文明、村容整洁、管理民主"目标，在实施中主要包括了道路、猪圈、沼气池、厨房、科技活动室，乃至基层制度建设等涉及经济、社会、文化、政治等多个方面的内容。在边疆地区，以上方面是影响和制约一个村寨乃至一个区域发展的极为重要的因素。国家已经就此投入很多，并取得了相当的成绩。然而，在这些成绩的背后，却掩盖了一个普遍却至今仍未引起重视的不足，即"新农村建设"所选择的村寨，绝大部分都是临近公路，交通方便，或者本身条件已经较好的村寨。并且，由于该区域存在长期特殊的自然、历史、人文等因素，以及现实存在的划分贫困标准低、贫困面广、投入不足、发展不平衡等问题，使得该区域的扶贫与发展尤为艰难。

统计数据表明，云南省25个边境县2000年人均GDP为2904元，其中的农民人均纯收入仅1133元，为全省的77%，为全国的69%。与之比较，2010年人均GDP为10362元，但其中的农民人均

* 郑宇，博士，西南边疆少数民族研究中心副教授，主要研究方向为经济人类学与边疆民族问题。

纯收入仅2957元，为全省的79%，为全国的53%。对两组数据分析表明，该区域农民人均纯收入十年增长仅为2.61倍。再具体从贫困状况来看，2010年滇西边境片区扶贫标准1274元以下贫困人口为157万人，贫困发生率10.5%。

边境一带扶贫工作中目前存在的主要问题及其特征，可以归纳为以下几个方面：

第一，贫困的深广性与扶贫力度的相对不足。特别是紧邻边境线一带区域，由于受"支前"的影响，该区域的经济发展迟至20世纪90年代中期才真正启动，因此，贫困问题尤其突出，贫困面非常广，扶贫难度极大。其中，仍有相当比例人口住在茅草房，有大量特困人口需要搬迁。此外，还有数百万人、数万村寨存在饮水难的问题。还有，每年有近千个村寨需要诸如"新农村建设"这类的项目，但现实的指标却极为有限。近三年来，在边境一带的惠民政策中，低保、60岁老人养老险、80岁高龄奖励、新型农村合作医疗、边境区域补贴与民兵补贴、盖房补贴，以及各项少数民族政策等的不断落实、实施，得到了人民的拥护欢迎，但由于底子薄、影响因素多、问题复杂，目前的贫困状况仍是极为显著的。

第二，政策措施与现实状况之间的差异。特别是其中的配套政策，成为边疆一带基层政府的难言之隐。由于财政收入相当有限，国家提出的诸多要求地方政府配套的相关政策，有一部分最后只能成为一纸空文。例如，从2009年年底开始，在当时许多区域实行的人均每月50元的低保政策方面，国家要求地方政府进行配套，但由于大部分地方财政困难，实施三年以来，覆盖率仍远未达到预期目标。特别是那些需要后期资金的扶贫项目，少量在最后反而成为了地方政府或当地村民的负担。

第三，区域与民族发展不平衡问题突出。由于地理因素、历史原因、民族文化特征等原因，该区域各民族的发展不均衡问题突出。其中，又以少数民族的贫困问题尤为突出。这种不平衡成为了导致当地人口通过打工、婚姻等发生大量的人口外流，部分可能转变为潜在的社会矛盾、族际矛盾甚至相邻国家冲突的因素。而在少数民族集中聚居的某些区域，还存在部分汉族群体成为当地"少数民族"，从而难以获得相关政策支持，难以获得相关补助，贫困问题较为突出的问题。

在这些主要问题中，除了逐步增加投入、改进相关政策、注意平衡协调外，目前最为紧迫也最为根本的，应当是人力资本的持续有效投资，特别是受教育程度的提升发展。它直接关系甚至决定着滇西片区贫困问题解决的成效，决定着该片区各民族群体能否真正实现自我持续性的长期发展，甚至影响着未来我国小康社会的全面建成。

滇西边境片区显著受制于人力资本严重匮乏的限制，主要体现为以下方面：

一是受教育程度总体低下，人力资本存量瓶颈问题凸显。横向比较，该区域高中阶段毛入学率比全国平均水平低31.6%。二是基础教育投入严重不足。到2010年，人均教育支出只有1410.9元。总体上教育设施落后，师资力量极为有限。三是科学技术人才严重不足。科技文化设施建设明显滞后，专业技术人员严重缺乏，农技推广服务不足，导致丰富资源有效利用不足，农业科技应用水平低，现代农业发展缓慢。四是现代市场经济意识薄弱，参与商品经济能力低下。特别是少数民族群体的贫困受到传统的轻视市场经济观念的深刻影响，并且绝大部分只能采取打工等低端参与方式。

从目前的应对途径来看，经济作物种植是解决当前贫困的尤为重要和现实的有效路径之一，特别是以香蕉、甘蔗、橡胶等为代表的经济作物表现特别引人瞩目。它们正在成为滇西片区贫困人群的脱贫乃至未来经济发展的新的亮点。但在我们调查的金平县的一些区域，由于绝大部分村民受教育程度低下，直接导致绝大部分村民难以全面掌握香蕉等经济作物种植技术。这样，他们中的很大部分只能通过租给老板土地种植香蕉，或者是为老板打工等来获得微薄利润。

其次，受教育程度不仅影响了技术的掌握，还直接影响着大部分村民对新的技术和产业的接受态度。由于传统文化观念等因素的深刻影响，去尝试探寻新的技术、新的产业或商贸等新的生计方式的村民尤为少见。这些因素的共同作用，导致愈来愈明显的某一群体内或区域内经济差距与贫富悬殊逐渐凸显。

最后，受教育水平低、收入低的个体，其时间价值也相应较低。更重要的是，他们在生育选择上也倾向于重视子女的数量，而忽视提高子女的质量，即普遍不愿对子女进行更多的人力资本投资，从而造成子女未来的低劳动生产率与低收入的恶性循环。也就是说，不同人力资本禀赋的个体，不仅影响自身的劳动效率与收入，还会通过生育选择间接影响其子女的人力资本存量、劳动效率与未来收入，从而形成贫富差距的代际循环传递。

二、经济发展、基础教育与职业技能培训关系的个案调查分析

人力资本的投入成效特别是教育扶贫的实现，集中体现在基础义务教育、职业技能培训、文化自觉教育三大层面。其中，义务教育是基础，是长期性、根本上解决边境片区贫困的根本路径；职业技能教育是具体实现方式，是应对各片区具体实际情况的基本手段；文化自觉教育是保障措施，是实现以上教育方式的必要前提和重要保证。它们的共同促进和长期发展，是从根本上解决贫困问题的必须途径。但在经济的迅速发展过程中，以上三个层面却常常出现相互的脱离，甚至是相互之间的矛盾冲突。我们将从两个少数民族村寨的个案来加以说明。

（一）景尖村

景尖村隶属景洪市勐龙镇景龙村委会。景龙村委会为勐龙镇政府所在地，共辖景龙、景乃、景尖、嘎龙四个村小组，2012 年共 456 户、1996 人（男性 1006 人，女性 990 人）。其中傣族 1939 人，占本地户籍人口的 97%，汉族 54 人，拉祜族 2 人，哈尼族 1 人。2011 年人均年纯收入远远超过大部分少数民族村寨，达到 8491 元。景尖村是景龙村委会人口最多的村小组。2012 年年末景尖村共有本地户籍人口 192 户、874 人（男性 442 人，女性 432 人），其中傣族 843 人，汉族 30 人，哈尼族 1 人。

现阶段，景尖村村民从事的商贸活动主要有屠宰业、批发零售业、餐饮业、贩卖农产品等。屠宰业是景尖村从事户数最多的一种商贸活动。橡胶种植在景尖村村民经济收入中也占有重要地位。20 世纪 80 年代后半期勐龙镇村民开始大规模种植橡胶树。20 世纪 90 年代之后，这些橡胶树陆续开割，村民很快从种植橡胶树中获取较多的收入。据统计，景尖村村民每户拥有约 100 ~ 400 棵不等的橡胶树。按照近两年的胶价计算，每棵橡胶树每年可产生纯利润 100 ~ 150 元。每户家庭每年可从种植橡胶树中获得 1 万 ~ 6 万元的收入。

在教育方面，该村的总体受教育程度并不高。截止到 2012 年年底，景尖村共有大专及本科教育程度村民 9 人（含在读 4 人），高中教育程度村民 12 人（含在读 7 人），初中教育程度约 130 人，小学教育程度约 500 人，学龄前儿童约 70 人，文盲 150 人。

这里按照收入从高到低的顺序，依次从村里选取三户有代表性的家庭，将他们的经济收入与

受教育程度做一个对比（人名均为化名）。

A家庭共有3名成员，户主岩真，初中教育程度，小学教师；妻子玉南，小学教育程度，外贸商；儿子岩滇，大专教育程度，曾做过一段时间教师，现为外贸商。户主岩真一直为小学教师，近几年年收入3万多元。妻子玉南从90年代开始就从事外贸活动，2000年之后开始到缅甸从事农业种植。近几年每年承包300亩土地种植南瓜，1000亩土地种植玉米。玉南购买有货车、货船从事产品运输，每年纯收入不低于30万元。儿子岩滇大专毕业后当过一段时间中学老师，后因待遇等问题辞职，在母亲支持下开始承包土地种植玉米等农作物。家中有橡胶树200棵，年收入约2万元；另有土地租金、村集体分红等每年约0.5万元。家庭年纯收入不低于35.5万元。

B家庭共有5名成员，户主岩活，文盲，屠宰户；妻子玉腊，初中教育程度，小摊贩。岩活在农贸市场有一个摊位，每年纯收入5万元左右。妻子玉腊和一个姐妹合伙，晚上到街上摆摊卖烧烤，每年纯收入10万元左右。家中有橡胶树400棵，年收入约4万元；另有土地、村集体分红等约0.5万元。家庭年纯收入约19.5万元。

C家庭共有3名成员，户主岩燕，文盲，打工；妻子玉旺，文盲，做家务活。岩燕没有从事商贸活动，经济收入主要有：替人割胶，年收入约1.6万元；给村里处理垃圾，年收入1.2万元；出租房屋，年收入0.5万元；养猪，年收入约0.4万元；另有土地租金、村集体分红等约0.5万元。家庭年纯收入约4.2万元。

总体来看，以上三户家庭中整体受教育程度最高的是A家庭，其次是B家庭，最后是C家庭。家庭成员的总体受教育程度的高低，决定了他们学习掌握新的技术的能力和程度，决定了他们与外部市场的交往广度和深度，决定了他们获取外部信息的方式和特点。因此，受教育程度与他们各自不同的经济发展程度，是有明显的正比关系的。

然而问题在于，在当地人的观念中，经济收入水平与受教育程度没有直接的关联。村民们认为，这三户家庭经济收入的高低主要是依据家庭成员是否从事商贸活动，以及商贸活动的规模来决定。即村里较富裕的村民是依靠做生意实现的，而生意做得成功与否关键是看人是否有远见、资本、胆量和气魄，与学历高低没有直接的关联。

因此，商业氛围浓厚，生活条件优越，加之宗教信仰等因素的影响，造成当地村民对后代接受现代教育的重视程度并不高。按当地人的说法，即使不接受学校教育，自家的橡胶树也足可保证全家衣食无忧，只要再想办法做点生意，生活就会过得相当不错，读书与否对生活实在是影响不大。另一方面，由于勐龙镇是一个傣族、哈尼族等少数民族集中聚居的区域，傣语是主要的交际语言，傣文的使用频率也很高，特别是宗教教育还占据了重要的部分。而这些却是学校教育并不具备的，因此村民对接受学校教育的需求并不强烈。

但事实却是，不同村民接受教育的程度，特别是建立在此基础上的获取、吸收和运用新的知识技能的差异，直接导致了他们之间巨大的经济生活水平差异。如在金平县一个苗族村寨，全村目前仍处于人均收入仅2000元左右的贫困状况。而村中一位四十多岁的高中毕业生张某某，本身就是村里的一名兽医。在帮老板种植香蕉打工的几年过程中，他在不断观察、探索中，系统学习并掌握了香蕉种植的全部技术。2005年，他率先把自己家河谷的土地全部改成香蕉地。经过这些年的精心管理和经营，特别是最近几年，他还向其他家庭不断租用土地来扩大种植面积，已经具有一定规模，经济收入逐年增长。到2011年，他们家已经种植香蕉约4000棵，除去运营基本成本，当年实现经济收入约15万元。他非常清楚地意识到，现在自己所取得的经济成绩，都与受过高中教育密不可分。

受教育程度不同的家庭与个人种植经济作物的最终不同结果，充分说明了基础教育与实际技能学习的重要性，以及它们之间的内在关联。显然，受过较高教育的人更明显地善于学习包括经济作物种植在内的各种知识和技能，并对新兴事物抱有强烈的好奇心，富有创新和尝试精神。但是，对于村民们自身而言，他们却大多没有清楚意识到这一点，甚至反而认为受教育程度与经济发展之间没有直接关系。对于人们而言，这就造成了教育中的第二层面即实际技能培训的重要性，明显超过了其他层面尤其是基础教育层面，甚至还造成了基础教育与职业技能教育之间的分离。这一问题具有较大的普遍性，需要引起相当的重视。

进而，虽然某些个体已经在此过程中取得成功，但该村也凸显了规模性、产业规划性与长期可持续发展方面的不足。而在当地的相关职业技能学习和培训中，则缺乏针对性的法律法规教育，特别是关于产业协作关联与管理能力等方面的教育，它们直接关系和影响到当地产业未来的规模发展。只有增加并强化这些方面的教育投入，才能为未来相邻地区、相关产业之间的互动联合奠定坚实基础。

（二）龙富村

江城哈尼族彝族自治县位于云南省南部，县政府所在地勐烈镇距离市政府所在地思茅区145千米，距离省会昆明520千米。龙富村地处县城与乡政府的必经之路，西距县城50千米，东距乡政府15千米，南距中越三号界碑7千米。村落共有136户、553人，其中99%为哈尼族，包括腊米、西摩洛、碧约、卡多等不同自称的群体。

龙富村近些年因为橡胶产业和中越边贸的带动，经济得到快速发展，生活水平在曲水，乃至江城都屈指可数。一位乡干部透露，近年村民年均人收入当不少于万元。

江城县的橡胶种植业发展迅猛。1964年，国家开始在江城试种橡胶；1983年，国家开始在江城推广橡胶种植；1986年，成立了江城橡胶公司；1995年，农垦集团进入开始大规模种植橡胶；1996年，云南农垦江城橡胶有限责任公司成立；2000年之后，私营橡胶逐年增多。龙富在这样经济发展的大背景下，也被卷入了橡胶种植潮流并与公司之间形成了“公司+农户”的产业模式。

云胶公司一队的一位胶工介绍，他们家两人管理公司1600棵橡胶树，与公司四六分成。他们2012年6月割得胶乳1088千克，四成归他们收入，即约435千克成品胶。按当时市场价格35000元/吨，他们一个月的收入是15232元。与之对比，据云胶公司资料显示，1995年前江城曲水乡处于自给自足的自然经济状态，人均年收入仅286元；2006年人均年收入达到3221元。云胶公司的进入确实给曲水乡带来巨变。

割胶培训因此成为当地倍受欢迎的职业教育。割胶培训由橡胶公司组织。一位胶工介绍：“培训一般在春节过后，2~3月期间举行，年龄要求18~45岁之间，身体健康的都可以报名参加培训，没有学历要求。考试分为理论考试和实际操作，理论考试满分100分，25分就及格了。总共85分就算过关了。实际操作有详细的扣分规则。培训费本公司人员100元/人，外地人员300~500元/人。此外，每年都会对已经培训合格的员工组织复训。”该公司已经形成了良好的培训复训体制。

另据2012年《曲水乡人民政府关于普及九年义务教学扫除青壮年文盲工作复查报告》，“充分利用当地云胶江城分公司、天胶公司人力资源，大力开展异地人员扫盲工作，加强实地群众橡胶管理、嫁接、割胶、病虫害防治等实用技术培训，不断提高脱盲人员的文化知识水平和种养植技术”。2011年以来采用“农闲多学、农忙少学、夫教妇学、子教母学”集中与分散相结合的方式，共组织扫除青壮年文盲、开展农村实用技术培训1300人次，劳动力转移培训800人次。为边疆稳定、群众增收发挥了积极作用。

曲水乡中心完小教务主任王老师说：“橡胶进入后，村里的经济发展很快，村民的生活条件变好了，但是另一个结果却是孩子读书不上心了。加上现在大学生毕业也找不到工作，读书无用论在村里很盛行。很多学生初一、初二就开始谈恋爱、抽烟、喝酒，辍学的也多了。”一位初中辍学的男生说，现在他和妈妈两人给公司割胶，好的时候一个月可以挣8000多元，家里对他很满意。

从学校教育情况来看，曲水乡设有中学一所、中心校一所（下设一所完小、两个校点）。曲水乡中学设在乡政府所在地大绿满，专任教师33人，在校学生559人。曲水乡完小设在大绿满，明德小学设在整康坝，拉珠小学设在拉珠村委会。全乡小学教职工67人，专职教师61人，其中59人学历合格；学生总数1281人，其中住校生994人。以前，曲水乡辖区内有多所小学，除上述三所小学外，在坝伞、土卡河、龙富、大青树、木嘎等村均办有小学。大多数村小学始建于20世纪70年代，隔年招生。

龙富村的小学从1973年办到2008年。已退休的胡老师是龙富小学的创建人。胡老师说：“龙富小学是1978年开始设立的，我被政府派到龙富带领村民一起建起学校来，最初是茅草房，后来又翻盖了两次，学校撤并前为砖瓦房。当时的教材是我从县城背回来的，是国家给发的教材。龙富小学一共有三名教师，一名正式教师，两名代课老师。小学共有三个年级，隔年招生，每个年级平均十四五个学生。2008年合并到整康坝明德小学，明德小学为完小，有六个年级，有些年级有两个班，每个班四五十人。”

虽然是边疆民族地区，但是学校使用的教材和教学内容并无地方特点和针对性。一名高三毕业学生说：“1999年我6岁开始上村里的小学，课程就是和其他地方一样的语文、数学、思想政治、美术、音乐，后来去了整康坝，再后来去了曲水乡中心完小，学的课程也都一样。语言不适应，不好学，也没有我们自己民族喜欢的内容。”

而且，在学校学习的知识与他们的生活基本没有关系，大多数学生初中毕业后便开始打工。一名正在玉溪师院读书的男生说：“我的初中同学十几个现在只剩我在读书，其他都不念书了。有四个女生早早就辍学。大家都不喜欢念书。”曲水学校教育中，没有双语教学，也没有民族文化或歌舞等方面的教育。学生学习积极性不高，村民受教育程度较低。但事实上，通过对学生们的调查访谈，他们其实是非常欢迎包括地方历史、民族知识、传统伦理、民族歌舞等知识进入课堂的。并且，这个过程还能够更好挖掘和整理民族民间文化，开发民族服饰文化、饮食文化、歌舞文化等，并加强历史文化、边地文化、民族民间文化资源的抢救保护工作。

对龙富村37户、154人进行抽样调查，大致可见当前村民教育水平现状：没有学校教育经历的共28人，基本上都是60岁以上的老年人；正在上幼儿园和即将上幼儿园的小孩共10人；读过小学但未完成小学教育的共9人，主要为50~60岁的中老年；小学毕业但未继续上学的共42人，年龄为25~50岁，中青年为主；初中毕业但未继续上学的共48人，年龄为20~50岁，中青年为主；高中、中专毕业但未继续上学的共12人，基本都是20~30岁的青年人；本科生1人。抽样调查结果显示：文盲率为18.2%，小学水平为27.3%，初中水平为31.2%，高中、中专水平为0.08%，本科以上水平为0.006%。访谈统计显示，村民的整体受教育程度不高，村民对教育的关注不高。村里大多数领导只能勉强写好自己的名字和一些常用字。村民们认为，生活的富裕基本与教育无太大关系，由此造成了“孩子们想上我们支持，不想上我们也不强迫”的普遍思想。

从该案例可以看出，虽然近年来经济作物种植与职业技能培训发展很快，但与之相对的，却是学校教育尽管在硬件建设上发展较快，基础教育事实上受重视不足，特别是长期存在的教学效果不佳，以及对民族传统文化教育重视不够的问题。而这又是和普遍存在的学校教育重视全国统一化、标准化的普九教育，忽视地方乡土文化的教育紧密相关的。事实上，如果积极落实双语教学，积极尝试民族文化甚至是部分职业实践课程进入课堂，探索一定程度的基础教育的本土化、多样化与可持续的适应模式，也许基础教育甚至职业技能培训的效果会更好。

三、少数民族贫困地区人力资本投资与教育思路方式的转变

滇西片区少数民族聚居密度高，贫困范围广。尤其是处于边境线一带的少数民族群体的贫困状况，可以说是在我国现阶段扶贫工作中最为突出、最为典型的。这一广大区域的扶贫和发展，不仅是解决“三农问题”的重点，还是关乎边疆社会稳定乃至国家安全的战略性举措。但对于他们的经济发展帮助与改造，无论是技术改造、人力资本的投入还是教育发展，都是相当艰难的。而教育扶贫和人力资本投资的成效，应该从以下具体案例中吸取经验教训，并重点考虑以下几个方面的转变：

第一，转变影响经济发展的传统思维观念，重视文化自觉教育，特别是有助于强化现代市场经济与现代教育的理念、方式、途径等方面的教育。

云南省金平县的苦聪人尤具代表性。对世居滇南山区西隆密林中的苦聪人，政府经过几十年的努力改变其“原始”生活的结果却是，迁移密林40年后，苦聪人群体的经济、社会、文化状态还是同样的，未能发生彻底的改变，据说“他们的实际生存状态如同出林前的1957年”。1980年土地承包到户后，传统上实行“原始共产制”的苦聪人不能适应这种生产生活方式，原来定居的一些苦聪人又重返森林，过起了流徙不定的游耕生活，而原来耕种的土地则逐渐荒芜。特别是米拉祜族乡的六六新寨等，先后在1980—1990年间，发生了多个家庭不断地重返森林的事件。政府做了大量工作，直到2000年左右，才使苦聪人大部分定居。

从苦聪人不断重返森林的案例中，可以看出改变传统生计模式和生活方式的艰难及其制约因素的复杂性。其中最重要的原因之一正是观念意识的问题。长期采用某种传统生产技术的农民，一般不愿意轻易改用收入利润可能更高的技术方式。如仍有相当部分的当地人不愿意参与市场经济，而且大多缺乏商品经济意识，不重视财产积累，并且还在消费方面没有节制。因此他们更需要的，是强调主动参与市场经济的一种文化自觉的观念层面教育。这直接关系着扶贫的最终效果。可以说，正是与现代市场经济运作规则及其理念的差异，相当程度地制约了贫困问题的解决。

但观念层面的改变是长期和艰难的。这就提示我们注意，教育过程要重视长期性、可持续性，重视现代市场经济与现代教育的理念、方式、途径等的教育。而其前提，是对各少数民族传统生产生活与观念意识的深刻把握。如果没有对于对象社会文化的充分认知，不考虑当地实际便轻率

采用某些扶贫方式，其扶贫的最终结果就可能是事倍功半的。

第二，改变既有的自上而下的灌输式教育，逐渐采用强调当地人主体视角的参与式教育扶贫方式。

从边境区域许多村寨近年来新建的科技活动室建设等方面，体现了政府寄望于通过“新农村建设”发展教育、提升村民素质，用科学发展观建设和谐边疆社会的强烈渴望。然而，我们从2009年以来在许多村寨调查中所看到的，却是已经盖好数年的科技活动室，村民们大多极少使用。并且，很多活动室的部分设施都已经遭到了不同程度的损坏。原因有很多，诸如软件建设的脱节、基层政府管理不善、当地人自身的素质问题……教育效果不好，不仅让我们看到投入、管理等方面的问题，更促使我们思考目前的教育方式本身的问题，即这是一种外在的、对象化的教育方式。这种外在的、对象化的教育方式，实际隐藏着双方的真实关系：指导者—被指导者、管理者—被管理者、施惠者—被施惠者，或者更坦白地说，贫困者被视为缺乏教育、保守封闭、难以实现自身发展的受援助者。

而在国际上，受挫于“发展十年”计划，世界银行于1973年开始对扶贫政策进行了重大调整。而调整的核心，正是动员贫困地区的人民参与到扶贫项目中来。我国的扶贫政策特别是关于边疆少数民族经济政策、教育方式等的指导思路，同样亟待从外在的、对象化的、刚性的，向内在的、合作的、弹性的思路转变，或者说从一种自上而下的区域式模式，向一种自下而上的参与式模式转变。而实现这种转变，需要政府和扶贫机构转变自身角色，为当地人塑造参与的基础条件和良好环境，提供推动和引导他们参与的制度支持；通过制度化的鼓励、奖励、扶持等方式，保证当地人参与到扶贫工作中；从政策措施、项目、保险等方面为他们降低、分解甚至分担市场进入的风险等。

第三，改变既有的说教式的教育方式，代之以更具成效的村寨与典型人物的示范性教育，从根本上推动贫困地区经济文化的全面发展。

在我们调查的贫困区域，特别是那些拥有河谷热区土地的区域，许多已经推进了香蕉等经济作物的种植。而且，在过去的几年中，绝大部分人已经充分认识到了香蕉种植的市场风险。以金平县一个苗族村寨的王组长家为例，2008年香蕉价格降到每千克8角，他们家就亏本了。但2009年的香蕉又涨到了每千克3.6元。他当时便决定，把自家的所有土地用来自己种植香蕉，粮食则另外购买。据说，当时村里已经有近一半的家庭决定跟着他一起这样做。

而且，绝大部分村民都对热区开发持肯定态度。他们认为，尽管香蕉种植有市场风险，但其收益还是比栽种粮食“高多了，划算多了”。所以，把土地租给外地老板，虽然有固定的租金，但与自己栽种相比，还是“太吃亏”了。因为除了租金、请工人外，香蕉的投入主要是肥料、水和药水，每年每棵只要投入七八元左右。老板们显然把绝大部分利润都赚走了。如果自己买苗和育秧的话，还可以节省更多，赚的当然也就更多了。所以，尽管种植香蕉“就像赌博”，他们也“担心香蕉的价格担心到睡不着”，但就算“输一两年也不怕，长期肯定是可以赚的”。当然，还有不可不提及的一点，就是种植香蕉“没有种地那么辛苦”，栽种粮食每个月“要干20天左右”，种香蕉则“只需要10天左右”，时间成本节省了近一半。可见，当地人并非市场体系的被动参与者。一旦条件具备，他们同样可能是市场中的审时度势的、富有能动性的、理性的主动参与者。可见，周围的成功例子给人们的带动作用和影响，是远远超过既有的说教式的宣传教育方式的。

四、结 语

综上可知，滇西片区的贫困根本上属于一种“素质型贫困”。“素质型贫困”主要源自现代知识的匮乏及其接受能力的贫困，包括教育水平低下的程度，更主要是指获取、吸收和交流知识能力的匮乏或者途径的缺乏。它可以划分为获取知识能力的贫困、吸收知识能力的贫困、交流和运用知识能力的贫困。“素质型贫困”所产生的获取知识能力的贫困、吸收知识能力的贫困、交流和运用知识能力的贫困，直接关系到滇西片区贫困问题的彻底解决。具体来看，人力资本的投入成效特别是教育扶贫的实现，又集中体现在基础义务教育、职业技能培训、文化自觉教育三大层面。目前，除了要重视职业技能培训外，更重要的是通过参与式、示范式、融入式教育方式的探索，来切实推进基础义务教育与文化自觉教育。

关于转变滇西片区教育扶贫方式的若干建议

郑 宇*

摘 要： 教育扶贫与人力资本的投入，集中体现在基础义务教育、职业技能教育、文化自觉教育三大层面。义务教育是基础；职业技能教育是具体实现方式；文化自觉教育是保障措施，是实现以上教育方式的必要前提。具体来看，需要构建“参与式教育扶贫”模式基础和保障，尝试打造“教育扶贫示范点”（示范村、示范乡镇）和设立“优秀教育创业人才基金”，探索“融入式教育扶贫”方式，促进教育与人力资本投入的多样化、本土化与可持续性，切实保证以上三大教育层面的贯彻实施。

关键词： 滇西片区 教育扶贫 建议

滇西片区教育扶贫是指通过人力资源的投入与人口素质的提升来改造传统农业，并具体强调从建立适当的制度、供求两个方面，为引进现代生产要素创造条件和对农民进行人力资本投资。具体来看，教育扶贫与人力资本的投入，集中体现在基础义务教育、职业技能教育、文化自觉教育三大层面。

第一，基础义务教育方面，普及九年制义务教育，加大教育基础设施建设投入，在构建“教育保障机制体系”中全面加快发展教育事业。

滇西片区教育方面的突出问题，一是受教育程度总体低下，人力资本存量瓶颈问题凸显。横向比较，该区域高中阶段毛入学率比全国平均水平低31.6%。二是基础教育投入严重不足。到2010年，人均教育支出只有1410.9元。因此义务教育是基础，是长期性解决边境片区贫困的根本路径，是人力资源支撑作用大幅增强的基本保障。

坚持教育优先发展战略，完善以政府投入为主的教育经费保障机制，不断加大沿边滇西片区教育投资力度。基于宽泛的收入增长、基础教育和保健的投资，以及为那些不能参与成长的人群设立的安全网，以保障九年制义务教育的全面实施；兴建更多学校、图书馆等用于教育和文化传播的机构，提高边民的文化素质水平；改善办学条件，积极争取资金，加快农村中小学危房改造，认真组织实施好农村中小学现代远程教育，农村寄宿制学校，饮食、交通安全等工程建设；加强教师队伍建设，全面推进素质教育，加强各类教育培训机构建设、人才引进和培训工作，促进教育协调健康发展。积极发展中等职业教育，努力提高高中阶段教育的规模和水平。完善电信、通信、信息网络等邮电通信，保证信息的快速、准

* 郑宇，博士，西南边疆少数民族研究中心副教授，主要研究方向为经济人类学与边疆民族问题。

确传递；广修电网，为他们的生产生活提供充足的电力。在基础设施和公共服务体系的不断完善中构建“教育保障机制体系”，促进滇西片区基础教育发展。

第二，职业技能教育方面，强化针对性职业技能与相关法律法规教育，重视产业协作、关联与管理能力教育，奠定未来“产业—区域联动”模式基础。

以就业为导向，发展职业技术教育和专业技术培训，着力培养高素质劳动者和实用型人才。未来必须更加注重积极发展各级各类教育机构，因地制宜开展实用技术和劳动力转移就业培训，加快提高人口素质和就业能力。

目前大多数贫困地区的现金收入大多来自打工、经济作物种植以及个体化、零散化的商贸活动。其中，经济作物种植是应对和解决片区贫困的最为重要和现实的就地解决途径之一。例如，景洪市勐龙镇景尖村，目前每户家庭每年可从种植橡胶树中获得1万~6万元的收入。江城哈尼族彝族自治县勐烈镇龙富村，每个家庭通过种植橡胶和割胶，每月可以获得近万元收入。但问题在于，他们中的大部分并没有接受相应的科学、规范的培训，缺乏相应的法律法规意识，也没有形成相应的较大规模经营组织，从而严重缺乏规模效应与市场竞争力。因此，职业技能的教育除了要有针对性、实用性，即针对提高他们的某项实用知识技能和提高劳动生产率之外，还要包括市场经济活动基本规则的灌输，囊括相关法律法规知识的教育，针对经商活动规范化、合法化的培训，特别是关系到未来规模发展、建立地方乡镇企业的团队组织管理方法的引入，从而为未来不同相邻地区之间构建区域与产业互动，形成“产业—区域联动”模式奠定坚实基础。

第三，观念意识教育方面，推动“文化自觉教育”，改变人们对待现代教育的认知和态度问题，从根本上全面提高人口质量。

目前，在部分贫困山区仍存在成年人扫盲及脱盲后，在继续教育中只注重实用技能，而忽视思想观念、文化素质的综合提高，村民缺少积极向上的娱乐、休闲方式，以及重视经济发展忽视子女学校教育等问题。在大部分地区，绝大部分村民目前仍未能清楚认识到教育与经济发展之间的内在关系。而在金平县的一个苗族村寨，目前绝大部分村民人均纯收入仅2000元左右，但其中受过高等教育的一位村民，却通过掌握种植香蕉技术以及承包更多土地，实现了约15万元的年均收入。而且，他非常清楚地意识到自己所取得的成功，是与受过高中教育密不可分的。因为他更明显地善于学习包括经济作物种植在内的各种知识和技能，对新兴事物抱有强烈的好奇心，富有创新和尝试精神，拥有更广阔的社会交往网络，以及更快捷准确的市场信息。

因此，要通过扩大宣传、积极引导、课堂与生产生活教育等多种方式，不仅改变目前许多地区的人们仍然保有的受教育不产生直接经济利益的观念，还要从根本上改变人们对待现代教育的认知和态度问题，引导学生及家长树立正确积极的学校教育观念。

义务教育是基础，是长期性解决边境片区贫困的根本路径；职业技能教育是具体实现方式，是应对各地区具体实际情况的基本手段；文化自觉教育是保障措施，是实现以上教育方式的必要前提。具体来看，需要从以下方面入手，来切实保证以上三大教育层面的贯彻实施。

第一，构建“参与式教育扶贫”模式基础和保障，推动扶贫政策措施思路从自上而下向自下而上的转变。

参与式教育扶贫充分强调主体性、能动性，强调主体自身的示范性、带动性，强调扶贫者和被扶贫者之间的互动性、交流性，强调扶贫效果与人力资本投资效果的可持续性与长期制度性。解决滇西片区“素质型贫困”问题的根本，是让当地人真正成为主体，参与到扶贫攻坚战中，并在自身受教育程度与经济能力的全面提升过程中，真正实现自身的可持续发展。

参与式扶贫教育的关键，是动员贫困地区的人民参与到扶贫项目中来。如从关于总体发展较为落后的苗族群体的广泛调查来看，这部分贫困群体并非不愿意发展自身。关键的核心问题，其实是他们缺乏参与的途径、方式和相应保障，或者说缺乏来自自身内部的动力。因此，目前的教育扶贫政策措施特别是关于边疆少数民族的指导思路，需要从外在的、对象化的、刚性的，向内在的、合作的、弹性的思路转变，或者说从一种自上而下的模式，向一种自下而上的参与式模式转变。而实现这种转变，需要政府和扶贫机构转变自身角色，为当地人塑造参与的基础条件和良好环境，提供推动和引导他们参与的制度支持；通过制度化的鼓励、奖励、扶持等方式，保证当地人参与到扶贫工作中；从政策措施、项目、保险等方面为他们降低、分解甚至分担市场进入的风险等。

第二，尝试打造“教育扶贫示范点”（示范村、示范乡镇）和设立“优秀教育创业人才基金”，增强对教育的重视程度。

在调查过程中发现，相同区域的相邻村寨，由于多种因素的影响，平均收入水平会有比较大的差异。其中发展情况较好的村寨，会在区域范围内发挥较好的带头发展的示范作用。另一方面，在部分年均收入不足2000元左右的贫困村寨中，少量受过高中以上教育、担任村干部并受过较好职业技能教育的村民，有的年均纯收入已经达到数10万元，并且会有意识地积极带动其他村民，起到极好的示范带动作用。所以，来自周边与相邻地区、人员的示范带头作用，其影响力常常是远超通常的说教式宣传教育方式的。

所以，应尝试精心选择部分地州的一些贫困乡镇、村寨，构建“教育扶贫示范点”或“人力资源开发扶贫示范点”，以及尝试设立部分乡镇、村寨的“优秀教育创业人才基金”，通过五年左右的教育长期规划和重点投入，切实实现通过教育带动示范点的经济、社会、文化等的显著全面发展；帮助优秀人才多途径创业，并由此产生明显的由教育投入所带来的经济、社会效益，带动当地人民教育观念的转变，从而有力推动当地教育事业的不断提高，以及经济模式的不断创新发展。

第三，探索“融入式教育扶贫”方式，促进教育与人力资本投入的多样化、本土化与可持续性。

当前扶贫教育比较突出的现实问题主要包括：①贫困地区学校教育尽管在硬件建设上发展较快，但教学效果不佳、民族传统文化重视不够却是普遍存在的问题。②普遍存在学校教育重视全国统一化、标准化的普九教育，忽视地方乡土文化的传承教育的问题。③目前的职业技能培训普遍重视实际针对性，但却因为太过强调短期性和实用性，从而对基础教育造成了冲击和矛盾。因此，扶贫教育效果的实现，最重要的是能够适应现代社会的需求，适应各地各民族的特殊语境。

这就要求教育扶贫实现以下三个层面的结合，构建一种“融入式教育扶贫”方式：现代教育与民族教育的结合，市场经济与本土经验实际的结合，基础教育与职业技能教育的三结合。具体来看，首先，探索现代教育与民族教育的结合。在中小学适量增加具有地方民族特色的乡土教育，除了全面落实双语教学外，要积极尝试“民族文化进课堂”，即包括地方历史、民族知识、传统伦理、民族歌舞等知识进入课堂，增强学生对自己家乡和民族的热爱，以及对教材内容的认同。这个过程能够更好挖掘和整理民族民间文化，开发民族服饰文化、饮食文化、歌舞文化等，并加强历史文化、边地文化、民族民间文化资源的抢救保护工作。其次，探索市场经济与本土经验实际的结合。除了关注市场经济发展，强调职业技能掌握外，同时也要倡导恢复传统村落社区教育的积极功能，借助民族节日和民族歌舞等文化资源，倡导正确的消费观念、积极的娱乐休闲方式。再次，探索现实针对性与未来可持续性的结合。除了重视职业技能教育之外，更要重视基础教育、文化自觉教育的持续性投入。通过以上多个方面的努力，促进教育与人力资本投入的多样化、本土化与可持续性。

信息技术在贫困地区区域开发中的应用

姚绍文*

一、课题研究总述

（一）研究概况

本课题于2012年6月立项。课题组旨在结合滇西贫困地区的区域开发，从网络信息技术在贫困地区的社会、经济、文化、教育等方面的应用，开展课题的研究。

课题组结合课题的要求，将课题研究分为四个子课题，具体包括：滇西开发网络信息平台的搭建、典型州县的信息化应用发展状况调研、信息技术在社会经济发展中的作用、基于网络的在线教育技术。

（二）研究任务

根据课题研究计划，本课题的四个子课题研究任务如下：

（1）滇西开发网建设：配合教育部的要求，开发、建设并运营滇西开发网，使之成为教育部联系滇西边境片区各个州县的桥梁，全面汇集、展示滇西贫困地区的信息，形成扶贫产教联盟的信息支撑平台，搭建贫困地区招商引资的桥梁。

（2）典型州县的信息化应用发展状况调研：主要围绕信息化基础设施建设状况，教育、政府等信息化应用发展状况，设计调研提纲，对滇西地区的典型州县开展调研，针对信息技术在贫困地区区域开发中的应用，形成调研报告。通过调研、分析，研究信息技术在贫困地区区域开发中，在经济发展、教育发展、人才培养等方面的支撑应用。

（3）信息技术在社会经济发展中的作用：本子课题的研究任务是明确信息技术在滇西少数民族边境山区社会经济发展中各重要方面的作用，探讨应用信息技术推动该地区社会经济发展的方法，为缓解滇西地区的贫困状况、提高发展的效率和质量打下基础。

（4）基于网络的在线教育技术：本课题针对滇西地区社会经济发展的实际情况，分析总结基于计算机网络的教育资源共享、在线学习的平台架构和方案。通过课题的研究为滇西地区发布人才供求信息，创业指导信息，专业人才或职业技能的在线教育、培训课堂、互动学习、交流讨论等提供技术实现的参考方法。同时，通过课题的研究形成在线教育平台的建设方案，建立验证演示系统，并形成研究报告。

---

* 姚绍文，博士，教授，博士生导师，云南大学学科建设办公室副主任，国家软件人才国际培训（昆明）基地主任，中国通信学会会士，云南省中青年学术和技术带头人，教育部网络工程特色专业首席教授。曾任云南大学软件学院副院长，南澳大利亚大学（ITR，电信研究所）高级访问学者，德国卡尔斯鲁厄（Karlsruhe）大学访问教授。

其中，“滇西开发网”的建设是本课题的核心。滇西开发网应该建设成为滇西边境片区各州县与教育部定点联系滇西边境山区工作领导小组办公室沟通的桥梁和平台。

二、滇西开发网的建设

（一）研究任务

2011年4月26日，中共中央政治局会议审议《中国农村扶贫开发纲要（2011—2020年）》，研究部署农村扶贫开发工作。会议强调把连片特困地区作为主战场，全面推进连片特困地区扶贫攻坚工程，并确定了六盘山区、秦巴山区、武陵山区、乌蒙山区、滇贵黔石漠化区、滇西边境山区等11个连片特困地区作为今后十年扶贫攻坚的主战场。扶贫攻坚工程建立片区、部委定点联系机制，每个片区由1个中央部委负责具体联系，督促指导片区规划的实施。其中，教育部负责定点联系滇西边境山区。

为了进一步做好滇西十州市扶贫开发工作、打好这一集中连片特困地区扶贫攻坚战役，让外界更多地了解这片资源丰富、风光旖旎、文化多样、热情好客的梦幻热土，鼓励更多的社会力量参与扶贫开发这一伟大而神圣的事业，吸引更多的组织、企业、个人到这片土地上投资兴业、共同富裕，进而为其搭建一个认识滇西地区、了解投资需求、联系交流、政策咨询的网上平台，决定建设“滇西开发网”。

云南大学“滇西开发网”项目组以全面服务于滇西扶贫开发与区域发展为宗旨，积极响应并落实教育部的相关指示，为滇西10州市的61个县搭建一个信息发布和在线交流的平台。项目的主要内容包括软硬件环境的搭建、安全性保障措施的实施、数据库的搭建、滇西开发网的设计与实施、内容的采集和处理、部署与上线测试、域名申请备案及后期运营维护等。

通过该项目的建设，展示了滇西贫困地区的信息，形成扶贫产教联盟的信息支撑平台，同时也为教育部联系滇西边境片区各个州县搭建了好的桥梁。

（二）研究方法和过程

本子项目采用的主要研究方法包括需求调研与分析、技术研究、交流座谈、分析总结等。

在子项目的前期，项目组成立需求分析团队，与教育部、滇西发展研究中心就滇西开发网的内涵需求进行讨论。然后，针对讨论中形成的文档及收集的相关资料进行整理、分析。另外，项目组的成员还针对项目的需求进行深入讨论、反复确认，最终达成理解上的一致。

在技术层面，项目组成立技术团队，针对滇西开发网的系统架构、技术路线、管理方式、测试方法等方面进行分析研究。在研究开发过程中，项目组定期组织技术交流讨论会，使项目组开发成员对系统建立了整体性的理解。

滇西开发网经历了两个过程：

（1）第一个过程是滇西开发网第一个版本的实现，主要包括网站平台的基本功能，包括滇西自然、人文、特色产品、招商、旅游、产教联盟等信息发布以及在线交流。

（2）第二个过程是在第一个版本的基础上，除了实现第一个版本的功能之外，增加了后台的用户管理、文章报审、微博、友情链接等多项功能，紧密结合滇西扶贫的工作需求，并对前台的页面布局进行了全面的改进。第二个版本的主要功能包括角色权限管理、单位管理、栏目管理、用户管理、用户审核、文章管理、文章的审核与发布管理、留言管理、站内信管理等。

同时，根据教育部“边建设、边运行、边维

护”的原则，在第一个版本和第二个版本的运行过程中，不断完善滇西开发网的功能、丰富滇西开发网的信息内容，充分发挥滇西开发网的作用。

（三）主要研究开发的内容

本子项目研究开发的主要工作包括需求分析、系统设计、系统实现、文档管理及网站注册。

1. 需求分析

需求分析主要包括：从教育部、滇西发展研究中心收集所包含的文章和信息进行报审的业务流程、系统信息的基本管理功能、用户的类型及操作权限、栏目设置、页面风格设置、非功能性需求等。

系统信息报审的主要业务流程是各州、县，云南大学滇西发展研究中心向教育部定点联系滇西边境山区工作领导小组办公室报审的流程，流程根据用户所属单位级别的不同而不同，图1是县区级的用户提交文章的审核流程图。

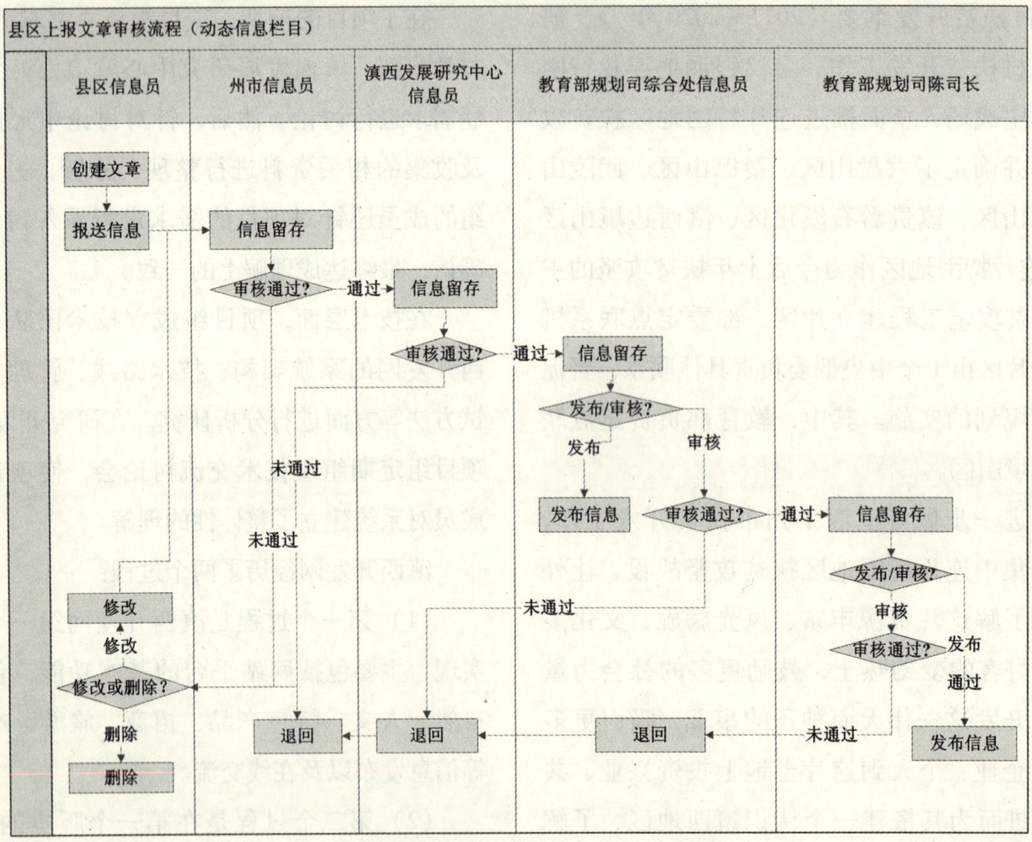

图1　县区级用户提交文章的审核流程图

系统的基本功能采用例图方式进行描述，如图2所示。图2描述了系统中涉及的不同类型用户以及与各类型用户相关的功能。

系统的栏目设置如图3所示，具体包括首页、七色滇西、招商引资、特色产品、旅游服务、动态信息、政策研究、交流中心、基金与伙伴计划、校企合作促进会等主要栏目。

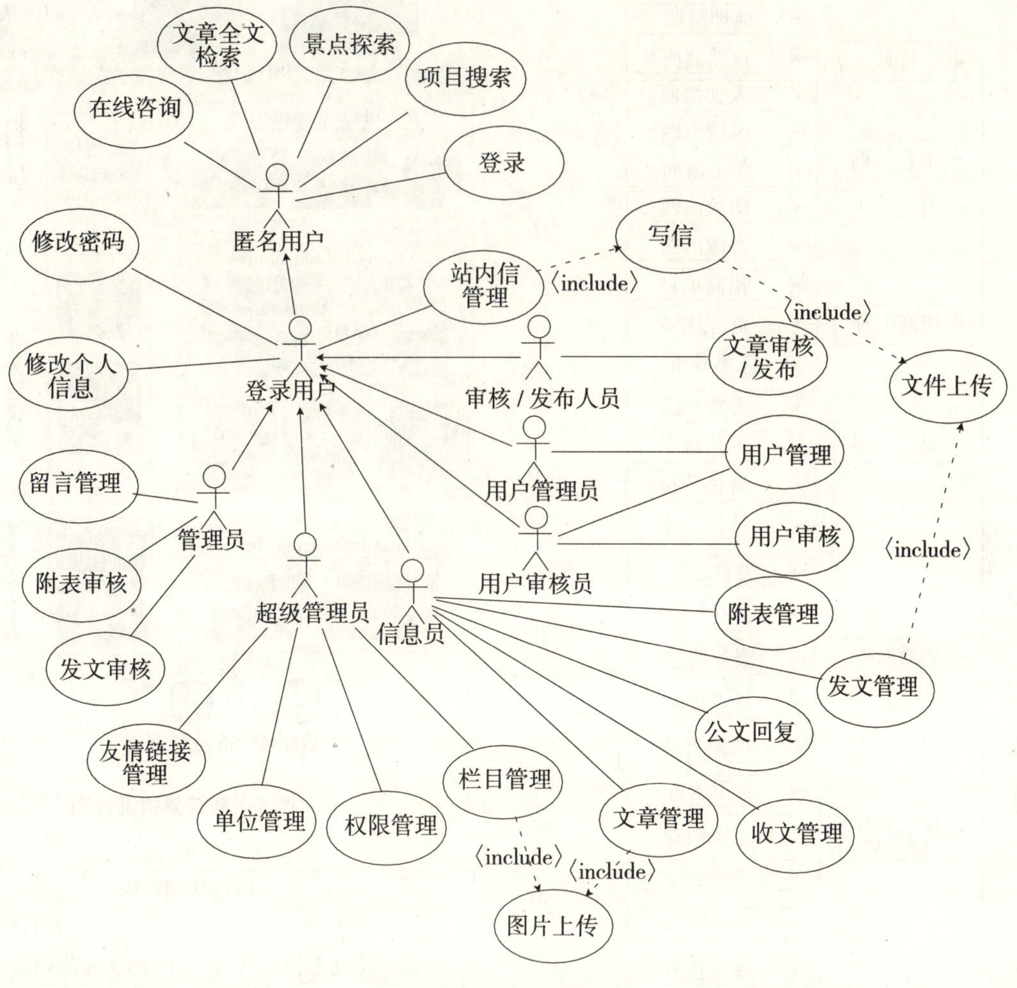

图2 滇西开发网系统例图

系统的非功能性需求主要包括后台管理需求、安全需求、技术需求、界面需求等，使得系统可以进行配置管理，在首页主页面上，能配置增加各种插件、功能模块，提升系统的可管理性、友好性。

2. 系统设计

系统设计主要包括系统的架构设计、功能模块设计、数据库设计等。系统的技术架构设计如图4所示，分为数据持久层、业务逻辑层、控制层及表现层。其中，每层均有一种或者多种实现技术作为支撑。系统设计开发采用J2EE技术，基于目前成熟的SSI框架（Struts + Sping + iBatis）。

系统的功能模块图如图5所示。具体包括前台功能模块、后台功能模块。前台功能模块包括首页页面样式和布局、栏目展示、相关功能插件、相关链接等，系统的架构支持Flash插件、其他功能插件的集成，目前，系统前台首页集成了视频播放、音频播放、滇西扶贫区域Flash地图链接、其他相关链接插件等丰富的具体功能和信息展示。后台功能模块包括系统设置、用户管理、权限管理、角色管理、栏目管理、文章管理、审核功能、配置管理等核心功能。

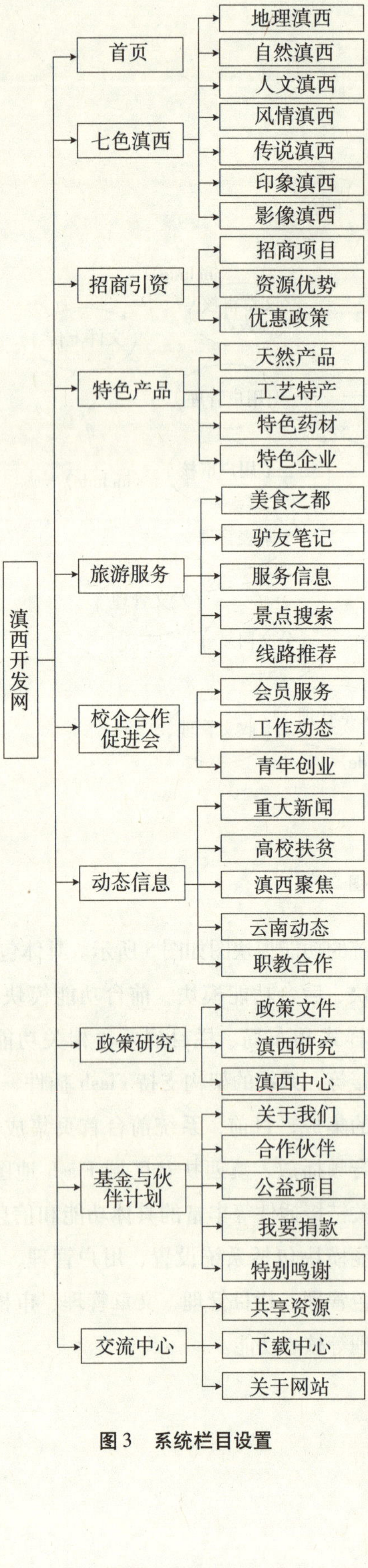

图3 系统栏目设置

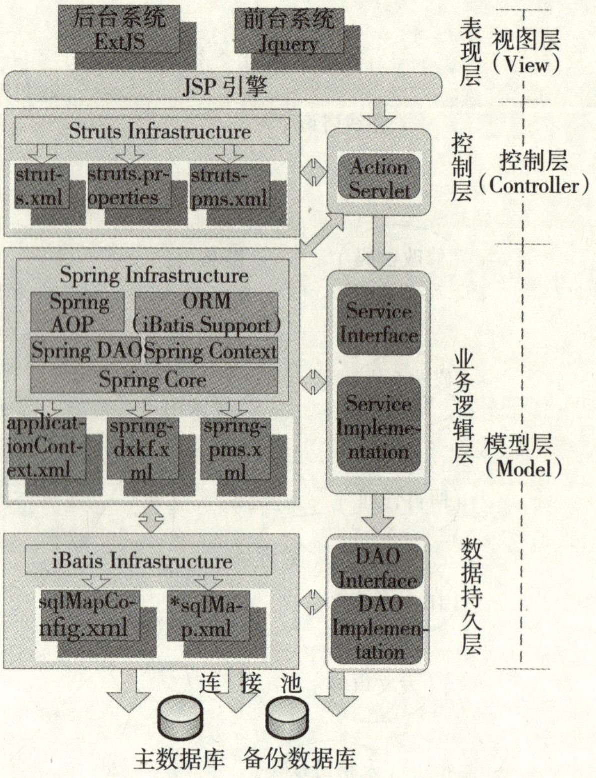

图4 系统架构设计图

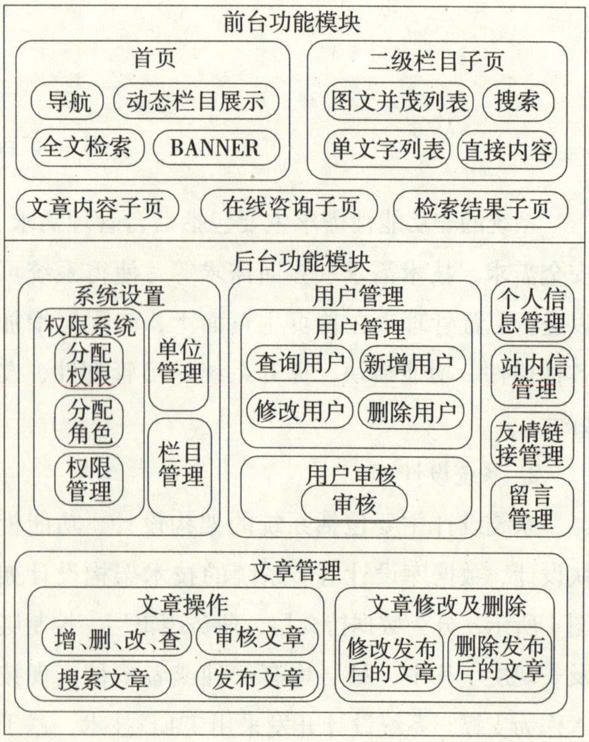

图5 系统功能模块图

系统的数据库设计主要包括文章模板类型数据库设计、文章审核模块数据库设计、用户审核模块数据库设计。图6、图7、图8分别为文章模板类型模板数据库设计、文章审核模块数据库设计、用户审核模块数据库设计。

3. 系统实现

系统采用成熟的J2EE技术，基于SSI框架，保证了系统设计的高内聚、低耦合。数据库管理系统采用Oracle 11g，并进行必要的优化。目前，滇西开发网实现了以下主要的功能栏目模块：

（1）展示七色滇西的信息。

展示滇西自然、地理、人文、风情、民俗等信息。其中，信息类型包括文本、图片、影像等。

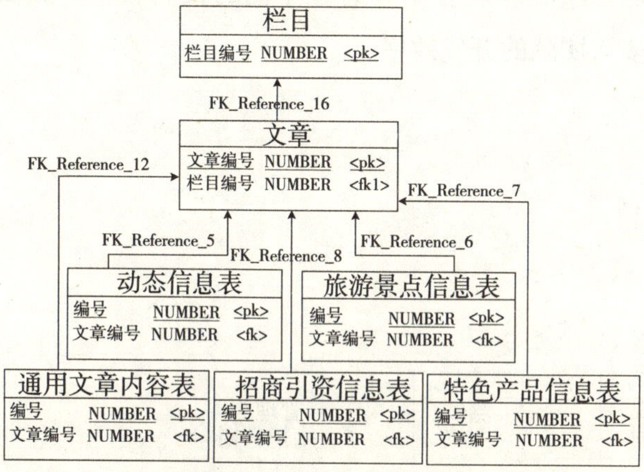

图6　文章模板类型模板数据库设计

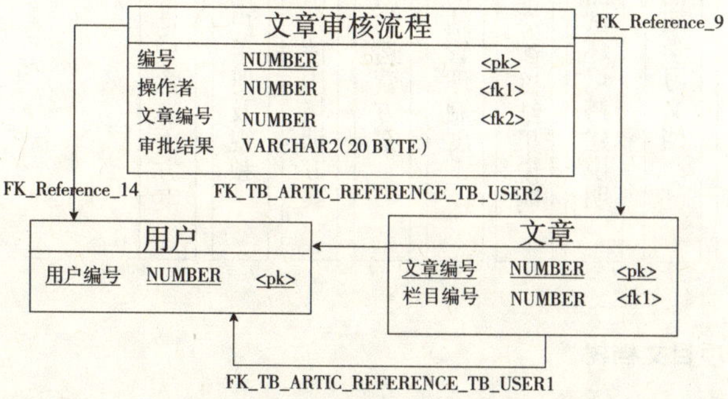

图7　文章审核模块数据库设计

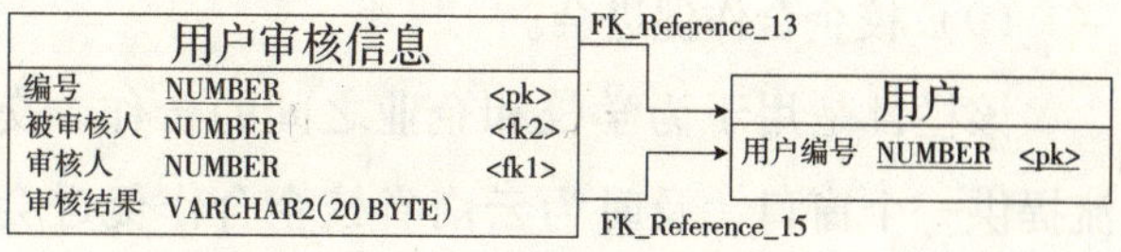

图8　用户审核模块数据库设计

（2）展示招商引资的信息。

展示投资环境和招商引资信息。其中，招商引资信息包括招商项目、投资指南、州市优势、地方政策、相关机构、投资渠道及成功案例等。

（3）展示滇西特色产品的信息。

展示滇西地区的特色农产品。特色产品类别主要包括天然产品、工艺特产、特色药材、特色小吃、稀有矿产和农副产品。

（4）展示滇西旅游服务的信息。

有利于发展滇西地区旅游业，带动地方产业经济，展示滇西地区旅游服务相关信息。主要包括景点介绍、线路推介、驴友笔记、航班信息及酒店信息等。

（5）展示扶贫济困的动态信息。

后台发布滇西地区扶贫济困的最新新闻动态，前台展示此类信息。信息包括重大新闻、职教合作、云南动态、高校扶贫和滇西聚焦。

（6）展示扶贫相关政策信息。

该模块主要为大家提供一些国家扶贫方针、政策，便于民众及时了解。主要包括云南大学滇西发展研究中心的介绍和相关政策文件。

（7）在线交流的功能。

给用户提供一些可共享的资源，便于滇西片区10州市相互了解、联系，同时也为用户提供了下载功能，可下载对自己有用的信息。

（8）基金与伙伴计划。

主要包括公益项目、合作伙伴、我要捐款、特别鸣谢和关于我们。该模块主要用于及时展示对滇西地区做的公益项目等情况。

(9) 校企合作促进会。

该栏目是用于为学校和企业之间的合作、交流提供一个窗口，及时为云南省校企合作促进会服务。

(10) 资料上传、下载功能。

后台上传资料，包括文档、文献、图片、影像资料等，前台下载资料。

(11) 导航和栏目的设置。

后台对系统的导航和栏目进行设置，并能够对样式进行自定义，前台动态地展示更新的导航和栏目。

(12) 用户、角色、权限管理。

后台对权限、角色、用户进行增、删、改、查的操作。

(13) 信息审核的功能。

把后台文章上报、提交、审核权限分开，审核后信息可更新至首页。具体的审核流程实现自定义。

(14) 站内搜索。

提供中文分词，页面抓取，建立索引，搜索结果的排序，关键词的统计、分析、关联、推荐等功能。方便用户能够方便地查找到想要的信息，并友好地展示搜索的结果。

4. 代码及文档管理

在开发建设的过程中，滇西开发网遵循软件工程过程的基本流程，编写各阶段所需的文档，并且通过搭建 FTP 服务器来管理相关的文档，包括滇西开发网 1.0 版本和升级版本的文档。滇西开发网的文档树如图 9 所示。另外，在系统开发阶段，项目组采用 SVN 管理不同的代码版本，提高多人团队的开发效率。

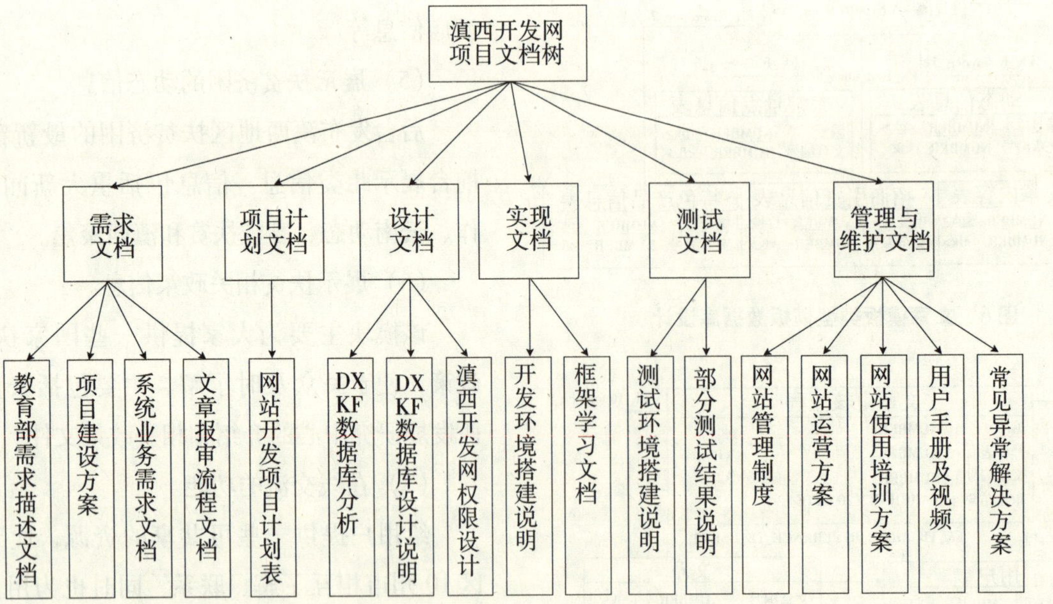

图9 滇西开发网项目文档树

5. 网站注册

(1) 网站域名。

为方便社会人士及高校系统对滇西开发网的访问，特申请并设置了两个可公网访问的域名，一个公网域名以及一个教育网域名：

公网域名：www. dxkf. cn

教育网域名：www. dxkf. edu. cn

（2）网站硬件设施。

为保证滇西开发网的稳定运行，滇西开发网的服务器目前部署在云南大学网络信息中心，硬件设施由云南大学网络中心提供服务，并通过电信专线接入，保证网站的高速访问。

因滇西开发网新闻更新速度较快，数据量较大，数据库采用企业级版本 Oracle 11g，并定期由维护人员进行数据备份，保证数据的安全性。

（3）网站备案。

滇西开发网的备案通过了正规的备案流程，因属于教育类型网站，主要包括教育厅前置审批、中国电信昆明分公司登记及中国工信部备案。目前，滇西开发网已成为一个合法的综合性门户网站。

（四）系统升级与运行维护

1. 系统升级与完善

根据教育部“边建设、边运行、边维护”的原则，项目组根据教育部定点联系滇西边境山区工作领导小组办公室结合滇西开发提出新需求，不断升级完善系统的功能：

第一，不断优化完善系统的技术实现。项目组扫描系统的安全漏洞，并对系统打补丁，使得系统运行不断稳定。同时，优化系统后台的数据库配置、系统功能模块的实现，使得系统运行的效率更加高效。检查监控后台的日志，及时发现系统存在的问题，进行修复和完善。

第二，不断增加前台功能。目前，在滇西开发网首页上，系统除了展示栏目内容之外，还链接、集成、展示了云南省校企合作促进会、滇西学习网、滇西地区农村青年创业人才培养计划、直属高校滇西扶贫工作动态、与滇西开展战略合作的职教集团、滇西边境山区学期教育装备爱心园援建工程、滇西特色农产品、相关的友情链接。同时，前台还集成了视频功能插件、音频功能插件、Flash 滇西地区地图导航、微博、资源下载等功能。

第三，不断丰富平台的内容。除了日常及时发布信息之外，系统还为各个州县提供了招商引资、特色产品、旅游服务等信息发布和展示的功能。并配合校企促进会的成立、相关扶贫工程的启动及滇西扶贫工作的推进，及时在平台上发布信息。目前，整个平台展示的信息已经超过数万条，访问量超过40万。

2. 维护与管理

网站平台建设不可能一蹴而就，需要不断优化、完善。因此，“滇西开发网”的建设不仅是一个开发项目，更是一个需要倾注心血、用心管理和维护的工作。

在“滇西开发网”的运行、管理和维护的过程中，项目组制订了相关的维护流程、管理规范，在此基础上，开展了大量的维护管理工作。主要包括以下几个方面：

（1）日常运维。

①安排技术人员值班，开展日常维护，并在寒暑假，安排专人值班。

②网站域名备案和注册续费。

③帮助滇西片区州县上传相关的资料信息。

（2）技术运维。

①系统出现死机、异常，页面出现乱码，重新启动系统，并根据日志对系统进行优化。

②根据百度搜索要求，调整系统的显示介绍。

③每月对数据库、系统代码进行备份，备份数据、代码多达20余次。

④针对多种浏览器无法兼容的问题，进行插件和代码的修改处理。

⑤对系统进行整体优化，保证系统运行的稳定、高效。

（3）前台功能完善。

①对首页和二级页面的显示界面布局、颜色搭

配、动态信息主题、字体字号等进行了10余次调整。

②针对校企合作促进会、视频播放、动态新闻信息、二级栏目名称及配图、滇西特色农产品展示、重大新闻置顶、音乐播放器、新浪和腾讯微博、周访问量统计、招商引资栏目和项目的表格样式等调整。

③针对文章模板、相关配图、新闻排序等方面，根据教育部的要求和视觉美观的要求，进行多达近百次动态调整。

(4) 后台功能完善。

后台系统中，针对文章上传、审核状态、是否置顶、审核人员选择、图片上传、二级栏目“共享资源”里上传视频等功能进行完善。同时，优化代码，提高浏览器页面加载的速度。

（五）其他工作

项目组积极配合教育部，参与组织实施“滇西笑颜”摄影大赛活动、滇西边境山区民族特色影音作品展播、教育部直属高校干部挂职等活动。

1. 参与组织“滇西笑颜”摄影大赛活动

项目组投入技术人员，投入2个多月时间，开发“滇西笑颜”摄影大赛投票网站核心页面近10个，整理参赛作品100多幅，上传并编辑近200幅作品至网站展示，定期对内容进行修改维护，保证网站的正常运行，定期调整首页显示图片顺序、关注投票数量，实时修改显示内容。

项目组投入技术人员，投入2个多月时间，开发“滇西笑颜”摄影大赛获奖作品展示网站核心页面4个，改进网站10余次，完善功能20余处。

在滇西开发网中，集成、链接“滇西笑颜”摄影大赛投票网站、获奖作品展示网站，并及时发布相关信息。

2. 开发滇西地区民族音乐、视频的特色音视频网站

项目组投入近10名技术人员，投入3个多月时间，开发完善滇西地区民族音乐、视频的特色音视频网站，开发核心页面12个，对音乐播放器、视频播放器进行二次开发，建立数据库并导入200多条数据记录，转换视频60余个。改进网站近10次，完善功能近50处。

在滇西开发网中，集成、链接滇西地区民族音乐、视频的特色音视频网站。

3. 协助教育部直属高校挂职干部活动

项目组投入技术人员，配合教育部直属高校挂职干部安排，为挂职干部设置账号、密码，并提供网站平台使用的咨询服务。

（六）研究成果

经过团队的努力及多方的合作，滇西开发网第一版于2012年8月顺利上线试运行，并于2012年12月由回良玉副总理亲自开通网站。

作为数据的集散地，滇西开发网目前正管理着各个州市上传的大量数据。后台的总数据量已逾10000条。其中，动态信息栏目的数据量已经超过2000条。

作为宣传滇西的窗口，滇西开发网的目前用户访问量近45万，新浪、腾讯微博粉丝过万，达到了有效宣传的力度。

滇西开发网支撑着本课题的子课题“信息技术在教育发展和人才培养中的应用研究”。滇西开发网的政策研究栏目提供各类政策文件的下载，交流中心提供其他类型文档下载。用户能够通过滇西开发网学习最新政策、获取最近信息、获得在线学习的机会。

滇西开发网支撑着本课题的子课题“信息技术在社会经济发展中的作用研究”。滇西开发网设置的七色滇西、招商引资、特色产品、旅游服务等栏目，有效地推广滇西的特色，推动了滇西的经济发展。

（七）文档介绍

在滇西开发网的开发、升级、完善、运行和

维护的过程中，项目组注重整理并不断积累工程过程中的文档资料，形成了数十个相关的文档。主要文档列表清单如表1所示。

表1　滇西开发网的主要文档列表

滇西开发网V1.0	开发阶段上报文档	滇西开发网建设方案：包括项目建设必要性、需求分析、系统设计方案、技术路线和实施方案、项目可行性和风险分析、项目进度计划、经济效益分析
滇西开发网V1.0	开发阶段上报文档	项目环境搭建文档
滇西开发网V1.0	开发阶段上报文档	关于新增栏目的二级栏目确认方案
滇西开发网V1.0	开发阶段上报文档	滇西开发网微博建设
滇西开发网V1.0	用户文档	滇西开发网用户手册
滇西开发网V1.0	用户文档	滇西开发网用户操作详细视频
滇西开发网V1.0	用户文档	信息收发系统用户分配方案及发收文流程
滇西开发网V1.0	维护文档	滇西开发网站管理制度初稿
滇西开发网V1.0	维护文档	滇西开发网运营方案终稿：网站管理、上传信息相关要求、网站技术支持方责任、其他相关内容，是对网站进行全面的管理
滇西开发网V1.0	项目计划相关文档	滇西开发网整体计划表
滇西开发网V1.0	项目计划相关文档	滇西开发网项目一期二期计划表（修改）
滇西开发网升级版	网站备案	网站备案方案
滇西开发网升级版	网站备案	备案流程
滇西开发网升级版	网站备案	域名过户申请
滇西开发网升级版	网站备案	滇西开发网前置审批文件
滇西开发网升级版	网站备案	教育部门户网站链接网站备案表（终稿）
滇西开发网升级版	滇西开发网启动仪式	滇西开发网启动仪式方案
滇西开发网升级版	上报教育部文档	“滇西开发网”交流文档 2012－12－24
滇西开发网升级版	上报教育部文档	“滇西开发网在线报审系统”需求反馈 0.2
滇西开发网升级版	上报教育部文档	“滇西开发网”工作总结 2012.12.31－0.1
滇西开发网升级版	上报教育部文档	DXKF 周总结文档 2013－1－11
滇西开发网升级版	上报教育部文档	DXKF 周总结文档 20130118
滇西开发网升级版	上报教育部文档	滇西开发网技术改进方案 20130118 反馈意见
滇西开发网升级版	上报教育部文档	滇西开发网反馈报告 20130125
滇西开发网升级版	上报教育部文档	滇西开发网反馈报告 20130323
滇西开发网升级版	上报教育部文档	滇西开发网反馈报告 20130325
滇西开发网升级版	上报教育部文档	滇西开发网四月份工作总结 20130502

续 表

滇西开发网升级版	项目计划	滇西开发网改版计划及人员分工 - 20130304
		在线报审系统微调任务计划表 20130311
		滇西开发网在线报审系统下一步计划 V3.0
		滇西开发网改版工作及下一步计划 V4.0
	项目开发文档	滇西开发网业务需求 0.3.1
		滇西开发网主要功能概要设计_ 0.1.8.2
		滇西开发网后台功能列表 0.4：主要介绍权限角色矩阵、后台功能说明、用户状态说明、文章状态说明。比较全面分析需求，从而得到设计的依据
		滇西开发网系统数据库设计说明_ 0.1.5：描述数据的具体设计。文档包含 E - R 图、每张表的说明及字段说明
		数据库关系图
		滇西开发网项目计划 - 0.4
		文章报审流程图 20130408（最终版）：描述滇西开发网的文章报审流程。文档包含 5 个级别的报审流程分析及相应说明
	用户文档	滇西开发网各州市信息员账号及文章报审流程
		滇西开发网后台添加文章使用说明
	Flash 地图	滇西开发网首页 flash 地图需求
		地图最终版及源码

三、典型州县的信息化应用发展状况调研

（一）研究任务

本课题研究任务主要是通过调研报告、实地考察及网络调研等方法，对滇西地区不同层次的人、不同地区区域开展调查，了解滇西地区典型州县在网络基础设施、政府、教育等方面的信息化发展现状，找出滇西地区信息化发展状况与其他地区的差异和原因。同时也是为了掌握最新最真实的情况，以保证数据的真实性，更好地帮助分析滇西信息化应用发展存在的问题。

在此基础上，针对信息技术在贫困地区区域开发中的应用，形成调研报告。通过调研、分析，研究信息技术在贫困地区区域开发中，可在经济发展、教育发展、人才培养等方面发挥支撑应用。有助于相关政府部门做出更好的决策，采取及时有效的措施，大力发展信息化应用，推动滇西地区的社会、经济、文化和教育的发展。

（二）研究方法和过程

本子课题研究采用了问卷调研、实地考察两种调研方式，对滇西信息化应用发展进行了调研分析，最后形成了相应的调研报告。

1. 问卷调研

2013 年 5 月上旬，课题组在网络上对信息化扶贫的相关信息开展调研，然后对调研的信息进行分析、总结、整理，并制作相关问卷。

问卷调研于 2013 年 5 月 23 日开始，为期两个

星期，以滇西地区十州市县各挂职干部、信息化部门相关负责人为主要对象，向他们共发出50份滇西信息化现状调研表。并于6月7日止，对反馈的调研表进行收集、整理以及有效信息的统计。

2. 实地考察

问卷调研结束后，项目组成员组成调研组，参与云南省通信学会“农村信息化建设调研”项目组，开展实地考察和调研。

调研组通过一个月时间，到滇西典型州县大理、保山等地进行实地考察，亲自走访了当地的一些小学、中学和村镇，和当地的人民进行交流，了解人们对信息化的认识程度和目前滇西地区各州县信息化的应用程度。另外，调研组还随时保持和滇西十州市六十一县的第一批挂职干部进行沟通交流，及时掌握当地的信息发展情况及存在的问题。

“农村信息化建设调研”项目组分别选择距离中心城市较远、信息化发展建设较差的乡镇和城乡结合部、信息化发展建设较好的乡镇开展调研。在大理州南涧县乐秋乡，组织南涧县县政府、乐秋乡乡政府、乐秋乡东升小学、大理州烟草公司南涧分公司的烟叶收购点进行交流座谈。在石林县长湖镇，组织县科协、县科技局、镇政府、数位养殖专业农户进行交流座谈。座谈会围绕村村通工程建设情况、农村网络信息基础设施现状、覆盖范围、带宽流量、信息服务范围、提供的资讯和信息服务、应用水平、信息化对农村经济社会发展的促进作用、未来农村信息化发展的需求和规划等方面，开展了深入的交流讨论，了解了最直接的农村信息化资讯和农村最基层的需求。

同时，“农村信息化建设调研”项目组还组织了电信、移动、联通三大运营商，围绕运营商的有线/无线网络在农村范围覆盖状况、提供的资讯和信息服务类型、对农村经济社会文化教育发展的促进作用、未来农村信息化发展规划等方面，进行广泛深入的讨论交流，了解了运营商对农村信息化建设的发展现状和未来规划。

3. 分析总结

在问卷调查和实地调研的基础上，项目组对已收集的信息、数据进行了相应的分析、整理和汇总，最终形成了完整的《关于滇西典型州县的信息化应用发展状况调研报告》和《云南省农村信息化建设调研报告》。同时，针对调研问卷产生的最终数据，也经过专业的分析，形成了相应的图表，为相关政府部门进行决策提供依据。

（三）主要研究内容

1. 调研提纲的形成

首先，项目组确定调研的目标、任务、范围和边界，根据调研目标、任务的要求，仔细分析了调研工作的目标，界定了调研工作的内容范围，在随后的工作中进行了反复多次的讨论与修改，最终形成了调研工作的提纲。其具体内容包括以下几个方面：

（1）调研工作涉及的基本方面，简述国家在信息化应用方面的三个主要方向的政策（专业扶贫政策、行业扶贫政策、优惠政策），另外再列举信息化应用在国内外取得成效的典型事例。

（2）国内外信息化应用现状分析，分别分析国内州县与国外州县信息化应用的现状。

（3）信息化应用在滇西地区典型州县的发展现状。该分析包含：信息化在滇西地区的发展现状，信息化在滇西州县发展存在的问题，信息化应用对州县扶贫开发的作用。

（4）制订滇西地区几个州县的调研工作计划，确定调研方式并执行。采用问卷调查的形式，向各个州县征集信息化具体情况，涉及的方面为：现阶段当地信息化的程度统计，信息化手段统计，信息化应用在滇西州县发展的建议；具体包含：针对信息化工作在教育和文化方面的建议，对信息化工作在促进经济进步和社会发展的建议，对本地区信息化建设发展的建议以及信息化方法对扶贫工作的建议和意见。

2. 调研内容

项目组根据制订的提纲进行调研工作安排，充实提纲中的各项调研内容。主要内容节选归纳如下：

（1）国内外信息化应用发展现状。

通过资料查阅，了解目前美国、德国等发达国家的农业信息化应用情况；再对比国内的信息化应用。

（2）国家在信息化应用方面的扶贫政策。

了解国家在专业扶贫、行业扶贫、优惠政策等方面的相关扶贫政策。

（3）信息化应用在国内外取得成效的典型事例。

通过贵州信息化应用和国外的成功案例进行说明。

（4）信息化应用在滇西地区典型州县的发展现状。

滇西边境山区是国家重点扶贫区域，2011 年 4 月 26 日，中共中央政治局会议审议《中国农村扶贫开发纲要（2011—2020 年）》，研究部署农村扶贫开发工作。会议确定了六盘山区、秦巴山区、武陵山区、乌蒙山区、滇贵黔石漠化区、滇西边境山区等 11 个连片特困地区作为今后十年扶贫攻坚的主战场。滇西边境山区包括云南省的保山、丽江、普洱、临沧 4 市以及楚雄、红河、西双版纳、大理、德宏、怒江 6 个自治州，涉及 56 个县级行政区域。通过此次调研，深入了解了滇西地区典型州县的信息化应用发展现状。

（5）问卷调研内容。

项目组针对调研，专门设计制作了一份《滇西信息化扶贫调研表》，调研表主要包括以下方面的调研内容：

①各州市基本信息和扶贫工作办人员基本信息。

a. 各州市是否建设了政府网站；

b. 各州市网络覆盖的类型和程度；

c. 各州市典型的网络化应用类型，如：政府机构，农林牧渔业，制造业等；

d. 各州市采用的推广当地农产品的网络平台；

e. 各州市民众的信息化意识普及程度。

②各州市所采用的信息化手段。

a. 政府机构办公的信息化应用情况；

b. 教育机构采用网络信息技术手段的情况；

c. 经济活动中网络信息技术手段的应用情况；

d. 工农业生产中生产、管理、销售的信息化情况。

③各州市的意见建议征集。

a. 扶贫工作人员对教育、文化领域的信息化发展建议；

b. 对信息化工作在促进经济进步和社会发展方面的建议；

c. 对本地区信息化建设发展的建议；

d. 信息化方法对扶贫工作的建议和意见。

（四）研究成果

子课题“典型州县的信息化应用发展状况调研”主要形成了以下研究成果：

子课题调研报告——《关于滇西典型州县的信息化应用发展状况调研报告》。

（五）附件材料清单

文档清单《滇西信息化调研表》。

四、信息技术在社会经济发展中的作用研究

（一）研究任务

当前，信息技术正在深刻地改变着我国农业

生产和农村生活方式，能够拓宽农民就业渠道和产业发展空间。尤其在农业生产、农产品经营和农民生活中的作用日益突出，显现出对农村经济发展的巨大促进作用。在农业生产上，信息技术使农民更容易获得生产技术和生产资料；在农产品经营上，信息技术可以帮助农民进行合理的生产计划、寻找最优的价格和合适的采购商；在农村生活中，信息技术能够连接城市和农村，缩小城乡距离，提升农村社会服务的质量。

滇西少数民族边境山区地处边陲，是我国重要的生态功能区，也是人口较少民族的主要聚居区。由于地理环境复杂，相对于发达地区，滇西地区交通不便、信息闭塞、教育落后、经济发展方式单一，仍然是当今中国最贫困地区之一。然而，信息技术可以克服时空障碍，弥补地理环境、交通不便所带来的缺陷，拓宽农民就业渠道和产业发展空间。一方面，可以利用信息技术促进滇西少数民族边境山区的农村经济发展；另一方面，可以通过信息技术维护该区域生态功能，在保护少数民族文化的同时开发文化资源促进当地社会经济发展，并逐渐渗透影响到教育、经济、医疗等社会经济发展的各个方面，从而支撑该区域的经济社会全面发展。

本子课题的研究任务是明确信息技术在滇西少数民族边境山区社会经济发展中各重要方面的作用，探讨应用信息技术推动该地区社会经济发展的方法，为缓解滇西地区的贫困状况、提高发展的效率和质量打下基础。

（二）研究方法和过程

1. 研究方法

（1）文献研究法：本课题小组成员通过文献检索、查找、收集等多种途径，大量收集与本研究相关的背景文献资料和理论文献资料。了解信息技术经济发展中已经取得的经验和教训，熟悉滇西地区已有的相关研究和地区背景。

（2）专家会议与针对性咨询：在进行充分的文献研究的基础上，本课题组通过咨询相关各方面专家了解滇西地区的社会经济发展各相关方面的情况，如农业与农村发展专家、旅游业发展专家、“西南三江”国土资源调查专家、云南省地震局高级灾害评估专家等；此外，通过向中国移动云南分公司进行有针对性的咨询，收集滇西地区农村信息化服务的覆盖情况及发展趋势。

（3）部门研讨与实地走访调查：为了获取本课题研究所需要的第一手资料，课题小组与省、州（市）、县（市）各级相关政府部门的工作人员进行部门研讨。小组成员先后分别与云南省扶贫办、农业厅、水文水资源局，德宏州新农办，怒江州农业局和扶贫办，陇川县农业局和林业局，玉龙县林业局、云龙天池国家级保护区的工作人员进行了深入探讨，获取了大量的有用资料和数据信息。此外，小组成员还深入到滇西的一些乡镇，实地走访调查了丽江市石头乡，怒江州的鹿马登乡和老窝乡，德宏州的勐嘎镇、轩岗乡、遮放镇、中山乡、三台山乡、江东乡和风平镇等多个乡镇，了解当地农民的生活状况和农业发展现状，在乡村和农户层面调查信息技术的普及状况，及其在滇西地区农村经济发展方面的应用。

2. 研究过程

课题组根据子课题的研究目标、任务，讨论提出具体的研究技术路线，如图10所示。本子课题的研究遵循该技术路线进行。

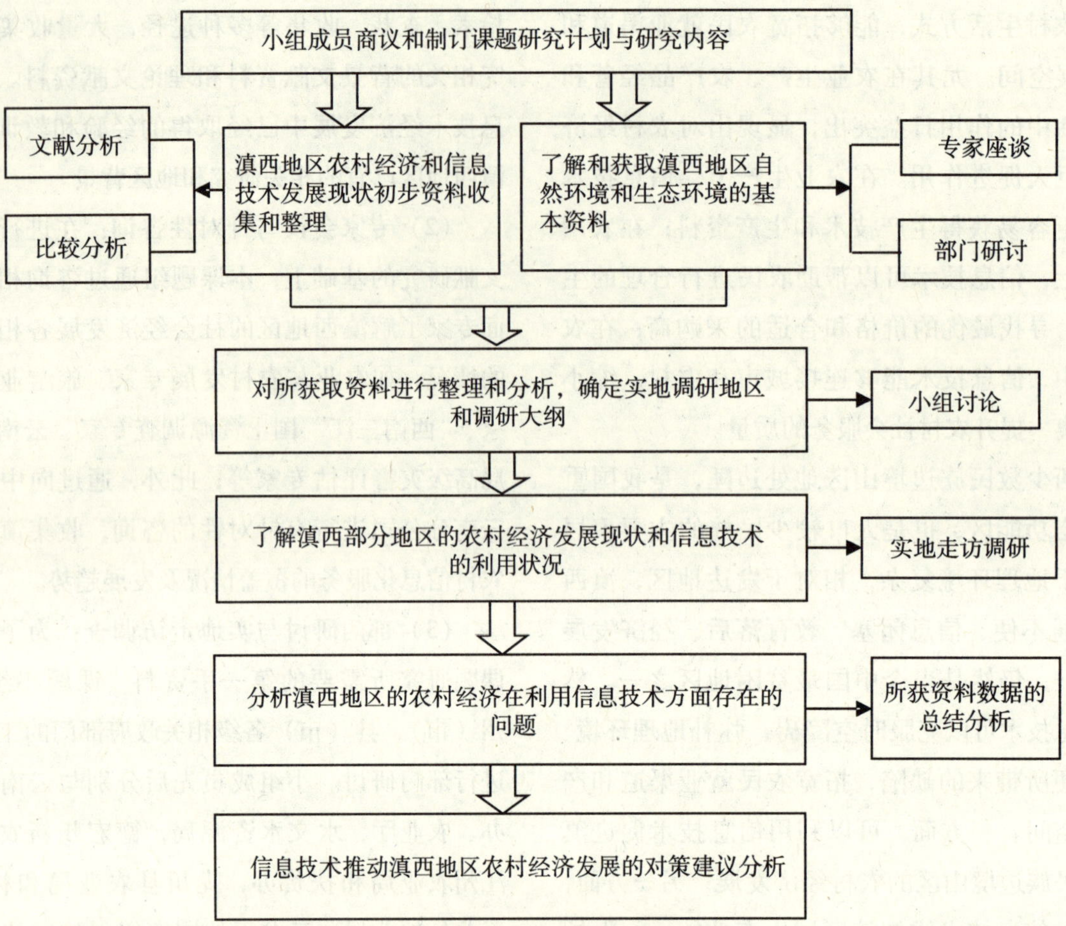

图 10　研究本子课题的技术路线

（三）主要研究内容

1. 信息技术对滇西农村经济发展的作用研究

（1）特色农业：针对滇西地区的特色农业发展，特别是农业生产、农产品供求，信息技术对农村经济持续、稳定发展具有很大的作用发挥空间。本方向在深入分析农业生产、农产品供求关系基础上，研究分析信息技术在特色农业方面的应用和作用。

（2）林业及非木材林产品：滇西地区自然资源，特别是森林资源非常丰富，但生态环境却非常脆弱。本方向针对滇西地区的林业发展，特别是针对非木材林产品加工、生产和销售，研究分析信息技术在林业和非木材林产品产业链方面的应用和作用。

2. 信息技术与滇西生态环境保护与开发

（1）滇西生物多样性保护：课题组针对滇西地区的生物多样性开展分析研究，同时，结合经济发展与环境保护之间的关系，分析研究信息技术在滇西生物多样性保护中的应用和作用。

（2）滇西水资源保护和利用：滇西地区的水资源，不仅是长江的上游，也是澜沧江—湄公河的上游，课题组结合滇西生态环境保护、水资源开发、利用和保护的目标，分析研究信息技术在滇西水资源保护和利用中的应用和作用。

（3）滇西防灾减灾工作：滇西地区自然地形复杂，自然灾害和泥石流的频繁发生不仅造成老百姓的巨大财产损失，而且给人民的生命安全带来巨大威胁。课题组结合调研情况，以保护人民的财产和生命安全为目标，分析研究信息技术在滇西防灾减灾方面的应用和作用。

3. 信息技术与滇西民族文化保护和产业发展

（1）历史与民族文化保存：滇西是自然原生态的世居少数民族聚居地，对外开放与交流对少数民族的历史、传统文化、生活习俗均带来了全方位的冲击和侵蚀，有些方面面临着消亡的威胁。课题组结合滇西地区的社会、经济、文化、教育发展的需要，以少数民族的历史、文化保留为目标，分析研究了研究信息技术在滇西民族历史和文化保存方面的应用和作用。

（2）历史与民族文化认知度提升：滇西作为少数民族的聚居地，沉淀了丰厚的少数民族历史和文化，却鲜为外界所知和认同。借助于网络信息技术手段，不仅可以保存这些民族的历史和文化，而且可以为外界所知。课题组结合滇西地区的社会、经济、文化、教育发展的需要，以展示和宣传少数民族的历史、文化为目标，分析研究了研究信息技术在滇西民族历史和文化认知度提升方面的应用和作用。

（3）文化产业发展：滇西地区由于交通不便、信息闭塞、教育落后，因而经济发展方式单一。然而，滇西地区的少数民族历史文化，可以开发、发展相应的文化产业，改变滇西地区的经济发展方式和结构。课题组结合滇西地区的少数民族历史、文化，分析研究了研究信息技术在滇西民族历史文化产业发展方面的应用和作用。

（4）旅游业：滇西地区除了具有丰富、原生态的民族历史文化之外，地处横断山脉，高山河谷俊秀壮丽，除了已经开发的丽江、大理、西双版纳、腾冲等旅游风景区之外，尚有大量的旅游资源可供开发。课题组结合滇西地区的社会、经济发展的需要，以发展旅游产业为目标，基于滇西民族历史文化、自然风光，分析研究了研究信息技术在滇西旅游业发展方面的应用和作用。

（四）研究成果

子课题“信息技术在社会经济发展中的作用研究”主要形成了以下的成果：

（1）子课题研究总报告——《信息技术推动滇西区域社会经济发展的作用研究》（见附件1）。

（2）子课题中期研究报告——《信息技术与滇西少数民族边境山区农村经济发展》（见附件2）。

（3）咨询报告——《关于加强手机信息服务促进滇西农村社会经济发展的咨询报告》（见附件3）。

（五）附件材料清单

（1）《信息技术推动滇西区域社会经济发展的作用研究》：在经济全球化时代，信息技术已成为当今社会经济生活的主要支撑点，正在深刻地改变着农业生产和农村生活。滇西地区由于交通不便、信息闭塞、教育落后、经济发展方式单一，已成为当今中国最贫困地区之一。因此，在滇西片区扶贫开发工作中，一方面，可以利用信息技术促进滇西少数民族边境山区的农村经济发展；另一方面，可以通过信息技术维护该区域生态功能，在保护少数民族文化的同时开发文化资源促进当地社会经济发展，并逐渐渗透并影响到教育、经济、医疗等社会经济发展的各个方面，从而支撑该区域的经济社会全面发展。

（2）《信息技术与滇西少数民族边境山区农村经济发展》：滇西少数民族边境山区是我国人口较少民族的主要聚居地，也是我国重要的生态功能区。由于历史和自然的原因，该区域是我国最贫困的地区之一。以网络为核心的信息技术可以克服时空障碍，弥补地理条件、交通不便所带来的缺陷，加速滇西农村经济持续、稳定的发展，逐步缩小与发达地区的发展差距。

（3）《关于加强手机信息服务促进滇西农村社会经济发展的咨询报告》：随着市场经济的发展，农民对农业生产和农产品供求信息需求越来越迫切，但目前在滇西广大农村，农民对信息技术的使用还比较困难，农民在市场交易中处于被动不利地位。随着手机业务的迅速普及，利用手机短信平台向农民传播实用信息成为可能，而且该功能将有更大的利用空间有待开发。

五、基于网络的在线教育技术

（一）研究任务

本子课题针对滇西地区社会经济发展的实际情况，分析总结基于计算机网络的教育资源共享、在线学习的平台架构和方案。通过课题的研究为滇西地区发布人才供求信息，创业指导信息，专业人才或职业技能的在线教育、培训课堂、互动学习、交流讨论等提供技术实现的参考方法。同时，通过课题的研究形成在线教育平台的建设方案，建立验证演示系统，并形成研究报告。

根据研究的目的和目标，课题组把具体实施工作分为四个部分：研究背景分析、应用现状分析、在线教育（实施）指导方法分析、技术实现方法分析（包含架构和功能设计、应用分析等）。

（二）研究方法和过程

1. 研究方法

（1）文献研究法：本课题小组成员通过文献检索、查找、收集等多种途径，大量收集与本研究相关的背景文献资料和理论文献资料。了解国内外在线教育的发展现状、滇西在线教育面临的问题、教育手段和方法、在线教育平台的技术路线和架构。

（2）技术研讨法：在充分研究文献的基础上，本课题组围绕在线教育现状、教育手段和方法、滇西地区的在线教育问题和改善策略、在线教育平台的建设方案、演示系统的基本功能和技术路线等方面，开展了多次讨论交流。

2. 研究过程

本子课题组在收集资料基础上，首先围绕子课题的研究目标、定位、内容、边界进行分析。确定了本子课题主要研究内容包括：分析研究滇西地区社会经济发展状况、滇西地区教育发展和教育信息化建设状况、国内外在线教育现状、滇西地区在线教育存在的问题和改善策略、教育手段和方法、在线教育平台建设方案、演示系统基本功能和技术路线、演示系统的搭建等。

接下来，从研究的生命周期来看，本子课题的研究工作从以下几个方面展开：资料收集与分析、技术研究与分析、演示系统的搭建、研究报告研讨与撰写、研究报告修订与定稿等。

（1）资料收集与分析。

在2012年8月至2012年12月期间，课题组以滇西教育情况、人才供求情况、经济技术情况、典型州县的信息化应用发展状况等内容为研究背景，主要收集地方政府公开的信息统计资料、图书馆馆藏相关资料等信息资料。

课题组召开10次以上的交流讨论会议、课题组研究例会，对上述几个方面的实际情况进行分析，并对滇西地区社会经济发展状况、滇西地区教育发展和教育信息化建设状况、国内外在线教育现状、滇西地区在线教育存在的问题和改善策略、教育手段和方法等方面开展了分析研究。

（2）技术研究与分析。

在2012年10月至2013年3月期间，针对课题核心内容，课题组召开近20次的交流讨论会议、课题组研究例会，对在线教育平台实施方法、已有的案例、相关的技术架构体系、基于开源软件的在线教育平台建设技术路线等方面，开展了系统深入的研究。

（3）演示原型系统的搭建。

在2012年12月至2013年5月期间，综合考虑社会环境、构建指导方法、技术环境、经济成本等因素，结合相关的技术研究，课题组召开10次以上的交流讨论会议、课题组研究例会，分析确定在线教育演示系统的基本功能，提出具有针对性的演示系统参考结构，明确演示系统的技术路线、软件体系架构和硬件体系结构，并基于开源技术开发构建了滇西在线教育的演示原型系统。

（4）研究报告撰写与完善。

在2013年5月至2013年11月期间，在资料研究、技术分析、原型体系搭建等研究工作基础上，课题组对研究课题进行总结，撰写课题研究报告。课题组前后经过了10次以上的交流讨论会议、课题组研究例会，对研究报告的内容进行了5次讨论、修改，最终定稿，形成课题研究报告。

（三）主要研究内容

本子课题组主要研究内容包括资料分析研究、技术研究与分析、演示原型系统搭建三个主要方面。

1. 资料分析研究

对滇西地区社会经济发展状况、人才需求情况、滇西地区教育发展状况、滇西地区州县的信息化建设状况进行分析研究。

对国外在线教育现状、国内在线教育现状、滇西地区在线教育存在的问题进行分析研究，并提出了相应的改善策略。

对可应用于在线教育平台的教育手段、教育心理学开展分析研究，并对 Conversational Model（交谈模型）、Cognitive perspective（认知模式）、Emotional perspective（情感模式）、Behavioural perspective（行为模式）、Contextual perspective（情境模式）和 Mode Neutral（模式混合）等教育方法进行分析、比较和总结。在此基础上，针对滇西地区实施在线教育提出实施方法和实施步骤。

2. 技术分析研究

收集英国开放大学的在线与远程教育硕士学位计划、马里兰大学学院的在线远程教育硕士项目等在线教育案例，对案例的技术路线、技术架构、功能边界、网络资源共享方法、教育内容组织等方面进行分析研究。

对开源软件，特别是针对网络应用的开源软件体系，进行深入的研究。

3. 演示原型系统搭建

对在线教育的演示原型系统进行定位、规划、分析、设计，规划系统的网络部署结构、硬件组成，分析系统的基本功能，实现技术的架构。

针对专业人才培养、职业技能人才培训，分析研究平台应该提供的教育资源、网上培训课堂、互动学习、交流讨论等网络资源和网络服务，同时提供相关人才需求信息以及创业指导。

基于 FreeCMS，构建了滇西在线教育的演示原型系统。系统可以实现多种格式的教学资源上传、列表展示、共享、查询，同时，系统还提供交流论坛，实现教师和学生之间的教学互动交流、网络提问与回答。

（四）研究成果

子课题“基于网络的在线教育技术”主要形成了以下两个方面的研究成果：

（1）子课题研究报告——《基于网络的在线教育示范平台研究报告》（见附件4）。

（2）基于 FreeCMS 的滇西在线教育演示原型系统。

（五）附件材料清单

（1）文档清单：《基于网络的在线教育示范平台研究报告》。

（2）主要文档介绍：报告以滇西教育情况、人才供求情况、经济技术情况、典型州县的信息化应用发展状况等内容为研究背景。综合考虑分析社会环境、构建指导方法、技术环境、经济成本等内容，结合相关专业技术特点，总结具有针对性的在线教育平台参考结构，功能描述，平台构建的技术路线，软、硬件结构等。研究报告包含四个方面的内容：课题研究背景，应用现状分析，在线教育（实施）指导方法分析，技术实现方法分析。

附件1：信息技术推动滇西区域社会经济发展的作用研究

蔡 葵 吴文春 李欢欢*

摘 要：在经济全球化时代，信息技术已成为当今社会经济生活的主要支撑点，正在深刻地改变着农业生产和农村生活。滇西地区由于交通不便、信息闭塞、教育落后、经济发展方式单一，已成为当今中国最贫困地区之一。因此，在滇西片区扶贫开发工作中，一方面，可以利用信息技术促进滇西少数民族边境山区的农村经济发展；另一方面，可以通过信息技术维护该区域生态功能，在保护少数民族文化的同时开发文化资源促进当地社会经济发展，并逐渐渗透并影响到教育、经济、医疗等社会经济发展的各个方面，从而支撑该区域的经济社会全面发展。

关键词：滇西区域 信息技术 发展

全球化是当代世界发展的主要特征，而信息技术是当今全球经济一体化的主要推动力之一。[①]在经济全球化时代，世界对信息的需求快速增长，信息产品和信息服务无处不在、不可缺少，信息技术已成为当今社会经济生活的主要支撑点。然而，信息社会没有、也不可能彻底消灭农业社会，农业社会、工业社会的各种产业，甚至包括传统社会的一切领域和方面，都必然要经过信息技术、网络化的洗礼，得到不同程度的改造、重塑，在不同程度上被信息化、网络化。[②]全球化正以势不可挡之势向世界的每个角落渗透，它一方面在促进世界的整合，另一方面也是一个使知识和文化转向世界的不可或缺的过程。主动融入这个过程或许能更主动地从全球化中获益，从而更大程度地减少全球化对自身文化的负面影响。对信息技术的主动利用，无疑是促进经济发展的有效途径，更是主动融入全球化过程的重要方式。

信息技术正在深刻地改变着农业生产和农村生活。信息技术能够拓宽农民就业渠道和产业发展空间，在农业生产、农产品经营和农民生活中的作用日益突出，显现出对农村经济发展的巨大促进作用[③]；在农业生产上，信息技术使农民更容易获得生产技术和生产资料；在农产品经营上，信息技术可以帮助农民进行合理的生产计划、寻找最优的价格和合适的采购商；在农村生活中，信息技术能够连接城市和农村，缩小城乡距离，提升农村社会服务的质量。

滇西少数民族边境山区地处边陲，是我国重

* 蔡葵，云南大学农村发展研究中心副研究员；吴文春，云南大学农村发展研究中心，主要从事遥感和地理信息系统技术在农村发展、自然保护和自然资源管理方面的研究和教学；李欢欢，云南大学经济学院硕士研究生。

要的生态功能区，也是人口较少民族的主要聚居区。由于复杂的地理环境，相对于发达地区，滇西地区交通不便、信息闭塞、教育落后、经济发展方式单一，是当今中国最贫困地区之一。然而，信息技术可以克服时空障碍，弥补地理环境、交通不便所带来的缺陷，拓宽农民就业渠道和产业发展空间。一方面，可以利用信息技术促进滇西少数民族边境山区的农村经济发展；另一方面，可以通过信息技术维护该区域生态功能，在保护少数民族文化的同时开发文化资源促进当地社会经济发展，并逐渐渗透并影响到教育、经济、医疗等社会经济发展的各个方面，从而支撑该区域的经济社会全面发展。

一、信息技术与滇西农村经济

（一）滇西特色农业

1. 滇西特色农业发展现状

滇西地处内陆低纬高原，独具“低纬高原气候”特色，光、热、水能、生物资源丰富，是我国光辐射资源最丰富和日照时间较长区域。拥有以冷凉气候为主要特征的典型高原特点，生态类型多样，生态环境总体良好等优越条件。农产品适应面广，土地产出率高，为农业的优质化、生态化、特色化产业发展奠定了坚实的基础，特色农业发展潜力巨大。同时，区域内高山平坝和草山草坡数量多、面积大，再加上水热充沛，非常适合种草养畜，发展规模化的草食畜牧业。

（1）巩固传统产业。

为了确保粮食安全，抓好水稻、玉米、油菜等传统产业，云南省每年都在扩大粮食播种面积和粮食丰收产量。依靠科技进步，积极引进高产、优质、抗病新品种。2011 年，全省粮食播种面积高达 436.45 万公顷，产量实现 1755.38 万吨，其中，夏收粮播种 118 万公顷，秋收粮播种 318.45 万公顷（见表 1）。同时，滇西地区十个州市也在大力推广农作物间套种、测土配方施肥、农作物病虫害综合治理等重大科技措施，提高农业综合生产能力，实现粮食生产持续增长，2011 年实现农业总产值 1248.46 亿元。

表 1　2006—2011 年云南省粮食播种产量和面积

年 份	粮食产量（万吨）	粮食种植面积（万公顷）	夏收粮产量（万吨）	夏收粮面积（万公顷）	秋收粮产量（万吨）	秋收粮面积（万公顷）
2006 年	1457.60	402.21	220.60	110.55	1237.00	291.66
2007 年	1460.70	399.45	223.40	109.72	1237.30	289.73
2008 年	1518.59	409.59	207.58	110.17	1311.01	299.42
2009 年	1576.92	420.01	236.47	112.83	1340.45	307.18
2010 年	1650.00	429.90	139.44	116.23	1484.98	313.67
2011 年	1755.38	436.45	237.22	118.00	1441.40	318.45

数据来源：《云南统计年鉴2013》。

（2）提升优势产业。

围绕高原特色农业发展思路，滇西少数民族边境山区在巩固传统产业的基础上，发展“高产、优质、高效、生态、安全”的现代农业，重点抓好烤烟、蔬菜、甘蔗等优势产业。一是烤烟产业提质增效。2011 年，滇西少数民族边境山区的十个州市共种植烤烟22.68 万公顷。二是蔬菜产业稳健发展。2011 年十个州市蔬菜播种面积高达27.25 万公顷，蔬菜产量达到了582.14 万吨。三是做大做强甘蔗产业。2011 年，滇西少数民族边境山区的十个地州甘蔗种植面积达到26.02 万公顷，占全省甘蔗种植面积的84.84%。具体情况详见表2。

表2　2011 年滇西地区优势产业发展情况

地　区	烤烟种植面积（万公顷）	蔬菜产量（万吨）	甘蔗种植面积（万公顷）
全省	47.6	1340	30.67
保山市	3.46	48.36	3.42
丽江市	1.49	21.2	0.12
普洱市	2.78	31.54	3.19
临沧市	2.31	41.26	10.14
楚雄州	4.26	127.18	0.03
红河州	4.28	182.94	2.12
西双版纳州	0	12.21	1.33
大理州	4.03	97.65	0.11
德宏州	0.07	12.8	5.44
怒江州	0	7	0.12
合计	22.68	582.14	26.02

数据来源：《云南统计年鉴2012》。

2. 信息技术在滇西特色农业发展中的作用

（1）信息技术可以推动传统农业向知识型农业发展。

与传统资源型农业不同，知识型农业是依靠科技进步、发展生物工程等高新技术，利用现有的科技成果和新技术对传统农业进行改造，推进农业现代化的发展。目前，一些发达国家已进入以知识经济为依托的发展阶段，其中现代信息技术的应用成为知识型农业的重要特征。

目前，滇西少数民族边境山区的农业主要是以资源型农业为基础，信息化程度较低。大力发展网络技术，可以加快边境山区农业向知识型农业转化。据报道，在国家“863”计划的支持下，云南省已经发展起了“电脑农业”。这种“电脑农业”就是把农业专家的科学种田知识和农民长期累积的种田经验编为程序输入电脑，对土壤、气象、作物、品种等十几种因素进行综合分析，由电脑计算出种植的最佳方案，农民可以按照电脑给出的方案播种、施肥、进行田间管理。[④]据统计，现在云南省已有92.2 万农户在电脑的指导下进行种植。

（2）信息技术可以降低成本，提高农业经济效益。

首先，通过网络技术，可以降低信息获取成本，提高经济效益。与其他产业的信息相比，滇西少数民族边境山区的农业信息具有更强的分散性和复杂性。它不仅包括市场供求信息，还包括科技信息、气象信息、政策信息、管理信息等。对于每位农户而言，及时获取以上各方面的信息都是非常困难的，而且传统的信息获取方式成本也是十分高昂的。利用网络，通过“信息高速公路”，边境山区的农户可以方便快捷地进入信息系统，及时、准确、经济、全面地获取所需要的信息。这就可以降低信息获取成本，快速准确地找到市场，推动产品的生产和销售，增加经济效益。

（3）信息技术可以减少农户交易风险，增加农民收入。

近几年，滇西少数民族边境山区的农民出现增产不增收现象，其根本原因还是技术信息和供求信息的匮乏和滞后。技术信息滞后，造成滇西农民生产的农产品技术含量低，没有市场竞争力；而供求信息不灵敏，使许多农民在生产中只注重数量，产品的品种、质量和结构跟不上市场需求的变化，致使农产品供求脱节、结构失衡，造成了只有数量没有效益的后果。[⑤]信息技术可以为农户提供及时、准确、全面、广泛的市场信息作为生产经营决策的基础，降低了市场风险，增大了农户的获利机会。

（4）信息技术有利于边境山区农副产品的国际竞争。

在当今世界市场，自然资源已不是竞争的优势，拥有先进的科学技术和超前的国际市场信息，才是竞争力的真正体现。在各国经济网络化发展的今天，网络成为了信息传递的重要手段，掌握了网络，就能及时掌握信息，就能掌握生产和交换的主动权。如今，网上交易已经成为各国农产品交易的重要方式，网络已成为新世纪农业经济竞争的主战场，拥有这种先进的信息技术，就有资格成为国际贸易伙伴，就有可能在竞争中取胜。否则，就有可能被排除在国际市场的大门之外，与国际竞争胜利者无缘。因此，信息技术的普及与应用有利于滇西少数民族边境山区农副产品参与国际市场的竞争。

3. 信息技术推动滇西特色农业发展的建议

（1）大力普及信息化知识，探索多形式的信息服务模式。

由于目前滇西少数民族边境山区农户的信息比较闭塞，平时很少接触电脑，更不了解计算机网络、数据库管理系统等现代信息技术，也不知道如何利用信息化手段进行生产、管理等。因此，首先要在滇西少数民族边境山区的各个乡镇普及信息化方面的知识和技能。可以开展“三电”农业信息服务模式，即电脑网络系统、电话语音系统、电视节目制作系统及农业信息服务大厅，全方位地开展农业信息服务。①开展网络覆盖，构建“市有中心、县有平台、乡有信息站”的现代农业信息服务体系。②开展互动式的电话热线系统，拓宽服务领域，由一般的信息咨询向农业生产应急指挥、农资打假投诉平台发展。③开展普及式广播影视节目制作系统，围绕特色农业发展和提高农业科技含量，有针对性地制作农业节目，每天播出农业节目不少于八小时。通过以上手段，为推动农业信息化建设营造良好的社会环境。

（2）加强农业信息资源基础设施建设。

滇西少数民族边境山区农业信息不灵的重要原因之一是环境条件对信息传递的约束，即落后的交通设施和通信条件使农民获得的信息相当滞后。因此，可以采用以下措施解决此问题：①提高农村电话普及率。在滇西少数民族边境山区有的州市目前只能用电话线上网，这就需要提高当地农村电话的普及率。政府应该加大该项目的投入，电信部门以优惠的价格鼓励农民安装电话，并随时提供必要的服务，提高农民使用电话的意识，从而最终在农村普及电话的使用。②加强网络基础建设。信息网络体系建设是农业信息化工作的重点，通过建立覆盖全国、纵横贯通的信息网络平台，使得农业信息资源能覆盖各州市、县市、乡镇以及有条件的农业产业化龙头企业、农产品批发市场、中介组织和经营大户。③提高农村电脑普及率。目前在城市，电脑普及率较高，但在农村，尤其在滇西少数民族边境山区的农村地区，不少农民没见过电脑，根本不知道电脑是怎么一回事。由于电脑的价格相对农民收入来说还比较高，因此，如果不真正提高农民的收入水平，是难以提高电脑在滇西农村的普及率的。在目前的情况下，建议政府提供财政支持，在村民小组（自然村）一级提供公用电脑；同时采取适度补贴等措施，让越来越多的农民具备购买电脑的能力。

（3）构建农业信息化人才体系。

①要从“量”和“质”两方面入手，从战略的高度，制订科学合理的培养规划，大力建设农业信息化人才队伍。②要强化宣传。通过多种形式和渠道，切实提高各部门和社会各方面对培养农业信息化人才重要性的认识，形成共同培养农业信息化人才的工作格局。③要加大培训力度。

加强对现有农业信息化人才如对农村教师、干部、中小学生和农民工的培训，加强对农民和农业技术人员的培训，努力培养出会收集、会分析、会传播信息的“三会”农业信息化人才。④要完善激励机制。坚持多种奖励方式相结合的原则，建立起科学规范的绩效考评、薪酬分配和竞争机制，积极营造农业信息化人才的和谐竞争氛围。

（二）滇西林业及非木材林产品

1. 滇西林业及非木材林产品的发展现状

由于特殊的地理位置、地形地貌和气候条件，云南省是我国四大林区之一。2007 年，云南省林业用地面积和森林面积均居全国第三位；活立木总储蓄量和森林蓄积量位居全国第三位；森林覆盖率位列全国第七位。由于滇西地区大部分处于云南的边境山区地段，该地区的森林资源在云南省森林资源总量中占据较为重要的位置，滇西山区孕育着热带、亚热带、温带、寒温带和寒带的丰富生物种类，林业及非木材林产品资源种类丰富、门类繁多，经济与市场价值潜力巨大，与其他地区相比，其比较优势和区位优势明显。

（1）拥有丰富的名、特、优、新森林资源。

滇西地区拥有丰富的竹种资源，是中国乃至全世界天然竹类资源最富集的地区，有着巨大的开发潜力和利用价值。散生竹有毛竹、金竹、中华大节竹；丛生、混生竹有龙竹、沙罗竹、香糯竹、实心竹、箭竹等。此外，西双版纳州和德宏州是藤的主产区。其他经济林方面，核桃、板栗、八角、果梅、花椒、青刺尖等是滇西地区名、特、优品种，区位优势明显，尤其核桃享誉国内外，有α、β－蒎烯含量高的松脂，可采松脂面积也较为广泛。有特色昆虫资源紫胶、白腊、烟脂虫。野生食用菌产量大、价值高，“菌中之王”松茸产区主要分布在香格里拉、德钦、维西、丽江、宁蒗、永胜、祥云、楚雄和武定等20个县市。[⑥]

（2）橡胶和咖啡产业粗具垄断地位。

橡胶是滇西林业产业中独具比较优势的林产品，西双版纳、临沧和德宏以及保山市是云南省橡胶的主产区，这四个地州部分地区具有适宜橡胶生长和种植的气候条件，生产条件独具比较优势。由于滇西地区橡胶种植面积与产量逐年增加，2007 年，云南省的橡胶产量已经超越海南省跃居全国第一位。与此同时，滇西地区还具有适宜小粒咖啡生长的独特环境，所产小粒种咖啡均匀饱满，味醇和，气香高，果酸味浓，被国际咖啡组织（ICO）评为一类咖啡。经过多年的选种、栽培与经营，滇西地区的咖啡种植和收获的面积逐年增加，咖啡豆产量也逐年稳中有升，初步确立了其在云南省咖啡种植与生产的垄断地位。[⑦]

（3）新兴产业发展势头良好。

以药材、食用菌、核桃、紫胶等为代表的新兴产业发展势头良好。2011 年，滇西少数民族边境山区药材产量达到 4.47 万吨，占全省药材产量比重的 68.24%；食用菌产量也达到了 1.26 万吨，占全省比重的 61.46%；而核桃和紫胶分别收获了 26.81 万吨和 0.21 万吨，核桃产量占全省比重 86.46%，紫胶产量占比则高达 95.45%。具体情况详见表3。

表3　2011 年滇西新兴产业发展情况

单位：万吨

地　区	药　材	食用菌	核　桃	紫　胶
全省	6.55	2.05	31.01	0.22
保山市	0.11	0.47	3.73	0.01
丽江市	1.15	0	0.84	0
普洱市	0.23	0.05	0.75	0.06
临沧市	0	0.13	5.98	0.07
楚雄州	0.23	0.25	2.62	0
红河州	1.43	0.06	0.27	0.07
西双版纳州	0.01	0.05	0	0

续 表

地 区	药 材	食用菌	核 桃	紫 胶
大理州	1.02	0.15	11.89	0
德宏州	0.17	0.1	0.19	0
怒江州	0.12	0	0.54	0
合计	4.47	1.26	26.81	0.21

数据来源：《云南统计年鉴2012》。

2. 信息技术在滇西林业及非木材林产品发展中的作用

森林资源培育、森林资源合理利用、森林生态环境建设、生物多样性保护是林业发展的基础，充分利用现代信息技术则是滇西林业可持续发展的关键。当前滇西林业发展情况面临着以下问题：一是林业信息管理滞后，数字化信息积累不足，资料利用率低，低效率重复工作较多；二是各州市林业信息工作技术规范性差，难以集中管理使用，缺乏彼此间的资源共享机制。现代信息技术可以充分利用和挖掘林业信息资源，不断提高滇西地区森林资源的管理水平，改进管理措施，监测森林资源消长变化，为保护森林和合理利用资源提供依据。

（1）信息技术有助于森林信息系统高速公路的构建。

滇西是我国生态恢复工程地区之一，森林调查监测和森林资源管理必须围绕着可持续发展指标来采集所需要的信息。由于地处边远，交通不便，信息技术的运用可为森林质量和健康的明确的动态信息的获取、信息的及时交流和共享、森林资源的更新和管理、有效砍伐、护林防火等提供有力支撑。卫星遥感技术、GIS 地理信息技术、GPS 全球定位系统技术、互联网和移动通讯等现代信息技术的发展和集成，为森林信息系统高速公路的构建提供了手段。

（2）信息技术有助于提高林区经营管理效率。

森林采伐是林区的重要生产经营活动，利用卫星遥感数据的波谱变化来监测与发现森林砍伐区的信息，确定一定时段内可伐区的位置，监测砍伐区现状，明确森林的采伐年度和砍伐额度等，可以大大提高工作效率。管理部门利用多个时相的高分辨率遥感数据可以提取植被生长的空间信息与状况，从而计算林分蓄积量，确定成熟林和可砍伐林区，为森林采伐的合理规划服务。基层林场可以借助地理信息和计算机网络技术，对未来采伐林分借助生长模型进行生长预测、数据更新、收集进入成林的林分，以获得年度森林资源动态数据。同时，在对森林采伐监测和采伐限额的检查验收工作中，通过遥感技术对采伐区的植被变化信息的定位定量提取，能减少检查的强度和盲目性，提高采伐限额执行情况检查工作效率，并对砍伐后的植被恢复追踪监测，客观且高效。另外，林权制度改革以来，全国大部分林区，集体林区经营管理权已经分散到林农个人，木材生产零碎分散，特别是滇西林区，山高路远，移动通讯短信服务等手段可以辅助针对木材砍伐量、运输量、木材检尺码单等信息的发送，进而能够及时掌握伐区的情况，降低人力成本，提高林区经营管理效率。

3. 信息技术推动滇西林业及非木材林产品发展的建议——以松茸为例

松茸（*Tricholoma matsutake*）作为高经济价值珍稀野生食用菌，属国家二级重点保护濒危物种，是世界性稀缺濒危资源。由于天然林保护、退耕还林（草）工程实施后，木材采伐及其务工收入和坡耕地减少使滇西地区的村民收入受到很大影响，来自松茸的收入已经在农户收入构成中占据重要位置。随着松茸价格的日益上涨，滇西有些松茸产区长期保持的“采一天停三天”的乡规民约被遗弃，代之以没有节制的掠夺性采集，造成松茸资源的减少和质量的下降。⑧

目前，滇西地区非木材林产品的开发利用为该地区的人们维持生计、增加收入和发展经济发挥了重要的作用。但是在开发利用中也存在非可持续性采集，导致非木材林产品和森林资源的破坏等问题。利用信息技术建立一套完善的松茸资源可持续管理与利用系统，可使区域内松茸的可持续采集更加有效进行，从而持续地增加居民收入，促进该区农村经济发展。

（1）建立资源数据库，制定合理的采集制度。

由于松茸有体积小、生长隐蔽的特点，遥感影像分辨率识别其空间位置有一定的难度，因此使用遥感技术获取松茸可采集地点的空间位置，将所有可采集松茸片区的空间数据与时间数据输入地理信息系统，建立松茸资源数据库，并及时更新数据，对数据进行统计分析，规划可采集的区域，合理安排采集时间进度，实现松茸生长的良性循环，达到可持续采集状态。

（2）建立监测系统，保证采集过程规范进行。

居民可利用地理信息系统制作的专业地图，如现有松茸资源分布图和采集线路图，依托 GPS 定位功能，进入松茸采集监测系统，监测中心利用遥感影像对采集人员数量进行监督，一旦发现采集人员数量过度，通过手机、传呼机等通讯设备联络监测系统节点处的监督人员，对现场进行控制，有力地保证松茸采集过程规范进行，防止保护区内某区域过度集中采集，导致松茸数量与质量下降。

(3) 发布可持续发展的信息，传播可持续发展的技术。

在滇西各州市的农业信息网站、州县新农村建设网和居民高频收看电视节目等信息平台宣传松茸资源可持续管理利用的理念。可将迪庆藏族自治州的白马雪山国家级自然保护区内永堆片区制订的合理管理办法发布在网上，使其他地区进行学习，如禁止采集、收购5厘米以下的童茸，禁止使用铁具、变钩等扒土，采取3天采集1天休息的方式，禁止童茸、过熟伞的交易等。同时传播松茸的可持续的采集技术，如将扒开的腐殖质重新拢回，保护菌塘，保证菌种的保存与繁殖。

二、信息技术与滇西生态环境保护与开发

（一）滇西生物多样性保护

1. 滇西生物多样性的特点和保护发展现状

滇西少数民族边境山区总体上属于热带亚热带季风气候，立体气候特征显著，年均降水量约1100毫米，森林覆盖率达54.8%，生物物种丰富，素有“动物王国”“植物王国”和“生物资源物种基因宝库”“药物宝库”之称。滇西地区生物资源种类繁多，仅西双版纳州就有高等植物5000多种，占全国总数的1/6，占全省的1/3。而怒江州也是生物多样性最富集的地区之一，有国家级保护植物42种，药物资源356种，野生动物474种。

（1）以建立保护区为主要形式的保护措施得到贯彻落实。滇西北现有3个国家级和10个省级自然保护区，9个国家级和省级风景名胜区。高黎贡山自然保护区加入“联合国人与生物圈保护区网络”，碧塔海、纳帕海和拉市海列入“国际重要湿地名录”，“三江并流保护区”列为世界自然遗产地。创建了统筹兼顾保护与开发的香格里拉普达措国家公园模式，建立了一批濒危野生生物种群生态监测站点、野生动物驯养繁育场和收容拯救中心。滇西北主要生态系统类型和绝大多数国家重点保护野生动植物得到有效保护，滇金丝猴、白眉长臂猿、羚牛等数量明显增加，秃杉、红豆杉等珍稀植物人工繁育取得较大成效。

（2）转变发展方式日益受到重视。在贯彻落实国家相关法律法规和政策的基础上，省政府出台《云南省重大资源开发利用项目审批制度》等

文件，提高了重大项目的环境标准和准入条件，加大了执法力度。积极转变发展方式，鼓励发展绿色产业，强化环境整治和节能减排，减少了对生物多样性的不利影响。

（3）生物多样性保护意识有所提高。充分发挥和调动全社会的积极性，通过学校教育、媒体宣传等多种形式普及生物多样性保护知识；公众参与度增强，提高生物多样性保护的效率；编写出版动植物志书，为生物多样性保护提供了指导；积极开展与联合国、世界银行等国际机构和国际组织交流合作，提升了生物多样性保护水平。

2. 滇西边境片区保护区信息化现状

通过分别对云南白马雪山国家级自然保护区管理局德钦分局、云南白马雪山国家级自然保护区管理局维西分局、云南省无量山国家级自然保护区管理局、丽江老君山国家公园管理局、云南大山包黑颈鹤国家级自然保护区管理局、云南省高黎贡山国家级自然保护区管理局、云南省兰坪云岭省级自然保护区管理局和云南省云龙天池国家级自然保护区管理局8个保护区管理机构的问卷调查和半结构访谈，我们从硬件、软件、信息存储与分享、人员和网络五大方面了解了保护区管理的信息化程度。

（1）硬件方面。

这八个自然保护区基本上都配有电脑、打印机、相机、GPS、摄像机等基本的硬件设施，仅白马雪山维西分局没有摄像机，其中五个保护区配有红外相机，高黎贡山管理局还拥有轨迹仪。上述这些硬件设施平时基本都是由保护区的工作人员使用，包括巡护人、护林人和巡护管理人。在硬件运行情况方面，五个保护区的硬件设施都能够正常使用，只有白马雪山维西分局和德钦分局的设备老化严重。另外，云龙天池保护区的相机也经常损坏，目前已更换好几批。在硬件改善方面，除老君山保护区认为目前设备已较完善，其他7个保护区都认为设备需要更新与完善。

（2）软件方面。

目前，除了老君山保护区还未使用GIS专业软件外，其余保护区都在使用一些基本办公软件、财务软件和GIS，其中兰坪云岭保护区还专门派工作人员到大理进行为期三个月的GIS专业软件培训学习。这些软件主要是用于保护区平时的巡护监测、空间分析和资源数据的输入与管理。虽然软件基本齐全，但是很多保护科的办公人员并不是人人都会使用GIS软件，像兰坪云岭保护区目前也只有20%的经过学习培训的人员能够使用GIS，而无量山保护区也只有两名经过培训的工作人员在使用GIS软件，高黎贡山、大包山黑颈鹤自然保护区目前还没有会使用GIS软件的工作人员。由于会使用专业软件的技术人员的缺乏，虽然引进了专业软件，但是该软件的作用并不能得到充分的发挥。因此，8个保护区都认为目前软件方面最需改善的就是引进专业技术人才和对工作人员的培训。

（3）信息存储、分析和分享机制。

保护区基本上存储的都是关于巡护检测方面的信息，如巡护时间、地点、图片、人员及发现情况等信息。除高黎贡山保护区由于无专业人才，所收集的信息只用于查询，无法进行分析总结外，其余7个保护区基本上每年对当地保护监测工作进行年终总结，这些总结成果大多会提交上级，部分成果会向外部展示，部分则是由内部人员分享学习。保护区的总结存储信息基本上会定期与农林部门、森林公安、科研机构分享，以便能更好地进行巡护监测与保护工作。在信息存储分析分享上，保护区主要存在两大方面的问题，一方面是保护区工作人员的技术以及管理决策能力缺乏，处理分析数据的水平有待提高；另一方面，全省目前并没有统一的巡护监测表格格式，各保护区的监测情况和成果没有可比性，且各保护区所做表格内容也会杂乱无章。因此，针对上述问题，各保护区希望可以引进年轻的技术人才，加大对工作人员的培训力度，同时，保护区也希望全省能够统一巡护监测表格，使得表格更直观、规范、实用。

（4）技术人员方面。

各保护区的技术人员无论从数量方面还是能力方面都有待提高。一方面目前技术人员比较缺乏，另一方面技术人员的技术能力单一，缺乏综合的技术能力；同时，保护区的人力资源还存在人员老化、知识层次不高、信息采集不规范等问题。因此，保护区希望能够通过软件更新与人员培训来解决上述问题。例如，在软件方面可将技术软件进行一些简化处理，开发一些适用中文专业软件等；人员方面则希望通过引进人才和培训人员来提高人力资源的数量和质量。

（5）网络方面。

保护区主要用网络进行数据资料的存储与宣传信息的发布。网络的使用给保护区带来了很多便利，如收发材料更加便捷，更加便于了解其他保护区情况；加强了对外宣传的力度、广度；使得办公效率与信息的获取、发布更及时快捷。但在网络使用方面，保护区也存在一些问题：①缺乏技术人才，无专门的门户网站，只能通过市管理局发布消息；②缺乏宣传营销方面的人员。

3. 信息技术推动滇西生物多样性保护的建议

在当今互联网时代，信息技术为海量数据的处理提供了空前的高效率的手段，将分散的分类学和生物多样性信息放到互联网上进行管理、交流、共享与合作已是大势所趋。目前，各种多样性信息的管理、发布和利用已离不开网络。NCBI、GBIF、NPDC等各种大型在线数据服务网站已成为各种层次上生物多样性信息保存、管理、传播和利用的重要媒介。[9]因此，现代信息技术已成为滇西地区生物多样性保护与研究必不可少的工具。

（1）建立滇西生物分布数据库。

滇西地区可以利用地理信息系统建立生物分布数据库，再配合遥感技术，就能够获得生物所在地的状况，再借助图形资料来展现其分布、范围，以提高资料的可读性、科学性，并可进行深入分析。生物资源数据库的建立，有助于了解滇西地区的环境状况，这些信息是资源规划、开发和利用以及生态环境监测的基础。以动物数据库的建立架构为例，项目可以包括：动物的分类资料、生活史、生态习性、栖息地喜好、族群状况、分布位置、经济利用情况、生态照片、叫声、保护等级和有关的研究文献等。[10]

（2）建立滇西生物多样性信息平台。

在生物多样性基础数据数字化的基础上，利用现代网络技术，建立滇西生物多样性信息资源共享平台。这样的信息平台不仅可以向人们展示滇西生物多样性数据和信息，还能更好地呼吁人们行动起来共同关注、调查与保护滇西生物多样性。滇西可以将目前已有的大量数字化的物种编目、多媒体影像、研究文献等生物多样性基础信息可以通过互联网检索和利用。

（二）滇西水资源保护和利用

1. 滇西水资源特点和水资源调查管理的信息化现状

（1）滇西水资源特点和对社会经济发展的制约。

水是基础性的自然资源和战略性的经济资源，我国是缺水国家，如何协调水资源的可持续利用与经济社会的健康发展，如何解决干旱缺水、洪涝灾害、水环境恶化和水土流失等问题，仍是制约国民经济和社会发展的重要因素。云南省境内西南诸河包括红河、澜沧江、怒江及伊洛瓦底江，都发源并流经滇西广大区域，滇西作为区域生态廊道和屏障，对区域水源涵养、水质保护、水量控制等水资源管理具有决定意义。

近年来，随着人口的增加和不断提高的物质生活水平的需要，人们对水资源量和质的要求也在不断提高。滇西地区在水资源涵养保护之外，更面临着全球气候变化以及水力开发对区域水资源的深刻影响。对滇西河流、湿地、水库等水资源主要特征进行全面、系统、准确、完整的研究，是云南区域内自身的水资源能够持续支撑经济社会发展并维系良好生态系统的水资源承载能力，发挥水资源对经济社会协调发展的支撑作用，不断加强水资源管理的客观需要，这将对云南省加快江河治理步伐，减少洪、旱灾害损失，构筑坚固安全的防洪体系，加强水利基础设施建设，做好水资源规划，实现水资源的科学开发、合理利用、优化配置，有效保护水资源提供科学的基础依据；为推动和促进云南经济社会持续、健康、协调发展提供有力支撑。

滇西由于山区河谷深切，开发利用困难；平坝支流短，水资源贫乏而需水量大；山区水土流失严重，有加剧趋势；城镇水供需矛盾突出，水短缺及污染严重；岩溶地区分布较广，地表水严重不足。[11]水资源禀赋条件的诸多特点与由此派生出的矛盾和问题仍然是制约滇西经济社会发展的重要因素。

（2）滇西水资源调查和水资源管理的信息化现状。

在我国经济面临转型、扩大对外开放的战略背景下，滇西地区作为我国西部极具发展特色与潜力的地区之一，同时面临着良好的机遇和严峻的挑战。滇西地区的发展应站在国家扩大对外开放的战略高度，从加快推进云南省重要桥头堡建设的角度，加强水资源和能源的管理，提高资源利用效率。

近年来，利用空间信息技术的滇西水资源遥感调查已取得了显著的生态效益和社会经济效益。利用高效的信息技术获取的资源信息，重要的目的之一就是为当地的社会经济发展服务。

当前，在滇西水资源调查和水资源管理中，河流水系和高原湖泊遥感调查成绩显著。滇西江河纵横，水系十分复杂。全区大小河流共500多条，其中较大的有100余条，多为入海河流的上游。它们集水面积遍布全区，分别属于五大水系：金沙江—长江，元江—红河，澜沧江—湄公河，怒江—萨尔温江，独龙江、大盈江和瑞丽江—伊洛瓦底江。[12]五大水系中，除元江—红河的源头在云南境内，其余均发源于青藏高原，为过境河流。国家地质调查局等部门，运用遥感和GIS地理信息系统技术，通过对1975年MSS、2000年ETM+、2007年三期卫星数据和遥感图像处理特征提取等手段获取了滇西境内三江流域河流和湿地面积达6123.13平方千米，占国土面积1.8%；1975—2000—2008年西南三江云南境内河流湿地面积增长显著，年增长面积达15平方千米，2000—2008年则呈减少趋势（见表4）。[13]

由于滇西区域经济的发展对水资源的需求量日渐增大，科学有序的开发利用需要对资源状况和变化准确及时的掌握。例如，澜沧江干流不仅水利资源十分丰富，而且具有开发条件优越、水量充沛稳定、水库淹没损失小、综合效益好等特点，水资源开发利用侧重于水电开发，是我国水电基地之一，漫湾、小湾、大朝山等大型电站已开发，还有糯扎渡、景洪等一大批大型电站正在持续开发中，是西电东送的重要电源点。沿干流水低田高，很难提水灌溉。中上游的农田灌溉全部由支流解决；下游景洪一带，河岸平缓，农田较多，有引灌之利。又例如，大理州洱海区域经济的发展对水的需求量日渐增大，环湖生活及工农业生产与下游西洱河梯级电站发电用水的矛盾越来越突出，引漾入洱也难以满足用水需求。区域内水资源开发利用率较低，常年河道外地表供水量仅占水资源量的4.5%，水资源配置矛盾尖

表4　滇西三江 1975—2000—2008 年三期河流湿地面积现状统计表

单位：平方千米

年代	流域	河流湿地				河流湿地面积	湖泊湿地		湖泊湿地面积	沼泽湿地		沼泽湿地面积	人工湿地	人工湿地面积	湿地总面积
		Ⅱ1	Ⅱ1	Ⅱ1	Ⅱ1		Ⅲ1	Ⅲ2		Ⅳ2	Ⅳ3		V1		
		水面	河漫滩	河心洲	单线河		永久性淡水湖	季节性淡水湖		草本沼泽	沼泽化草甸		库塘		
1975 年	金沙江流域	297.98	97.03	28.78	1180.08	4506.82	480.23	0.81	796.81	1.65	42.22	70.79	173.74	253.61	2302.51
	澜沧江流域	195.20	27.33	0.00	1193.58		280.40	1.03		5.24	8.43		31.24		1742.45
	怒江流域	60.59	20.10	0.00	179.41		1.42	0.03		0.00	1.36		4.43		267.35
	伊洛瓦底江流域	36.43	10.73	0.00	239.83		15.98	0.00		0.00	11.89		1.56		316.42
	元江流域	98.33	20.26	0.00	821.16		13.77	3.14		0.00	0.00		42.64		999.31
	小计	688.53	175.45	28.78	3614.06		791.80	5.01		6.89	63.90		253.61		5628.03
2000 年	金沙江流域	367.71	64.58	19.16	1176.40	4547.95	465.45	0.74	806.65	3.30	72.84	127.45	412.60	558.29	2582.77
	澜沧江流域	211.53	26.92	0.00	1193.78		295.20	2.70		30.33	9.37		54.71		1824.53
	怒江流域	60.59	20.30	0.00	179.36		3.78	0.24		0.00	1.54		11.34		277.15
	伊洛瓦底江流域	36.43	10.72	0.00	239.89		6.20	0.08		0.00	10.07		7.87		311.26
	元江流域	98.38	20.21	0.00	821.99		29.45	2.81		0.00	0.00		71.77		1044.62
	小计	774.64	142.73	19.16	3611.42		800.08	6.57		33.63	93.82		558.29		6040.34
2008 年	金沙江流域	389.00	91.46	1.90	1179.05	4583.66	523.14	2.42	868.21	2.63	69.66	126.44	399.81	544.84	2659.07
	澜沧江流域	224.41	25.32	0.00	1190.95		292.32	2.80		33.27	8.56		54.78		1832.42
	怒江流域	49.29	31.18	0.00	178.62		4.98	0.13		0.00	1.54		13.54		279.28
	伊洛瓦底江流域	32.47	12.40	0.00	237.92		8.22	0.19		0.50	10.28		7.54		309.53
	元江流域	103.04	19.39	0.00	817.26		29.84	4.17		0.00	0.00		69.17		1042.87
	小计	798.21	179.75	1.90	3603.80		858.50	9.71		36.40	90.04		544.84		6123.15

锐，资源型缺水及工程性缺水并存。合理保护，合理开发，以及科学有效地指导人民的生产生活，都需要通过现代信息技术的手段，对交通不便、人为调查成本高的滇西地区开展持续的水资源调查和监控。

利用遥感和GIS信息技术手段，对滇西水资源及利用状况的调查和监控，能为农田水利、人民生活、区域发展和国家战略等提供科学依据；同时为区域水资源信息系统建立、信息管理、信息传播提供数据基础。

2. 信息技术在滇西水资源调查和水资源管理中存在的问题

目前滇西地区通过遥感调查的水资源现状信息，多数仍以图、表、数据等形式由各级主管部门所管理，信息堆积、搁置甚至闲置的现象突出。需要进一步的整合梳理，强化建立为方便管理、查询和发布的信息系统，能及时地运用互联网、移动通讯等技术，为各部门和公众提供信息支撑。在水质方面，1996年滇池大面积蓝藻暴发，2013年洱海潜在蓝藻暴发，也为高原湖泊河流水质监测和预警的信息技术开发利用提出了需求。云南省水利水资源局已作为全国的试点开始了每年度的河湖健康评估，尝试建立适应云南省特点的评估系统，并已开始每年发布评估报告。目前，评估报告如何利用现代信息技术，及时有效地到达公众认知范围，更好地服务于人们的生产生活，还在研究讨论阶段。

在洪涝灾害防治方面，相关信息的及时传递将成为工农业生产和人民生活减少损失的有效手段。此外剑川、鹤庆、宾川等地区的整体水资源保护，控制城镇污染物总量的排放，统筹协调湖泊、河水流域生态环境保护和产业的发展，减少饮用水源地水源涵养的开发和工业污水对湖泊、河水流域的污染，也对滇西水资源的信息收集和发布、对信息技术提出了更高的需求。

3. 滇西水资源保护和开发利用中的信息技术深化运用建议

（1）充分利用遥感和GIS信息技术，建立水资源数据库，为滇西区域发展提供准确及时的信息服务和决策支撑。

滇西水资源信息系统，可把3S（GIS地理信息系统、RS遥感、GPS全球定位系统）技术作为核心支撑，大力依靠现代遥感技术来获取滇西河流湖泊流域内自然环境和社会经济环境的基础信息，建立与真实环境相对应的动态的虚拟系统；同时，结合水质保护、水污染治理、水环境管理、农业灌溉、抗旱防涝等的特殊要求和急迫需求[14]，采集提取并实施监测和更新各类环境专题影响因子的信息，利用GIS技术针对各流域环境管理的各级各类目标展开量化分析并建立模型实施动态模拟，建立集数据查询、展示、分析、决策、发布为一体的信息平台，为滇西水资源管理和水质污染治理提供准确及时的信息服务和决策支撑。[15]

基础数据部分（inventory）：适时遥感影像、湖泊及流域生态数据、环境基础数据、污染源与总量控制数据、环境和污染实时监控数据，是对系统现状和变化的总体描述和直观真实展现，并提供了环境管理和预测的基础。

查询与管理：方便的现状数据查询和信息管理。针对查询、研究、分析等要求的点、线、面及三维数据的直观呈现和统计数据的输出输入。

模拟预测与决策支撑（simulation）：利用水动力模型、城市雨污模型、环境变化模型等动态地模拟人类活动和自然环境相互作用下九湖流域水资源、环境污染及生态系统的变化，并输出直观的图形和统计结果用于公共政策决策支撑。

（2）利用现代通讯技术，及时准确地传播发布水资源保护和利用信息，为社会经济和人民生活服务。

通过高端信息技术获取的水资源信息，在为区域决策服务的同时，也需要为滇西人民的生产和生活提供及时准确的信息，促进地区经济发展和人民生活水平提高。滇西水资源环境信息，可通过互联网提供展示和查询，并可根据要求定期发布，为公共管理和行政服务。

互联网的发布方式基于具有高效、使用便捷、免安装、易维护等优点，在国外的政府部门得到广泛应用，大幅提高了管理和行政效率。不同于普通的信息发布，空间数据具有海量、多类型（栅格，矢量）、丰富的来源和格式、支持动态查询（空间漫游）、数据查询运算复杂等特点，其发布后台的搭建有一定的技术要求。在发布前需要对数据进行大量处理，以满足能对任意图层单独或者叠加显示和查询的要求；另外，为了能满足一定数量的并发访问，需要优化查询系统的硬件配置和软件设计，保证使用的流畅和可靠。

此外，基于基础扎实、在我国发展迅速的移动通讯技术的发布方式，水资源、水质变化、水污染状况、洪涝信息等更能直接快速地到达公众个体，适合边远地区和山区居住分散的状况，信息传播更具效率，是滇西经济发展的良好信息支撑。

（三）滇西防灾减灾工作

滇西地区气候多样、地形复杂、山高谷深、交通不便，各类地质灾害和洪涝灾害频繁，防灾减灾和救援工作都面临较大的困难和挑战，一旦灾害发生，就会给当地社会经济和人民生活带来很大影响。在信息技术日益发展的现代社会，充分利用信息技术先进、快捷、方便的优势，为滇西灾害隐患调查监控，灾害的预防、预警，防灾规划和救援指挥等发挥应有的作用，将会为区域经济的稳定发展、人民生活的稳步提高做出贡献。

1. 滇西地震灾害和次生灾害的遥感调查现状

（1）滇西地震灾害和遥感调查现状。

近代地震活动频繁，地震活动频度高、强度大、时期新。全区新构造活动强烈，地震活动强带及较强带分布广泛，以大理—洱海强震带地震发育最为集中强烈。区内地震分布不均匀，以金沙江流域及澜沧江流域地震最为集中发育。

根据全区主要地震点分布的特点，在参照有关地震带划分的基础上，结合地质构造环境的特征和解译的主要活动性断裂带，确定地震带的主要划分依据为：①地震带为地震发生强度及频率较高的区带；②地震带内存在或可能存在主要的活动断裂带；③地震带多发生在多组活动断裂的交汇地区。滇西境内主要有七个地震活动带（见表5），在此基础上，根据统计得到的主要地震的频率、强度和断裂带的特征，将七个地震带按活动强度划分为强地震带、中强地震带及弱地震带三个级别。区内以强震带及中强地震带为主，以洱源—大理最为集中强烈发育。

遥感技术的应用对于震时的抗震减灾、紧急救援、震灾的快速评估以及做好灾后重建，起着积极的作用，同时也是减轻地震灾害十分有效的手段。可以通过不同时段遥感影像的分析，对地震易发区带进行监测、预警，通过对活动构造的解译、对比，对易发地质灾害的地区尽早采取治理或避让措施。

（2）滇西地区次生灾害和遥感调查现状。

次生地质灾害主要包括崩塌、滑坡、泥石流。中国地质调查局利用遥感调查，主要使用1∶25万卫星遥感图像，对滇西区内的次生地质灾害通过遥感影像解译和实地调查结合，并依据长期积累下来的地面调查资料，发现滇西地区次生灾害发育多且集中，影响范围广，对社会经济和人民生产生活影响大。区内崩塌、滑坡、泥石流分布呈现出一定的规律性。

表5 各地震带特征表[16]

滇西地震区带名称	面积（平方千米）	地震带活动强度	地震点个数			
			5级	6级	7级	总计
1. 香格里拉带	52.254	强带	5	3		8
2. 木里—剑川带	185.208	强带	47	8	—	55
3. 腾冲带	203.288	强带	31	19	4	54
4. 洱源—大理带	100.188	较强带	14	7	1	22
5. 永胜—石屏带	323.88	中强带	34	10	1	45
6. 耿马—澜沧带	138.288	强带	21	5	4	30
7. 普洱带	133.808	强带	24	12	—	36

①区内地质灾害分布广泛，尤以金沙江流域及伊洛瓦底江流域灾害发育最为密集。滇西境内中型以上地质灾害极为发育。其中以金沙江流域及伊洛瓦底江流域分布最为集中，二者灾害分布密度分别达35.8点/万平方千米、30.6点/万平方千米。

②滑坡、泥石流空间分布与活动断裂具有紧密的成生关系。区内地质构造活动强烈的小江断裂带、木里—丽江断裂带、金沙江—红河断裂带中段（大理—洱源地区）及龙陵断裂带发育区，地质灾害较为集中；而地质构造活动较少地区，如景洪地区，地质灾害发育则相对较少。结合地质灾害发育需具备物源、地形地质条件，而活动性构造往往造成岩石破碎，为地质灾害提供物源，构造发育地段沟谷深切、岩层失稳，易诱发地质灾害发生，地质灾害与地质构造具有成生性。

③同震地质灾害广泛发育。近年来中—强地震活动频繁、地震影响烈度达7度以上的区域（如峨山—新平、澜沧—耿马、丽江、武定—禄劝等地），伴随地震或在地震发生后的数年之内，常出现滑坡、泥石流高发期；地震影响烈度越高，滑坡、泥石流的分布密度也越大。

④人类活动范围影响了地质灾害分布区域。在山缘、台地与断陷盆地、谷地等地貌单元的交接部位，地质构造稳定性差，而人为活动多集中于上述地区，加剧了自然次生地质灾害的发生，滑坡、泥石流呈点、线、带状密集发育。如怒江中—下游、澜沧江中游、金沙江中—下游、元江上游和大盈江等江河沿岸，以及一些断陷盆地的边缘地带，崩塌、滑坡和泥石流的分布密度均较大。[17]

2. 利用现代信息技术支撑滇西地区地震及次生地质灾害防治建议

（1）鉴于区内地震和次生地质灾害发育程度高，建议在高发地区依据遥感信息技术所获得的资料，开展对地震，特别是次生地质灾害防治工作分区域分层次部署。如在地质灾害较为集中发育的金沙江流域，提高地质灾害防治等级，利用互联网和移动通讯等技术，定期及时预警并指导民众的避灾和外界的救援；在地质灾害较少发育的元江流域，区域地质灾害防治等级可有所降低，但需加强灾害个体防治，利用移动通讯技术，和定点个体保持联系，相互沟通，及时防范，减少损失。[18]

（2）区内地质灾害发育与活动断裂带、地震具有显著的成生关系，建议地震及次生地质灾害防治重点关注断裂带及多震地带，人居环境工程建设中提高这类地区活动断裂带及地震分布规律研究，在此类地区增加遥感调查监测的频率，定期分析灾害风险，发布风险评估，并对生产部门和居民及时发布防避措施，以切实改善人居环境质量保障，促进区域经济的稳定发展和人民生活的稳步提高。

三、信息技术与滇西民族文化保护和产业发展

（一）滇西历史与民族文化产业

1. 滇西历史与民族文化资源和产业发展现状

（1）滇西历史与民族文化资源特点。

滇西历史悠久，曾经是中国西南民族经济文化交流的走廊，蕴藏了大量值得开发的旅游资源与文化资源。近一百年来，滇西相继出土了以禄丰恐龙和腊玛古猿化石为代表的古生物化石、以元谋人遗址为代表的东方人类遗址古生物和古人类遗址[19]，以元谋大墩子为代表的金沙江中游新石器文化遗址[20]，且有建于唐代的大姚白塔、全国最大与保存最完好的孔子铜像、彝族的起源子午向天坟和古关古道、丽江古城的拉市海附近与大理州剑川县的沙溪古镇等保存较完好的茶马古道遗址、松山战场遗址等。

在悠久的历史长河中，滇西创造出了各具特色的民族文化，丰富多彩、源远流长。西双版纳傣族的贝叶文化充满了对大自然的感激、敬畏与爱护之情，丽江纳西族的东巴文化拥有用于交流的象形文字，泸沽湖畔的摩梭人现今依旧保持着母系氏族的社会制度，佤族清戏成功申报为国家级非物质文化遗产项目，国家级非物质文化遗产保护项目昌宁苗族服饰习俗一期保护工程已顺利实施。[21]由这些古老文明创造的民族文化，正连接成日益发展的滇西文化走廊，走向国际。

（2）滇西历史与民族文化产业发展现状。

①民族工艺产业规模扩大。

滇西民族民间工艺包括刺绣、制陶、木雕、玉雕、草编、扎染、首饰、织锦、瓷器、银器、大理石加工等，品种繁多，别具特色。白族的扎染和银器制作工艺、傣族的竹器制作工艺、彝族的刺绣等少数民族工艺已经在滇西文化产业的发展中形成一定规模，并且不断扩大。以大理州为例，传统的扎染、银器制作、大理石工艺制作和民族服饰制作等民族民间工艺正在被逐步开发利用。随着近年来民族文化产业市场的繁荣，滇西民族传统工艺不断提升，产品设计日渐多样，生产规模日益扩大。

②滇西民族演艺业影响不断扩大。

近年来，滇西民族演艺业的影响在以前的基础上有重大突破。以《云南印象》为代表的舞台作品浓缩了云南民族舞蹈艺术的原生精华。民族歌舞《丽水金沙》《香格里拉》《勐巴拉娜西》等作品好评如潮，民族歌舞成为年轻人主动学习的潮流。随着滇西民族演艺业的影响不断扩大，滇西民族文化不仅走出了云南，而且走向了世界，形成一定的世界影响力。此外，这种影响的层次也在不断深入，不仅是外国人、外地人喜爱这些民族演艺作品；本地居民也在外来文化不断冲击的背景下，经历了对滇西本土民族文化从重新关注到逐步认同并为之自豪的过程。滇西民族演艺作品品位不断提升，民族演艺产业的精品化已经形成良好的群众文化基础。

2. 信息技术对滇西历史和民族文化产业发展的作用

（1）信息技术有助于加强滇西民族文化的保存。

民族文化是民族精神情感、个性特征以及凝聚力、亲和力的载体，保护民族文化就是保护民族的记忆和根脉。利用3S技术与数据库等现代信息技术，有助于进一步发掘、整理和提炼滇西最具民族特色的风俗习惯、神话故事、民间传说、民间艺术、舞蹈戏曲、音乐美术、服饰饮食、接

待礼仪、图腾崇拜等历史和民族文化资源，使滇西的这些民族文化的瑰宝得以保存下来。

利用GIS在文化遗址周围的空间建立缓冲区，结合遥感动态监测，建立遗址各影响因子数据库，对其周边环境的变化进行反演，发现其时空变化趋势，可制图表分析遗产周边环境的各种变化[②]，如空气变化、水环境变化、绿地变化等是否有利用文化遗址的保存，并结合实际提出了历史文化资源保护的对策和建议。使用数据库技术可对面临消亡的技艺进行保存，通过技艺者的口述、实地摄影、录像，将资料转化为声音、文字、图、视频等数据，建立起覆盖滇西的本底民族文化数据库，通过实地调查收集现有的民族文化数据，可发现已经消亡的民族文化，对比之后，可评价现有民族文化资源的现状，为呈退化趋势的民族文化资源的挽救与恢复，提供了可参考的模本。

例如，云南少数民族历史档案载体种类繁多，彝文古籍除了竹木质以外，还有骨质、金石质、石质、皮书、布帛书及纸质载体材料。纸张作为一种档案的重要载体，它有易腐蚀、不易携带、不易保存的局限性。在计算机网络迅猛发展的信息时代，这些局限性制约了纸质历史文档。用现代信息技术的方法存贮少数民族民族历史档案信息资源这块文化瑰宝，使人们能更容易地传输、检索、复制、利用，并实现永久保存，一次输入、多次输出的信息化管理，将更促进云南少数民族历史档案的传承与保护。

例如，东巴象形文字的保存，可利用数据库技术将其进行文字、图片标准化统一分类存储，为后人系统性的学习和文化产业化准备充足的数据源，文化传承不再单一的依靠世代组织活动的方式。如今作为丽江古城建筑墙壁装饰的东巴文，随处可见，其商业价值正处于被挖掘的阶段，如丽江手工艺小店有刻有“爱拼才会赢”“财源广进”等东巴文字的小木牌出售。

（2）信息技术有助于滇西民族文化认知度的提升。

虽然近年来，滇西民族文化产业发展比较迅速，但是总体来说，还存在着一些问题。例如，滇西地区的手工艺品基本上都是采取家庭式小作坊的形式生产，就地取材，单件加工。因此，生产设计和制造环节的效率低下，使手工艺品的扩大发展受到严重阻碍，难以满足市场需求。同时，由于交通不便、信息不流畅等原因，民族手工艺品的市场销售较为被动，大部分地区通过旅游景区景点作为滇西民族手工艺品的主要销售渠道。纵观云南的旅游工艺品市场，目前除了大理的白族扎染、鹤庆的银制工艺、西双版纳的傣族织锦等因为借助当地旅游业的发展而兴旺外，绝大多数本土民族特别是非旅游地的民族手工艺资源还鲜为人知。

网络时代的到来有助于提升滇西历史与文化的认知度。以开拓网络文化为首的信息技术，可为滇西历史的教育工作节约成本与时间，可为滇西民族民俗、服饰、饮食、宗教、医药等文化的继承与弘扬发挥重要的作用。例如，可以充分应用网络广告，即在Internet或Web上发布、传播滇西的民族文化。传统的广告媒体，包括电视、广播、杂志、报纸四大大众媒体，都只能单向交流，强制性地在某一区域发布广告信息，大众只能被动地接受，不能做出及时、准确的反应。而网络广告则可以是互动的，而且广告内容更加直观。

利用先进科技为载体，把滇西民族文化资源数字化、文化管理网络化、文化事业信息化，不但可以充分展示滇西民族地区的文化特色，而且可以把民族文化镌刻在消费者的心里，让滇西的民族文化产业更加具有生命力和竞争力。

3. 信息技术促进滇西民族文化产业发展的建议

（1）充分利用网络提高滇西民族文化知名度。

滇西民族节日数量多，光彝族就有30多个，将每一个民族的节日按照民族名称再分类，节日名称存储于数据库，以网络为前台展示每个节日的详细活动、蕴藏的文化信息等，以游戏平台为辅助嵌入突出民族风情特色的民俗节日背景图片，图片与游戏玩家注册时的民族类型相对应，可在无形中潜移默化地提升滇西青年人对本民族的文化认知度。民族服饰种类繁多、图案精美，使用各种制图软件，可将各民族服饰分类汇总，绘成图稿、部分细节图，建立数据库，生成网络文化展示页面。同样，民族饮食按照其名称、原料名、配方比例等建立内部数据库，通过控制访问权，如使用ID号与密码，进入网络教学，可学习本民族共享的饮食厨艺或其他技艺。

（2）充分利用网络广告平台。

传统广告由于受媒体时段和版面限制，多用画面、声音等在大众的脑中创建某种印象，吸引观众，难以展开详尽内容，所以观众不能全面了解产品。因此，滇西可以充分利用网络广告平台来进行民族文化的宣传。网络广告一般含有大量的图片和文字资料，可以提供更加全面、具体的详细信息，利用页面之间的超链接可以在相应的页面上查到所需信息。随着多媒体技术和网络编程技术的提高，网络广告可以集文字、图像、声音于一体，创造出身临其境的感觉，既满足浏览者收集信息的需要，又提供了视觉、听觉的享受，增加了广告的吸引力。

（二）滇西旅游业

1. 滇西旅游业发展现状

旅游产业是当今世界公认的具有文化和体验经济特点的“无烟工业”。云南旅游通过近30年的实践与发展，形成了较为完善的旅游产业体系，发展水平已经位居全国前列和西部第一位。旅游业已成为云南省的战略性支柱产业。

滇西少数民族边境山区是云南省内旅游资源最为丰富的区域之一，一方面拥有雄壮秀美的地质地貌景观，分布着众多的高原湖泊、大江峡谷、雪山冰川、石林溶洞、热带雨林，类型齐全多样，可以说汇聚了中国从南到北的景观特色；另一方面独具异域风情的民族特色，是25个少数民族的聚居地，各民族在漫长的历史进程中创造了丰富独特的民族文化，为世人展示一幅多姿多彩的民族风情画卷。经过近30年的产业培育和扶持，滇西地区2010年年度接待国内旅游人数达6943.4万人次，占全省接待国内旅游人数的50.18%；接待国外旅游人数共1664291人次，占全省比例的50.56%。滇西地区2010年年度旅游收入共计524.69亿元，约占全省旅游收入的52.11%（见表6）。

表6　2010年滇西各州市旅游业发展情况

地　区	旅游收入（亿元）	国内旅游人数（万人次）	国外旅游人数（人次）
全省	1006.83	13836.82	3291532
保山市	30.76	611.41	89518
丽江市	112.46	848.83	611408
普洱市	17.14	347.24	30119
临沧市	14.49	268.92	41231
楚雄州	31.07	964.38	19893
红河州	69.22	1200.43	137577
西双版纳州	80.33	795.61	216682
大理州	115.01	1296.98	407483
德宏州	46.21	460.63	94945
怒江州	8.00	148.97	15435
合计	524.69	6943.4	1664291

数据来源：《云南统计年鉴2011》。

然而，滇西地区旅游业的发展仍然存在着各州市旅游业发展程度差异很大、旅游内容单一、旅游产品层次不高、旅游企业整体综合实力不足、旅游标准化管理欠缺等问题，同时也面临着国际国内旅游市场竞争加剧、经济社会形势复杂、自然环境多变等挑战。为了推动滇西旅游业的二次创业，《云南省“十二五”规划》中提出，“一核、两轴、三圈、四极”的空间布局，其中要大力发展滇西北次级城市群，形成以丽江为核心，以香格里拉、泸水等为节点，充分考虑资源环境容量和生态保护要求，有序发展城镇体系，着力打造联动川藏的国际知名旅游休闲城市群。《云南省旅游产业“十二五”发展规划纲要》提出大力推进以昆明为中心，包括区域中心城市、重点旅游县市区、边境城市在内的多层次旅游城市体系建设，推动旅游基础设施、旅游公共服务设施和旅游生产要素向旅游中心城市聚集，进一步凸显旅游城市的目的地和集散地功能。《云南省旅游产业发展和改革规划纲要》提出要强化要素资源配置，以旅游线路为核心，加大沿途的旅游交通、旅游城镇、旅游景区、旅游配套服务设施及旅游生态环境的统筹发展力度，着力打造以昆明为中心，面向滇西北香格里拉生态文化精品旅游线路、滇西南热带雨林及多国精品旅游线路、滇西火山地热及跨境精品旅游线路、滇东南喀斯特地貌景观及跨境精品旅游线路、滇东北生态及历史文化精品旅游线路，以线路统筹带动区域旅游经济发展。

2. 信息技术在滇西旅游业发展中的作用

大众观光旅游一直以来是滇西地区旅游业的主体业态，随着社会经济以及旅游业本身的发展，国民旅游经验日趋成熟，游客的自主、自助意识开始增强，传统的团队、观光和包价产品已远远不能满足游客需求。除了希望获得更便捷的服务外，对于滇西这样拥有丰富和多样旅游资源的目的地，游客希望获得更多的深度体验，而这种深度体验的需求也因游客的背景差异呈现出高度的多样化。信息技术在使滇西旅游业的发展跟上游客需求的步伐上能够起到非常积极而不可替代的作用。首先，信息技术是旅游业由传统服务向现代服务转型和由粗放服务向集约服务转型的重要技术推动力；其次，旅游过程的信息化更易满足消费者的多样化需求，从而提高旅游服务的效率和游客的满意度；第三，信息技术在旅游管理中的应用能极大地加强旅游资源利用、旅游活动监管、灾害灾难预警处置、多部门和区域间联动等旅游业的全方位管理。

3. 信息技术推动滇西旅游业发展的建议

《中国旅游业“十二五”规划》将信息化作为其中一个专项规划；《“十二五”云南旅游信息化发展规划》于2011年年底通过了专家评审，该规划为云南省首次编制旅游信息化发展规划，被认为结合了云南实际提出的八大工程和三大保障措施，具有建设性、超前性和可操作性，特别在旅游信息网络营销、旅游与文化互动发展、旅游电子护照、智慧旅游示范工程等方面具有创新性和引领性[23]。滇西作为云南省旅游的重点区域，该规划的实施也必然有助于推动滇西旅游业的转型升级。然而，要使滇西的旅游业真正成为区域经济发展的支柱产业和引领其他产业快速发展的先导产业，就必须在其产业发展中进行超前设计，在实施“十二五”规划的同时树立更高的发展目标——推动智慧旅游的尽早实现。

智慧旅游是基于信息技术，为满足游客个性化需求，提供高品质、高满意度服务，而实现旅游资源及社会资源的共享与有效利用的系统化、集约化的管理变革；是以增强旅游企业竞争力、提高旅游行业管理水平、促进产业融合为目的的现代化工程。[24]它是利用云计算、物联网等新技术，通过互联网/移动互联网，借助便携的终端上网设备，主动感知旅游资源、旅游经济、旅游活动、旅游者等方面的信息，及时发布，让人们能够及时了解这些信息，及时安排和调整工作与旅游计划，从而达到对各类旅游信息的智能感知、方便利用的效果。[25]智慧旅游并不等同于旅游信息化。

旅游信息化是利用电子技术、信息技术、数据库技术和网络技术手段，充分发挥各类旅游信息资源的效用，使之成为推动旅游产业发展和管理的重要手段。具体地说旅游信息化就是把景点、景区、饭店、旅行社、交通、气候等与地理位置和空间分布有关的旅游信息，通过技术手段采集、编辑、处理转换成用文字、数字、图形、图像、声音、动画等来表示它们的内容或特征，并加以储存与利用的过程。[26]智慧旅游可理解为旅游信息化的高级阶段，是一种全新的命题，是信息技术在旅游体验、产业发展、行政管理等方面的应用，使旅游资源和信息资源得到高度整合和深度开发并服务于旅游者、旅游企业、旅游目的地政府的面向未来更加便捷的旅游形态。“智慧旅游”的理念提供了旅游业发展的新思路，开辟了认识旅游目的地、了解旅游景区的全新视角，以先进的信息技术、智能技术和网络融合为依托的重要的旅游业态发展新模式。[27]

对于滇西这样一个欠发达地区，尽管发展智慧旅游是必需的选择，但其技术应用、建设环境和涉及领域都非常复杂，又涉及投资、建设、运营等多个阶段，实现智慧旅游的过程也必将荆棘满途。

推动滇西智慧旅游的建设，建议从以下几方面着手：一是智慧旅游的规划。智慧旅游引起复杂性和多阶段性，其建设必将是一个非常复杂的系统工程，做好发展的总体规划是建设智慧旅游的首要任务。二是智慧旅游的基础设施。对于经济欠发达的滇西来说，这是发展智慧旅游的软肋，但却是不可替代的基础工程，因此，在滇西范围内加快完善旅游管理系统、企业和景区的信息设施，加紧推动旅游景区及景区交通干线的通信基础设施建设，加强热点区域的无线宽带网络覆盖，构建泛在、智能的信息高速公路，尽快搭建起旅游公共支撑平台。三是智慧旅游的政策支持。政策环境是建设智慧旅游的重要保障，应当制定包括市场准入、引资引智、技术研发和应用服务等相关产业政策，形成全方位支持智慧旅游建设的政策体系。四是智慧旅游的人才引进和培养。人才是实现智慧旅游的根本，智慧旅游建设需要大量的既懂信息技术又懂旅游科学的人才，而滇西目前却是相关人才十分匮乏，需要引进和培养双管齐下，迅速扩大建设智慧旅游的人才队伍。

注　释：

①丁允旭、钱敏：《全球化竞争与中国信息产业》，《情报科学》2002 年第 3 期，第 326 – 329 页。

②孙伟平：《信息社会及其基本特征》，《哲学动态》2010 年第 9 期，第 12 – 18 页。

③曹良元、王世虎、胡兴邦：《农业农村信息化与新农村建设关系探析》，《安徽农学通报》2012 年第 1 期，第 41 – 42 页。

④李忠斌等：《信息化与民族地区农业发展研究》，科学出版社 2012 年版，第 25 – 27 页。

⑤李忠斌等：《信息化与民族地区农业发展研究》，科学出版社 2012 年版，第 25 – 27 页。

⑥尚旭东：《云南林业产业发展研究》，西南林业大学学位论文，2010 年。

⑦尚旭东：《云南林业产业发展研究》，西南林业大学学位论文，2010 年

⑧苏建兰：《云南松茸产业链经济学分析及优化对策研究》，北京林业大学学位论文，2011 年。

⑨http：//wenku. baidu. com/view/33f0486c9b6648d7c1c-7462d. html。

⑩张晋峰：《“3S”技术和生物多样性保护》，《三晋测绘》2004 年第 1 期，第 27 – 30 页。

⑪郭有安、黄英：《滇西北纵向岭谷区水资源特性及分异规律研究》，《人民长江》2005 年第 4 期，第 38 – 40 页。

⑫伍立群：《云南省河流与水资源》，《人民长江》2004 年第 5 期，第 48 – 50 页。

⑬赵志芳等：《西南三江区域遥感地质综合调查报

告》，中国地质调查局地质大调查项目，2011 年。

⑭马广仁、鲍达明：《反思我国西南地区特大旱灾全面加强生态脆弱区的湿地保护》，《湿地科学与管理》2010 年第 2 期，第 4 –6 页。

⑮云南环境科学研究院：《“数字九湖”规划方案》，云南太阳谷节能产业发展有限公司，2012 年。

⑯赵志芳等：《云南 30 年地质环境变迁遥感监测研究》，中国地质调查局，2013 年。

⑰苏生瑞、孙芳强等：《山区公路滑坡灾害问题及对策分析——以云南元（江）磨（黑）高速公路为例》，《工程地质学报》2005 年第 3 期，第 340 –345 页。

⑱谭德宝、申邵洪、陈蓓青：《空间信息技术在地震次生灾害防治中的应用》，《人民长江》2008 年第 22 期，第 99 –101 页。

⑲陈九彬：《楚雄州文化资源开发利用的前景展望》，《楚雄师范学院学报》2013 年第 28 期。

⑳曾豪杰：《楚雄彝州文化产业发展现状及问题分析》，《楚雄师范学院学报》2008 年第 23 期。

㉑石磊、蔡雁等：《保山市文化产业发展问题探析》，《中共云南省委党校学报》2010 年第 6 期。

㉒江慧：《基于“3S”技术的历史文化遗产动态监测方法研究》，清华大学工程硕士专业学位论文，2010 年。

㉓《“十二五”云南旅游信息化发展规划》，http：//www. stats. yn. gov. cn/canton_ model62/newsview. aspx？id = 1036690。

㉔《建设国家智慧旅游试点城市工作导引》。

㉕http：//baike. baidu. com/view/5217093. htm。

㉖姚继兰等：《我国旅游业信息化的现状与对策》，《华中农业大学学报》（社会科学版）2005 年第 4 期，第 54 –57 页。

㉗李梦：《智慧旅游与旅游信息化的内涵、发展及互动关系》，载《2012 中国旅游科学年会论文集》，中国旅游研究院 2012 年版，第 21 –27 页。

附件2：信息技术与滇西少数民族边境山区农村经济发展

蔡 葵 李欢欢*

摘 要：滇西少数民族边境山区是我国人口较少民族的主要聚居地，也是我国重要的生态功能区。由于历史和自然的原因，该区域是我国最贫困的地区之一。以网络为核心的信息技术可以克服时空障碍，弥补地理条件、交通不便所带来的缺陷，加速滇西农村经济持续、稳定的发展，逐步缩小与发达地区的发展差距。

关键词：信息技术 少数民族边境山区 农村经济

一、研究背景

全球化是当代世界发展的主要特征，而信息技术是当今全球经济一体化的主要推动力之一。在经济全球化时代，世界对信息的需求快速增长，信息产品和信息服务无处不在、不可缺少，信息技术已成为当今社会经济生活的主要支撑点。然而，信息社会没有、也不可能彻底消灭农业社会，但农业社会、工业社会的各种产业，甚至包括传统社会的一切领域和方面，都必然要经过信息技术、网络化的洗礼，得到不同程度的改造、重塑，在不同程度上被信息化、网络化。全球化正以势不可挡之势向世界的每个角落渗透，它一方面在促进世界的整合，另一方面也是一个使知识和文化转向世界的不可或缺的过程。主动融入这个过程或许能更主动地从全球化中获益，从而更大程度地减少全球化对自身文化的负面影响。对信息技术的主动利用，无疑是促进经济发展的有效途径，更是主动融入全球化过程的重要方式。

信息技术正在深刻地改变着农业生产和农村生活。信息技术能够拓宽农民就业渠道和产业发展空间，在农业生产、农产品经营和农民生活中的作用日益突出，显现出对农村经济发展的巨大促进作用；在农业生产上，信息技术使农民更容易获得生产技术和生产资料；在农产品经营上，信息技术可以帮助农民进行合理的生产计划、寻找最优的价格和合适的采购商；在农村生活中，信息技术能够连接城市和农村，缩小城乡距离，提升农村社会服务的质量。

滇西少数民族边境山区地处我国西南边陲，是我国连接南亚、东南亚的重要窗口，面向西南开放的重要桥头堡的前沿。该区域也是我国重要的生态功能区、人口较少民族的主要聚居区，在

* 蔡葵，云南大学农村发展研究中心副研究员；李欢欢，云南大学经济学院硕士研究生。

经济发展过程中维护其生态功能、在保护少数民族文化的同时开发文化资源促进经济发展是实现该区域可持续发展的有效手段。这一区域也是当今中国最贫困地区之一。探讨如何利用信息技术这一技术手段促进滇西少数民族边境山区在新的发展定位下的可持续发展，将为这一传统的农业区域在全球化进程中顺应发展趋势和保持自有优势提供具有操作性的策略和方法。

二、滇西地区的区域概况

（一）滇西区位与地理特征

2011年12月，中共中央、国务院发布了《中国农村扶贫开发纲要（2011—2020）》，部署了十四个连片特困地区作为扶贫新战略的重点，滇西边境少数民族山区作为其中之一被称为滇西边境山区。该区域包括云南省保山市、丽江市、普洱市、临沧市、楚雄彝族自治州、红河哈尼族彝族自治州、西双版纳傣族自治州、大理白族自治州、德宏傣族景颇族自治州和怒江傈僳族自治州10个州市的75个县（市、区），其中58个县（市、区）被纳入滇西边境山区连片特困地区（见表1）。

表1 滇西边境片区行政区域范围

市（州）	县（市、区）
保山市	隆阳区、施甸县、腾冲县*、龙陵县、昌宁县
丽江市	玉龙纳西族自治县、永胜县、宁蒗彝族自治县、古城区、华坪县*
普洱市	思茅区*、宁洱哈尼族彝族自治县、墨江哈尼族自治县、景东彝族自治县、景谷傣族彝族自治县、镇沅彝族哈尼族拉祜族自治县、江城哈尼族彝族自治县、孟连傣族拉祜族佤族自治县、澜沧拉祜族自治县、西盟佤族自治县
临沧市	临翔区、凤庆县、云县、永德县、镇康县、双江拉祜族佤族布朗族傣族自治县、耿马傣族佤族自治县、沧源佤族自治县
楚雄彝族自治州	楚雄市*、双柏县、牟定县、南华县、姚安县、大姚县、永仁县、元谋县*、武定县*、禄丰县*
红河哈尼族彝族自治州	蒙自市*、个旧市*、开远市*、屏边县*、建水县*、弥勒县*、泸西县*、石屏县、元阳县、红河县、金平苗族瑶族傣族自治县、绿春县、河口县*
西双版纳傣族自治州	景洪市*、勐海县、勐腊县
大理白族自治州	漾濞彝族自治县、祥云县、宾川县、弥渡县、南涧彝族自治县、巍山彝族回族自治县、永平县、云龙县、洱源县、剑川县、鹤庆县、大理市
德宏傣族景颇族自治州	芒市、瑞丽市*、梁河县、盈江县、陇川县
怒江傈僳族自治州	泸水县、福贡县、贡山独龙族怒族自治县、兰坪白族普米族自治县

注：*表示非连片特困区滇西边境山区县。

滇西少数民族边境山区位于云南省西部，国土总面积达24.77万平方千米，约占云南省面积的63%，基本为高寒山区、山区和半山区。2010年年末，总人口2226.9万人，占云南省人口的48.39%。与缅甸、老挝、越南接壤，与东南亚、南亚多个国家邻近，有7个国家级口岸，有18个边境县。边境线长达3811千米，占整个云南省国境线4060千米的93.87%，是亚洲大陆腹地与东南亚、南亚次大陆连接的重要链环。滇西边境山区的十个州市有着丰富的矿产资源、水电资源、生物资源，同时，各州市经济发展的互补性很强。该区地域跨度大，自然地理条件复杂多样，自西向东的怒江高山峡谷区、滇西南中低山宽谷区、滇南中低山丘陵河谷区，构成了滇西地区多层次、复杂的地貌特征。从西北的怒江到东南的红河，其海拔逐渐降低，地形也由山地向喀斯特地貌逐渐过渡。

（二）资源与生态

滇西少数民族边境山区大部分地区山高谷深，总体来看，高黎贡山、怒山、无量山、哀牢山纵贯其中，怒江、澜沧江、金沙江和元江等江河穿越其间，河流湍急、落差大，水能蕴藏量巨大。同时，该区域还处于我国西南三江成矿带，是全国最富集的有色金属带，总储量占全省70%以上，矿产资源品种多、分布广，铜、铁、铅锌等矿产资源富集，资源组合优势明显。

滇西少数民族边境山区总体上属于热带亚热带季风气候，立体气候特征显著，年均降水量约1100毫米，森林覆盖率达54.8%，生物物种丰富，素有“动物王国”“植物王国”和“生物资源物种基因宝库”“药物宝库”之称。滇西地区生物资源种类繁多，仅西双版纳州就有高等植物5000多种，占全国总数的1/6，占全省的1/3。而怒江州也是生物多样性最富集的地区之一，有国家级保护植物42种，药物资源356种，野生动物474种。

（三）社会文化特征

滇西少数民族边境山区是云南省，乃至中国少数民族较为集中的区域，拥有云南省8个民族自治州中的6个和29个自治县中的20个。聚居着白、彝、回、苗、纳西、傣、藏、怒族、独龙族等25个世居少数民族，2010年少数民族人口1042.8万，占总人口的46.83%，约占全省少数民族人口的68%。民族聚居区的文化与支撑其文明的自然环境息息相关，大量的历史事实表明，以地理因素为主的自然环境在民族聚居区村寨文化形成中的作用尤其不可低估。滇西少数民族边境山区的25个山区民族，世代居住在高山深谷之间，气候、植被、土壤都是垂直分布，交通不便，耕地面积仅是相对狭小的山间坝子和小盆地，长期以来是靠山吃山，各民族形成了独特的生产方式。

民族传统文化的核心是本民族认同的文化价值观，也是最能体现各民族文化的精髓内涵。其中，宗教文化的影响反映得尤为突出。每一个少数民族的传统文化中无不渗透着宗教文化，而其中相当一部分少数民族的传统文化就是依靠宗教文化精神铸就和传承的。滇西少数民族边境山区是典型的多民族聚居地，不同的民族之间不但语言各不相同，就连历史、宗教信仰甚至生活习性也有差异。在滇西25个少数民族中，有的民族信仰伊斯兰教，有的民族信仰原始宗教，还有的民族信仰本主或是佛教。

（四）经济发展概况

滇西少数民族边境山区经济发展水平较低。2010年人均GDP 11974.2元，仅相当于全省平均水平的76%，全国平均水平的39.92%，其中最高的楚雄州也仅达15063元，而普洱市和临沧市均不足万元。区域人均地方财政一般预算收入1078.7元，保山市和临沧市还不足千元。农村居民人均纯收入是3521.9元，仅相当于全省平均水平的89%，全国平均水平的59.50%；而怒江州的农村居民人均纯收入才刚过2000元（见表2）。

表2 滇西十个州市的人均经济发展对照表

地　区	面积（平方千米）	人口（万人）	少数民族人口（万人）	人均 GDP（元）	人均储蓄（元）	人均财政收入（元）	人均财政支出（元）	农村年人均纯收入（元）
全省	394000	4601.6	1533.7	15752	12429.5	1893.2	4967.2	3952
保山市	19637	250.9	25.8	10399	7690	857	3301	3627
丽江市	21219	124.6	70.7	11524	11923	1331	4782	3410
普洱市	45385	254.6	155.1	9744	7114	1202	4446	3456
临沧市	24469	243.2	90.6	8922	4926	601	3760	3279
楚雄州	29258	268.7	88.7	15063	8482	1139	4030	3896
红河州	32931	450.6	257.2	14434	10298	1368	3787	3922
西双版纳州	19124.5	113.5	79.3	14125	13540	1019	3839	4354
大理州	29459	346	170.4	13703	9247	1080	3566	3902
德宏州	11526	121.3	58.2	11593	15224	1100	4829	3368
怒江州	14703	53.5	46.8	10235	6322	1090	6357	2005
合计	247711.5	2226.9	1042.8	11974.2	9476.6	1078.7	4269.7	3521.9

数据来源：《云南统计年鉴2011》。

从表3数据可以看出，经济发展不平衡，产业结构不合理是滇西少数民族边境山区经济发展的特征。各州市经济发展很不平衡，保山工业进程缓慢；德宏一、二产业比重较低，旅游业、服务业带动的第三产业比重较高；怒江州的交通条件在不断改善，但农业生产的自然环境较差，山区和高寒山区面积极为广阔，严重制约了第一产业的发展，使得第一产业发展滞后。从整个区域来看，农业仍然占据着重要的地位。虽然近年来的发展与重视使该地区的国民生产总值、国民收入得到了极大的发展，各族人民生活水平有了较快的提高，但是同全省和东部地区相比较，滇西地区的经济发展水平总体还是偏低的，且综合发展能力较弱。

表3 滇西十个州市产业情况表

单位：万元

地区	地区生产总值	第一产业	第二产业	第三产业	三次产业结构比例
云南	72241800	11083800	32234900	28923100	15.34:44.62:40.04
保山	2608992	790000	805425	1013567	30.28:30.87:38.85
丽江	1435885	260235	550462	625188	18.12:38.34:43.54
普洱	2480804	736631	837744	906429	29.69:33.77:36.54
临沧	2169731	714779	761762	693190	32.94:35.11:31.95
楚雄	4047301	907847	1718080	1421374	22.43:42.45:35.12
红河	6504154	1043804	3451518	2008832	16.05:53.07:30.88

续 表

地 区	地区生产总值	第一产业	第二产业	第三产业	三次产业结构比例
西双版纳	1603195	438251	476670	688274	27.34:29.73:42.93
大理	4741287	1089607	1882942	1768738	22.98:39.71:37.31
德宏	1406270	372446	476180	557644	26.48:33.87:39.65
怒江	547566	66285	197247	284034	12.11:36.02:51.87
合计	27545185	6419885	11158030	9967270	23.31:40.51:36.18

数据来源：《云南统计年鉴2011》。

在中国，云南省是贫困面较广、贫困程度较深的省区，而滇西少数民族边境山区则是云南省贫困人口最集中的区域（见图1）。在滇西少数民族边境山区中，有47个国家扶贫开发工作重点县、56个连片特困地区县、5个省级贫困县，共计60个县被纳入贫困扶持范围，这些贫困县占整个区域县（市、区）的80%（见图2）。2010年，1274元扶贫标准以下贫困人口为152.2万人，贫困发生率为10.9%，比全国平均水平高8.1个百分点，比西部地区平均水平高4.8个百分点；按照2011年2300元的贫困线标准，该区域的贫困发生率将大幅度提高。

图1　云南省民族自治地方分布示意图

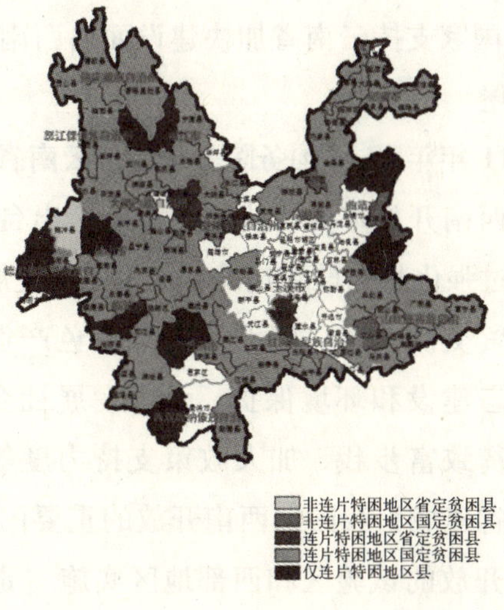

图2　云南省贫困区分布示意图

（五）发展机遇

1. 深入推进西部大开发战略

西部大开发战略的实施，有力地促进了云南经济发展，社会进步、民族团结、边疆稳定。西部大开发的十年，是云南省经济增长速度最快、发展质量最好、城乡面貌变化最大、人民群众受惠最多的十年。除了在国民生产总值、固定资产投资、地方财政收入、城镇和农村居民收入等方面取得长足进展外，在基础设施建设方面，完成了一大批交通、能源、水利等重大项目，取得突破发展；在生态环境保护方面，启动了退耕还林、退牧还林、天然林生态保护等生态建设重大工程，生态环境明显改善；在特色优势产业方面，不断巩固和壮大烟草、生物资源开发创新、旅游、能源和矿产五大支柱产业，取得新突破；在加快少数民族地区经济建设等方面，先后在8个州市的25个边境县（市）实施了兴边富民工程，加大了对人口较少民族的扶持力度，为少数民族地区的发展打下了良好的基础。下一个十年云南将继续围绕建设绿色经济强省、民族文化大省和中国连接东南亚、南亚国际大通道三大战略目标，实施可持续发展、科教兴滇、城镇化和全方位开放四大战略。

2. 国家支持云南省加快建设面向西南开放重要桥头堡

2011年年底，《国务院关于支持云南省加快建设面向西南开放重要桥头堡的意见》出台。该战略将通过强化基础设施建设、优化区域发展布局、加强经贸交流合作、建设外向型特色产业基地、加强生态建设和环境保护、大力发展社会事业、加快脱贫致富步伐、加大政策支持力度等措施，将云南省建成为我国向西南开放的重要门户，我国沿边开放的试验区和西部地区实施“走出去”战略的先行区，西部地区重要的外向型特色优势产业基地，我国重要的生物多样性宝库，西南生态安全屏障和我国民族团结进步、边疆繁荣稳定的示范区。桥头堡战略的实施将有利于国内外的资金、人才、技术向滇西少数民族地区流动，在一定程度上缓解滇西民族地区资金不足、人才缺乏的矛盾，促进滇西民族地区经济社会的发展。此外，我国推进中国—东盟自由贸易区建设和大湄公河次区域合作，也为该区域加强对内对外开放与合作，推进生产力布局调整，促进该区域的经济社会跨越式发展提供了重大机遇。

3. 中国农村扶贫开发纲要（2011—2020）

滇西边境山区是《中国农村扶贫开发纲要（2011—2020）》新战略的十四个连片特困地区之一，滇西少数民族边境山区十个州市中3/4的县被纳入连片特困区的扶持战略。国务院各部门、地方各级政府将加大统筹协调力度，以县为基础集中实施一批教育、卫生、文化、就业、社会保障等民生工程，大力改善生产生活条件，培育壮大一批特色优势产业，加快区域性重要基础设施建设步伐，加强生态建设和环境保护，着力解决制约发展的瓶颈问题，促进基本公共服务均等化，从根本上改变连片特困地区面貌。

三、滇西少数民族地区信息技术发展现状

根据滇西地区的区域经济社会发展状况，从政府信息化、农业信息化、教育信息化和信息化发展平台四个方面评价该区域的信息技术发展水平，具体的指标体系框架如图3所示。

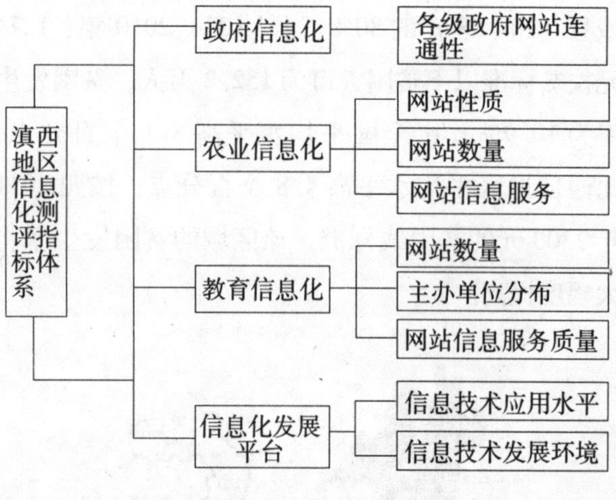

图3　滇西地区信息化测评指标体系[①]

（一）政府信息化

以滇西各级人民政府门户网站为调查对象，主要以云南省人民政府门户网站为第一级访问源，以4个有代表性的州市级人民政府网站为第二级访问源，以这些州市的县（市、区）人民政府网站为第三级访问源进行分析，测试政府信息在省、市、县三级的流动是否顺畅。调查结果如表4所示。

表4 滇西四个州市、县区政府网站之间的连通性

市（州）政府网站	市向省级	市同级	区（县或市）名	市向县级	县同级	县向市级
临沧市公众信息网	无	无	临翔区	有	有	无
			凤庆县	有	无	无
			云县	有	无	无
			永德县	有	有	有
			镇康县	有	无	无
			双江拉祜族佤族布朗族傣族自治县	有	无	无
			耿马傣族佤族自治县	有	无	无
			沧源佤族自治县	有	有	有
楚雄彝族自治州人民政府门户网站	有	有	双柏县	域名错误		
			牟定县	有	无	有
			南华县	有	无	有
			姚安县	有	有	有
			大姚县	有	无	有
			永仁县	无法显示网页		
保山市	从云南省人民政府门户网站无法链接到保山市人民政府网					
德宏州人民政府门户网站	有	有	芒市	有	无	无
			梁河县	有	有	有
			盈江县	有	无	有
			陇川县	有	无	无

表5 滇西政府信息在省、市、县三级的流动情况

	有效链接网站个数	无效链接网站个数	总网站数	连通率（%）
省向州市	9	1	10	90
州市向省	2	2	4	50
州市之间	2	2	4	50
州市向县区	16	5	21	69.57
县区之间	5	14	19	26.32
县区向州市	8	11	19	42.1

从表4、表5可知，省向市政府网站的连通率和市向县政府的连通率比较高，而返回连通率比较低，市同级之间的连通率比县同级之间的连通率要高，但同级之间的连通率都很低。因此，政府信息在州市和区县之间的流动不够灵活，其政府网站的连通性建设有待于加强。

另外，从该区域的政府信息化水平调查情况来看，滇西各州市的旅游资源和民族手工艺品的信息化程度还存在一些问题。首先，目前尚有三个州市未建立本州市的旅游网站，这三个州市的旅游资源主要是靠百度旅游或是其他旅行社进行宣传，自主宣传积极性不够，且宣传内容的主动性也有所限制。其次，建立旅游网的其余州市在旅游资源及特色手工艺品宣传中，也存在宣传内容不全面以及宣传格式混乱等问题，这也会导致宣传效果不佳等问题。

（二）农业信息化

随着市场经济的发展，农业生产活动对信息的需求越来越高，农业信息对农业发展的贡献也越来越大。本文主要从以下三个方面来分析滇西地区的农业信息化水平。

1. 网站性质

通过对各类网站数量及占比进行调查和统计（见表6），政府网站数的比例最大，其次为教育网站和商业网站，其他性质类型的网站的数量规模极小。在农业仍然占主要地位的滇西地区，农业专业网站的缺乏，难以辅助滇西农业的信息化发展。

表6　各种性质网站的统计状况

网站性质	网站个数	所占比例（%）	排　名
政府网站	636	94. 78	1
教育网站	11	1. 64	3
商业网站	10	1. 49	4
其他网站	14	2. 09	2

2. 网站信息服务

本研究抽取了滇西地区三个有代表性的州市级农业网站，再从每个所选州市中抽取两个县区级农业网站，即共抽取九个样本进行调查分析（见表7）。通过对6个指标的分析发现[②]，虽然州市级农业网站的信息服务质量要高于县区级农业网站，但是州市级和区县级农业网站都普遍存在三个问题。一是信息容量小，无生产技术的交流平台；二是生产资料和技术信息服务不全面；三是特色产品宣传不规范，网上办事功能缺失。

表7　九个网站的农业信息服务质量

农业信息网	生产资料种类数	销售产品种类数	市场动态更新（条/每日）	生产技术种类个数	特色产业窗口	网上办事系统个数
红河州	6	8	≥20	5	有	1
丽江市	5	0	≥10	5	无	0
保山市	0	9	≥15	4	有	0
龙陵县	3	3	≥5	3	有	0
施甸县	2	10	5	2	无	0
石屏县	0	11	5	2	有	0
弥勒县	0	0	5	6	无	1
玉龙县	4	8	≤5	3	无	0
古城区	2	5	≤10	3	有	0

3. 教育信息化

教育信息化对滇西这样的边远地区意义尤其重要，它一方面能够促进信息技术的普及，另一方面也能推动教育水平的提高。

在网站数量方面，滇西十个州市除怒江外都有教育局网站；所调查的58个县中，除永胜等7个县外都有县教育网站，宁洱等4个县甚至还有自己的电教网。在县区调查中，拥有教育信息化平台网址的中职中专、中学和小学共有25个。

在网站主办单位分布上，州市级教育信息平台建设在整个调查范围内占63.08%，县区级仅占36.92%，县区级教育信息化普及度严重不足（见表8）。

表8　滇西州市级和县区级教育网站的主办单位情况

主办单位	网站个数	所占比例（%）	排　名
州市教育局	16	24.62	3
州市人民政府	1	1.54	5
州市学校	24	36.92	1
县区教育局	22	33.85	2
县区学校	2	3.08	4

在网站信息服务质量上，首先，网站针对的人群以中学生为主，成人教育完全被忽略（见表9）。其次，省级教育网站信息服务质量高于州市和县区一级，州市教育网站只有极少数能够提供优秀的信息服务，而县区教育网站则大部分提供信息质量一般，同时还有较多的低质量教育网站。再次，滇西各州市的网站更新频率远低于省级网站，更有不少网站还处于初级建设阶段，有的每年几乎只有一次内容更新；县区级网站绝大部分每月更新一次，但同时也有不少更新缓慢或从不更新网站（见表10）。

表9　滇西州市级和县区级教育网站的人群针对情况

人群种类	州市级网站个数	比例（%）	县区级网站个数	比例（%）
小学生	12	27.27	62	49.21
中学生	22	50.00	64	50.79
大学生	9	20.45	0	0.00
研究生	1	2.27	0	0.00

表10　省级与州县级教育网站信息更新频率

级　别	每　日	每　周	每　月	每年或仅一次	几乎无
省级	38	7	6	0	0
州市级	4	7	6	7	1
县区级	0	12	48	6	5

4. 信息技术发展平台

信息技术发展平台包括信息技术发展环境状况和信息技术应用水平状况两个方面。整个滇西地区的信息技术发展环境状况不容乐观，其中大学生比重最高的丽江市仅占6.69%，而大部分州市的大学生比重都不足5%（见表11）。同时，该区域的信息从业人员比重也严重不足，其中比重最高的州市也未到11%。从选取的四个县（市）来看，滇西地区的信息技术应用水平情况复杂，电话用户比例差异较大，而互联网入户率则普遍明显滞后（见表12）。

表 11　滇西地区信息技术发展环境状况

州　市	大学生（大专以上文化程度）人数[①]（人）	大学生比重（%）	信息从业人员人数[②]（人）	信息从业人员比重（‰）
保山市	93007	3.71	1229	4.90
丽江市	83337	6.69	946	7.60
普洱市	102570	4.03	1683	6.62
临沧市	87903	3.62	1252	5.15
楚雄彝族自治州	141099	5.26	2786	10.38
红河哈尼族彝族自治州	180600	4.01	2824	6.27
西双版纳傣族自治州	54783	4.83	1044	9.21
大理白族自治州	162000	4.69	2400	6.94
德宏傣族景颇族自治州	65010	5.37	1174	9.69
怒江傈僳族自治州	26250	4.91	309	5.78

数据来源：①《第六次全国人口普查公报》；②《云南统计年鉴2011》。

表 12　滇西四个地区信息技术应用水平状况

	贡　山	福　贡	泸　水	芒　市
电话用户（户）	3216	9860	26326	56598
电话用户比例（%）	26.51	34.70	70.00	85.65
互联网用户（户）	1350	1980	3751	2242
互联网入户率（%）	11.13	6.97	9.97	3.39

四、信息技术对滇西少数民族边境山区农村经济发展的作用

（一）信息技术与特色农业

1. 特色农业发展现状

特色农业是指在一定的历史发展阶段和一定的经济技术条件下，利用本地资源优势，开发新的产品或从事具有本地区特点的农业生产活动。特色农业主要包括：①立体高效型农业。利用时间差、空间差立体种养，组成高效复合生态系统，多层次利用单位资源，生产出高产优质农产品。如稻萍鱼共生，稻菇鱼立体种养，玉米、甘蔗、食用菌栽培，高秆作物、中药材立体种植，多种作物间混套作等形式，可一地多收，高产高效。②超级型农业。利用高新技术、生物工程，培育杂交种，实现高产高效。如日本培育出一种马铃薯番茄新品种，株高 10 米，结果 112 万个，足有 1000 多千克。③快速型农业。利用组培进行脱毒苗工厂化生产，如用草莓的 5 株原苗，8 个月即可生产出 30 万株“组培脱毒原种苗”。④工艺型农业。将生产与游玩相结合，农业区内进行工艺美化，作物整齐一致，道路纵横交叉，花卉、瓜果相互点缀，山青水绿，河、湖则可划船观赏莲、鱼等。

（1）滇西地区发展特色农业的有利因素。

①多样的立体气候有发展特色种植业潜力。滇西少数民族地区在多山地形和垂直气候带的影响下，区域内小气候复杂多样，适合多种动植物和优质农作物、畜禽的生长发育，形成了独具特色的立体农业。海拔 1400 米以下的干热河谷地区，适宜种植甘蔗和芒果、龙眼、香蕉等南亚热带水

果；1400～1800米的宽谷盆地和低山区，则是蔬菜、蚕桑、枇杷、石榴、柑橘、烤烟的主产区；而1800～2500米的中山区的旱坡地，以玉米、马铃薯等杂粮为主，并适宜种植苹果、梨、板栗等温带干鲜果；2500米以上的高山地带，由于热量不足，但土地资源丰富、降水较多，适合种植马铃薯和荞麦等。[3]②丰富的高山平坝和草山草坡有发展特色禽畜养殖潜力。由于滇西地区在海拔2000米以上的山区，人口密度较小，高山平坝和草山草坡数量多、面积大，再加上水热充沛，非常适合种草养畜，发展规模化的草食畜牧业；另外，当地特有的优质黑山羊、半细毛羊等品种资源，为发展特色畜牧业奠定了很好的基础。③特有的环境和空间优势有发展无公害和反季节农产品潜力。由于滇西少数民族地区大部分属于山区，交通不便，生产原始，化肥、农药投入较少；而且在风蚀、水蚀的作用下，土壤中有毒有害物质难以富集和存储；再加上光热资源丰富，四季不分明，年温差小，昼夜温差较大，病虫害相对较少，这使得该地区农作物品质高、成熟期可提前，也可反季节生长。

（2）滇西地区发展特色农业的制约因素。

①投入不足，农业基础设施建设滞后。滇西这十个州市多数是国家级贫困和少数民族地区。受地域限制，长期以来该地区投入严重不足，而当地经济社会发展相对落后，当地政府财力也无能力支持农业基础设施建设，这使该地区农业基础设施建设严重滞后，农业综合生产能力低，抗灾能力弱。区域内农田有效灌溉面积低于全省和全国平均水平。②资源优势尚未充分发挥，农业产业化程度低。滇西地区的农业属于典型的二元经济，农业人口比重高，农村第二、三产业发展较为薄弱；特色农产品基地规模小，资源优势尚没充分转化为产业优势；农产品加工业发展滞后，大部分农产品以原料直接出售，产品附加值不高；区域内农业产业化龙头企业少、规模小，带动能力不强，而农民经济合作组织和专业协会刚起步。③信息技术推广滞后，农民科技素质低。该地区农业服务体系不健全，信息技术的推广和使用能力弱。基层农业信息技术人员严重不足，万亩农田科技人员数量也低于全国和全省的平均水平。受经济、地域、民族等多种因素的制约，当地农民科技素质较低，接受新品种、新技术的能力有限，培养新型农民任重道远。

2. 信息技术的应用

（1）电话热线。

电话具有沟通速度快、交互方便、操作简单、对用户要求不高的特点，而且用声音交谈亲和力强。由于滇西地区农村电话普及率已比较高，可以利用电话开展信息服务，促进滇西特色农业的发展。例如，可以开通一条24小时免费为滇西农民提供咨询服务的电话热线，服务内容包括农业生产科技、农业产业政策、农业法律法规、农业市场信息、农业改革等问题咨询和信息服务。服务方式可包括专家应答、网上提问、专家坐堂、现场指导、接待来访、语音自动应答、书信应答、广播讲座等。[4]利用电话热线可拉近农民与专家的距离，解开农民心中农业生产技术上面临的疑惑，同时，利用电话热线还可以帮助滇西农民了解市场行情、价格和产销等信息，实现增收致富。以电话为主的介入方式，可最大限度地降低农民接受信息服务的门槛，提供了方便快捷的服务；以专家坐席为主的接入方式，能最大限度地增强服务效果，提供了权威准确的服务；而以广播直播的形式能最大限度地实现农业信息的广覆盖。

（2）手机短信。

短信是利用手机的增值业务发展起来的一种信息服务形式。随着我国手机的普及，短信业务得到了快速发展，短信已成为重要的通信手段。短信具有容量大、成本低、速度快、便捷等特点。

而且，通过短信发布平台还可实现用户定制消息，真正实现个性化服务。同时，通过呼叫中心查询的信息也可通过短信方式及时发给用户。因此，可以充分利用手机短信开展信息服务。例如，滇西地区的政府可与中国移动分公司合作，建立一个三农指导服务系统。该系统有基层农业专家将所要指导、提醒、告知的三农信息通过手机免费送达呼叫中心，再由呼叫中心以短信形式实时群发到所指导地区的农民手机上。同时，农民也能以短信的方式，通过该系统平台向基层农业专家提出各类问题，实现双向沟通。而基层农业专家则可包括各州市农业局相关业务骨干、乡镇农技人员、行政村和专业协会主要负责人等。还可以通过手机短信以当地特色作物作为信息服务重点对象，向农民提供政策、技术、价格、供求等信息，有效解决滇西地区农产品供销的有效对接以及市场信息服务的问题。

（3）互联网平台。

我国农村互联网用户发展很快，截至2010年年底，农村互联网用户规模达到1.25亿，占整体网民的27.3%。[⑤]农村互联网的快速发展不但为我国农业发展提供广阔的信息交流与资源共享环境，而且从根本上改变传统的信息收集和交换的方式。虽然受经济条件或基础设施影响，目前在农村地区效果还不是很明显。但是农村互联网以其信息容量大、互动性强、信息及时，没有时间、地域和信息量限制的特点成为农村传输信息最有潜力的核心渠道和模式。滇西地区可以不断建设互联网平台，完善为农服务网络平台。这样，滇西农民可通过电话拨号、ADSL宽带、手机上网等方式直接与互联网连接，利用网站查询信息、发布信息、咨询信息、课件点播等获取或发布各类信息。例如云南省2007年推出“云南数字乡村”这一全国首个全方位服务于农村的综合网络平台。利用“云南数字乡村”及时将各类农业农村政策、农业科技信息、农产品供求信息、农情信息、气象信息等送达农民群众手中，指导农民生产生活，成效显著。[⑥]

（二）信息技术与林业

1. 滇西地区林业的发展现状

（1）滇西地区林业发展的优势。

①林业资源丰富。滇西地区是云南省森林资源和生物多样性最为丰富的地区。优势树种种类丰富，主要包括冷杉、云杉、铁杉、柏木、落叶松等，这些高山针叶树种怒江州有124466.7万立方米，丽江市达712.6万立方米，这两个地州储量的优势树种多属天然林保护工程区公益林。[⑦]此外，云南省的松储量也多分布于滇西地区，其中楚雄州为2743.9万立方米，临沧市为1059.4万立方米，保山市为1150.9万立方米，滇西其他州市也有少量分布。另外，栎类林以及硬阔林也都相对集中分布于西双版纳、普洱、德宏、临沧等州市。此外，滇西地区拥有丰富的竹类资源，散生竹有毛竹、金竹、中华大节竹；丛生、混生竹有龙竹、沙罗竹、香糯竹、实心竹、箭竹等。[⑧]滇西地区还是我国藤的主产区之一。②经济林产品产量丰富。在经济林方面，滇西地区的核桃、板栗等云南省的名优产品，区位优势明显，尤其核桃享誉国内外。有α、β-蒎烯含量高的松脂，可采松脂面积也较为广泛，占全省总产量的95.19%。此外，紫胶产量大、价值高，滇西地区的紫胶年产量占到了云南省年总产量的99%以上。

表 13 滇西地区各州市主要林产品产量

单位：百千克

地 区	橡 胶	松 脂	油桐籽	油茶籽	核 桃	板 栗	紫 胶
全省	3306345	1478417	220292	76201	2482712	371573	51296
保山市	0	878	2170	1491	312132	16674	1411
丽江市	0	2815	2454	0	73983	4348	25257
普洱市	300801	1131627	458	18	58469	5949	9323
临沧市	212417	149510	8284	605	422431	4526	6022
楚雄州	0	96995	390	218	213396	74696	0
红河州	171286	960	406	0	29283	7936	8996
西双版纳州	2552720	9027	0	0	361	4515	25
大理州	0	4747	4196	362	973633	16204	73
德宏州	60308	10774	1856	1411	16448	3590	143
怒江州	0	0	6863	0	44700	2096	0
合计	3297532	1407333	27077	4105	2144836	140534	51250

数据来源：《云南统计年鉴 2011》。

（2）滇西地区林业发展的劣势。

滇西的林业资源虽然丰富，但是资源与产业却不对称。大资源小产业，既反映出林业资源优势的一面，同时也反映出林业经济薄弱的一面。因此，目前滇西地区并未将其丰富的林业资源向资本成功转化。

①采伐管理制度不完善。为了使森林经济效益和社会生态效益综合发挥，我国《森林法》中规定国家对森林资源实行限额采伐制度，并且规定采伐限额指标每 5 年不变。这种限额采伐制度，对商品林，尤其是商品林中的用材林的经营形成了较大的阻碍，严重干预了经营者的自主权。[9]经营者在市场看好的情况下，不能卖出更多数量的木材；而在市场价格不好的情况下，由于当年的采伐指标不用就作废，即使价格低也要忍痛按指标卖出。这种带有浓厚计划经济色彩的管理方式，难以满足经营者追求利益最大化的目标，不符合市场经济的客观规律，成为限制滇西地区林业发展的主要制约因素之一。②林业信息管理滞后。当前，滇西地区的林业信息管理滞后，数字化信息积累不足，多年积累下来大量宝贵的林业资源信息大部分以纸介质存贮，资料利用率低，低效率重复工作较多；其次是各级信息网络尚未形成，林业信息工作以单机操作为主，信息分散，技术规范性差，集中管理使用难，缺乏互联和共享。[10]③林业资源开发利用落后，资源结构总体比较单一。目前，滇西部分少数民族地区对林业资源的开发利用还较为原始，这也是我国民族地区历来存在的一个问题。大多数天然林开发仅限于建筑和燃料，对林业资源的精加工和深层次的产业链建设不足，造成大量林业资源的低效率利用和浪费。滇西地区林业资源的开发结构总体比较单一，尽管多年的探索已有橡胶、茶、石斛、花卉等多层次结构种植，但规模不大，发展空间有限。

2. 信息技术对滇西林业的促进作用

林业信息化建设有利于滇西地区实现林业跨越式发展。林业信息化就是为充分利用和挖掘林业信息资源，不断提高森林资源的管理水平，改进管理措施，监测森林资源消长变化，为保护森林和合理利用资源提供依据。[11]以全面实现林业信息化为目标，以信息资源开发利用为中心，以林业电子政务建设为重点，以资源整合、信息共享为突破口，建设“数字林业”，保证林业各类信息的使用、共享、管理协调高效，完善信息技术在林业资源监测、评价、规划、管理、保护与合理利用的各个环节的应用，建设资源监管系统、营造林管理系统、灾害监控与应急系统、综合办公系统、林业产业与林业经济运行系统，强化数据库建设、信息化基础设施建设和标准规范与安全综合管理体系建设，80%以上的行政许可项目实现在线处理。

3. 信息技术促进林业发展的对策

滇西是我国生态恢复工程地区之一，森林调查监测和森林资源管理必须围绕着可持续发展指标来采集所需要的信息。由于地处边远，交通不便，信息技术的运用可为森林质量和健康的明确的动态信息的获取，信息的及时交流和共享，森林资源的更新和管理，有效砍伐，护林防火等提供有力支撑。卫星遥感技术、GIS地理信息技术、GPS全球定位系统技术、互联网和移动通讯等现代信息技术的发展和集成，为森林信息系统高速公路的构建提供了手段。

森林采伐是林区的重要生产经营活动，利用卫星遥感数据的波谱变化来监测与发现森林砍伐区的信息，确定一定时段内可伐区的位置，监测砍伐区现状，明确森林的采伐年度和砍伐额度等，可以大大提高工作效率。管理部门利用多个时相的高分辨率遥感数据可以提取植被生长的空间信息与状况，从而计算林分蓄积量，确定成熟林和可砍伐林区，为森林采伐的合理规划服务。基层林场可以借助地理信息和计算机网络技术，对未来采伐林分借助生长模型进行生长预测，数据更新，收集进入成林的林分，以获得年度森林资源动态数据。同时，在对森林采伐监测和采伐限额的检查验收工作中，通过遥感技术对采伐区的植被变化信息的定位定量提取，能减少检查的强度和盲目性，提高采伐限额执行情况检查工作效率，并对砍伐后的植被恢复追踪监测，客观且高效。另外，林权制度改革以来，全国大部分林区，集体林区经营管理权已经分散到林农个人，木材生产零碎分散，特别是滇西林区，山高路远，移动通讯短信服务等手段，可以辅助针对木材砍伐量、运输量、木材检尺码单等信息的发送，进而能够及时掌握伐区的情况，降低人力成本，提高林区经营管理效率。

（三）信息技术与特色产品价值链

1. 滇西地区特色产品现状

（1）特色产品资源丰富。

滇西少数民族边境山区地处内陆低纬高原，独具“低纬高原气候”特色，光、热、水能、生物资源丰富，是我国光辐射资源最丰富和日照时间较长区域。整个区域年平均气温在15.1～21.6℃，多数地区夏无酷暑，冬无严寒，特色农产品物种丰富而独特（见表14）。

表14 滇西少数民族边境山区主要特色农产品

州 市	种植业	养殖业	采 集
保山市	茶叶、石斛、核桃、冰糖橙、山葵、龙眼、绿心蚕豆	蚕、水牛、黄牛、大耳朵猪、太平马	木耳、白参、鸡纵、青头菌、干巴菌、旱半夏、急性子、桔梗

续 表

州 市	种植业	养殖业	采 集
丽江市	天麻、永胜冰籽石榴、魔芋、红肉火龙果、雪桃、圣心、甜椒、茨满梨	稻田鱼、乌骨鸡、乌骨羊	松茸、虫草、香菇、黄牛肝菌、青杆菌、北风菌、大红菇、桂花菌、黑牛肝菌、小黄牛肝菌、老人头、珊瑚菌（扫把菌）、天然灵芝、八角枫、大红袍、小血藤
普洱市	红碎茶、白茶、银针茶、九甲核桃、墨江紫米、竹笋、象牙芒果	蚕、江城大黄鱼	竹肉球菌、竹红菌、青天葵、茯苓、金银花、鸡血藤、木蝴蝶、胖大海、千年健、龙胆、砂仁、蔓荆子、天南星
临沧州	茶叶、甘蔗、油菜、观音菜、丘北辣椒	土著黄壳鱼、黄牛	鸡枞、竹苓、龙胆草、小黄藤、喉贝草、葛根
楚雄州	彩椒、葡萄、杨梅、青番茄、永仁樱桃、黄金瓜、元谋香蕉、烟叶、化佛茶、九龙茶、芸豆	乌骨羊、长毛兔、武定壮鸡	平菇、茶树菇、虎掌菌、竹荪、重楼、龙胆、板蓝根、金银花、龙胆草、乌梅、茯苓
红河州	刺竹笋、元阳西瓜、建水酸石榴、鹰嘴蜜桃、建水草芽、元阳绿宝茄、红梨、雪花梨、石屏大杨梅、弥勒葡萄、无眼菠萝、蒙自石榴、香菇	黄牛、矮马、青绵羊、微型鸡、弥勒土鸡	竹荪、木耳、卷柏、菌灵芝、海风藤、肾蕨、笔管草、树灵芝、珍珠草
西双版纳州	橡胶、茶叶、小粒咖啡、热带水果、玻璃米、象牙芒果、景东核桃	江城牛、小耳猪、茶花鸡	木耳、白参菌、红寇、草寇、胖大海、阳春砂仁
大理州	漾濞核桃、海东雪梨、刺菱角、宾川橘子、洱源梅子、黑腰枣、拉乌核桃、弥渡大芋头、乌心梨	鱼、肉牛、蚕、洱海鱼、乌骨鸡、邓川牛	松茸、冷菌、鸡纵、黑木耳、竹肉球菌、当归、茯苓、川芎、灯盏细辛
德宏州	礼品西瓜、甘蔗、澳洲坚果、小粒咖啡、遮放贡米、茶叶、柠檬、核桃、大青枣、樱桃、麻竹	水牛、小耳猪、茶花鸡、高峰牛	灵芝、鸡纵、草豆蔻、千张纸、蔓荆子、南五味子、阳春砂仁
怒江州	芸豆、火龙果、凤凰豆、依珠梨、黄果、当归、云连、石榴、板栗	蛇鱼、贡羊、独龙牛、裂腹鱼、白须公鱼、独龙原鸡、龙元猪	猴头菌、黑鸡纵、防风草、车前草、细辛、马蹄香、弓腰老、菟丝子

滇西少数民族边境山区有着25个世居少数民族，各民族文化都拥有极富民族特色和地方特色的民族手工艺品（见表15）。

表15 滇西各州市主要民族手工艺品

州市	手工艺品
保山市	腾冲玉器、腾冲宣纸、腾编、永昌云子
丽江市	东巴文化：东巴扎染、东巴挂毯、东巴壁画、手工银铜器、披肩、布农铃
普洱市	墨江篾编、江城藤器、普洱木雕
临沧州	莫牙蒲葵扇、简帕
楚雄州	彝绣、柳编制品、工艺画、麦秸制品、楚雄丝绸
红河州	建水紫陶、个旧锡制工艺品
西双版纳州	民族织锦：通巴、花包 木质工艺品：木版画、根雕 装饰制品：蝴蝶装饰制品
大理州	大理扎染、大理石、剑川木雕、大理草帽
德宏州	傣族：傣锦、竹篾制品、傣族剪纸 景颇族：织锦刺绣、雕刻 阿昌族：户撒刀、银饰品
怒江州	草果项链、藤编手镯、独龙毯、独龙背篓

（2）消费市场广阔。

滇西地区的民族手工艺品通过原料标识、外观标识、技术标识以及文化内涵四个方面凸显民族和区域特征。由于滇西大部分手工艺品的图案纹饰、色彩配置皆有民族文化背景，反映出各民族的性格、审美取向和信仰追求，图案装饰性强，色彩鲜明，对比强烈，极富民族特色和地方特色。同时，这些手工艺品集原生态性、实用性和装饰性等多种工艺特征于一身。因此，滇西地区的少数民族手工艺品具有很大的市场前景。同时，其特色农产品也大多是优质、生态的农作物和畜禽，生产原始，化肥、农药投入较少，深受消费者欢迎，消费市场广阔。

2. 信息技术的应用

在传统营销过程中农产品购销环节多、时间长、效益低、消耗大、交易成本高。电子商务是指通过电信网络进行的生产、营销和流通活动，它不仅指基于Internet上的交易，而且指所有利用电子信息技术来解决问题、降低成本、增加价值和创造商机的商务活动。由于电子商务技术消除了传统商务活动中信息传递与交流的时空障碍，使供需双方直接在网上见面，减少了产品的流通环节，从而大大降低了农户进行广告宣传、信息搜寻、贸易洽谈等商务活动的成本费用。因此，电子商务技术的应用，可为滇西地区农业的发展提供一条有效的解决途径。

电子商务作为一种最具生命力的商业模式，可以在一定程度上克服滇西在市场中的不利地理位置，提高农产品竞争力、促进农业生产方式变化、推动农村经济的发展。通过建立农产品电子商务产业价值链，可以有效地缩短农产品的供应链，提升滇西地区特色产品的核心竞争力。具体优点表现在：①电子商务可以强化网络信息发布和交流。建立互惠互利的网络平台可以聚集大量的专家和网民，大家利用网络平台可以就互相感兴趣的事情进行平等交流，农户和生产者可以从讨论中获取很多有用的信息，网民消费者也可以挑选自己感兴趣的农产品。②电子商务还可以提供个性服务。通过网络平台的交流，生产者可以更加充分地了解市场和消费者的需求，提高客户服务水平。同时，还可以采用网上竞标和网上竞拍等多种在线交易形式，让更多的人能在农产品电子商务平台购买农产品。

利用电子商务有助于滇西地区建立农产品电子商务产业价值链，其价值链上的主体应该包括：农民合作组织、农产品生产基地、物流企业、网络平台、支付平台、认证机构、监管机构及消费者。如图4所示。

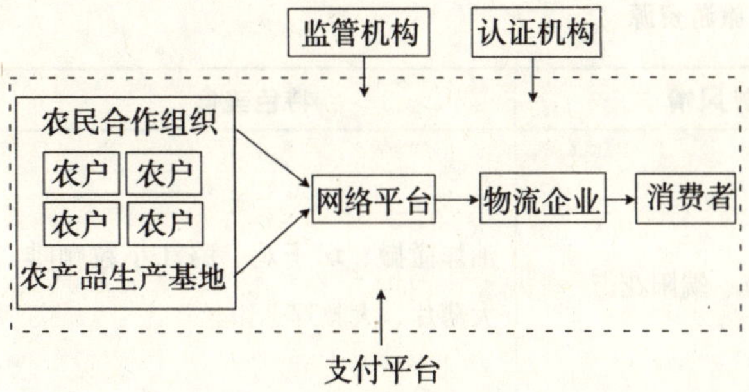

图4　滇西农产品电子商务产业价值链结构模型[12]

从图4可以看出，电子商务可以为滇西特色产品创造从农户到最终消费者的完整价值增值体系。在这条价值链上，不同环节都有不同的参与角色，发挥着不同的作用，并获得相应的利益。各种参与主体紧密联系，互相作用，彼此之间的价值联结是紧密的，被捆绑到了一个产业价值链系统中，这样才能创造出比单一主体更大的协同效应和更大的价值。

（四）信息技术与乡村旅游

1. 滇西地区乡村旅游的发展现状

乡村旅游是云南旅游业发展的新趋向，滇西少数民族地区也可顺应旅游业的发展潮流，结合自身的资源优势，大力发展乡村旅游。滇西地区2010年年度接待国内旅游人数约6943.4万人次，占全省接待国内旅游人数的50.18%；接待国外旅游人数共1664291人次，占全省比例的50.56%。滇西地区2010年年度旅游收入共计524.69亿元，约占全省旅游收入的52.11%。具体情况见表16。

表16　滇西各州市旅游业发展情况

地　区	旅游收入（亿元）	国内旅游人数（万人次）	国外旅游人数（人次）
全省	1006.83	13836.82	3291532
保山市	30.76	611.41	89518
丽江市	112.46	848.83	611408
普洱市	17.14	347.24	30119
临沧市	14.49	268.92	41231
楚雄州	31.07	964.38	19893
红河州	69.22	1200.43	137577
西双版纳州	80.33	795.61	216682
大理州	115.01	1296.98	407483
德宏州	46.21	460.63	94945
怒江州	8.00	148.97	15435
合计	524.69	6943.4	1664291

数据来源：《云南统计年鉴2011》。

目前，滇西地区乡村旅游的旅游收益项目主要以餐饮服务为主，以民族表演、民族手工艺品和当地特产销售为补充。同时，滇西地区主要以本省居民为主要客源，交通方式以自驾车为主，公共交通和旅游车为辅。旅游目的主要是参观景区景点、体验乡村风情（体验垂钓、地方美食、民族风情和自然风光）和探亲访友等，主要以一日游为主；休闲度假型的比例低，主要集中在少部分度假村。[13]

（1）滇西地区乡村旅游发展的优势。

滇西少数民族边境山区旅游资源拥有两大优势：一是雄壮秀美的地质地貌景观。滇西地区分布着众多的高原湖泊、大江峡谷、雪山冰川、石林溶洞、热带雨林，类型齐全多样，可以说汇聚了中国从南到北的景观特色。二是独具异域风情的民族特色。滇西地区是25个少数民族的聚居地，各民族在漫长的历史进程中创造了丰富独特的民族文化，为世人展示了一幅多姿多彩的民族风情画卷。云南的自然景观与人文景观组合得非常好，独特的少数民族风情总是与优美的自然风光相依托、相映衬，使得整体景观更为熠熠生辉。这是国内其他省市无法比拟的资源特色。

表17　滇西主要旅游资源

州市	旅游景点	民族风情	特色美食
保山市	腾冲火山国家地质公园、和顺镇、叠水河瀑布、槟榔江、邦腊掌温泉、国殇墓园、梨花坞、来凤山森林公园、卧佛寺、太保山	傈僳族刀杆节、端阳花街	油炸撒撇、坛子鸡、潞江小粒咖啡、大薄片、大救驾、饵丝
丽江市	丽江古城、玉龙雪山、泸沽湖、拉市海	丽江正月十五棒棒会、三朵节、东巴会、纳西族火把节、七月会、转山节	腊排骨火锅、洋芋鸡火锅、黑山羊火锅、水性杨花、丽江粑粑、阿安酸奶、鸡豆凉粉、吹肝
普洱市	茶马古道、娜允古镇、勐外土司避暑山寨、阿瓦山云海	斗茶、品茶、讲茶等活动	罗非鱼、柠檬干巴丝、云南花生汤、豆汤米干、三尖角枇杷、肉心水酥、鸡豆腐
临沧市	翁丁原始部落、沧源崖画、南滚河自然保护区、临沧大雪山、广允缅寺、千米国画长廊、司岗里溶洞	佤族木鼓舞、甩发舞、打歌会	酸笋煮鸡、牛撒撇、拉祜烤肉、油炸蜂蛹、猪血米线、粑粑卷、火腿木瓜鸡、香茅草烤鸡
楚雄州	黑井古镇、元谋土林、石羊古镇、元谋风景名胜区、紫溪山、狮子山、禄丰世界恐龙谷	火把节、茶花节、樱桃节	烤小猪、元谋凉鸡、姚安县风干鸡、苦荞粑粑、全羊汤锅
红河州	石屏古城、阿庐古洞、绿水河热带雨林度假区、弥勒湖泉生态园、团山民居	哈播龙门宴、新米节、黄饭节、火把节、开秧节	栗烟熏香火腿、麻辣螃蟹、素炒鸡㙡菌、虹溪油炸马鱼、弥勒卤鸡、弥勒羊汤锅、金平傣家竹筒饭、薅药啰包肉、花豆叶
西双版纳州	傣族园、望天树热带雨林国家公园、曼听公园、热带雨林、望天树、澜沧江、勐泐大佛寺、橄榄坝	泼水节、开门节、关门节	菠萝紫米饭、布朗族菜、烤肉、哈尼族菜、酸笋煮鱼（鸡）
大理州	大理古城、崇圣寺三塔、蝴蝶泉、洱海、苍山、南诏风情岛、新华村、鸡足山、水目山、古村诺邓、无量山、地热国	三月街、尝新节、彝族哑巴会、彝族打歌	大理酸辣鱼、白族“土八碗”、无量山鸡㙡、乳扇、生皮、地参、弥渡风肝、永平黄焖鸡

续 表

州　市	旅游景点	民族风情	特色美食
德宏州	孔雀湖、三仙洞、莫里瀑布、黑河老坡、凯邦亚湖、一国两寨、祥瑞之塔、地海温泉、姐勒大金塔、德宏榕树	泼水节、目瑙纵歌节、阿露窝罗节、阔时节、中缅胞波狂欢节	傣味撒撇、香茅草鸡、傣族酸菜、景颇“绿叶宴”、景颇春菜、过手米线、奇特的昆虫食品、点到为止的“涮涮辣”、闻香只识“遮放米”
怒江州	丙中洛、怒江大峡谷、高黎贡山、兰坪罗古箐	阔时节、收获节、新米节、仙女节、火把节、刀杆节	侠辣、巩辣、杵酒、簸箕饭、漆油炖鸡

（2）滇西地区乡村旅游发展的劣势。

①当地农民未将资源优势转化为经济优势。

虽然该区域旅游资源丰富，但旅游产业的主要参与者以商业机构为主，当地农户并未将当地资源优势转化为自身的经济优势，农户从中获益甚少，但同时还要承担旅游产业发展带来的高物价。虽然乡村旅游能够增加当地农民的收入和就业，但在实际中，当地农户虽处于旅游供给的前沿，但并未获得均衡的利益回报。在滇西大部分地区，大量的当地农民主要从事非技术性或半技术性的工作，他们的经济地位和收入却并不高，因为报酬优厚的管理性和专业性工作基本由外来人口占据。此外，由于旅游业季节性的特征，导致乡村在旅游就业方面的强烈波动性。就业结构和季节波动性的双重影响进而导致乡村农户的低收入和不稳定性倾向。[14]

②乡村旅游规模小，旅游产品层次不高。

目前，云南的乡村旅游主要是以农家乐休闲度假为主。滇西农家乐休闲度假的活动内容基本都是千篇一律，主要是品尝农家饭，简单的乡村观光和娱乐项目，简易参加地方的民风、风俗活动。而且，滇西地区的农家乐休闲度假分布分散，一家一户形成一个点的状况很常见，难以形成规模经营。对于民族文化体验型，要真正体现民族文化风光，吃在少数民族村寨，住在少数民族家，做少数民族活计，体验少数民族的生产，目前开发的产品很少，乡村旅游增值不足，也难以带动区域的农村经济发展。

2. 信息技术对于滇西乡村旅游的作用

（1）提高滇西乡村旅游资源的知名度。

与其他旅游产品消费一样，乡村旅游产品的消费也是通过旅游者离开居住地，前往乡村旅游目的地进行一系列旅游活动来实现的，存在着服务与消费的同步性。旅游者对相关的乡村旅游产品不了解甚至不知道，就不可能产生进行乡村旅游消费的动机。利用现代信息技术手段对滇西少数民族地区乡村旅游产品和信息进行介绍和宣传，可以提高旅游产品和服务被事前感知的程度，增强不同旅游客源地的消费者对旅游目的地的感知度和信任感，从而促进乡村旅游产品的销售。[15]

在传统营销方式下，大型旅游企业通过报刊、广播电视、会展营销及发达的销售网络来扩大知名度，占领客源市场。而像滇西地区的乡村旅游由于其经营规模小、知名度不高，其营销还停留在口头宣传的初级阶段，特别是受到资金和条件的限制，无法与发达地区或大型企业抗衡，处于被动局面，只能做市场的跟随者。在电子商务条件下，通过建立电子商务网站，使滇西地区的乡村旅游能突破资金和区位的障碍，以最低的成本进行销售，并通过网络与消费者进行在线互动，从而提高滇西地区的乡村旅游的市场竞争力。

（2）提高旅游者的满意度。

在激烈的市场竞争中，顾客满意度和忠诚度对乡村旅游的发展非常关键。网络营销不受空间、时间、区域的限制，并具备传递文字、声音、动画和影像的多媒体功能，具有更强的活力和表现力。因此，可以利用网络手段，将滇西地区的乡村旅游信息放到网络上，这样世界各地的游客都可以根据自己的需求随时随地有选择地了解有关乡村旅游的信息，也可以通过网络和乡村旅游企业沟通，克服时间和空间上的障碍，可以显著地提高顾客的满意度。

3. 案 例

乡村旅游已逐渐成为云南省旅游产业新的经济增长点，为少数民族的农村经济建设做出了不可磨灭的贡献。但同时我们也可以看出，目前云南省乡村旅游还处在发展阶段，面临的问题还很多，需要通过各种途径解决发展的瓶颈，其中信息技术的使用就是行之有效的办法之一。下面我们引用隶属滇西地区的芒市三台山德昂族乡出冬瓜村乡村旅游的实例，简略阐明信息技术在乡村旅游中的作用。

三台山德昂族民族乡是全国唯一的德昂族乡，位于云南省德宏傣族景颇族自治州芒市中部，距市府所在地22千米处320国道两侧，是通往瑞丽、畹町等国家级口岸的重要交通要塞。出冬瓜村地处三台山东边，距乡政府所在地0.5千米，交通便利。全村国土面积18.58平方千米，海拔1196米，属南亚热带低丘陵气候，年平均气温17.5℃，气候宜人，同时拥有老杠山、良心泉、天然溶洞、大石洞、藏经洞、仙佛洞等自然景观，自然旅游资源丰富。另一方面，作为全国唯一的德昂族乡，这里少数民族风情也异常浓郁。人文景观有德昂族老寨、村落民居、茶园、奘房、女王宫遗址、大佛塔、平安庙、德昂族古代战争遗址、德昂族博物馆、高尔夫球场；曲艺有德昂族民歌、水鼓舞、武术、鲜叶口琴、葫芦丝；饮食有酸茶菜、捂笋、德昂酸茶等；手工艺品有竹器、木雕、织锦。总的来说，这里自然文化旅游资源丰富，是发展乡村旅游的首选地区。

但通过近几年的发展，出冬瓜村乡村旅游还仅仅处于初级阶段，规模、产品、服务、从业人员素质等还不能满足日益增长的休闲、度假等市场需求。总的来说，目前该地区乡村旅游主要存在三大问题，一是市场竞争力不高，具体表现在缺乏品牌效应，知名度欠缺，缺乏核心的文化竞争力，出冬瓜村的优势在于德昂族民俗风情，要以此为宣传切入点，将旅游资源市场定位好；二是营销手段欠缺，该地区的民族服装和手工艺制品都具有独特的文化魅力，反映了少数民族的文化特征、生活习惯和自然环境，拥有较为广泛的社会认知，民族文化的符号和元素是这些手工艺品最核心的市场竞争力，但由于营销手段的欠缺，目前没有形成良好的发展状况；三是从业人员文化素质不高，对乡村旅游发展缺乏长远眼光。

在引入信息技术后，通过以下措施，我们预计以上的几个问题都能得到很好的解决。

（1）建立乡村旅游门户网站。

当今社会早已不是“酒香不怕巷子深”的时代，利用信息技术对乡村旅游产品和信息进行介绍和宣传，将该地区自然文化特点配上图片放在网站上，可以增强不同旅游客源地的消费者对该地区的感知度和信任感，提高知名度，促进乡村旅游产品的销售。针对出冬瓜村的特征，我们可以以少数民族风情和民族工艺制品为宣传重点。德昂族拥有众多独特的少数民族风情，婚俗、取名、禁忌、抢婚、偷婚、丧葬等都有着迷人的文化魅力。将这些文化习俗以文字图片的形式放在乡村旅游网站上，通过网络的传递效应，能够迅速扩大出冬瓜村的知名度。

同时，门户网站的建立不仅仅是吸引游客，更是服务游客。交通、气候、饮食等因素都影响着游客的满意度。出冬瓜村乡村旅游门户网站的建立，通过将各个信息实时发布在网上，如实时天气等，便于游客合理调整自己的旅行计划，将在很大程度上提高游客的满意度，形成口碑效应。

最后，为了乡村旅游的长期发展，建立积极的游客反馈系统必不可少。通过门户网站，游客可以及时反映当地乡村旅游还存在的问题，便于当地的有效改进，为乡村旅游的稳步发展做出贡献。

（2）建立文化产品销售电子商务渠道。

在传统营销方式下，产品通常通过电视广告、报纸、会展营销等发达的销售渠道提高知名度。而出冬瓜村民族服饰和手工制品等通常以家庭小作坊的形式生产，资金不足，营销手段欠缺。通过信息技术，建立电子商务网站，甚至仅需建立个淘宝小店，各个经营业主就可以以低成本销售文化产品，突破资金和区位的障碍，与消费者进行在线互动。所以针对当地特殊条件，网络营销无疑是现阶段最经济最实际的销售手段。

（3）建立文化教育网络系统。

由于少数民族的特殊性，出冬瓜村村民文化素质普遍不高。这不仅影响到当地乡村旅游的长期规划，也影响到民俗文化的保护和传承，同时也在一定程度上影响了游客的文化感知途径。长此以往，不利于乡村旅游的良性发展。建立文化教育网络系统，可以通过网络教学的形式，方便当地人学习文化知识，了解外界的动态，开拓当地人的视野。只有提高了当地人的文化素质，才能让他们明白保护本民族文化特征的重要性，才能保护出冬瓜村乡村旅游的核心竞争力。

综上所述，在滇西少数民族边境山区农村经济发展中，乡村旅游是一个新的增长点，而这个增长点是否能保持长期发展的势头，从而成为一个地区经济发展的支柱，信息技术起到了关键作用。

注　释：

①胡平、傅芸芸、张鹏刚：《综合评价方法在西部地区信息化评价中的应用》，《科技和产业》2005 年第 5 期，第 1－4 页。（根据数据资料的可获得性，本文所用的测评指标体系有所改动。）

②共采用 6 个主要指标对样本网站进行质量服务分析，其中生产资料指标项主要是指农作物种子、农药、肥料、饲料和饲料添加剂、种畜禽、牧草种子、食用菌菌种、兽药、农机及零配件、水产苗种、渔药、渔机渔具 12 项农业投入品；生产技术指标项是指作物种植、畜禽养殖、经济林管理、植物保护、农产品加工、农业机械使用方面的 6 大类。

③刘北桦、蒋云、张士功等：《川滇金沙江流域南亚热带气候区特色农业发展研究》，《中国农业资源与区划》2007 年第 2 期。

④李道亮：《中国农村信息化发展报告（2010）》，北京理工大学出版社 2011 年版。

⑤李道亮：《中国农村信息化发展报告（2010）》，北京理工大学出版社 2011 年版。

⑥李道亮：《中国农村信息化发展报告（2010）》，北京理工大学出版社 2011 年版。

⑦尚旭东：《云南林业产业发展演技》，西南林业大学学位论文，2010 年，第 43－46 页。

⑧尚旭东：《云南林业产业发展演技》，西南林业大学学位论文，2010 年，第 43－46 页。

⑨周经纬、文冰：《云南非公有制林业发展的 SWOT 分析》，《西南林学院学报》2006 年第 4 期，第 56－59 页。

⑩曹善寿：《云南林业信息化建设和森林资源管理》，《云南林业科技》2003 年第 3 期，第 59－63 页。

⑪《云南林业发展“十二五”规划（下）》，《云南林业》2012 年第 2 期，第 30－33 页。

⑫李欣：《基于产业价值链的我国农产品电子商务发展策略研究》，《商业时代》2012 年第 18 期。（根据滇西地区农村经济发展水平状况，本文对原文模型略有改动。）

⑬仇学琴：《云南省乡村旅游信息化研究》，《经济问题探索》2009 年第 8 期，第 157－161 页。

⑭王敏娴：《乡村旅游社区参与机制研究》，浙江大学学位论文，2004 年。

⑮李亚、李宏、武友德：《云南省乡村旅游存在的问题与对策研究》，《云南地理环境研究》2007 年第 2 期，第 124－127、142 页。

参考文献：

［1］丁允旭，钱敏．全球化竞争与中国信息产业［J］．情报科学，2002（3）．

［2］孙伟平．信息社会及其基本特征［J］．哲学动态，2010（9）．

［3］曹良元，王世虎，胡兴邦．农业农村信息化与新农村建设关系探析［J］．安徽农学通报，2012（1）．

［4］云南省统计局编．2011 云南统计年鉴［M］．北京：中国统计出版社，2011.

［5］肖迎，黄懿陆，蔡葵．云南边境农村反贫困研究［M］．昆明：云南人民出版社，2009.

［6］张金鹏，李嵘．我国民族聚居区社会文化特征分析［J］．宁夏大学学报，2006（3）．

［7］姚顺增．云南少数民族宗教信仰的现状分析［J］．云南社会科学，2000（1）．

［8］国家统计局科研所．中国全面建设小康社会进程统计监测报告（2011）［EB/OL］．http：//www. stats. gov. cn/tjfx/fxbg/t20111219_ 402773172. htm.

［9］中华人民共和国国家统计局．中华人民共和国2010 年国民经济和社会发展统计公报［EB/OL］．http：//www. gov. cn/gzdt/2011－02/28/content_ 1812697. htm.

［10］何沁璇，骆华松．基于桥头堡战略下的产业发展：以滇西为例［J］．改革与战略，2011，220（S17）．

［11］云南西部大开发十年群众受惠最多经济增速最快［EB/OL］．http：//www. chinawest. gov. cn/web/NewsInfo. asp？NewsId＝56120.

［12］西部大开发 10 年彩云之南新跨越［EB/OL］．http：//www. chinawest. gov. cn/web/NewsInfo. asp？NewsId＝56140.

［13］国务院关于支持云南省加快建设面向西南开放重要桥头堡的意见（国发〔2011〕11 号）

［14］中国农村扶贫开发纲要（2011—2020）．

［15］王孟宇．云南农业气候资源的现状及综合利用对策［J］．西南农业学报，2010（2）．

［16］卢光明．农业信息化是促进农业产业化的重要手段［J］．中国管理信息化（综合版），2007（2）．

［17］李欣．基于产业价值链的我国农产品电子商务发展策略研究［J］．商业时代，2012（18）．

［18］郭军升．论农业信息资源管理［J］．农村经济与科技，2005（11）．

［19］于艳茹，卢宇博．知识经济与农业信息化［J］．农业经济，2002（12）．

附件3：关于加强手机信息服务促进滇西农村社会经济发展的咨询报告

“信息技术在贫困地区区域开发中的应用”课题组

摘　要：随着市场经济的发展，农民对农业生产和农产品供求信息需求越来越迫切，但目前在滇西广大农村，农民对信息技术的使用还比较困难，农民在市场交易中处于被动不利地位。随着手机业务的迅速普及，农村与农业信息化的破题之举无疑很快被聚焦于手机服务上。利用手机短信平台向农民传播实用信息成为可能，而且该功能将有更大的利用空间有待开发。

关键词：信息技术　手机业务　农村经济　建议

在经济全球化时代，世界对信息的需求快速增长，信息产品和信息服务无处不在、不可缺少。信息技术已成为当今社会经济生活的主要支撑点。2005年，中央首次在一号文件中提出要“加强农业信息化建设”，之后每年的中央一号文件都对农业信息化建设提出要求；2013年中央一号文件提出：“加快用信息化手段推进现代农业建设，启动金农工程二期，推动国家农村信息化试点省建设。发展农业信息服务，重点开发信息采集、精准作业、农村远程数字化和可视化、气象预测预报、灾害预警等技术。”

滇西少数民族边境山区地处边陲，是我国重要的生态功能区，也是我国人口较少民族的主要聚居区。由于复杂的地理环境，相对于发达地区，滇西地区交通不便、信息闭塞、教育落后、经济发展方式单一，是当今中国最贫困地区之一。然而，信息技术可以克服时空障碍，弥补地理环境、交通不便所带来的缺陷，在促进滇西少数民族边境山区的农村经济发展中，逐渐渗透并影响到教育、经济、医疗等社会经济发展的各个方面，从而支撑该区域的经济社会全面发展。

随着市场经济的发展，农民对农业生产和农产品供求信息和及时性的需求也越来越迫切，但目前在滇西广大农村，由于信息基础设施不完善和农村居民受教育程度相对较低，农民对信息技术的使用还比较困难，获取信息的途径比较单一。在农业生产上，传统的技术传播渠道不畅，农技人员数量有限，无法服务到所有的农户，更难以向农户提供及时的急需服务。在农产品销售上，尤其在山区，销售信息则更多依赖于上门收购的商贩，使农民在市场交易中处于被动和不利的地位。

随着手机业务的迅速普及，农村与农业信息化的破题之举无疑很快被聚焦于手机服务上。以省内较大的手机业务服务商中国移动为例，截至2012年年底，云南省共有3500万手机用户，其中农村用户约占一半，网络信号覆盖了所有的行政村和94%的自然村，为农村和农业的信息化打下了良好的基础条件。2005 年，顺应中央和地方政府的“农村信息化”要求，新华社云南分社与移动云南公司共同开发了“聚焦三农”业务，之后云南省农科院加入了农业专家的技术力量，2011 年该业务由“农信通”更名为“三农通”，在省级层面有 30 余人的信息工作团队和 370 余人的农业专家团队提供支持。该业务覆盖了全省 16 个州市、129 个县市区的 1348 个乡镇，有 1600 余人的信息员队伍分布于各个乡镇。截至 2012 年年底，“三农通”的信息接收人数达 830 余万人，占云南省农村人口近 30%；累计发布各类农村政策和农业技术信息 43 万条，热线解答问题 6 万多个。该业务不仅受到了省相关领导的肯定，并且被称为农村信息服务的“云南模式”，先后在多个省区得到了有效推广。

这一模式的成功不仅证明了利用手机短信平台向农村居民传播实用信息是可行和有效的，同时也表明目前对该平台的利用仅仅只是一个开始的尝试，它仍有更大的利用空间有待开发。为更好地利用手机短信平台目前的功能，提高各级政府密切联系群众，向群众提供政治、经济和社会服务的效率，特建议如下：

1. 将手机短信平台吸纳为政府密切联系群众的工具

由于山区散居特征，云南农村居民交往范围狭窄，信息来源少、信息传播速度缓慢；同时因普遍经济水平和受教育程度低，利用先进信息技术如互联网的能力不足，在信息社会发展中尚处于劣势。然而，随着手机网络信号对全省所有行政村的全覆盖，手机已然成为农村居民的主要联络工具，农村几乎户户有手机，甚至相当一部分农户拥有多部手机。因此，将手机短信吸纳为各级政府密切联系群众的信息传播工具，既能减少以往逐级下达、再由各村干部通过村民小组组长传达到各家各户的传统模式所需的人力、物力和财力，又能极大地提高信息的及时性，并能逐步拓展信息的内容和范畴，使每个农户都能及时、有效、准确地了解到政府需要传递的信息和农户需要的信息。

目前的“三农通”虽然得到了各级政府的重视和推动，但仍然仅为一个独立的信息服务系统，其服务范围非常有限，作用也远未得到充分发挥。

2. 以乡镇为单元进行手机短信平台管理

“一山分四季，十里不同天”是云南山区自然特征的真实写照，这一特征同时决定了乡镇乃至村寨之间在地形地貌、气候和水资源、土壤、植被等自然条件上存在着很大的差异；加之民族众多，甚至一个村委会、一个村民小组内多民族杂居，文化多样；因而乡镇之间、村寨之间自然、经济、社会特征各异，生产、生活方式各有不同，对信息的需求也就必然不尽相同。目前“三农通”的信息发布平台设于省级层面，从信息范畴和内容而言，仅能发布在全省范围具有普适性的政策和技术信息，难以服务于云南农村的多样性；从信息管理来讲，30 余人的团队和不到 400 人的技术支撑要服务于全省 3800 余万农业人口、1300 余万农户是十分困难的。因此，将信息发布平台下移至乡镇，可以有效地解决以上问题。一方面，乡镇一级的信息来自于乡镇政府、技术和市场服务机构，针对性和实用性更强，也更具时效性；同时，乡镇一级的平台也能更快速地回应农户的信息需求，增强信息服务的互动性。另一方面，将信息平台的管理权限下移至乡镇政府，借助于现有的人力资源和信息渠道，能极大地减少信息服务的成本。再者，将信息平台作为基层政府管理和服务的一种工具，既能减少基层政府在各项工作中信息传播的成本，又能极大地提高基层政府的工作效率，在一定程度上减少基层政府人力不足所带来的工作压力。

3. 建立手机短信服务支撑体系

（1）建立手机短信服务的工作机制。

为保障手机短信服务工作的顺利开展和持续有效，应当建立健全工作机制，明确工作目标和任务，明晰任务分工和工作职责，建立流畅的信息收集、批准、发布和反馈等工作流程和责任制度。

（2）加强手机短信服务的培训工作。

除对相关工作人员进行手机短信服务的技术培训外，还应对基层政府管理和技术人员进行信息化应用方面的培训，提高他们主动应用手机短信平台为农户服务的意识和能力，从而拓展信息服务的范围和提升反馈服务质量。

（3）加大手机短信服务的宣传工作。

要使手机短信服务平台充分发挥作用，就需要广大农户对该平台有较高的知晓度和对其功能有深入的了解。因此，通过各种方式向广大农户宣传手机信息服务平台的功能及反馈方法就显得十分重要和必要。

4. 随着信息技术应用的发展拓展手机信息服务的领域

随着运营商3G网络的全面覆盖和对业务的大力宣传，农村用户对3G的认知和使用都有明显提高。有调查显示，2012年农村市场正在使用3G网络或者3G号码的用户占30.8%。如今，4G网络也在逐步覆盖。随着手机使用成本的逐步降低，可以预见，在手机短信服务平台上加载个性化短信定制、专家远程诊断、在线图文视频查询提供等服务也将指日可待。一旦手机短信服务平台的使用和管理走上正常轨道，随着网络提升，增强服务质量和增加服务内容也将常态化。

附件4：基于网络的在线教育示范平台研究报告

姚绍文　薛　岗*

一、引　言

（一）项目背景

1. 滇西地区社会经济发展

滇西地区是一个集多民族、偏远、边境、贫困、后发展等问题于一体的区域，其自身的经济结构和发展状况既具有西部民族经济共性又有其自身特点。

滇西地区是指云南省昆明市以西的十个地州，包括楚雄彝族自治州、大理白族自治州、丽江地区、红河州、怒江傈僳族自治州、保山地区、德宏傣族景颇族自治州、临沧地区、普洱地区、西双版纳地区。滇西地区地处祖国的西南边境，国境线长达1537千米，居住着20多个少数民族，人口400余万人，占全区总人口的37.2%，是一个多民族地区。[①]

滇西地区的经济发展同云南区域经济整体一样呈现着非均衡发展的特征，这是经济发展过程中面临的客观实际。随着经济总量的持续快速增长、云南省综合经济实力的不断增强，省内各州市经济发展与资源禀赋之间的差异仍将继续存在。在2012年云南省全省16个地州（市）GDP排名之中，楚雄以3378.72（美元）排名第5，其余州市均在其后，怒江以2204.71（美元）排名14[②]，在滇西地区中排名最末。总体情况相较于2011年，各州市生产总值都有增长，其中丽江，西双版纳地区增长最为明显，这主要是依赖于当地旅游业的迅猛发展。但是滇西地区的社会经济发展水平与发达地区相比还有较大差距。

目前滇西各州的产业结构有着很大的相似性，工业以本地的资源开发和粗加工为主，缺乏相互间的分工合作，资源分配不合理，产业链短，发展不平衡。滇西是参与“中国面向西南开放的重要桥头堡建设”的首选路径，究其自身，目前普遍存在开放型经济发展不够，开放不足，质量不高，水平偏低，效益萎缩，作用不强，与地方经济关联度不断减弱，边贸互市贸易几近消亡等问题。

滇西少数民族地区在地理位置上多属于边远地区，生存环境比较恶劣，经济发展水平滞后，文化基础薄弱，这是由其无可避免的客观原因所造成的。无论是自然的、历史的、还是社会的原因，都已经造成了一种客观的社会事实，造成一个地方的发展滞后于整体的社会发展水平。但是

* 姚绍文，博士，教授，博士生导师，云南大学学科建设办公室副主任，国家软件人才国际培训（昆明）基地主任，中国通信学会会士，云南省中青年学术和技术带头人，教育部网络工程特色专业首席教授，曾任云南大学软件学院副院长，南澳大利亚大学（ITR，电信研究所）高级访问学者，德国卡尔斯鲁厄（Karlsruhe）大学访问教授；薛岗，博士，云南大学软件学院教师，副教授，现从事专业为网络工程，研究方向为服务计算、业务流程技术。

滇西地区也有其特有的优势，滇西地区是云南最有吸引力的旅游热区，生态自然资源丰富，大理—丽江—香格里拉这条黄金线路集历史文化、自然风光、民族风情于一体，每年为滇西地区带来巨大的经济效益。

2. 人才需求情况

滇西经济的发展，需要培育一批新的支柱产业，多样的生物资源，需要人才去开发系列生态产品；丰富的有色金属矿藏资源，需要人才去打造名优品牌；烟草、茶叶、白药等传统工业需要人才去不断优化和改进，与时俱进，研发新品；紧靠西南国门的区位优势，需要人才去开辟现代丝绸之路和茶马古道；为了承载经济的发展和保证经济的健康运行，也需要人才精心设计建设各项基础设施。滇西需要知识的支撑，需要技术的进步，各行各业都需要一定数量高层次的人才，与其他地方相比，滇西拥有的人才比例差距较大，省内高校不多，全省在校研究生数量不及东部一所名牌高校。人才来源自身造血功能不足，出于种种的原因，引进人才也面临困难。据“西部人才论坛”信息和人才引进机构历年来的数据，人才情况虽然有所缓解，但总体数量不足，结构上不尽合理，仍然难以满足经济发展的根本需要。

经济发展的多元性，决定了人才需求的多学科性，多专业性，多层次性。

（1）外贸专业人才需求：东南亚经济的复苏，中越边境关系的正常化，是滇西甚至云南外贸经济崛起的良机。边贸的兴旺，拉动了出口商品的生产，同时也需要验关、金融、物流、货运翻译等机构和专业人员从事系列的配套服务和进行具体运作，要懂得国际贸易的决策者来把握总体市场和交易机会，要有精通国际金融的财会人员。显然，支撑外贸，必须有一支过硬的外贸人才队伍。

（2）旅游业人才需求：滇西地区是云南最有吸引力的旅游热区，旅游业发展和运作，需要大量的旅游业人才。

（3）其他产业的人才需求：烟草、矿物，需要保持优势，继续创新，在生产过程中需要大量的农业、生化科技人才。能源、交通和基础设施建设，也需要相应的各类人才。

这只是滇西主要支柱产业的人才需求，一个地区要发展，各行各业要欣欣向荣，人民生活水平需要提高，需要的人才数量庞大，不一而足。

3. 滇西地区教育情况

滇西边境地区，与滇东北乌蒙山区的资源型贫困不同，滇西边境突出表现为素质型贫困。怒江州，由于地处偏僻、封闭落后，社会发育程度较低，不少民众几乎是从原始社会直接过渡到社会主义社会，人均受教育程度也只有6.2年，思想理念上和内地其他地区存在较大差异。并且文盲率较高，村民普遍缺乏脱贫致富技能，农业科技普及率低，生产生活方式落后，市场经济意识不强，与外界交往少，接受新生事物能力不强。全州29个乡镇中，18个属于直接过渡地区，集中于福贡和贡山两县，直接过渡区人口占全州总人口的62%，而各类人才仅占人口总数的3%。[③]边境地区，教育资源稀少，这里学生主要的知识来源于书本。如福贡县上帕镇达普洛村实利底小学在怒江边的大山上，学校一到四年级共4个班、124名学生，仅6名教师，其中2名是代课老师。[④]

相对滇西边境地区的受教育情况，其余州市虽然有所改善，但是滇西地区位处我国西南边境，与缅甸、越南、老挝三国接壤，是我国人口较少民族的主要聚集地。各个民族风俗礼节不同，导致了极大的文化水平差异，高层次的人才比例较低。

4. 滇西地区信息化建设情况

以国际互联网为基础的信息化正逐步成为推动世界经济和社会发展的关键因素，信息的快速传播正改变着人类的生活方式、工作方式和商务方式。滇西地区，在这几年省政府、省委的领导下不断推进滇西地区信息化建设，各州市信息化建设设施得到了极大改善，各级政府信息化程度已经得到提高。但是滇西地区由于地理、受教育程度、专业人才稀缺等问题，信息化建设推动较为缓慢，现代化教育设施贫乏，计算机软件开发更新滞后。

（二）研究目的和意义

通过网络资源共享和在线学习平台，可以针对滇西地区社会经济发展的人才需求，培养职业性、技能型人才。本课题将研究资源共享和在线学习的平台架构和方案，并建立示范应用平台，提供专业人才和职业技能人才的在线教育资源、培训课堂、互动学习、交流讨论等资源和服务，同时提供相关人才需求信息以及创业指导。形成示范平台方案，建立示范应用平台，形成研究报告。

网络资源共享和在线学习平台，能够克服地域差异，由于该平台的操作方式和实现是以互联网络为基础，不同地域、不同人、不同时间都可以通过该平台进行学习。该平台凸显教育扶贫的意义，能够对不同人授以不同的技能，培养出滇西地区稀缺的人才，对推动地区社会经济发展起积极的作用，并且因为自身“造血不足”而导致的人才紧缺的现状，也会有所缓解。该平台为网络共享平台，各方面知识不断总结汇集到平台中，不同的人在不停地实践，完善资源质量和类型，改善人们认知，如此反复，形成良性循环，对于改变滇西边区人均受教育情况有很大的促进作用，进而推动滇西地区经济、文化的发展。

二、应用现状分析

（一）国外在线教育现状

在线教育即 e－Learning，或称远程教育、在线学习，现行概念中一般是指一种基于网络的学习行为，与网络培训概念相似。而在信息化爆发式发展的趋势下，在线教育越来越凸显出优势：①在线教育可以突破时间和空间的限制，提升了学习效率；②在线教育可以跨越因地域等因素造成的教育资源不平等分配，使教育资源共享化，降低了学习的门槛。正是由于基于在线教育的特点和优势，各类新兴网校和相关网站也不断涌现。

在线教育最早起源于美国，一位名为萨尔曼·可汗的孟加拉裔美国人，在美国创造了在线教育的雏形。近几年，在现代信息技术的推动下，国外的在线教育发展迅猛，1998 年美国大约 1/3 的两年制和四年制大学举办了各种形式的远程教育，正式注册人数 166 万，比 95 年增长了 1.2 倍，各种远程教育课程达到 54470 门，举办完全远程教育学位学习专业和证书分别达到了 1230 个。[⑤]如今国外的在线教育课程在经过了井喷式发展后，有了海量的内容积淀，已经慢慢由内容积淀期步入筛选期，各种点评网站层出不穷（点评网站最大的作用就是帮助人们选择适合自己的优质课程）。

（二）我国在线教育现状

国内在线教育起步较晚，但是由于近年来互联网在中国的井喷式发展和通信行业的迅猛推进，在线教育虽然比较晚出现在国人的视野，但是发展却相当迅猛。

我国高等教育的远程教育部分发展非常迅猛。1998 年，教育部正式批准清华大学、北京邮电大学、浙江大学和湖南大学为国家现代远程教育第一批试点院校；2000 年，现代远程教育试点院校的数量猛增至 31 所；2001 年，教育部批准的开展远程教育的院校已达 67 所。[⑥]试点院校允许社会资金的参与，可以自主招生、自主确定招生规模、自主选择开办专业、自主设置地方办学点、自定收费标准等，远程教育的学生颁发国家承认的普通大学学历证书……这些因素极大地刺激和加速了远程教育规模的扩张。目前试点高校已建成2000多个校外学习中心，地域分布基本覆盖全国各地；已开设的学历教育包括研究生、专科起点攻读本科和普通专科等各个层次，专业数量达到上百个；目前通过远程教育形式学习的学员已经超过130万人。

由此可见，在短短的几年时间里，我国的高等远程教育从无到有，从起步到繁荣，发展速度十分惊人，取得了前所未有的成就。国内远程教育总体上处于迅速发展时期，但是各种类型远程教育还处于发展初期。尤其是大量的网络教育资源质量不高，缺乏有效的归类、管理，目前情况来看，中国在线教育还是处于一个内容沉淀期。

1. 滇西地区在线教育现状

在线教育对于弥补滇西边远地区交通不便、教育落后的现状将起到十分重要的作用。近几年来，滇西地区在省政府、省委的支持下，教育设施不断地完善，中小学校的网络设施不断地补充，在线教育开始逐步地发展起来。目前，在线教育在滇西地区的发展尚处于初级阶段。地区性的在线教育依赖于现代化的教育设施，但是近年来发展迅猛，在线教育资源不断增加，相信随着滇西开发网的建立，在线教育会发展得更为迅速和完善。

2. 滇西地区在线教育存在的问题

目前滇西地区在线教育尚处于开始阶段，滇西地区在线教育存在着一些问题。地区的在线教育资源太少，大部分的教育资源来源于省外、国外。各个地方的人本身就存在一定的差异性，如生活习惯、思维路线，只有自己产生的教育资源才是最适合自己的。地区的在线教育资源的质量普遍较低，由于本身数量上面就没有一定的积累，质量上面就更难得到保证，这也是无法避免的。

3. 改善策略

针对滇西地区在线教育存在的问题，要改变目前的状况需要实施一些措施：

首先，滇西地区必须重视在线教育，在线教育是一个能打破时间、空间的教育手段，能给滇西地区带来大量的人才，提高地区人民的教育水平。

其次，在大力发展在线教育的同时要注意在线教育资源的质量，不以次充好，不以缺充全，只是不断增加在线资源的数量是不够的，在先增数量后加质量的情况下，逐步地发展在线教育，才能最好、最大限度地培养所需要的人才。

最后，应该推动云南省高校发展适合于滇西地区的在线教育，做到以高带低，合理地推动在线教育在滇西地区的发展。

三、在线教育（实施）指导方法分析

在线教育主要是通过技术手段来解决教育与学习的问题。在线教育系统的实施需要关注四个核心内容：教育手段、技术媒体、教育内容和管理。针对实现方式而言，在线教育的手段可以通过“同步”和“异步”方式来实现。同步在线教育突出实时性，实现方式依赖于实时多媒体通信技术；异步在线教育则可采用邮件、论坛等多种方式实现，突出知识和信息传播的灵活性。针对用户而言，用户主要通过“线性”（自学）和“协作”学习两种方式来使用在线教育系统。

技术媒体主要包含协作软件、电子教案和虚拟教室等多种信息技术，这些技术以综合的方式实现教育系统。本项目的核心工作之一就是研究并提出适合滇西实际情况的在线教育系统方案所包含的技术媒体。

教育内容主要包含教育学和对象（内容）两个方面。可应用于在线教育的教育学方法主要有：Social - constructivist（社会构建主义，提出者：Vygotsky）、Conversational Model（交谈模型，提出者：Laurillard）、Cognitive perspective（认知）、Emotional perspective（情感）、Behavioural perspective（行为）、Contextual perspective（环境）和 Mode Neutral（模式混合）等方式。为支持在线教育过程中教育内容的重用，一般使用原数据描述技术（如 Extensible Markup Language）来表达“对象”信息。内容描述方面，美国国防部 ADL（Advanced Distributed Learning）组织所拟定的“共享内容对象参考模型”（Sharable Content Object Reference Model，SCORM）为数字内容教材的制作、内容开发等提供了参考规范。

在学习管理方面，由于在线学习与传统学习存在差异，所以在管理上可借助学习管理系统（Learning Management System）、学习内容管理系统（Learning Content Management System）、计算机辅助评判（Computer - aided Assessment）等手段来实现。学习管理系统主要实现学习内容的派发、跟踪、管理和教育，主要是基于计算机事件跟踪技术来实现的相关管理功能。学习内容管理系统主要辅助教育工作者整理、制作、发表和管理教学过程中涉及的教学材料。计算机辅助评判可采用“自动”或“半自动”对教学对象进行评判、评级。

（一）教育手段

1. 教育心理学概述

教育心理学是研究在教育情境下人类的学习、教育干预的效果、教学心理，以及学校组织的社会心理学。教育心理学的重点是把心理学的理论或研究所得应用在教育上。教育心理学可应用于设计课程、改良教学方法以及帮助学生面对成长过程中所遇到的各项困难和挑战。“教育心理学”和“学校心理学”这两个名词经常交替使用，通常从事理论工作及研究的人员较倾向称作教育心理学家，而在学校或学校相关场所从事实务工作的就被归类为学校心理学家。教育心理学关注学生如何学习与发展，实务工作上特别关注有特殊教育需要的学生（不论是资优儿童或有情绪、行为问题的儿童）。

通过研究教育心理学与其他学科的关系，对理解教育心理学也有一定的帮助。首先，教育心理学是以心理学为基础，两门学科之间的关系就像医学与生物学，或工程学与物理学之间的关系。其次，从教育心理学又可以发展出研究教育问题的众多特殊领域，包括教学设计、教育技术学、课程发展、组织学习（organizational learning）、特殊教育和课堂管理。教育心理学从认知科学及学习科学中得到养分，也回馈到这些学科之内。在大学里，教育心理学专业通常设于教育系内，原因可能是在心理学导论教材中常缺少教育心理学的内容。

2. 本质特征

教育心理学就是学与教这个过程的方方面面规律的科学，具体说来，有以下几个方面：

（1）教师的特征。

教育心理学首先要了解教育过程的执行者，如教师的特点，以及这些特点对教学过程会产生什么影响。有的老师采取填鸭式的教学方法；而有些老师则认为应该发挥学生的主动性，主张让学生动手操作，自己发现问题、提出问题和解决问题，在活动中学习和提高。另外，研究还发现，教师的性格特征也会影响教学过程，严厉的老师更倾向于采用传统教学法，课堂气氛也不活跃，而民主活泼的老师则更愿意采用新式教学法，更愿意多做尝试，课堂气氛更活跃，学生在老师面前也能够更自由地表现自己。

（2）学生的特点。

教育上提倡“因材施教”，主张根据学生的不同特点施以不同的教育，提不同的要求，采用不同的教学方式和方法，因此，教师必须了解学生的个性特点，了解学生的学习动机和学习能力、学习习惯，才能有的放矢地实施教育，教育也才能最大限度地发挥其功效。

（3）教学方法。

不同教学方法对于不同学科、不同教学内容有什么影响，以及教师如何与教学方法进行匹配才能取得良好的教学效果等，也是教育心理学的研究内容。动手操作的教学方法，对于物理、化学等操作性强的科目可能很有用，但对于历史、语文等科目却可能没什么效果。对同一门学科不同的内容来说，同一种教学方法的作用也可能相差甚远。例如，话剧文章的教学方法可以采取角色扮演等，而古诗、文言文却很难采取这种教学方法。同样，不同的教师也有自己的一套教学方法，和蔼可亲的老师容易与学生建立良好的师生关系，采用活动教学法时也更为轻松自然；而严厉的老师却很难做到这一点。对学生来说也是如此，有些学生喜欢自己发现问题，因而探索性的方法更适合这些学生，而对于那些不爱动脑筋，喜欢老师告诉自己问题的解决方法，以便按部就班地执行的学生来说，这种方法就不合适了。

3. 技术不足方面的补救措施

根据教育心理学中涉及的方方面面，在线教育示范平台中无法通过技术手段实现的内容和过程，均从“教”和“学”这两方面着手，通过行为方法解决。

（二）教育学方法

1. Conversational Model 概述

Laurillard 从教与学的互动角度出发，提出了学习过程中的会话模型（Conversational Framework/Model），该会话模型列出了学习完成所必需发生的活动，详见图 1。

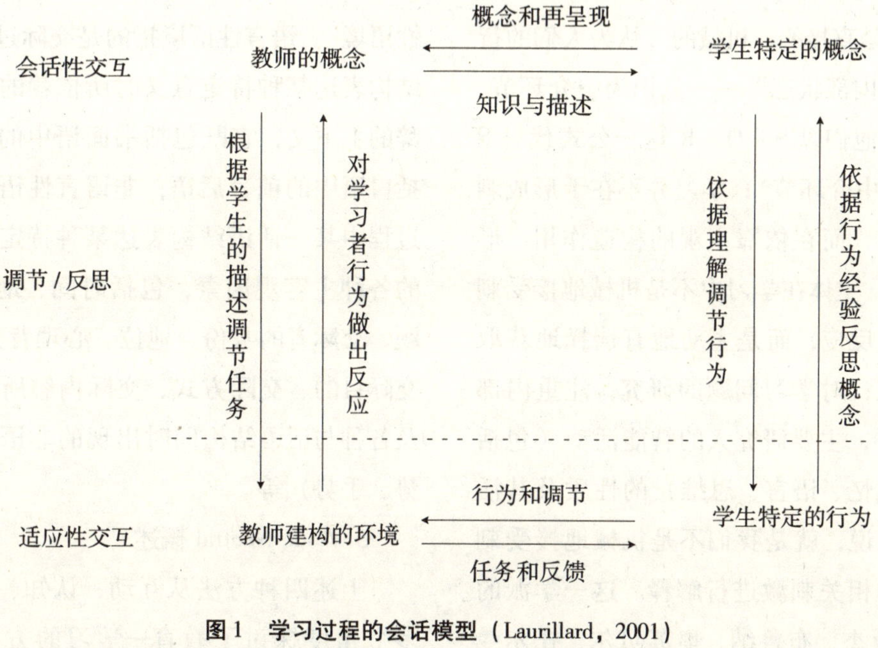

图 1　学习过程的会话模型（Laurillard，2001）

这一学习过程模型适合于所有的学习现象，学习者在学习过程中，围绕学习目标发生一系列的学习行为；教师则创建支持学习行为的环境，包括管理学习者群体、进行辅导、设置测试、传递课程资源等。

在学习过程中同时会发生两个层面的交互。

第一个层面的交互是学习者的行为与教师建构的环境之间的交互，表现为学习环境为学习者提供任务和反馈，学习者根据任务和反馈，采取某种反应并调节行为。

在发生适应性交互的同时，还会产生另一个层面的交互，这就是学生的概念与教师的概念之间的交互。

适应性交互和会话性交互并不是两个互不相关的交互过程，它们是同一学习过程中同时发生的两个层面的交互。会话性交互和适应性交互互为条件，并相互作用。

2. Cognitive perspective 概述

感知角度（Cognitive perspective）源于格式塔心理学派，这个学派认为学习是人们通过感觉、知觉得到的，是由人脑主体的主观组织作用而实现的，并提出学习是依靠顿悟，而不是依靠尝试与错误来实现的观点。该理论关于“学习”的观点是：关于学习的心理现象，否定刺激（S）与反应（R）的联系是直接的、机械的。认为人们的行为是以“有机体内部状态”——意识为中介环节，受意识支配的，他们以 S－O－R 这一公式代替 S－R 公式（O 为中介环节）；学习并不在于形成刺激与反应的联结，而在依靠主观的构造作用，形成“认知结构”，主体在学习中不是机械地接受刺激，被动地做出反应，而是主动地有选择地获取刺激并进行加工；对学习问题的研究，注重内部过程与内部条件，主要研究人的智能活动（包括知觉、学习、记忆、语言、思维）的性质及其活动方式。简单地说，就是我们不是机械地接受刺激，而是主动对相关刺激进行解释。这一学派的代表人物有皮亚杰、布鲁纳、奥苏贝尔、托尔曼和加涅。

3. Behavioural perspective 概述

行为角度（Behavioural perspective）最早出现在美国。20 世纪初自然科学飞速发展，一些年轻的心理学家对冯特学派不满意，认为心理学不能研究意识，认为心理学和其他自然科学处于同样的地位，应该像其他自然科学一样研究看得见、摸得着的客观东西，也就是行为。

行为派认为，人的心理意识、精神活动是不可捉摸的，是不可接近的，心理学应该研究人的行为。行为是有机体适应环境变化的身体反应的组合，这些反应不仅是肌肉的收缩和腺体的分泌。心理学研究行为在于查明刺激与反应的关系，以便根据刺激推知反应，根据反应推知刺激，达到预测和控制人的行为的目的。该学派的主要代表人物是华生（1878—1958 年）和斯金纳（1904—1990 年）。

4. Contextual perspective 概述

语境（Contextual）这一概念最早是由波兰人类学家 B. Malinowski 在 1923 年提出来的。他区分出两类语境，一类是“情景语境”，一类是“文化语境”，也可以说分为“语言性语境”和“非语言性语境”。语言性语境指的是交际过程中某一话语结构表达某种特定意义时所依赖的各种表现为言辞的上下文，它既包括书面语中的上下文，也包括口语中的前言后语；非语言性语境指的是交流过程中某一话语结构表达某种特定意义时所依赖的各种主客观因素，包括时间、地点、场合、话题、交际者的身份、地位、心理背景、文化背景、交际目的、交际方式、交际内容所涉及的对象以及各种与话语结构同时出现的非语言符号（如姿势、手势）等。

5. Mode Neutral 概述

上述四种方法从互动、认知、行为、语境等多个角度探讨了教育—学习的方法。模式混合（Mode Neutral）通常是指，在教育过程中，采用的手段不一定是单一的、孤立的，有可能是一种或者多种方法的结合。通过组合把学生的主动性、积极性充分调动起来，鼓励学生在研究中学习，在协作中学习，通过这种方式，提高学生各项应用技能和学习能力实现综合素质的提高。

6. 五种教育学方法比较

上述五种教育学方法从不同的角度探讨“教”和“学”这一互动过程，这将有利于教育示范平台的构建，阐明了实现思想及其方法，每种方法各自的特点及不足。会话模型：虽具有很广的实用性，但是该会话模型只是针对普遍的学习提出的概括模型，对于细节，及其特殊情况实用性不强；感知角度：对于学习问题的研究，突出的是内部感知的学习，提倡主动学习，在这个过程中虽然很好地体现了人思维的主动性，但是忽略了外部条件对学习情况的影响；行为角度：对于学习问题的研究，突出的是外部行为的学习，在这个过程中虽然很好地体现了人行为的客观性，但是忽略了内部条件对学习情况的影响；语境角度：对于学习问题的研究，虽然侧重于对语境的分析和探讨，注重上下文、地理文化等因素的考虑，但是忽略了文体整体的研究，过于注重细节；模式混合：采用的是多种方法结合的方式，具有综合性最高的特点，但是针对各个部分的细节，只是采取多种方式结合的方法，对于各个部分的特性无法进行突出。如表1所示。

表1　五种教育与方法比较

教育学方法	概　述	优　势	不　足
会话模型（Conversational Model）	Laurillard从教与学的互动角度出发，提出了学习过程中的会话模型。该会话模型列出了学习完成所必需发生的活动。	这一学习过程模型适合于所有的学习现象，学习者在学习过程中，围绕学习目标发生一系列的学习行为，具有很广的实用性。	虽具有很广的实用性，但是该会话模型只是针对普遍的学习提出的概括模型，对于细节，及其特殊情况实用性不强。
感知角度（Cognitive perspective）	感知角度源于格式塔心理学派，这个学派认为学习是人们通过感觉、知觉得到的。	对学习问题的研究，注重内部过程与内部条件，主体在学习中不是机械地接受刺激，被动地做出反应，而是主动地有选择地学习。	对于学习问题的研究，突出的是内部感知的学习，提倡主动学习，在这个过程中虽然很好地体现了人思维的主动性，但是忽略了外部条件对学习情况的影响。
行为角度（Behavioural perspective）	行为角度最早出现在美国。行为派认为，人的心理意识、精神活动是不可捉摸的，是不可接近的，心理学应该研究人的行为。	对学习问题的研究，注重外部过程与外部条件，侧重于人体的行为，研究看得见、摸得着的客观东西，也就是行为。	对于学习问题的研究，突出的是外部行为的学习，在这个过程中虽然很好地体现了人行为的客观性，但是忽略了内部条件对学习情况的影响。

续 表

教育学方法	概 述	优 势	不 足
语境角度（Contextual perspective）	语境（Contextual）这一概念最早是由波兰人类学家B. Malinowski在1923年提出来的，他区分出两类语境，一类是“情景语境”，一类是“文化语境”。	对于学习问题的研究，将语境分为：情景、文化，包括口语、书面语中的上下文，也包括时间、地点、场合、话题、交际者的身份、地位、所涉及的对象，侧重于理解。	对于学习问题的研究，虽然侧重于对语境的分析和探讨，注重上下文、地理文化等因素的考虑，但是忽略了文体整体的研究，过于注重细节。
模式混合（Mode Neutral）	模式混合通常是指，在教育过程中，采用的手段不一定是单一的、孤立的，有可能是一种或者多种方法的结合。	采用的手段不一定是单一的、孤立的，有可能是一种或者多种方法的结合，综合性最高。	虽具有综合性最高的特点，但是针对各个部分的细节，只是采取多种方式结合的方法，对于各个部分的特性无法进行突出。

五种教育学方法，分别产生于不同的时期，针对的对象特点也不相同。对于不同的情况，应当采取不同的方法：如偏重理解的学科和研究应当采取较为合适的语境理解模式，对于侧重于实践检验的学科和研究，则应采取行为角度的模式。对于滇西地区具体采用什么样的方法、模式，这就需要根据滇西具体的情况，实际现状，结合五种方法进行分析。

（三）在线教育示范平台实施方法

根据滇西地区的教育情况和当地的实际现状，结合五种教育学方法，滇西在线教育实际情况以及教育示范平台可以采用 Mode Neutral 的教育学方法。

首先，滇西地区地处边境，受教育情况分布不均，差异性明显，没有一套用作标准的方法，而且这样不符合实际的情况。其次，地区的贫困等级不一，教育设备有欠缺，师资水平相差较大，靠近云南省发展中心的地区与边境地区采取的方案必然不同，所以采用模式混合的教育学方法，根据当地实际情况采取不同对策，比较符合实际，且灵活性很高。再次，相对于其他四种方法，模式混合方法相对滇西地区有其显著的优势性，其他四种方法都是在有一定教育学资源、设施基础上效果最优，是有针对性地提高对象的能力。而模式混合方法，并不需要这样严格的要求，而且针对性不强，对于教育资源缺乏的滇西地区，有很好的普适性，对于滇西地区复杂的分布情况，有很好的灵活性，对于滇西地区改善教育的目标有强大的推动作用。

根据滇西地区的不同情况，可以先评定各项教育指标和人均受教育情况，划分等级。在划分等级的前提下，根据不同等级，采用模式混合的方法，适量针对各项教育学方法、划分比重，有侧重地使用其余四种教育学方法。地区情况是基本，混合模式是手段，针对地区情况使用对应的方法。

四、平台实现方法分析

（一）业务功能

为提高社会各界对滇西发展的关注，尤其在此突出强调滇西的教育事业问题，该教育平台的业务研究前期侧重于现有资源的共享整合、社会公益的扶持汇聚以及个体单位的主动帮助参与。滇西在线教育示范平台将主要围绕这三方面进行拓展研究。

因此业务功能包括：

（1）资源共享：主要是将现有线下教育机构的资源整理上传到服务器，通过分享，实现现有校园等区域资源的互动共享；围绕教育主题的线上资源收集，其中包括各种在线公开视频分享、在线文本课件、在线资源数据库以及其他的教育资源链接分享等。

（2）社会公益机构和个人组织与滇西教育需求的供需对接：围绕滇西教育发展的主题，在滇西政府部门及云南省教育厅的牵头发起下，开展各种形式的教育资源供需互动，作为该种教育公益帮助的重要桥梁，该部分业务为实现社会资源供给与滇西教育需求的有效匹配搭建了很好的平台。

（3）个体（包括学生、教师、技能教育学习者及其他教育贡献者等）为主要参与者的滇西教育互动社区：建立在论坛基础上的教育互动，能够更好地方便个体在线上进行教育沟通，对各自有困惑的问题展开讨论，为某些互动活动的展开提供较为便利的探讨渠道。

以上三个业务功能为滇西教育示范平台的主要业务功能研究，基本可以有效地支撑整个项目的业务需求，以下将就上述三个方面进行更为细致的探讨研究。

以滇西地区的自身情况，考虑到学习资源需要一定的积累，教学设备需要一定储备量，将滇西在线教育平台分为两个阶段来实现。初期就资源共享、社会公益机构和个人组织与滇西教育需求的供需对接及个体为主要参与者的滇西教育互动社区业务功能进行研究。完善阶段功能是针对前期基础功能而言，在前期基础功能的基础上提供完善的服务与功能。整个滇西在线教育示范平台业务功能架构如图 2 所示。

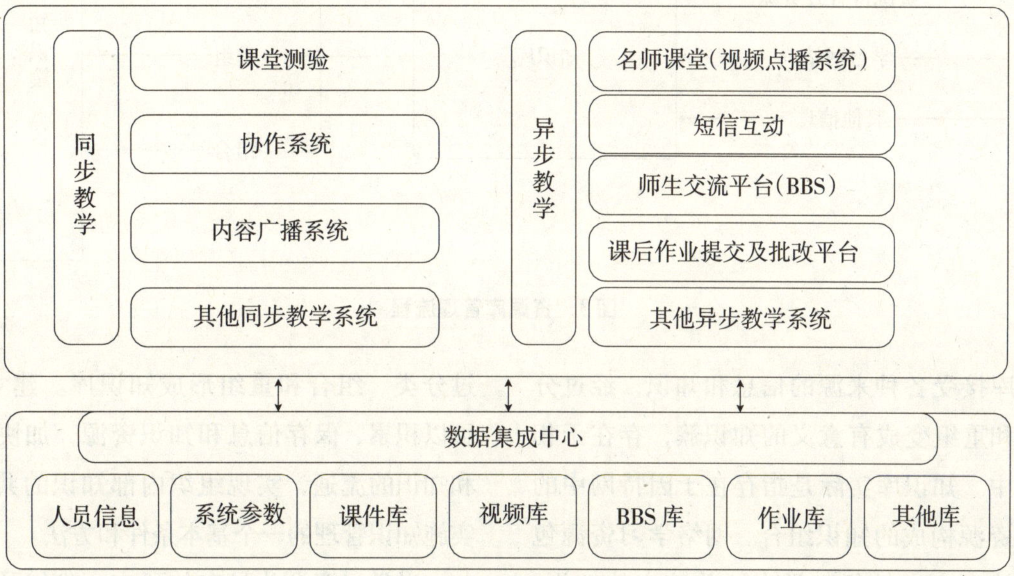

图 2　业务功能架构

数据集成中心集成了整个滇西在线教育示范平台的数据库集，分别由人员信息、系统参数、课件库、视频库、BBS库、作业库、其他库等数据库作为数据源，支撑着上层整个同步教学应用及异步教学应用。

1. 初期建设基本功能

初期就资源共享、社会公益机构和个人组织与滇西教育需求的供需对接及个体为主要参与者的滇西教育互动社区业务功能进行研究。初期建设基本功能是在实现平台方案中划分出来的一个针对各项基础还不够达到标准而提出来的初级阶段。在线教育平台推广需要一定时间，资源需要一定积累时间，需要一个前期的阶段来过渡。考虑到其过渡性的特点，首先能提供一定的学习资源供用户学习与参考，然后能完成用户提出的学习要求和学习资源提供者对接，最后能有一个平台供用户学习讨论，所以前期基础功能主要实现的业务功能为学习资源管理、对接平台、在线交流。

（1）学习资源管理。

示范平台应当针对滇西地区建立一个学习资源的资源库，但是在建立资源库的同时不能忽略资源的管理。人们生活在“知识海洋”中，网络资源繁多，但当教师和学生真正在查阅所需资料时，知识难以智能聚合，即网络资源难以实现个性化和专门化，很多人在网上浏览网页资源时容易出现“信息超载”“迷航”现象，造成大量的时间浪费。出现这个现象的主要原因是由于在学习资源建设初期，设计者只注重建设学习资源库，忽视学习知识库的建设，而且建设的资源库通常只是信息的简单罗列，缺乏对资源和知识的有效组织与管理。下面是针对这种情况发生提出来的管理方法，如图3所示。

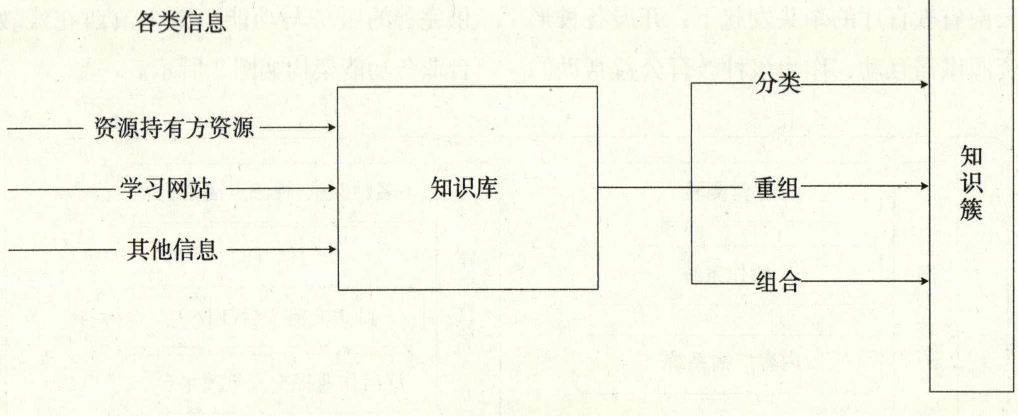

图3　资源库管理流程

知识库接受各种来源的信息和知识，经过分类、组合和重组变成有意义的知识簇，存在于相应知识类中。知识库实际是指存在于因特网中的各种学习资源构成的知识组合。网络学习资源包括：资源持有方（教师与学生）头脑中的知识、经验，学习网站以及其他网络资源。这些资源经过分类、组合和重组形成知识库。建立知识库，可以积累、保存信息和知识资源，加快内部信息和知识的流通，实现组织内部知识的共享。这是实施知识管理的一个基本条件和方法。

以学习资源为导向的研究，我们了解到目前比较可行的教育学习资源主要有：现有各个学校以及教育机构的资源（包括校内自有教学视频、课件及各种多媒体资料）、线上已发布的各种电子资源（包括视频、音频、图片等资源）、互联网上各种公开课、学习平台以及资源数据库链接（有的资源可能需要权限才能使用，该部分的有效利用需要政府及教育部门的协调）。

分析学习资源功能，其主要包括以下三个子功能，如图4所示。

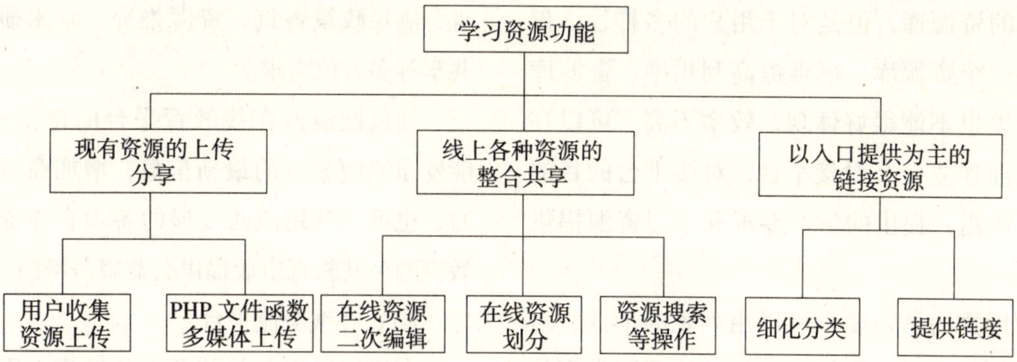

图4　学习资源功能

①现有资源的上传分享。

用户可以把自己所能收集的有效资源以分类的形式进行上传分享，并且可以对内容进行多方面详细编辑，完善资源内容介绍等，以期提供给他人搜索下载或者观看使用等。

利用PHP的文件函数来实现各种格式的多媒体文件上传，并保存其路径于数据库中，便于用户上传文件与用户账户对应，在其做内容编辑时能较为便捷的引用。

②线上各种资源的整合共享。

该部分功能突出引用在线资源二次编辑整合，实现教育资源的分类划分，提高用户的有效查找和利用的便捷度。大部分来该在线教育示范平台的用户需要的是快速有效地利用资源学习，减少在互联网搜索引擎的各种资源中查找的时间，能够快速找到自己需要的教育资源也是该平台所提供的主要便捷内容。

同样使用数据库，对资源进行分类，以关键字为搜索途径，每个资源内容都保存在数据库中，其可以根据站点安排或者最新编辑的情况，优先显示在页面前端，提示用户查看，同时为使操作能力稍弱的用户能找到自己的资源，提取数据库字段内容，完成资源目录的分类建立，可以按学科、教育等级或教育需求分类。同时平台可以提供识别，根据用户的操作记录相应的搜索cookies，及时记录保存用户的搜索内容信息，在日后把最新的或者最匹配的教育资源提示给用户查看学习。

③以入口提供为主的链接资源。

通过分类细化链接资源，可以让用户更好地访问站外其他资源。网络上有很多资源，其中包括在线公开课、其他的教育平台、电子图书馆、电子资源数据库等，这些资源较为杂乱，以分类主题为主的链接资源入口的提供，可以提高用户找到自己所需资源的可能性和有效性，并且很多资源的使用需要一定的权限，例如需要付费等，通过政府教育部门的协调，可以更好地把这部分资源提供给用户使用。

该部分主要围绕数据库，以资源类型为主的链接资源分类，可以清晰、快捷地提供给用户所需要的link链接入口，该部分的权限设置，会根据用户的注册信息审核，完成对应的权限配给。用户的权限信息等同样保存在数据库中，其中权限的分配要进行服务器端的验证。

（2）对接平台。

学习资源管理的建立只是为用户提供了一个可以查看的资源库，但是对于用户的多样性，仅仅是提供一个资源库，很难提高利用率，资源库建立的初衷也不能很好体现，效率不高。可以在其基础上面建立一个对接平台，对接平台的目的在于：完成用户提出的学习要求和学习资源提供者对接。

对于用户的学习要求可以用列表的形式，对其分类，统计学习者的数量和需求的不同类型的学习资源。对于提供者采取同样的办法，根据分类列成表格。提供者可以在上面看到学习者需要的学习资源，根据具体情况，看是否能够提供。同样学习者也可以通过列表看是否有自己需要的学习资源。这样通过平台能够实现“需”与“求”的对接。

滇西教育在线平台的对接平台为滇西开发网，依靠滇西开发网平台的对接支持可以有效地提高滇西教育在线平台的知名度，扩大影响的同时，能吸引更多资源对滇西教育事业的投入。

滇西开发网是教育部为做好定点联系滇西边境山区工作，促进滇西边境山区区域发展与扶贫开发，专门设计建立的综合性门户网站。

网站建立的主要目的是利用现代信息技术，以图文并茂的方式充分展示滇西的山川风貌、民情风俗、旅游景点、特色资源、产业发展状况，为滇西10州市56个县搭建招商引资平台，推介特色产品，使网站成为滇西对外交流的窗口。

网站重点介绍滇西各州市优势、招商项目、优惠政策，努力成为滇西招商引资的网络平台；集中推介滇西各地的特色农产品、民族工艺品，努力成为滇西特色产品的广告平台；多角度展示滇西旅游文化和相关服务信息，努力成为滇西吸引游客的信息平台。

网站包括“七色滇西”“招商引资”“特色产品”“旅游服务”“产教联盟”“动态信息”“发展研究”“资源中心”八个栏目，内容丰富、信息客观，满足政策咨询、资源推介、学术研究、信息共享等多方位需求。

通过把滇西在线教育平台的链接引入即可，能发布滇西教育的最新信息，增加商务合作的同时，也可以利用滇西发展的各项合作资源为滇西教育的公共教育事业提供公益服务帮助。

（3）在线交流平台。

在线交流平台是前两者的补充，用户可以根据自己的需要在交流平台上提出对资源库的意见，可以提出自己需要的学习资源，可以跟其他学员讨论。提供者可以在里面看到学员的需要，提供不同的学习资源，根据学员对资源的反馈，改善自己提供资源的质量。在线交流平台可以更好地促进资源库完善，丰富资源库学习资源的同时，还能通过用户的反馈，不断提高学习资源的质量。在线交流能使对接平台更好地发挥作用，对接平台不可能最初就提供出最完整的分类列表。用户通过平台交流，反馈信息，促使分类完善，列表信息针对性更强。

交流论坛以板块的形式实现业务功能，包括用于个体交流为主的论坛模块，还突出强调围绕教育资源供需互动的社会公益机构和个人组织与滇西教育需求的供需对接论坛模块。

交流论坛部分涵盖两个主题部分，分别对应个体交流和教育供需对接两个部分。

①用于个体交流为主的论坛模块：以知识问题解决探讨为主要使用目的的论坛模块，该模块通过权限的控制可以允许注册用户新建帖子，发表各种讨论内容，他人可以在登录后查看该帖子，并发表评论，进行互动，完成问题的解决和探讨。

②社会公益机构和个人组织与滇西教育需求的供需对接论坛模块：在每个帖子前进行分类标注，其作为供需匹配的平台，可以允许用户完成相应需求和供给内容的编辑，例如，××小学现需志愿者或公益机构开展以爱心教育为主题的户外活动课。这种帖子可以获得相应组织或者个人的响应，进而双反在线上对接，经过商谈可以借助教育部或者其他部门的牵手协商，完成实际的线下教育，或者开展某种其他形式的网上教育。

交流论坛和一般的论坛模式基本相同，区别在于②中的内容通过审核后，平台提取用户信息及帖子内的关键内容生成新闻，导入数据库中，在主页面进行加载公示，前台页面会以时间为主要依据，从数据库中寻找最新新闻，用于公示。

2. 完善阶段功能

后期功能是针对前期基础功能而言，在前期基础功能的基础上提供完善的服务与功能。

后期完整功能主要在于完善前期的功能，可以分为两大部分，一部分为同步教学，包括在线视频会议、在线聊天、通知广播；另一部分为异步教学，包含课程专题分类、师生论坛、课后作业、在线考试、信息反馈、教学报表等。

（1）同步教学。

同步教学主要目的是满足学生与老师的学习交流的互动需求，能够更直接地传递知识要领，及时有效地解决学生困惑，帮助学生更好的学习。

①在线视频会议。

系统不仅仅只是教育资源的载体，同时也尽可能地发挥网络在线教育的优势，及时有效的通过系统功能帮助学生和老师更好地加强互动交流，有助于学生的困惑问题得到解答，课外的沟通自由度更高，减少了课堂氛围的约束，使得学生能更加积极主动地参与到课程内容的讨论研究，增强视频会议的学习交流效果。

该部分模块要求视频会议发起人能首先组织发起视频会议，本系统中，教师是视频会议的组织者，其可以命名该次会议的主题、设定时间和时长以及安排会议的参会成员。在此基础上，教师可以及时开始会议并加入其中，学生则在其会议列表中可以看到开启的会议，并加入到会议中。

在线视频会议中包括语音交流、视频共享、文件展示、课件展示与操作等。

②在线聊天。

当学生遇到问题无法解决的时候或者某个知识点无法理解掌握的时候，最直接的方法就是与老师面对面的沟通，而相对于邮件和反馈来说，在线聊天的及时性可以有效地支持这一需求，在聊天中可以商讨其他的解决方法融入其中。

本系统中可以通过建立聊天室的方式增强这一功能，聊天功能并没有限制参与的成员，可能出现人员比较多时的人员选择困难，针对这种情况，最佳的办法就是有针对性地建立聊天室，以某一课程或者专题为聊天室的主题，可以有效地组织学生参与到该主题的讨论中。

聊天的记录会有一定时间长度的保存，聊天内容中会显示聊天人员的名字，有利于学生及时找到对应发言人的发言信息，获取想要的内容。

③通知广播。

通知广播是一个提醒在线用户完成在线教育平台相应操作的有效方法。当有新的课程发布、新的课后作业布置、新的考试安排的时候，如何完成学生的信息通知，邮件方式或许可以，但是邮件的及时性不足，行之有效的办法当属系统中的通知广播功能，个别部分实现自动通知广播，减少教师或者系统管理者的工作量，提高办公教学智能性。

教师和系统管理员可以发布通知，新增通知主要完成的编辑内容包括通知标题、通知内容、日期、到期日期，还可以创建日历事件（即就日历上的某天完成事件安排）。

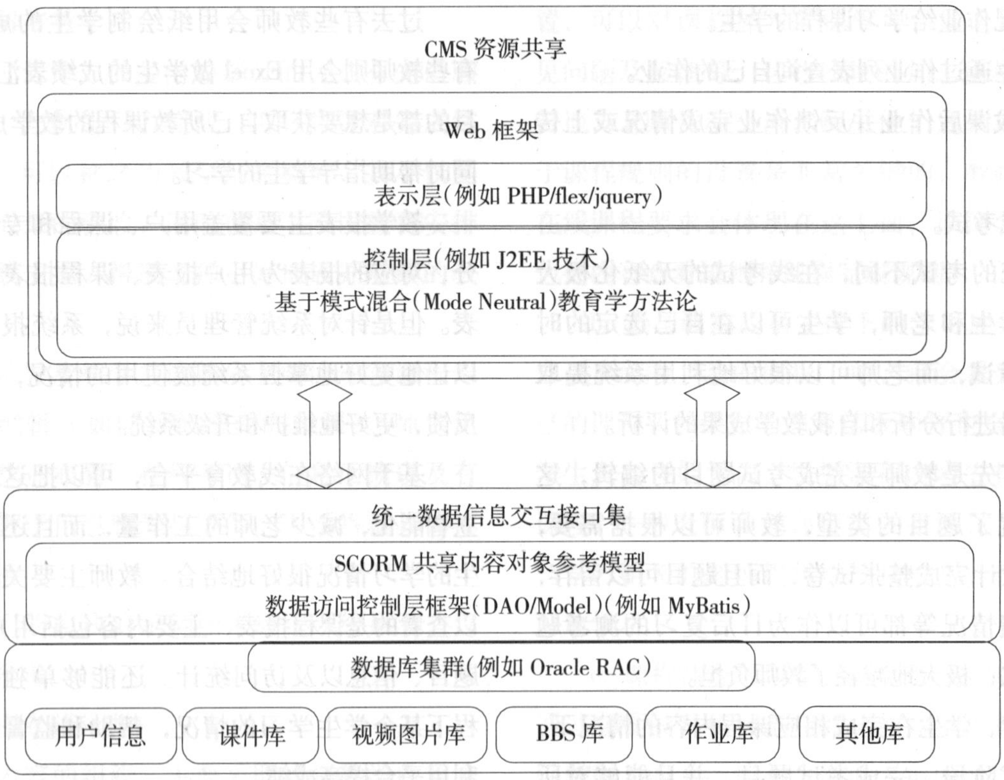

图 5　核心技术架构

数据库集群作为数据中心，支撑整个系统的数据来源。利用当前成熟的技术手段，例如 J2EE 体系结构技术配合开源的 CMS 系统整合开发，以节约经济开支。主要分四层结构，表示层、控制层、业务处理层和 DAO 层，进而预留滇西开发网对接接口，开发基于内容的资源共享控制，使用基于混合模式的教育学方法与网络教育平台相结合，各层与各层之间降低耦合度，模块高内聚，利于开发和维护，为节约成本打下坚实基础。

（2）系统功能。

①核心功能。

在线教育平台的核心功能包含人员管理、系统管理、课程管理、资料管理、交互活动功能、协作活动功能、课程评价等。其中，人员管理包含教师和学生信息管理；系统管理功能负责维护系统运行的稳定性、安全性和健壮性；课程管理包含课程设置、时间、选课等功能；资料管理主要提高对课程的教案、习题、作业、视频、音频等信息的存储、管理、查询等功能；交互活动功能包含课程材料或消息的推送、投票、问卷、测验、在线视频、在线音频等；协作活动功能支持在线讨论、工作协作等。

系统在构建时需充分考虑滇西地区的信息化实际情况，采用相应技术手段降低信息获取成本，积极探索扩展信息提供的渠道；系统构建应具备可扩展性，以降低运行维护的成本；系统应该具有良好的安全性，可充分保障系统中信息的完整性和正确性。如图 6 所示。

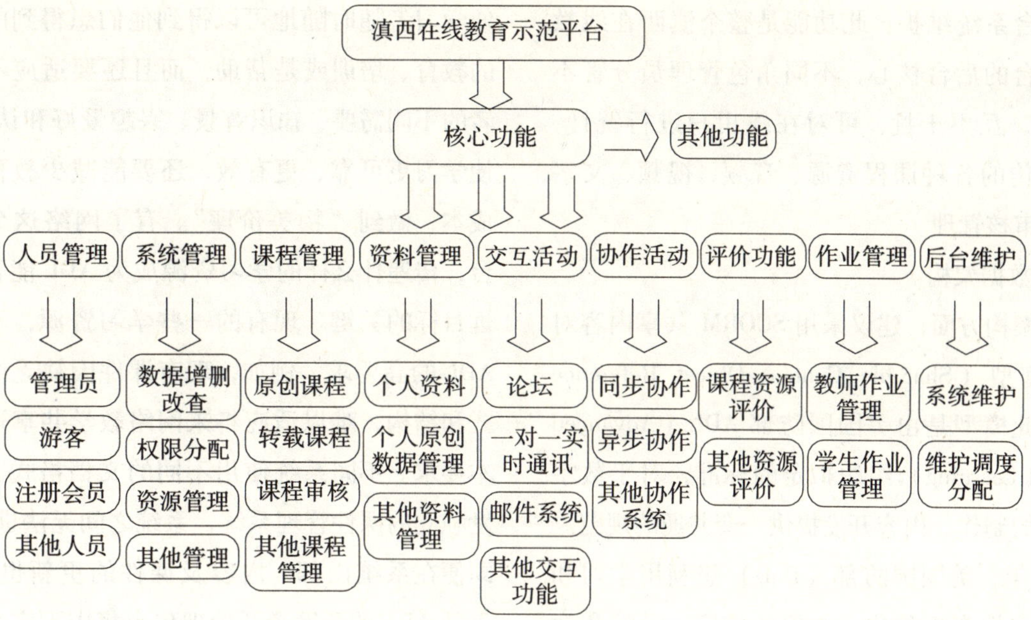

图6 核心功能

a. 人员管理：牵涉到所有使用在线教育平台的用户权限问题，以及涉及的教育资源服务的提供问题。

在线教育平台的主要人员管理主要集中在后台人员管理上，整个平台的用户角色分为管理员、注册用户（包括个体和单位机构）以及游客。游客只能简单地浏览部分资源，在个别资源，如电子数据库的使用或者其他资源的下载上没有权限，同时还无法参与到平台的讨论与交流；对于注册用户则需要通过填写必要的基本信息进行注册，并且由管理员审核，因为要保证教育资源相关交流的真实可靠性，管理员要对用户的注册信息进行必要的审核，只用通过审核的用户才能够获得相应的权限。由于基于资源内容管理为平台的主要内容，因而各个用户主要涉及的权限主要为资源内容的上传分享与资源内容的编辑。

b. 系统管理：分超级管理员和管理员两种权限，超级管理员给管理员分配不同的权限，使其在某一板块可以进行相应的增删改查等操作。

c. 课程管理：接受两种方式的来源，第一种是任课教师原创课程视频或PPT讲稿上传、审核、发布；第二种是用户自定网络资源的上传、审核、发布。此功能涉及多个权限的用户，不同权限用户的操作不同。

d. 资料管理：不同权限的用户可以对自己上传的资料进行维护、增加、删除等操作，例如管理员可以对用户上传的资料进行审核，审核通过的允许发布，审核不通过的不允许发布。

e. 交互活动功能：平台中设有论坛、留言、E-mail等功能，用户教学过程中可以通过这些方式进行交流沟通。

f. 协作活动功能：教学过程中，教师通过平台可以发起学生对某个项目或课题的讨论，在线形成小组组队，可通过异步方式进行小组交流，协作学习。

g. 课程评价：每个用户都可以针对不同的资源做出评论，以此激励课程共享者不断改进课程质量。

h. 作业管理：教师在线发布作业，学生收到通知，做完作业后提交，由教师批改。

i. 后台系统维护：此功能是整个滇西在线教育示范平台的后台核心，不同角色管理员分管不同功能块，互不干扰，可对在线用户进行统计，对用户上传的各种课程资源、音频、视频、文字资源进行审核管理。

（3）数据架构。

数据架构方面，建议采用 SCORM 共享内容对象参考模型（Sharable Content Object Reference Model）。此模型是由美国国防部 ADL（Advanced Distributed Learning）组织拟定的标准，对于数字内容教材的制作、内容开发提供一套共通的规范。

1997 年，美国国防部（DoD）想利用学习和信息技术使教育现代化，并促使政府、学院和商界共同合作开发数字化学习（E－Learning）的标准，于是就提出建立高级分布式学习（Advanced Distributed Learning）的方案。ADL 的长远目标是使学习者随时随地可以得到他们想得到的高质量的教育、培训或是帮助，而且还要适应不同学习者的不同需要、知识背景、兴趣爱好和认知体系，使学习更可靠、更有效，还要能减少教育培训的成本，做到“物美价廉”。有了网络这个传递平台，传递什么样的学习资源成为 ADL 能否实现长远目标的关键。现有的一些学习资源，不能满足 ADL 的高要求，例如，现有课件因缺乏统一的格式和结构，难以适应将来网络教学共享资源的基本要求。不同系统使用不同的文档格式，各自开发独立的课件管理系统，系统之间无法进行交流，即便在系统内部，内容及课件的更新也不容易。于是 ADL 的开发者开始把焦点集中到定义可重复使用的学习对象，开发新的内容模型，内容包装等问题上，于是 SCORM 应运而生。[⑦] 如图 7 所示。

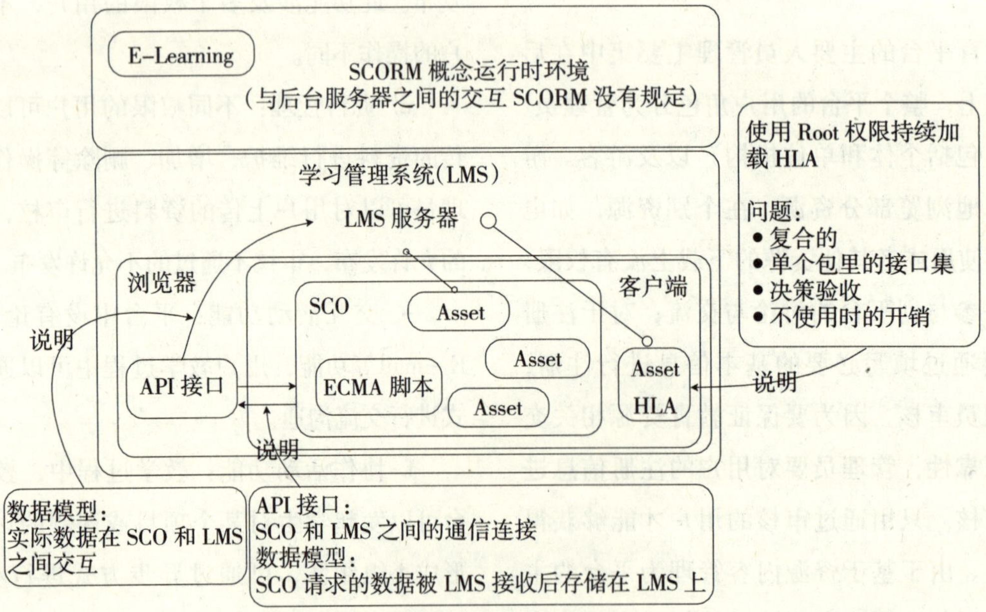

图 7　SCORM 模型

其中，“教材再用与共享”是 SCORM 的核心概念。

SCORM 标准实际上就是几本说明书，只要按照提供的说明规范去制作和包装教学平台、教学内容，平台和课件就符合 SCORM 标准。它主要包括三个方面的内容，分别是内容聚合模型（CAM）、实时运行环境（RTE）以及排序与导航（SN）。

内容聚合模型（CAM）由内容模型、元数据和内容包装三部分组成，其中内容模型确定了SCORM标准课件的三种形态，分别是Asset（素材）、SCO（可共享内容对象）和Content aggregation（目录结构），目的是提供一个公共的方法，把学习资源组合成学习内容。CAM定义了如何确认和描述学习内容，怎么整合成一个课程或课程的一部分，最后包装成一个课程包，就是我们平时听到的标准“打包”。

SCORM运行时间环境（RTE）描述了学习管理系统（LMS）对运行时间环境的要求（如内容启动过程，内容和不同管理系统之间的交流，以及用于呈现学习者过去信息的标准的数据模型元素）。SCORM RTE的目的是提供SCO和LMS互操作的方法，为了实现SCORM包的互操作，每一个SCO都必须包含针对LMS的“约定接口”。运行时环境规定了以下三种接口：启动（Launch）描述了启动Asset或SCO资源的HTTP协议。由于SCO需要发起同LMS的通讯，所以SCO在被交付给Web浏览器之后必须包含找到API适配器的方法。LMS则负责交付API适配器，这里所谓的API适配器其实就是DOM（域对象模型）。应用程序编程接口（API）描述SCO资源发送状态信息（初始化、完成、错误）和交换数据（获取和设置）的标准函数。SCO资源发起同API适配器的所有通讯，之后API适配器再同LMS通讯。LMS并不发起通讯。数据模式（Data model）定义了LMS和SCO资源之间交换的输入和输出数据元素。SCO资源只能获取和设置这类数据元素，LMS负责在用户会话期间维护这些数据元素的状态。

在SCORM 2004中又增加了排序与导航（SN），内容通过一些学习者发起的或系统发起的导航时间排序。内容的分支和流程可以用预先确定的一些活动来描述，尤其是在设计时定义。SCORM SN也描述了符合SCORM的LMS是如何根据一些学习者发起的或系统发起的导航事件和它们对运行事件环境的影响来解释排序规则。它可根据教学设计的流程要求，根据每个学习者的学习条件进行不同学习内容的展示，排序与导航的应用将导致教育学中一个新概念的产生——即学程。[8]

因此，可以构建出相应的数据架构模型，如图8所示。

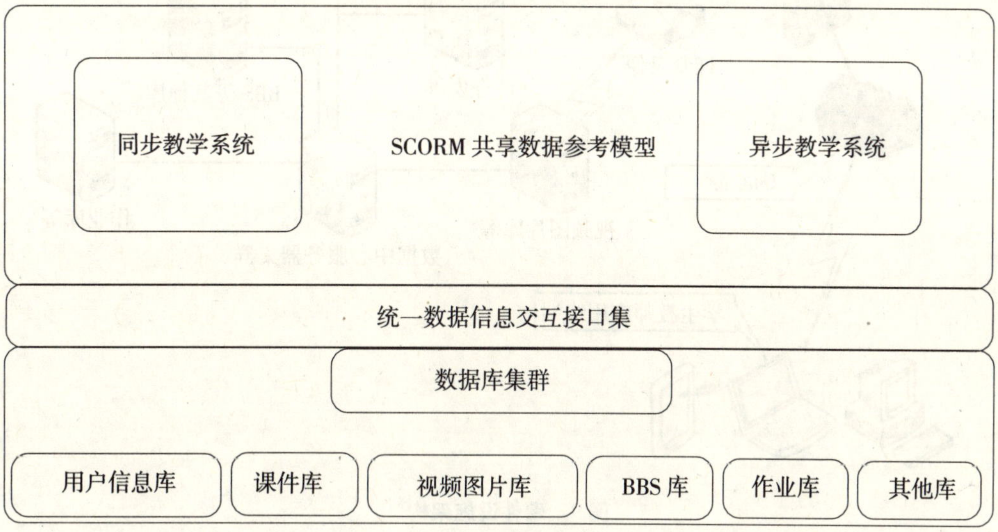

图8　数据架构

通过实现教育学方法论中的描述，结合教育心理学师生特征，使用相应的技术手段作为前提条件，构建以上功能模块，其中技术架构可使用J2EE平台或NET平台，至于选择何种平台，要根据资金以及技术水平现状而定。

2. 硬件设施架构

根据软件架构分析，构建硬件设施体系，平台中所有数据库服务器和应用服务器统一由数据中心管理，通过内部以太网客户机可以从内部网与服务器交互，同时内网的客户机可以连接到Internet。同理，学生、教师在外网的时候也可以随时随地通过Internet与滇西在线教育示范平台进行交互。内外网之间由硬件防火墙及若干路由器实现网络的桥接及安全防护。如图9所示。

根据滇西地区文化发展和经济发展情况，要开展网络示范教育平台的建设需要从实际着手。硬件方面，采购相对性价比较高的硬件设备，例如IBM、华为等，设计好网络拓扑，架设网络服务器。

由于数据集中处理，所以减去不少系统开销，另外有防火墙控制外界信息的纯净度，为整个系统提供了安全保障，再加上软件部分信息安全技术，为师生个人隐私资料提供了第二道安全保障。

3. 系统性能

（1）可维护性。

软件工程中把软件开发大致分成六步：可行性分析、需求分析、设计、编码、测试、运行与维护，在这几大部分中，维护占有重要地位，一般我们不想把大部分精力、财力花费在维护上，这就需要我们提高软件的可维护性。

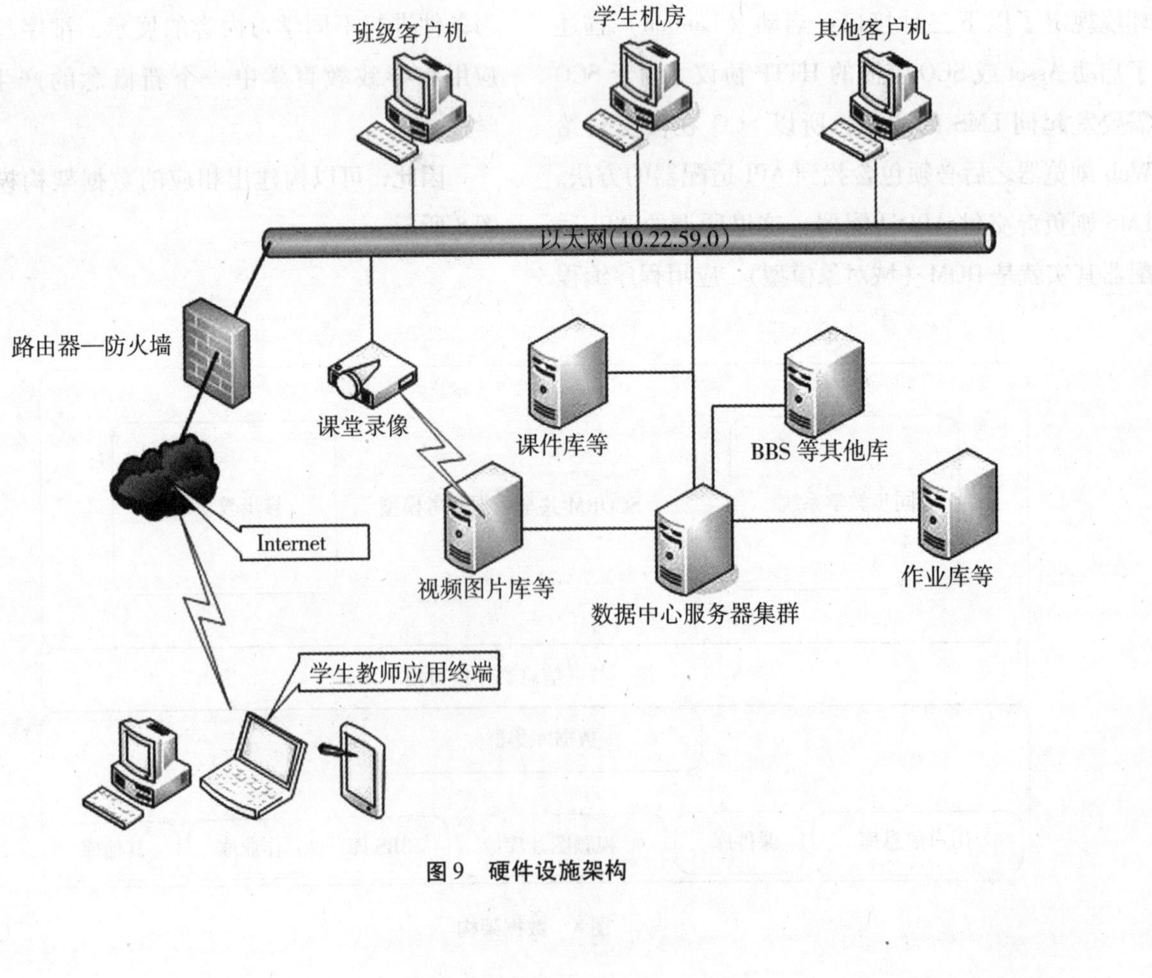

图9　硬件设施架构

在线教育示范平台采用高内聚、低耦合的模块化的系统体系结构。因此，如果需要改变某个模块的功能，则只需要改变这个模块，而对其他模块影响很小；如果需要增加系统某些功能，则仅需增加完成这些功能的新的模块或模块层；系统的测试与重复测试比较容易；系统错误易于定位和纠正；容易提高系统效率。

改进现有程序的不完善的文档，改进和补充文档的目的是为了提高程序的可理解性，以提高可维护性。采用结构化小组程序设计的思想和结构文档工具。在软件开发过程中，建立主程序员小组，实现严格的组织化结构，强调规范，明确领导以及职能分工，能够改善通信，提高程序生产率；在检查程序质量时，采取有组织分工的结构普查，分工合作，各司其职，能够有效地实施质量检查。

质量保证审查对于获得和维持软件的质量，是一个很有用的技术，还可以用来检测在开发和维护阶段内发生的质量变化。一旦检测出问题来，就可以采取措施来纠正，以控制不断增长的软件维护成本，延长软件系统的有效生命期。

（2）数据安全性。

对于滇西网络在线教育示范平台中的数据安全性，一方面保护好用户信息，另一方面，保护系统内部资源不被盗用。所以，除了硬件设施架构中所涉及的硬防火墙意外，还应有内网管理和文档加密，有效防止用户信息、资源数据泄露等问题。

①内网管理。

内网管理一般是指对单位内部网络终端的综合管理。内网管理软件主要通过禁止远程屏幕拷贝、远程屏幕监控、全硬盘文件监控和文件监视、上网行为检查和打印监控等网络监控功能；具有禁用 USB、禁用光驱、软驱、管理非法外联等阻断管理功能；具有禁用 QQ、禁用 P2P、禁用游戏、禁止远程修改 IP、禁止修改 IP、通过进程知识库进行木马分析和查杀、自动补丁分发的补丁管理、注册表监控、流量排名和流量报警阻断等运行维护功能。内网管理软件属于早期的初级防泄密手段。从技术上讲，内网管理不可能阻截所有的泄密通道，而且没有对文档和数据进行加密，所以其防泄密程度有限，难以做到真正的数据泄露。因此，内网管理软件更多被视为网络运维管理软件，而作为防泄密方式逐渐被淘汰。

②文档加密软件。

文件加密主要是指文档加密软件。文档加密软件是通过对内网员工客户端产生和存储的文档进行透明加密或者文档使用权限管理，实现文档安全管理。优盾智能信息防泄漏系统采用底层驱动透明加解密技术，在完全不改变企业原有工作流程和文件使用习惯的前提下，对企业内部的关键数据文件实行监控和强制加密保护，有效地防止被动和主动泄密。优盾企业加密，支持各种文件类型加密，从源头杜绝文件泄密，解决了外贼好治、家贼难防的管理局面。

优盾智能防泄漏产品基于驱动层智能动态加解密技术，通过文档透明加密、文档权限管理、文档外发控制、文档备份、业务流程审批、磁盘全盘加密、磁盘分区加密等基本功能，融合身份认证、日志审计实现数据的全面防护。

（三）案例分析

1. 国外优秀案例

（1）英国开放大学的在线与远程教育硕士学位计划。

英国开放大学所提供的在线与远程教育（Online and Distance Education，简称 ODE）的硕士学位计划在整个世界范围内都很著名。它面向全球招生，其灵活的远程与在线教学方式为许多在职成人提供了学习远程教育专业知识的机会。此项计划完全以远程和在线方式进行教学活动，没有任何导师面授的环节。计划除了可以授予硕士学位外，还可以授予硕士生证书、硕士生文凭。该计划共开设了五门课，分别是“信息技术在开放与远程教育中的应用”“开放与远程学习的实施”“领悟分布式与灵活学习”“互联经济中的学习”和“高等教育中的教与学”。

（2）马里兰大学学院的在线远程教育硕士项目。

马里兰大学学院的在线远程教育硕士学位计划（Online Master of Distance Education）也是一项享誉国际的远程教育专业发展项目，在国际远程教育协会（ICDE）第21届世界大会上获得了优秀奖。它由马里兰大学学院作为学位授予机构，并由德国奥登堡大学卡尔文奥西埃茨基远程教育中心（Center for Distance Education at Carlvon Ossietzky University of Oldenburg）参与。该项目于2000年开课，完全以远程在线方式进行教学，设有7门核心课程、10门选修课程和1门必修的结业课程，可提供远程教育硕士学位和远程教学等6类证书。

2. 基于FreeCMS的滇西在线教育示范平台

根据本项目的研究内容和得出的方法结论，针对滇西地区的经济发展情况、人才需求情况、地域文化发展情况等因素综合分析，进而项目组做了相关应用现状分析，研究了部分教育心理学、教育方法论等方面的理论基础。有了这些理论研究依据，项目组构建了一个在线教育演示验证原型，提出一个相对优化的解决案例以供参考。

案例演示：

（1）学习资源的分享实现主要通过资源共享，通过如图10所示的资源列表展示，提供给用户资源入口，还可以按右上角的资源分类，即资源子功能，来寻找自己所需的资源。

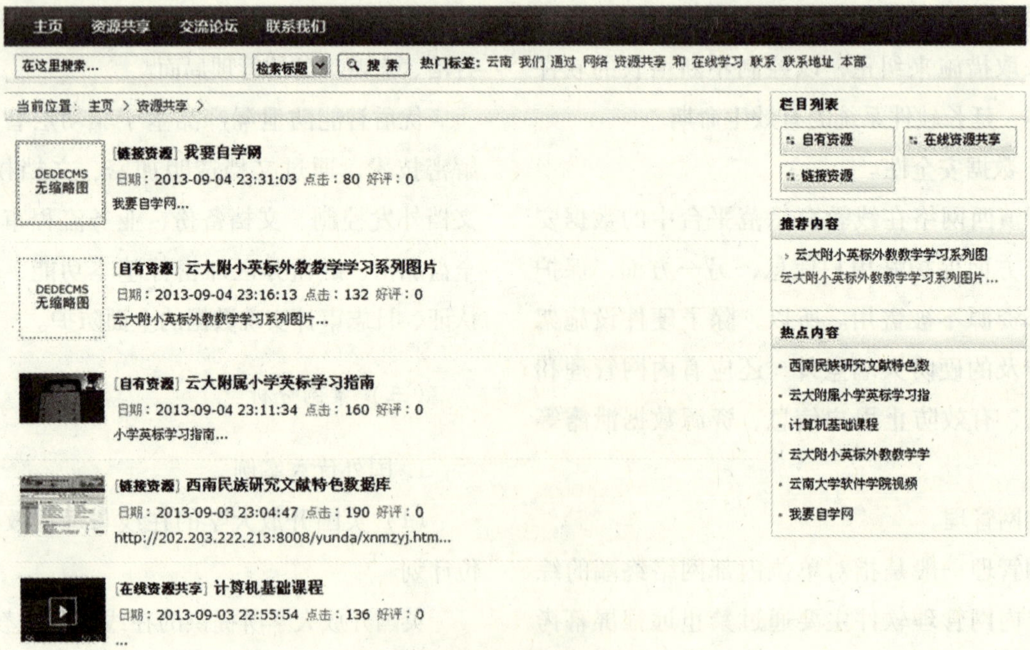

图10 资源共享

（2）资源上传分享其实现原型示例如图11，用户可以通过这种方式上传自己的各种格式的教学资源。

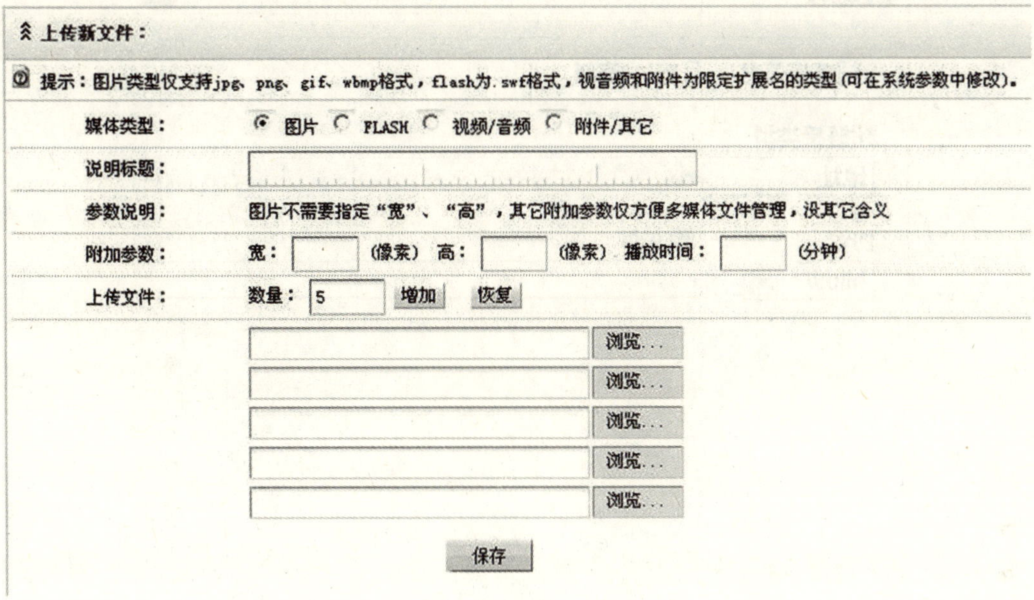

图11　上传文件部分

（3）在线资源整合分享，用户可以将在线资源做更为详细的编辑，并对该资源进行分类和细化，进而达到在线资源整合的目的。

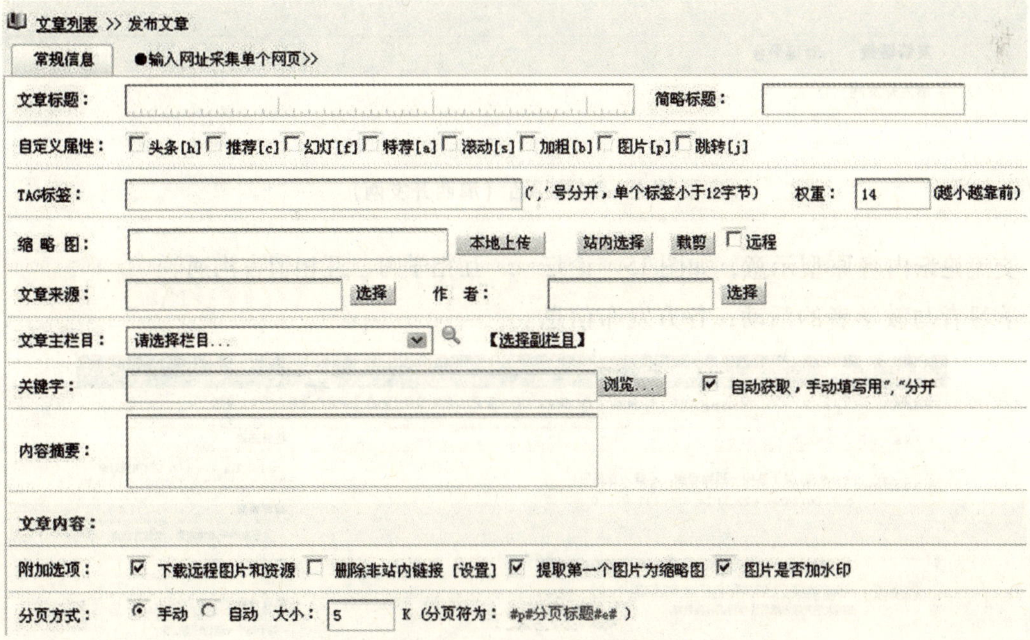

图12　用户编辑整合的资源

（4）链接资源整合分享，如同现今热门的微博发布链接共享，在此发布的链接可以任何形式，比如某HTML网页或是一个视频。

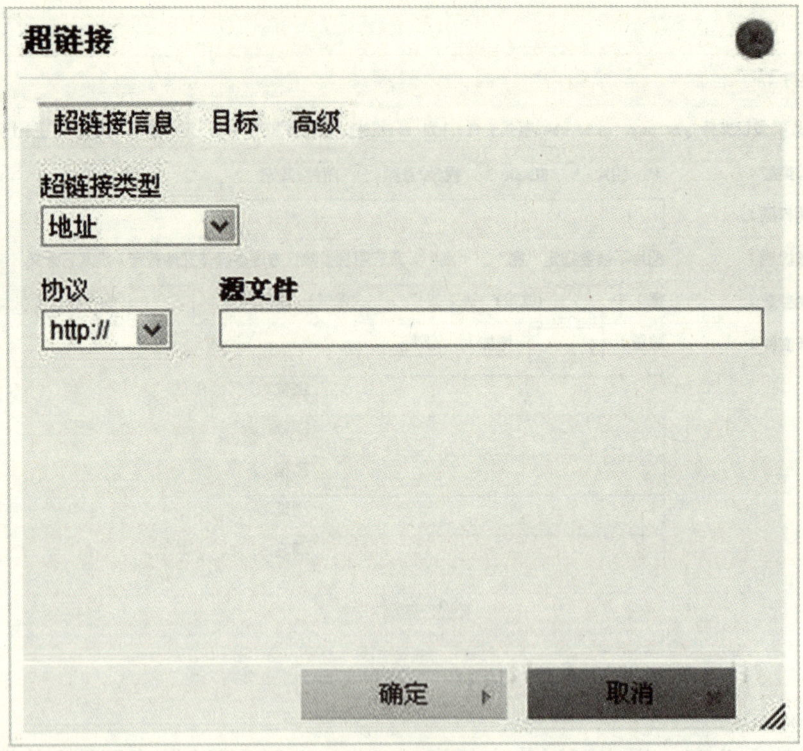

图13 链接资源编辑

（5）对接平台。

图14 对接平台（滇西开发网）

（6）交流论坛内容原型示意，如图15。论坛中主要是学习者与教学者的活动，各方发布信息互相学习、互相留言沟通。

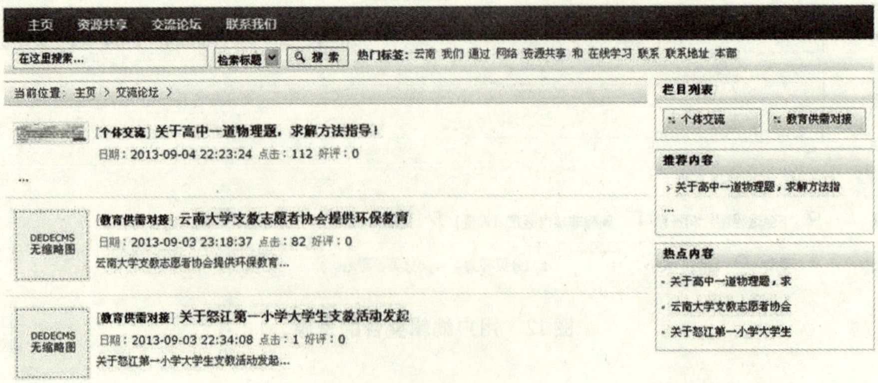

图15 交流论坛

（7）个体交流部分由个体用户发起，主要针对个人知识问题进行提问，其他用户通过评论，完成知识教学等交流分享。

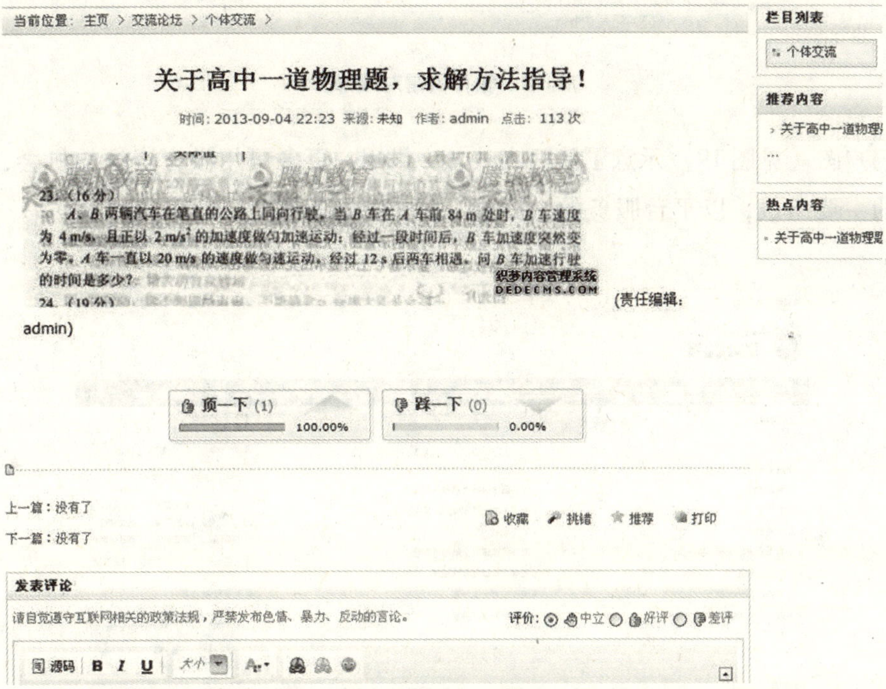

图 16　个体交流部分

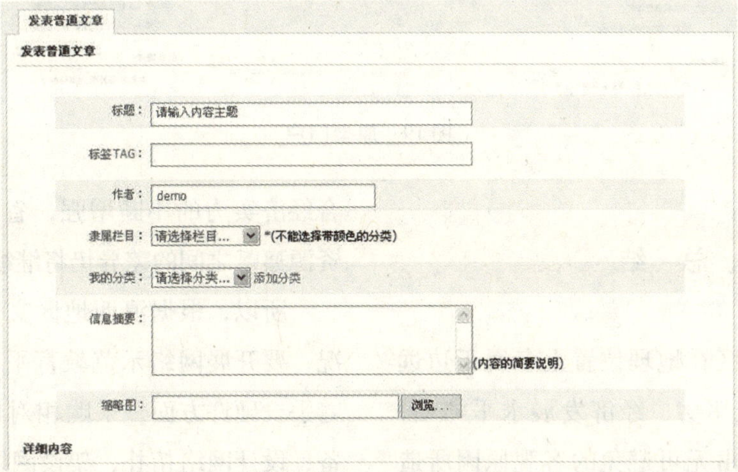

图 17　个人帖子的发表

（8）教育供需对接部分（见图 18），用户或者教育机构提供教育服务资源的供给需求情况，其他用户通过搜索查看找到符合自己需求的帖子项目，完成该对接。

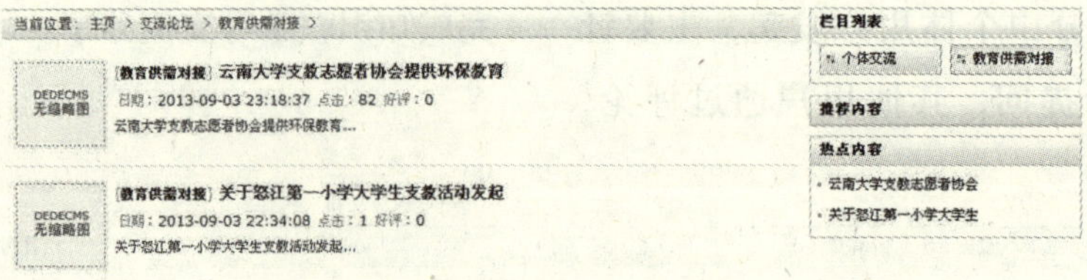

图 18　教育供需对接部分

（9）原型门户图（见图 19）示意了滇西在线教育示范平台的主要组成，以平台服务的方式提供用户更多可用教育资源的机会，以及更多沟通交流的条件。

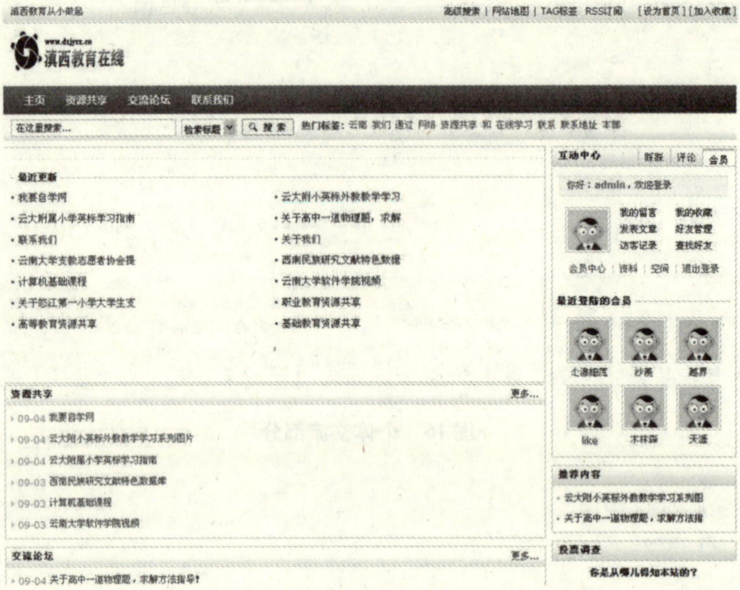

图 19　原型门户

五、总　结

滇西少数民族地区在地理位置上多属于边远地区，生存环境比较恶劣，经济发展水平滞后，文化基础薄弱，这是由无可避免的客观原因所造成的。无论是自然的、历史的，还是社会的原因，都已经造成了一种客观的社会事实，造成一个地方的发展滞后于整体的社会发展水平。滇西地区的经济发展同云南区域经济整体一样呈现着非均衡发展的特征，这是经济发展过程中面临的客观实际。随着经济总量的持续快速增长、云南省综合经济实力的不断增强，省内各州市经济发展与资源禀赋之间的差异仍将继续存在。

所以，根据滇西地区文化发展和经济发展情况，要开展网络示范教育平台的建设需要从实际着手。硬件方面，采购相对性价比较高的硬件设备，设计网络拓扑，架设网络服务器；软件方面，构建数据库，利用成熟体系结构技术，软件主要分四层结构，表示层、控制层、业务处理层和 DAO 层。软件平台需要预留滇西开发网对接接口，开发基于内容的资源共享控制，使用基于混合模式的教育学方法与网络教育平台相结合，软件构建需要低耦合、高内聚，利于开发和维护，并充分考虑构建成本。

注　释：

①张怀渝：《澜沧江开发与滇西地区的经济发展》，《经济问题探索》1989年第1期。

②该数据从云南省各地州统计局网站根据年国民经济和社会发展统计公报整理而成。

③该数据来源于《瞭望》新闻周刊。

④该数据来源于《瞭望》新闻周刊。

⑤赵娴：《浅析国内外远程教育发展的历史与现状》，《吉林广播电视大学学报》2004年第4期。

⑥该数据来源于网络资源的整理分析。

⑦《SCORM的产生》，ASK123学习培训网，http：//www. doers123. com。

⑧《e-Learning的国际技术标准SCORM所包含的主要内容》，ASK123学习培训网，http：//www. doers123. com。

参考文献：

［1］丁兴富．远程教育研究［M］．北京：首都师范大学出版社，2002.

［2］The Open University. H802 Applications of Information Technology in Open and Distance Education Course Guide 2004［DB/OL］. http：//iet. open. ac. uk/coursesonline/ode/interactive/download/h802cg2004. pdf，2004-12-8.

［3］Ulrich Bernath& Eugene Rubin. The Online Master of Distance Education（MDE）：Its History and Realization［DB/OL］. http：//www. uni-oldenburg. de/zef/literat/uber. pdf，2004-12-8.

☆发展现状与发展战略研究

滇西连片特贫地区基础教育发展现状与对策研究
——以滇西六个州市为个案

杨 红*

摘 要：本文基于滇西连片特贫地区基础教育现状的调查，总结了近年来滇西基础教育发展取得的成绩，同时也分析了滇西基础教育在改善办学条件、实施营养餐改善计划、集中办学、学前教育及初中阶段巩固方面存在的问题。提出了应继续加大贫困地区基础教育投入，将贫困地区基础教育提前向“两头”延伸，贫困地区国家资助项目应减少或取消地方政府配套资金等对策建议。

关键词：滇西 基础教育 现状 对策

云南滇西边境连片特贫地区作为我国2011年新确立的十四个集中连片特困地区之一，是我国未来十年扶贫攻坚的主战场。教育与经济发展的关系密不可分，人口文化素质低下是制约经济发展的主要因素之一。为了了解云南滇西边境连片特困地区的教育现状及存在的特殊困难，笔者调查了滇西地区的丽江、保山、怒江、大理、西双版纳和德宏6个州市的7个县、区，即丽江市玉龙纳西族自治县、丽江市宁蒗彝族自治县、保山市隆阳区、怒江州泸水县、大理州漾濞彝族自治县、西双版纳州勐海县、德宏州芒市。

一、滇西边境连片特贫地区基础教育取得的成绩

随着云南省经济、社会的发展，滇西边境连片特贫地区的教育事业取得了长足的发展，主要表现在全面实现两基、有效解决了经济困难学生就学问题以及办学条件改善等方面。

（一）全面实现两基，保证山区学生有学上

在国家的大力扶持下，各民族地区从当地实际出发，采取灵活多样的办学形式，加快了义务教育的普及。通过实施“西部两基攻坚计划”，2009年云南省129个县全部实现“两基”，共计扫除青壮年文盲47.69万人，青壮年文盲率保持在4%以下。2010年12月底，顺利通过国家“两基”督导检查，圆满完成了“基本普及九年义务教育、基本扫除青壮年文盲”的历史任务。在“两基”攻坚中，滇西边境连片特贫地区并非一味“坐、等、靠、要”，而是始终将教育摆在优先发展的战略地位上，自力更生，充分发挥办教育的积极性

* 杨红，中国教育科学研究院。

和主动性。在发展教育事业中，探索出一些符合贫困地区实际情况的模式，积累了许多经验，为其他贫困地区教育发展提供了借鉴。此次调查是丽江市宁蒗县“穷县办大教育”，探索出了有效推动民族地区教育发展的“宁海模式”。早在1988年，宁蒗县就开始与江苏省海安县开展了教育对口合作，从海安引进校长和教师，引入先进的教育理念、管理经验和竞争激励机制，推动了宁蒗民族教育事业的快速发展。经过多年探索所形成的“宁海模式”在全国范围内产生了良好的影响，是加快西部民族贫困地区教育改革与发展的成功探索，是教育对口支援较好模式之一。西双版纳州勐海县完成“两基攻坚”之后，成为云南省率先实行高中阶段免费教育的县。本次调查的7个贫困区县，在巩固“两基”成果、“控辍保学”方面做了许多工作。

（二）普遍惠及农村中小学生，努力解决经济困难学生上好学

滇西边境连片特贫地区人均纯收入低，农村居民家庭经济困难是“留不住”义务阶段学生的主要原因之一。近年来，我国政府加强了教育公共资源向民族地区和民族教育倾斜的力度，出台了大量有力政策和措施，力图普遍惠及贫困农村的中小学生，努力解决经济困难学生就学问题。

从2012年3月开始，调查的7个区县都按照国家及云南省的要求，实施了农村义务教育阶段学生营养改善计划，按照每生每天补助3元，每年补助200天，共计600元的标准实行。这一计划的实施，得到了贫困地区家长和学生的欢迎，对于改善贫困地区农村学生营养状况起到了非常重要的作用。7个区县根据各自农村学校的实际情况，采取学校食堂供餐和企业供餐不同形式实施该计划。7个区县均制订了各区县的营养餐工作方案，此外，还出台了《农村义务教育学生营养改善计划资金管理实施办法》，细化了经费的支出范围与标准，加强实物消耗核算，单独建立食堂账目，实行成本核算等。基本建立起了县、乡、校三级农村义务教育学生营养改善计划管理机制责任体系。

农村义务教育学生营养餐改善计划实施以来，各地还采取了多种办法以保障计划的顺利实施。比如泸水县培训了58名锅炉工，以保证学校食堂设备操作安全，并由县财政负担了482名学校食堂临时炊事人员的工资。玉龙县由县财政出资，以每人每月900元的工资聘任了416名学校食堂临时工，同时投入12.6万元购买了餐具、消毒柜、冰箱冰柜等食堂设施设备。隆阳区还聘请了云南省医学院营养学专家，根据当地的物产以及饮食习惯，制订了一套科学、合理的营养餐食谱，各农村寄宿制学校按照营养餐食谱科学配餐，在保证学生科学、合理地摄入营养的同时，还提供了多样化的口味，以满足不同学生的需要。宁蒗县大兴镇完全中学还采用了智能IC卡管理系统，学生买饭通过IC卡结算，后台数据库可以准确、及时地监控学生用餐次数及金额使用情况，掌握用餐次数及金额异常的学生，及时了解情况，确保学生吃饱饭、吃好饭。

本次调查的7个区县均按规定实施了“两免一补”政策，并且能保证农村贫困寄宿制学生生活补助及时落实到位。从2011年秋季学期开始，云南省农村义务教育阶段贫困寄宿生生活费补助标准为小学生每生每年1000元，初中生每生每年1250元。农村贫困寄宿制学生生活补助能够有效地缓解贫困地区学生“上学难、上学贵”的问题，减轻农民的教育负担，对“控辍保学”能起到一定的作用。

（三）通过学校标准化建设，大力改善办学条件

通过全面实施校安工程、教育信息化工程、

寄宿制学校建设工程、校点布局结构调整工程、农村薄弱学校改造工程五位一体的学校标准化建设，极大地增加了义务教育阶段的办学资源，改善了办学条件。调查的7个贫困区县通过全面实施上述各类学校标准化建设工程，极大地丰富了贫困地区的教育资源，改善了贫困地区农村学校办学条件。

地处中缅边境的芒市加大边境一线的教育基础设施投入，树立国门学校良好形象并落实好义务教育经费保障机制，吸引了一批境外学生到边境学校就读。这些外籍孩子入境读书，与国内孩子享受同等待遇，同我国孩子同读一本书、同升一面旗、同唱一首歌，加强了中缅人民的友好交流，为维护边疆民族团结、边防稳固和弘扬中华民族文化做出了积极贡献，树立了良好的国家形象。位于勐海县边境的打洛镇完全中学，校园干净、整洁，新建的教学楼硬件设施配备齐全，学生宿舍楼干净、整洁。打洛镇中心小学正在进行大规模的基础设施建设，新建的教学楼和学生宿舍楼已经封顶，即将投入使用。

宁蒗县在2009年开始实施中小学校舍安全工程，通过"拉网式"排查，宁蒗县一半左右的校舍建筑都是D级危房。通过争取中小学校舍安全工程、农村初中校舍改造工程、边远艰苦地区农村学校教师周转宿舍建设工程、农村义务教育薄弱学校改造计划食堂建设工程等国家专项建设，进一步改善了办学条件，促进了教育均衡发展。中小学校安工程的实施，大面积消除了危房隐患，大班额现象基本消除，办学水平明显提升，真正把学校建成了最安全、家长最放心的地方。工程建设带来的巨大社会效益和办学效益，推动了全县教育的协调稳步发展。

二、滇西边境连片特贫地区基础教育发展面临的困难

在国家政策的特殊扶持下，在滇西边境连片特贫地区自力更生的发展中，滇西贫困地区的教育事业发展取得了一定的成绩。但是，由于自然、地理、历史、文化以及社会经济发展等诸多因素的制约，滇西边境连片特贫地区基础教育发展面临很多困难，急需得到国家的大力支持。

（一）改善办学条件，地方配套资金缺口大

贫困区县的教育投入来源于国家中央专项资金支持以及省、地（市）、县的配套。调查中，7个贫困区县均反映，国家改善办学条件的各项目对于贫困地区的教育具有非常重要的支持作用，但是，大部分项目都需要地方财政的配套，而对于地方财政难以自足的贫困区县而言，配套资金的压力非常大。地方财政配套资金如不能及时到位，往往会影响或拖延项目的实施。

1. 地方配套资金压力大，将产生新的教育欠账

以国家级贫困县宁蒗县为例，2011年，宁蒗县用于中小学校舍安全工程的资金共计6584.23万元，其中，中央资金1359.31万元，占总资金的20.64%；省级资金1812.36万元，占总资金的27.53%；州级资金256.26万元，占总资金的3.89%；县级资金2815万元，占总资金的42.75%；其他社会捐助等资金341.3万元，占总资金的5.18%。可见，宁蒗县县级财政是中小学校舍安全工程资金的主要承担者。2011年，宁蒗县地方一般预算收入仅为13000万元，而全年财政总支出却达125000万元，地方一般预算收入仅为财政总支出的10.4%。同年，宁蒗县用于中小学校舍安全工程的县级资金为2815万元，占全县地

方一般预算收入的 21.65%，县级财政压力非常大。

调查的 7 个区县不同程度地存在教育欠账问题，随着中小学寄宿制学校改造、中小学校舍安全改造工程等一系列改善办学条件、实施义务教育学校标准化建设工程的开展，义务教育阶段的教育欠账问题进一步凸显。如保山市隆阳区，2005 年以前的义务教育欠账已经化解，但 2005—2009 年，全区教育欠账达 1.8 亿，2009—2011 年实施中小学校舍安全工程以来，虽然地方配套资金达 9000 万，但是教育欠账进一步严重。据当地教育部门测算，2011—2015 年实施 D 级危房改造，将新增欠账 2.6 亿。而当地 80% 的地方财政收入都用在了教育上，实施中小学校舍安全工程以来，全区已经有 4 位农村中小学校长将自己的私有房产做了抵押贷款，用于实施校舍安全改造工程。

还有部分贫困县是举债实施“两基”攻坚，比如怒江州泸水县，县域经济不发达，县级财力薄弱，教育建设经费投入有限，截至 2011 年，全县已经累计教育欠账 8309.04 万元。勐海县从 2010 年开始实施校安工程农村中小学 D 级危房改造、集中办学建设、勐海县职业中学建设等项目，截至 2012 年已经累计欠账 1.12 亿。

2. 缺乏学校附属设施建设资金支持

目前实施的各项改善办学条件项目中，中央财政支持的资金只能用于学校建设的主体工程，而没有诸如运动场、围墙、校门等附属设施建设的资金支持。在滇西边境的山区，寄宿制学校建设，除了教学楼等主体建筑之外，还需要修筑围墙，有的学校为了防止山体滑坡等自然灾害，还需要建筑护坡（坎）等。为了丰富寄宿制学生的文化体育生活，需要平整运动场，而这些附属设施却没有立项支持，需要地方政府自行解决。此外，调查中还有多县反映，学校建设的前期规划、测量费用也需要得到国家的支持。

3. 农村中小学学校主体建筑核定造价较低

在调查中，地方教育行政部门还反映国家制订的建筑单价较低。目前，云南省义务教育阶段学校标准化建设标准为“加固校舍一般单价应控制在 600 ~ 780 元之间，改扩建校舍单价应控制在 800 ~ 1000 元之间，新建校舍单价根据各地抗震设防烈度的不同，按实际所需造价进行测算，一般应在 1000 ~ 1600 元之间”①。滇西边境连片特贫地区地处我国地震频发地带，中小学学校建设的抗震级别要求要达到抗 9 级地震，建筑造价会高于其他地区。调查中，笔者还了解到，如果是在边远山区修建房屋，建筑成本会高于坝区，一是由于部分山区尚未通公路，交通状况不好，建筑材料的运输成本很高，有的材料甚至需要人力背上去。二是在一些山区，难以找到一块平地，因此，学校修建房屋，需要大量的资金用于平整土地，为防止山体滑坡，还需要修筑护坡和护坝。

笔者在勐海县的调查显示，该县在已下达的薄弱学校改造项目中，目前主要存在的问题是建筑核定造价低于实际成本，因此造成了资金缺口大。如勐海县勐宋乡中心小学薄弱学校改造项目批复总面积为 4238 平方米，资金 440 万元，每平方米核定单价为 1038 元，但是按项目实际造价每平方米 2500 元计算，需资金 1060 万元，缺口资金 620 万元。

（二）农村义务教育学生营养餐改善计划面临人力、物力和财力等多重困难

调查的 7 个区县都于 2012 年 3 月开始实施了农村义务教育学生营养餐改善计划，供餐模式主要有学校食堂供餐和餐饮企业供餐两种形式，其中，大部分农村寄宿制学校都采用的是学校食堂直接供餐的模式，少部分没有寄宿学生的农村学校采用的是餐饮企业供餐的形式。农村义务教育学生营养餐改善计划实施以来，7 个贫困区县都面

临不同的困难，总结起来，有以下几个方面：

1. 学校食堂建设滞后，硬件设备不足

2012 年 3 月营养餐改善计划实施的时候，一些农村寄宿制学校食堂条件差，设施简陋，甚至部分学校没有学生食堂，学生食堂缺口较大。丽江市宁蒗县虽然人口只有 25 万人左右，全县仅有 145 所各级各类的学校，5 万左右的学生，但全县 143 所义务教育阶段的学校大多数没有标准化食堂，现有食堂只能供学生勉强就餐，食品安全卫生工作实施难度极大。根据全县学校营养餐改善计划硬件设施规划需求，需建设食堂学校 104 所，占学校总数的 72%，需规划新建食堂面积 22690 平方米，规划改扩建面积 1120 平方米，计划投入资金 4604 万元。而地方财政难以承受这笔投入，如果食堂建设需要地方自筹或者仍然以地方配套为主来解决，将难以在短时期内达到中小学食堂标准化建设的要求。

2. 工勤人员缺乏，农村教师工作负担加重

集中办学政策的实施使寄宿生数量增加，寄宿制学校工勤人员长期没有编制，2012 年 3 月营养餐改善计划实施以来，工勤人员缺乏的问题就更加突出。根据国家出台的营养餐改善计划政策，地方人民政府要根据当地实际，为农村学校食堂配备合格的工作人员并妥善解决待遇和专业培训等问题。学生营养膳食补助和学校公用经费不能用于食堂工作人员工资、津补贴等福利费用。然而，调查的 7 个区县都面临聘请食堂工勤人员的巨大压力。营养餐改善计划实施以来，学校食堂需要配备专门的炊事人员、采买人员、财务人员、仓库保管员等多种工勤人员，7 个区县采用了不同方法解决食堂用工缺乏的问题。

部分区县是地方政府财政支付工勤人员的工资，如玉龙县、宁蒗县、芒市和隆阳区，但是，目前这些区县地方财政还难以全面解决所有工勤人员的工资。如果按照每 50 名学生配备 1 名食堂工勤人员的标准核算，玉龙县约有 3 万名寄宿制中小学生，全县需要约 600 名食堂工勤人员。2012 年 3 月刚开始实施营养餐改善计划时，玉龙县财政拨款只聘请了 240 名食堂工勤人员，每人每月工资为 740 元，但是由于工资低，工作量大，临时工流动性非常大。到了 2012 年秋季开学，玉龙县又增加了工勤人员的数量，聘请了 416 名工勤人员，工资也涨到了每人每月 900 元。即便这样全县还缺约 200 名工勤人员，不足的部分只能由学校自行解决。宁蒗县约有 3.5 万名农村中小学生享受营养餐，需要约 700 名食堂工勤人员，但是目前县财政只落实了 500 名临时工，工资每人每月为 600 元，临时工的稳定性很差。保山市隆阳区共有约 10 万名农村中小学享受营养餐，需要配备 2000 名工勤人员，按照当地最低工资标准 985 元核算，再加上临时工的三险一金 305 元，每名临时工的用工成本为 1300 元左右。要解决 2000 名临时工的工资，地方政府每年需要投入 3120 万元，这对于贫困区县而言，是一笔沉重的负担，因此，政府目前只能解决部分工勤人员的工资。

地方财政没有支付工勤人员工资的贫困县，工勤人员由农村中小学学校自行解决。解决的方法主要有以下三种，第一种是由农村中小学学校自聘工勤人员，而学校也没有专项经费，因此，聘用的工勤人员人数少，工资低，流动性大。存在挪用生均公用经费聘请临时工的风险。第二种是由农村中小学学校教师兼任工勤人员，如勐海县大部分边远农村中小学，教师轮流值周充当工勤人员为学生做早饭，教师的工作量加大。泸水县鲁掌镇完全小学由于地处边远地带，就由校长和各年级组长轮流亲自去当地农户家采买蔬菜，学校聘用少量的临时工做饭。第三种是食堂外包给私人，漾濞县有食堂的农村中小学基本都采用这种方式，由承包商自行解决食堂用工问题。

3. 山区学校点多面广，食品配送及监控难度大

滇西边境连片特贫地区学校校点较多，分散在大山深处，有的学校甚至不通汽车。营养餐改善计划实施以来，对山区校点的食品配送及监控是教育行政部门面临的一个难题，有的山区校点没有食堂，需要企业供餐，但是由于地理、交通条件的限制，交通运输成本较大，企业不愿意为这样的校点配送。如在勐海县布朗山区的部分校点，企业无法送餐至校点，只能统一配送至乡中心学校，再由校点的老师每天骑摩托车前往中心学校领取牛奶、面包等食品。虽然调查的7个区县都分别建立了食品安全及监控的相关制度，并规定了有关食品卫生、食品保管及食品留样等方面的细则，但是，多部门联合成立的督查组却难以对分散于山区的各个校点进行监察。

4. 每天3元的营养餐补助标准较低

调查的7个区县都认为，营养餐改善计划是一项民生工程，对于改善贫困学生的营养状况，提高身体素质具有重要的作用，并得到广大学生和家长的高度认可。但是，每天3元的营养餐补助偏低，3元钱是要吃进学生的嘴里，而背后还隐藏着部分费用，比如人工费、运输费、采买费等。地处边疆的滇西贫困地区，由于交通条件限制、商品种类有限等因素，物价水平较高，3元的购买力较弱，建议增加至每天每生5元的标准。地处小凉山的宁蒗县，实施营养餐改善计划以来，当地教育政府意识到每天每生3元的补助费较低，便出台政策，全县除国家财政补助的资金外，县级财政每年将每人每天补助1元用于山区农村义务教育学生营养改善计划肉食补贴补助资金，仅此一项，县财政每年补助700万。

（三）集中办学在边远高寒山区难度大

调查的7个贫困区县从2009年开始都按照云南省的要求，开始了大规模的“撤点并校”。总体来说，农村学校布局调整提高了教育质量，提高了教师的配置，提高了教育的效益，但是，各地都反映在撤点并校中，也遇到了一些突出的问题。

1. 寄宿制学校硬件建设仍急需加强

落实集中办学政策之后，虽然各地政府在执行农村中小学布局调整时，将农村初中建设工程、寄宿制学校建设、中小学校舍安全工程等多项教育项目充分结合，确保布局调整工作的“一盘棋”，但是，贫困区县农村中小学的寄宿制学校建设仍然发展滞后，硬件建设仍急需加强。调查的7个贫困区县大部分农村中小学学生宿舍、食堂、床、厕所等配套设施普遍缺乏。有的学校2个学生睡1张床，20多名学生住在1个宿舍的情况较为普遍。有的学校缺少食堂，或食堂条件很差。大多数的学校没有浴室，厕所蹲位严重不足，卫生条件差，容易暴发传染病。

2. 寄宿制学生增多，学校管理难度加大

寄宿制学校除了完成正常的教学之外，还要照顾学生的饮食起居，学校的管理工作增多，难度加大。以玉龙县白沙中学为例，该校1562名学生，全校在编的正式教职工112人，其中，专任教师105人，工勤人员7人，生师比为14.87∶1。学校工勤人员严重不足，县财政支付工资的工勤人员只有1名，8名工勤人员负担1562名学生的后勤生活管理是不可能的，因此，专任教师除了教学和班主任管理之外，还需要参与多项后勤管理事务。学校的全部学生都食宿在校，实行封闭式管理，校园师生安全尤其重要，每天晚上有40多位教职工吃住在校值班，约占该校教师总数的40%。每天晚上还有1名学校保安人员值班，整夜巡逻，保障学生安全。

3. 小学低年级学生不适宜寄宿

调查的7个贫困区县认为，《云南省中小学区域布局调整意见》中300人以下的校点就要撤并

的规定不太符合贫困山区的实际情况。滇西边境山区的一些村寨规模较小，而且居住分散，集中办学会导致部分学生离家太远，再加之当地路况很差，交通工具跟不上，途中存在安全隐患，很多地方都反映有的学生放假回家后，家长和学生本人都不愿意再回学校上学。特别是小学低年级学生，需要家长的细心照顾，一些农村寄宿学校还出现哥哥、姐姐带着弟弟、妹妹睡觉的情况，寄宿学生与父母的交流减少，亲情断裂，而情感则是老师和学校所不能给予的，小学低年级老师的工作压力非常大。调查中，一些教育行政部门的官员还担心少数民族孩子过早地集中到县、乡学校就读，除了缺乏父母必要的亲情关怀，影响身心健康成长外，更不利于少数民族语言与文化的传承和发扬。大部分教育局长都建议，小学 1 至 3 年级的学生原则上要在村里上学，不搞寄宿制，不要把学生很多的时间和精力花在上学的路上。

4. 寄宿制学生数量增加较快，寄宿生生活补助覆盖面出现缺口

云南省寄宿制学生名额是前几年核定的，但是随着布局调整，寄宿制学生数量增加较快，生活补贴覆盖面在某些学校出现缺口，特别是在校点撤并力度较大的区县。这些区县的教育行政部门建议，寄宿制学生数量的核定应实行即时、动态的管理。如勐海县初中由于近年生源萎缩，住校学生逐年下降，2012 年秋季实有农村户口寄宿生 9557 人，较补助指标 10139 人少 582 人；但小学因实施布局调整，集中办学，寄宿学生大量增加，现有农村户口寄宿生 8489 人，有 3374 人不能享受生活补助，享受覆盖面为 60.3%。

（四）贫困地区学前教育举步维艰

调查的 7 个贫困区县均按照国家的相关要求，制订了本地的《学前教育三年行动计划》，但调查显示，在贫困地区学前教育是整个教育环节中最薄弱的地方，发展面临很多困难。

1. 贫困区县城区优质幼儿园数量不足，硬件条件差，不能满足群众对优质学前教育的需求

调查的 7 个贫困区县一致认为，目前国家的学前教育政策较多地关注农村幼儿园建设，项目也多是农村幼儿园建设。而贫困区县学前教育的实际情况是，农村学前教育发展滞后，城区的学前教育发展也面临诸多困难，难以满足群众对优质学前教育的需求，难以发挥示范性的带动作用。城区的幼儿园普遍存在规模较小、硬件条件差、教师缺乏等问题，随着城区人口不断增加，有限的办学条件难以满足不断增长的幼儿数量，招生压力巨大。

调查的贫困区县城区幼儿园生均建筑面积均未达到国家标准。最高的是勐海县幼儿园，生均建筑面积仅为 6 平方米。漾濞县幼儿园建筑面积 963 平方米，在园幼儿人数 371 人，生均建筑面积仅为 2.6 平方米，全园 D 级危房达 280 平方米，占总建筑面积的三分之一。该幼儿园地处漾濞县老城区上街，建设于 20 世纪 50 年代，房屋年久失修，并被居民住宅包围，发展空间极其有限。老城区街道狭窄，不能通汽车，存在严重的火灾隐患。2010 年由于附近一居民住宅着火，而消防车又开不进来，只能靠人工灭火，情况十分危急。好在幼儿园老师迅速、妥善地转移了 300 多名幼儿，没有造成伤亡事件发生。县里早在几年前，就打算将幼儿园迁出重建，但重建的经费却难以筹措，调查中当地政府建议国家能有资助贫困地区城区幼儿园建设的项目。芒市幼儿园还没有独立的园区，借用一所小学作为办学场地。

城区幼儿园还存在教师缺乏的困难，在谈到学前教育师资队伍建设时，各地都表示很难招聘到学前教育专业的毕业生，而且幼儿园教师老龄化现象显著。如漾濞县幼儿园 22 名教师中，学前教育专业的教师只有 6 人，占教师总数的 27%，而教师的平均年龄达到了 41 岁，按照当地的学前

教育三年行动计划测算，要实现学前教育普及化，幼儿园在园人数将达到2830人，按照编制标准，需要幼儿园教职工566人，而目前公办幼儿园现有教职工22人，民办幼儿园现有教职工42人，需要新增教职工502人。

2. 贫困地区农村学前教育是我国学前教育发展的重点和难点，办学条件亟待改善

调查中发现7个贫困区县农村学前教育发展困难重重。“政府为主”的职责还没有到位，学前教育三年行动计划实施以来，地方政府才开始有学前教育投入，而基础教育投入包括危房改造工程等都没有将幼儿园纳入其中。学前教育投入不足是我国学前教育发展薄弱的重要原因之一。贫困地区地方财政收入有限，短时期内大力发展公办幼儿园比较困难，甚至改善现有公办幼儿园的办学条件都十分困难。因此，一些地方大力发展民办幼儿园，以解决学前教育资源不足的问题，但是，这些民办的幼儿园普遍存在规模小、保教质量不高、管理水平低、专业化程度不够、社会认可度有待提升等诸多问题。其中，办学条件差是贫困地区民办幼儿园最大的问题。

贫困地区幼儿园建设面临很大的资金压力。例如，在山高坡陡、居住分散、点多面广的怒江峡谷建设规模适度、覆盖城乡的学前网点是怒江州教育当前急需解决的核心问题。据当地教育行政部门统计，全州规划新建幼儿园32所，增设附属幼儿园20所，改建农村闲置校舍为幼儿园55所，改扩建总面积约15万平方米，共需资金14760万元。玉龙县是调查的7个贫困区县中经济条件稍好的县，学前三年入园率较高，但据当地教育部门的统计，全县幼儿园仍有4275平方米的D级危房需要改造。

3. 贫困地区农村幼儿园布点是关键，目前主要依托农村小学开办的附属学前班

山区人口居住分散，难以集中办学，学前教育难以做到全覆盖。云南省刚出台的《云南省普惠性民办幼儿园办园标准》对办园规模进行了规定，其中，县区城镇幼儿总数不低于240人，农村（含乡镇）幼儿总数不低于120人，贫困山区幼儿总数不少于90人，每班幼儿平均人数不超过36人，同级幼儿年龄差异城市不超过1周岁，农村不超过1.5周岁。而在诸如漾濞县这样的人口较少县域内，很多乡镇一年的婴儿出生数量都不到80人。调查显示，目前7个区县的农村幼儿园、学前班学生大多数集中在乡政府和学校附近，一些离乡幼儿园较远的村落，居民也愿意送子女入幼儿园，但路程远，交通不便，不具备上幼儿园的条件，幼儿入园难。

4. 小学教师是农村幼儿园教师的主要来源，学前教育专业教师十分缺乏，教师素质亟待提高

7个贫困区县的幼儿教师十分缺乏，且专业素质不高。在公办幼儿园中多为小学教师兼任，很多是年龄偏大，或是不能胜任教学的小学老师兼任，缺乏学前教育专业的教师任职。在民办幼儿园，教师基本都是临时聘任，来源复杂，且由于待遇不高，流动性大。近年来，由于高等教育毛入学率提高较快，幼儿园临时聘用的教师在学历上都有较大提高，但是由于非专业出身，教学能力明显不足，专业素质亟待提高。小学教师担任幼儿园教师，再加之在农村小学办附属学前班，导致贫困地区农村学前教育小学化倾向非常严重。

（五）初中阶段学生巩固难度大

调查的7个贫困区县“两基”工作依然面临学生流失的情况，控辍保学工作十分艰巨，特别是初中阶段。主要原因在于以下几个方面。

1. 全国大学生就业压力增长，贫困地区出现新的“读书无用论”思潮

教育是一项长期的投资，回报的时间较长，家长往往只看到短期效益，特别是近年来大学生就业

压力增长，许多大学生毕业后找不到工作，致使家长动摇了对子女教育投入的决心。此外，少数民族学生由于语言、文化、风俗、习惯等因素的制约，在激烈的就业竞争中缺乏竞争优势，部分少数民族学生选择回家就业，而贫困地区社会、经济发展滞后，产业发展急需调整，能够提供的就业机会更少，特别是在诸如调查的7个以农业为主的贫困县，缺少工厂、企业等经济实体，其主要的就业机会是考取公务员、事业单位编制或是教师。2012年隆阳区事业单位共计招收109人，但报考人数达到了2400人，全区共计招收教师280人，报名人数接近1000人。一些大学毕业了几年后仍难以就业的大学生，甚至成为了反面教材。

2. 经济发达地区工厂用工量的需求和较高的劳动报酬吸引了大批的初中在校生外出务工

近年来，经济发达地区出现的用工荒，以及由此带来的外出务工人员工资普遍上涨，导致许多初中在校生无心学习，急于挣钱改善家庭经济条件，辍学外出务工，而这些外出务工的人员，返乡后又会带动一批年轻人外出打工。

三、对策与建议

在实地调研的基础上，我们提出以下建议，以期能改善滇西连片特贫地区的教育状况。

（一）贫困地区农村基础教育需要继续加大教育投入

滇西连片特贫地区的教育硬件条件近年来得到了很大的改善，但是办学条件仍然很艰苦，急需加大投入。

合理规划校点布局，恢复和重建一部分边远山区的校点，力保贫困学生不因路途遥远而辍学。

改善寄宿制学校办学条件，加大食堂、宿舍的建设力度，完善运动场、围墙等附属配套设施的建设。

发展现代远程教育，使贫困地区的学生能共享优质的教育资源，缩小与内地学生教育质量的差距。

（二）贫困地区农村基础教育需要向“两头”延伸

目前，滇西连片特贫地区的基础教育面临控辍保学、提高质量的重要任务。学前教育有利于改善贫困地区学生的低学业成就、解决语言过渡的问题，为接受正规的学校教育做好准备，而办好高中教育，则可以带动基础教育的发展。因此，贫困地区农村基础教育需要向“两头”延伸，以缩短与内地发达地区的差距。

贫困山区学前教育布点要结合当地人口、地理条件等实际情况，不宜集中办学，布点应分散。贫困区县城、镇幼儿园急需得到办学支持，改善条件，发挥辐射作用。

贫困地区高中教育面临扩张的压力，应解决好硬件建设和师资培养的问题。

（三）贫困地区国家资助项目应取消或减少地方政府配套

国家级贫困县国家资助项目应取消地方政府配套资金，由中央财政全额拨付，避免因地方财力不支而拖延项目建设周期、降低项目实施效果的情况发生。省级贫困县应减少地方政府配套资金，以中央和省级财政拨付为主。

注 释：

①云南省教育厅：《云南省“十二五”期间义务教育阶段学校标准化及农村中小学教师周转宿舍建设规划填报指南》，2010年9月。

滇西地区少数民族文化传承与保护对策研究

梁炳超*

摘　要：档案作为一种社会活动的产物，它是在特定规则的影响下产生的。档案作为一种宝贵的文化财富，具有重要的文化价值，对推动文化传承具有不可替代的作用。该调研报告通过实地调研和阅读相关文献资料，认真梳理和分析当前滇西地区少数民族历史档案的主要特点和少数民族历史档案流失的现状，并提出保护滇西少数民族历史档案的对策和具体措施。

关键词：少数民族　历史档案　文化传承

2013年3月27日，根据教育部和云南省委组织部的安排，我下派到云南省大理白族自治州鹤庆县人民政府挂职副县长，进行为期一年的学习锻炼。一年来，在各级领导的关心和支持下，圆满完成了挂职期间的各项工作任务。回顾一年来的挂职经历，感触很深，收获颇多。在此，也感谢云南大学滇西研究中心，给我们提供了梳理和回顾挂职生活的机会，一幅幅挂职期间的画面又浮现在眼前，这段经历受益终生。正像我们刚到云南时一位领导所说的“一年云南行，一生云南情”。挂职一年来，在完成规定任务之余，结合自己的专业背景，关注滇西少数民族历史档案的现状。挂职一年来的工作总结已报送相关部门，在此不再赘述。利用这次征文机会，对一年来的所见所闻所想，特别是对滇西地区少数民族历史档案的主要特点和现状进行梳理，并根据目前少数民族档案流失的情况，提出保护滇西少数民族历史档案的对策和措施，希望能推动少数民族地区文化传承事业。由于时间匆忙，调研内容有限，不妥之处，请批评指正。

档案作为一种社会活动的产物，它一定是在特定规则的影响下产生的。档案是人类进化过程中的一种记录符号和工具。[1] 档案是文化的积淀。由于人类不断创造和积累文化，文化才日趋丰富多样。文化积淀的时间越久，也就越深厚。没有文化的积淀，也就没有文化的进步。档案是人类积淀文化的一种有效手段，是人类文化的贮存器，如果没有档案，也就失去了连续地、全面地直接记录和积累文化的原载体。档案是文化的一部分，而且是重要的一部分，相当于“根”或“核”的那一部分。[2] 档案是由传达制文者信息、意图的文件转化而来的，档案文件的内容无不是以符号的形式依附于甲骨、金石、竹木、纸张、胶片等介质材料上，且它的内容十分广泛，能全方位地反映以往的人类社会文明的全貌和过程，而且它还具有延续人类历史、人类文化科学技术的作用。

* 梁炳超，北京外国语大学。

所以说，档案是一种宝贵的文化财富，具有重要的文化价值，对推动文化传承具有不可替代的作用。[3]我国滇西地区有25个少数民族，各民族在历史上创造了灿烂的民族文化，留下了极其丰富的反映少数民族社会历史发展情况的档案遗产。

一、滇西地区少数民族历史档案的主要特点

滇西边境山区是我国目前最贫困地区之一，是我国人口较少民族主要聚集区和边境地区。滇西地区包括云南省保山、丽江、普洱、临沧、楚雄、红河、西双版纳、大理、德宏、怒江10州市，共56个县。滇西地区少数民族众多，民族文化多彩纷呈，历史悠久，但由于经济发展落后，很多特有文化面临失传。滇西地区少数民族历史档案作为民族历史传统文化的沉积具有如下鲜明的特点：

（一）数量丰富

滇西地区具有得天独厚的历史条件、民族条件和地理环境，滇西少数民族地区保存下来了为数众多的少数民族文字历史档案，迄今为止，国内外现存东巴经约有四万余册，彝文纸质档案三万余（件）册，傣文纸质档案五万余（件）册；少数民族文字碑刻有数千方，这些少数民族文字历史档案数量丰富，种类繁多，内容涉及少数民族社会历史发展的各个领域，是极其珍贵的民族历史文化遗产。

（二）种类繁多

滇西地区少数民族文字历史档案种类众多，按文字符号可划分为藏文、彝文、傣文、东巴文、白文、壮文、苗文等档案；按载体形式可划分为石刻档案、摩崖档案、器物档案、竹木档案、布帛档案、羊皮档案、兽骨档案、陶片档案、贝叶档案、纸质档案；按写入方式可划分为手写档案、刻录档案、印刷档案；按内容性质可划分为政治、历史、经济、军事、天文、历法、医药、宗教和语言文字诸多类别；按文件名称可划分为诏、诰、题、奏、疏、法规、条例、布告、公约、书、契约、家谱、碑文、金文、印章等；按现存档案类别来分可分为古籍、文书、石刻、印章、金文等类型。

（三）涉及面广

滇西地区少数民族文字历史档案是各民族在长期社会实践活动中产生形成的，是优秀民族传统文化的沉积与升华，因而古朴博大，汇集了众多少数民族先民在社会历史发展过程中各个领域所创造的历史文明与文化结晶。以彝族古籍为例，红河彝经《苏诅宿诅》说："天下地四方，可分十二方；夷人的书呢，大书十二查（类），小书十二查（类）。"今存彝文古籍内容极其丰富，主要类别可划分为宗教、历史、哲学、伦理、文艺、科技、军事、文字学、译注等，内容涉及彝族古代社会发展的各个领域。再以单一档案文件，如傣文谱牒为例，原勐海土司署4代土司的文书官帕雅龙欠宛贡珍藏有一份《车里宣慰世系》，《世系》主要载录了763年间车里宣慰司刀世家族世系源流、土司在位时间、历史业绩、辖境变更及子女配偶情况，并附录西双版纳发生的重大历史事件、开朝皇帝划绘宣慰使管辖的疆域、宣慰使司职官制度和各级官吏接待礼仪、宣慰署运转制度、税银礼金征收制度以及西双版纳土司与各地土司睦邻关系等方面的内容，史料殷实，有很高的查考利用价值。

（四）具有原生性和权威性

滇西地区少数民族文字历史档案的原生性和

权威性首先表现为作者的原生性和权威性。滇西地区少数民族历史档案主要是由少数民族本身产生形成的，具体而言是由少数民族土官（土司）贵族、文书、巫师、和尚、民间歌手、师爷以及其他民族知识分子在社会实践活动中为处理各种民族事务而以本民族古文字撰写而成，因而具有较强的原生性，具有很高档案参考、凭证作用。其次，形制的原生性和权威性。以载体材料为例，傣族基于本民族文化传统和当地植被环境，大量地使用贝叶作为书写材料；藏族、彝族等主要居住在山区，石质材料随处可得，因而所产的碑刻、摩崖档案极其丰富；除上述两种档案外，各民族所采用的档案载体材料还有棉纸、草纸、宣纸、兽皮、麻纸、树叶、禽骨、木板、竹片、布帛、陶片、青铜器皿等各种类型。再次，载录的原生性和权威性。少数民族历史档案是各少数民族以本民族文字形成的，所记录的大多是他们的思想、观念、当世当时所发生的重大事件与存在的历史事实，准确地反映了各少数民族社会实践活动的真实历史面貌，因而朴实可靠，是一种真实记录少数民族社会历史发展状况的权威性档案材料。

二、滇西少数民族历史档案流失及其影响

少数民族历史档案在历史上遭受了巨大的流失浩劫，现今流失现象依然存在，流失渠道也不尽相同。针对少数民族历史档案的流失现状提出相应的保护对策，不仅可做好档案文献的抢救工作，对更好地保护、传承与发扬优秀民族传统文化亦有重要的现实意义。

云南民间少数民族历史档案是指新中国成立前少数民族在社会历史发展进程中直接形成的反映少数民族政治、历史、经济、军事、科技、教育、文艺、哲学、伦理、宗教和民俗等方面情况，具有保存价值的各种文字、图像等不同形式的历史纪录。云南少数民族历史档案的流失有其历史渊源，如美国的约瑟夫·洛克于1921年2月起在滇西北等地区收集东巴经典，历时28年，共购买到38000多册东巴经典，或馈赠或出售给一些图书馆、博物馆、研究机构和个人收藏。值得注意的是现今东巴文历史档案的流失问题仍然严重，在丽江纳西族地区，随着国内外对东巴文化研究热潮的兴起，前来纳西族地区旅游、考察、探险的西方人士众多，其中一些人不惜用重金购买仍然遗存在边远山村的东巴经典。目前所知，仅辗转至西班牙的东巴经典便多达一千余本，流入西方其他国家的东巴经也在一千册以上。此外，受自然、人为因素的影响，少数民族历史档案的损毁流失也极为严重。据不完全统计，云南仅少数民族古籍档案受各种因素的影响就以每年1000部的惊人速度流失。少数民族历史档案的大量流失对云南民族传统文化的原生性、多样性和完整性造成了巨大影响。

（一）对云南少数民族原生态文化造成严重危害

以彝文历史档案为例，新中国成立前就有传教士到彝族地区搜集彝文历史档案，致使大量的彝文古籍流失到国外。现今，仅收藏在法国巴黎东方语言学校的彝文古籍就有30册，巴黎东方博物馆4册，巴黎天主教外国教会20册，巴黎国立图书馆17册，巴黎民族志博物馆2册；英国伦敦不列颠博物馆8册。再以东巴经为例，在第二次世界大战期间，一艘载有洛克寄往美国的东巴经的轮船被日军炸沉于印度洋底，使数千册东巴经毁于一旦。这些少数民族历史档案的流失与损毁极大地破坏了少数民族历史档案的原生性，对云南原生态民族文化造成了无法弥补的巨大损失。[4]

（二）对云南少数民族历史文化的多样性造成严重危害

少数民族历史档案价值珍贵，具有不可再生性的特点。如东巴文石刻遗存至今极少，其中，丽江白沙岩脚村岩壁上留存的纳西文《麦宗墨崖》系纳西族“本方文字”哥巴文，由于历史年代久远，麦宗墨迹早已风蚀无存。丽江五区上桥头村遗存的《古吊桥纳西文摩崖》是迄今为止所发现的较早的哥巴文字迹，可惜这一珍贵的摩崖石刻因修公路而被炸毁。丽江中甸白水台东北的一个岩洞外发现《阿敏灵洞题壁》，有用纳西象形文字书写的“阿敏乃科（音译）”几个字，洞壁有墨书的许多象形文，十分繁杂，其文字也是“多已漫漶”。现今，人们已经很难见到镌刻在石质载体上的东巴文历史档案了。[5]

（三）对云南少数民族历史文化的完整性造成严重危害

如彝文木刻雕版是一种珍贵的木刻档案，近年来玉溪地区民委在元江三马头发掘到一套用于印制《道德经》的彝文水墨印刷刻版。据收藏者介绍，木刻雕版全套原有40块，可印制书页160页，共24000个彝文字。新中国成立初期，驻村的土改工作队拿去了几块刻版。其后在数次搬迁中又丢失了若干块刻版，前后共遗失雕版15块。这一彝文雕刻版价值十分珍贵，对研究古代彝族木刻印刷技术有宝贵的参考价值。云南现存许多少数民族历史档案大多残缺不全，极大地影响了少数民族原生文化的完整性和研究利用价值。

三、滇西少数民族历史档案保护对策与具体措施

少数民族历史档案是珍贵的民族历史文化遗产，具有不可再生性、分散性、民间性、脆弱性和易流失性的特点，为此，建议少数民族地区的政府部门、档案和其他文化机构要针对少数民族历史档案的现状，加大投入，采用相应的手段和方式，对少数民族历史档案进行保护与抢救，构建政策法规性的保护机制和多方协作性实践保护机制。

（一）以散存民族档案文献遗产的普查带动宣传与征集工作

首先要开展普查工作，全面了解与掌握其分布保护现状。2007年，《国务院办公厅关于进一步加强古籍保护工作的意见》第3条提出：“在全国范围内组织开展古籍普查登记工作，全面了解和掌握各级图书馆、博物馆等单位及民间所藏古籍情况。”鉴于滇西民族档案文献遗产的多元性，以图书馆、档案馆、博物馆、民委古籍办等单位为主体全面开展这项工作。普查工作可按专业分工，如博物馆系统负责实物类民族档案文献遗产的普查，民委古籍办负责口述类的普查，档案馆和图书馆负责纸质类的普查等。其后，可将普查数据以数据库的形式进行汇总，实现数据资源的共享。其次，以普查工作为契机，通过广播电视、报刊、互联网等新闻媒体，加大宣传力度，广泛宣传《档案法》和公民保护档案的责任和义务，普及保护常识，增强少数民族群众的档案保护意识。再次，依据《档案法》第16条“对于保管条件恶劣或者其他原因被认为可能导致档案严重损毁和不安全的，国家档案行政管理部门有权采取代为保管等确保档案完整和安全的措施；必要时，可以收购或者征购”。采用征购为主，结合复印、拍摄和拓印等方式将散存民族档案文献遗产收集到档案馆、图书馆等单位珍藏。

（二）基于现行体制与保护条件的民族档案文献遗产集中保护

现行体制下，众多保管单位收藏民族档案文献遗产的集中保护首先要解决主体保管单位的确立问题。确立集中保护主体单位应考虑到两个因素：一是单位性质与档案文献遗产实际保存状况，二是保护条件。在少数民族档案文献遗产保护工作中，虽然管理机构众多，但在实际工作中保管数量最多、发挥主要保护作用的还是档案馆、图书馆、博物馆和民委古籍办，其工作职能也是以民族文献遗产的征集、管理与发掘为主。就保护条件而言，最好的是档案馆，然后是图书馆和博物馆，最后是民委古籍办。其次，确立主体单位后，就要依据国家相关政策法规，在民族文化遗产保护框架下，制定集中保护政策，将各单位保存的民族档案文献遗产分类，以原件移交或代存的方式，向档案馆、图书馆、博物馆或民委古籍办移交保管。再次，在实际工作中，民委古籍办收藏的民族档案文献遗产为数众多，而保管条件最为简陋。该问题解决方式有二：一是以原件移交或代存的方式向档案馆、图书馆或博物馆移交，保留复制件作整理出版之用；二是集中到本系统保管条件较好的省市级民委古籍办或民族文化研究所统一保管。

（三）民族档案文献遗产集中保护的政策法规保障与建设

民族档案文献遗产的集中保护需要国家政策法规的保障。为此，首先要对现行政策法规进行挖掘、宣传与应用。在现行国家政策法规中，对档案馆、图书馆、博物馆和民委古籍办民族档案文献遗产保护主体的地位有明确规定。如《档案法实施办法》第 13 条规定：“机关、团体、企业事业单位和其他组织，应当按照国家档案局关于档案移交的规定，定期向有关的国家档案馆移交档案。”《文物法》第 37 条规定：“国有文物收藏单位还可以通过文物行政部门指定保管或者调拨方式取得文物。”《中华人民共和国古籍保护条例》（征求意见稿）第 28 条规定：“古籍保管条件欠缺的古籍收藏单位或个人可以委托具备保管条件的国有古籍收藏单位寄存或代为保管古籍。”对原收藏单位权益的保护《档案法》第 21 条规定：“向档案馆移交、捐赠、寄存档案的单位和个人，对其档案享有优先利用权，并可对其档案中不宜向社会开放的部分提出限制利用的意见，档案馆应当维护他们的合法权益。”此外，在《云南省民族民间传统文化保护条例》等文件中增加相应的集中保护条款，或在民族文化遗产框架下，制定专门的集中保护条例，使滇西少数民族档案文献遗产的集中保护工作得以贯彻落实。

（四）资源共建共享视野下的民族档案文献遗产数字化集中保护

民族档案文献遗产数字化建设集中保护可分为几个步骤：第一，集中保存有民族档案文献遗产的档案馆、图书馆、博物馆和民委古籍办的数字化资源建设。目前，已经开发出藏文、彝文、傣文、壮文和苗文等文字处理技术，这为民族档案文献遗产的数字化资源建设提供了技术保障。第二，协调汇总。方式有二：一是以全国古籍数字资源库建设为契机，参与建设，实现资源共享。2011 年，《文化部关于进一步加强古籍保护工作的通知》第 17 条指出：“在普查的基础上，国家古籍保护中心要协调各省级古籍保护中心及有关收藏单位，加快古籍数字化步伐，努力建成‘中华古籍数字资源库’。”二是由文化主管部门协调，实现数字化资源共建共享。在信息化背景下，档案馆、图书馆、博物馆和民委古籍办等都开展了民族文献的数字化资源建设工作，采取分工合作，开展民族文献数字化资源共建共享工程。第三，民族档案文献遗产数字化资源的再建设。由于许多民族档案文献遗产具有古籍、文物等多元属性，档案部门可对本省区的民族文化遗产进行筛选，将属于民族档案文献遗产的数字化资源进行重新编目、加工，以便于民族档案文献遗产资源集中保护、查询与开发利用。

参考文献：

[1] 胡鸿杰．档案与文化［J］．档案学通讯，2004（5）．

［2］杨冬权．谈档案与文化建设［J］．档案学研究，2012（6）．

［3］潘轶．档案与文化的关系浅析［J］．兰台世界，2008（3）．

［4］华林．论流失海外云南少数民族档案文献的历史与现状问题［J］．兰台世界，2009（4）．

［5］华林，赵德美，王旭东．云南少数民族档案遗产流失及其整合性保护研究［J］．思想战线，2011（3）．

（致谢：云南大学华林教授提供了大量的资料，在此表示感谢）

云南省大理州学前教育调研报告

周　坚*

摘　要：学前教育是我国教育体系的重要组成部分，长期以来也是最为薄弱的环节之一。近年来，根据国家、云南省的要求和部署，大理州大力推进学前教育改革发展，取得了显著成绩。但受历史欠账多、基础薄弱、财力有限等因素制约，大理州学前教育仍面临诸多困难，一些“瓶颈”问题亟待破解。该报告对大理州学前教育进行了系统调研，通过总结经验和成效、分析主要问题和困难，结合调研的实际情况提出政策建议，以期对下一步云南全省乃至全国完善学前教育有关政策体系提供有益参考和借鉴。

关键词：大理州　学前教育　成效　问题　政策建议

学前教育是我国教育体系的重要组成部分，长期以来也是最为薄弱的环节之一。《国家中长期教育改革和发展规划纲要（2010—2020年）》将基本普及学前教育作为一项重要任务进行部署，党的十八大、十八届三中全会明确提出“办好学前教育”“推进学前教育改革发展”等明确要求。近年来，根据国家、云南省的要求和部署，大理州大力推进学前教育改革发展，取得了显著成绩。但受历史欠账多、基础薄弱、财力有限等因素制约，大理州学前教育仍面临诸多困难，一些“瓶颈”问题亟待破解。在滇西挂职担任大理州副州长期间，我对该州学前教育进行了系统调研，重点是总结经验、分析问题和提出政策建议，以期对下一步云南全省乃至全国完善学前教育有关政策体系提供有益参考和借鉴。现将有关情况报告如下：

一、主要举措及成效

大理州党委、政府高度重视学前教育，将办好学前教育作为打造滇西教育中心、建设美丽幸福新大理的重大工程，坚持扩大学前教育资源和提高保教质量并举，加快普及学前教育，努力推动全州学前教育实现跨越发展。

（一）着力建立健全办园体系

长期以来，与全国许多地方情况类似，大理州学前教育未纳入国民教育体系，缺乏责任主体，直接导致办学资源紧缺、办园行为不规范等诸多问题。对此，大理州将完善办学体系作为首要任务。一是强化政府责任。明确提供学前教育公共服务是政府的职责所在，大力发展公办幼儿园，

* 周坚，教育部督导办副主任。

并扶持社会力量开办幼儿园。近三年全州多渠道投入近4亿元，州财政设立了学前教育专项经费，每年安排500万元奖补资金。目前，全州共有幼儿园677所、在园幼儿92724名，初步形成了社会参与、公民办学前教育共同发展的格局。二是加强管理力量。为加强学前教育管理，大理州在教育局专门成立学前教育科，并建立了覆盖县、乡两级的学前教育管理力量，形成了完备的管理体系。同时，出台了一系列管理制度，加强规范化、标准化管理，切实扭转学前教育管理薄弱、制度不全、指导不力的局面。

（二）加大学前教育财政投入

实施《大理州学前教育三年行动计划（2011—2013）》，3年各级财政共投入5.99亿元（其中争取中央资金2亿元、省级资金0.2亿元，州、县两级投入3.79亿元），采取多种方式，集中力量建设了一批幼儿园，包括建设乡镇中心幼儿园56所、利用闲置校舍改建和在小学增设幼儿园200多所、城镇幼儿园改扩建6所、规划实施搬迁新建7所。通过3年多的奋战，学前教育资源明显扩大，一批布局合理、规划科学、功能齐备、设施优良的标准化乡村幼儿园陆续投入使用，学前教育普及程度迅速提高，入园难、入园贵的问题得到初步缓解。

（三）推进规范化、科学化管理

一是在全省率先出台规范化管理制度，制定大理州学前教育机构《办学行为规范十项规定》《保教常规管理细则》《学前教育管理手册》等一系列制度文件，推动学前教育走上依法依规办学的轨道。二是成立学前教育专家指导委员会，为全州幼儿教育改革发展提供专业化的咨询服务，促进科学管理和决策。三是重点加强针对幼儿教育机构举办者或负责人的培训。比如，开展《3—6岁儿童学习与发展指南》专门培训，促进科学保教；举办园长任职资格培训，确保园长100%持证上岗。四是注重发挥示范带动作用。建成大理三幼、四幼，祥云县星睿幼儿园等一批较为规范的民办幼儿园，带动其他各类幼儿园规范发展。总之，通过大力宣传学前教育政策法规和相关管理要求，让管理干部、幼儿园园长明确国家政策，掌握规范标准，扭转了管理薄弱、制度不全、指导不力的局面。

（四）大力加强教师队伍这一薄弱环节

教师队伍是当前学前教育发展中面临的突出问题。针对这一“瓶颈”，一是加大幼儿园教师补充力度；二是着力加大培训力度，将幼儿教师培训作为教师培训工作的重点，安排专门培训经费，逐步实现常态化、制度化、规范化。3年累计培训幼儿教师3万多人次；三是把幼儿园纳入考评表彰奖励，与中小学教师一视同仁，切实增强幼儿教师职业荣誉感和责任感，激发队伍活力。

（五）探索建立学前教育学生资助体系

按照目前体制，学前教育办学成本主要由家庭负担，对贫困家庭而言困难不小。在加快学前教育普及的同时，必须大力推进学生资助体系构建工作，着力保障贫困家庭子女接受学前教育。为此，大理州专门安排了学前教育学生资助经费，制订了贫困家庭子女资助办法。3年来，共落实学前教育学生资助经费512.1万元，累计资助15414人次。

总之，大理州在基础十分薄弱的情况，将加快普及学前教育摆上了重要议事日程，切实强化政府责任、加大财政投入力度，并立足州情，就民族地区、欠发达地区学前教育改革发展进行了积极探索，取得了显著成效（见表1）。

表1 大理州学前教育发展情况对比

主要指标	2010 年	2013 年
机构数（所）	587	677
教师数（人）	2369	2881
在园幼儿数（人）	82458	92724
学前三年毛入学率（%）	56.6	71.3

二、主要困难和问题

尽管过去几年大理州学前教育取得了历史性成就，但不少深层次问题尚未解决，特别是仍存在一些体制机制障碍，进一步提高普及水平、提高办园质量仍面临诸多困难和问题。

（一）资源总量不足、发展不均衡的矛盾十分突出

主要体现在三个方面：一是农村学前教育资源非常紧缺。目前未建设中心幼儿园的乡镇还有41个，占37.27%。二是普惠性学前教育资源尤为紧缺。全州仅有公办幼儿园36所，仅占幼儿园总数的5.3%（全国为32.77%、全省为34.64%），比例严重偏低，且办学规模小、辐射引领能力弱。三是幼儿教育普及水平城乡差距巨大。城镇适龄幼儿入园率比乡村高近20%，优质幼儿园全部集中在县城和乡镇，部分山区成为学前教育的盲区。四是办园条件差。即便是城镇幼儿园，也普遍面临条件不达标、校舍老化等诸多问题。

（二）缺乏稳定的经费保障机制

主要是学前教育生均经费标准和拨款标准难以出台，学前教育经费保障机制尚未建立，直接导致学前教育经费非常紧缺。一方面总量不足，学前教育经费占教育总经费的比例过低。2013年，全州国家财政性教育经费为52.46亿元，其中学前教育2.44亿元、占4.65%；教育经费支出50.88亿元，其中学前教育2.39亿元、占4.7%，生均仅为2636元、比小学生均少5310元。另一方面，财政性学前教育经费惠及面不足，“僧多粥少”。州级财政2013年安排500万专项经费，激励、拉动作用有限，有6个县未设立专项经费。国家实施学前教育三年行动计划后，虽然大理州获得了一定经费支持，但相比巨大缺口，仍是“杯水车薪”，难以满足学前教育项目建设的需求。

（三）教师队伍“瓶颈”难以突破

一是缺乏学前教育教师编制标准，仅有配备标准，且难以落实。《幼儿园教职工配备标准（暂行）》规定：保教人员与幼儿比为全日制幼儿园1:7～1:9，大理州专任教师与在园幼儿比为1:32.18。按照《云南省学前教育条例》“学前教育平均每班应当配备两名以上幼儿教师和一名以上保育员”的规定，公办幼儿园缺编1831人，民办幼儿园缺教职工2070人。二是学历结构、职称结构不合理。专任教师2881人中，专科以上1361人、占47.24%，有专业技术职务610人、占21.17%，教师持证率仅为27.97%，为全省最低。随机抽样的10所幼儿园共有教职工（含园长）105人，其中本科学历4人、占3.8%，专科20人、占19%；幼师专业30人、占28.6%，取得教师资格证书30人、占28.6%。三是教师流动过于频繁，极不稳定。据统计，全州教师流动率为30.2%，不利于保教活动的开展。

（四）管理不规范、保教质量不高、安全隐患等问题亟待解决

全州有193个无证园非法办园。幼儿园一日活动管理制度、教职工聘用考核奖惩制度、财务管理制度等不健全、不落实的情况普遍存在，保教质量偏低。绝大多数民办幼儿园不能、不会按规

范、有计划开展保教活动，餐点营养结构、卫生状况令人担忧，“小学化”现象仍然比较严重。园舍建筑（包括大型玩具）简陋，接送交通工具不合要求，安全隐患突出，风险较大。在抽样的10所镇村民办幼儿园中，完全按照活动计划和活动方案开展活动并有考核的只有4所，有2所不能够按计划、方案开展活动，其他4所有活动、无考核；供应三餐两点的有3所，伙食费为5元/天，供应两餐一点或两点一餐的有5所，伙食费为4元/天，供应一餐的有2所，伙食费3元/天，其营养供应令人担忧。有4所存在园舍安全隐患（平板房或土木结构房），有3所大型玩具安全存在隐患；有9所幼儿园食物采购、烹饪、保管和取样留证制度不规范，8所没有疾病预防和报告制度，存在饮食卫生安全隐患；有5所用面包车或中巴车接送幼儿，有超载情况，存在交通安全隐患。

（五）缺乏稳定可持续的政府扶持机制

一些县市政府对学前教育不重视，缺乏规划，等待观望，管理机构不健全、人员少、不专业，指导监管不力。乡镇中心园用地不落实，城镇幼儿园拥挤不堪，大型小区配套建设幼儿园不到位，幼儿园饮食卫生和疾病预防管理薄弱。县级政府是发展学前教育、解决“入园难”问题的责任主体，但缺乏有力的督促检查、考核奖惩和问责机制。政府对农村民办幼儿园的政策、土地、资金等扶持不够。实地调查的10所镇村民办幼儿园在土地使用上，除了宾川县力角镇春蕾幼儿园和云龙县团结乡喜洋洋幼儿园得到过支持外，其他8所中，2所自家购地新建幼儿园，3所利用自家住房改造幼儿园并扩建置换用地，3所属租赁场地办幼儿园。对幼儿园的管理，牵涉多部门，如对幼儿园的用地、建筑管理，饮食卫生和疾病预防管理，校车运行与交通安全管理，无证办园的管理等，需要卫生、消防、交通、建设、公安等多方参与，由政府来统一协调。

三、有关政策建议

过去几年大理州学前教育改革发展情况，在我国民族地区、经济欠发达地区具有典型性。结合大理州的情况，建议下一步推进我国学前教育改革发展，总体上把握好三个方面：一是要进一步强化政府责任。学前教育已成为我国教育体系的重要组成部分，是教育公共服务的重要内容。加快普及学前教育，不断提高科学保教水平，是各级党委政府义不容辞的责任。过去我国在学前教育上的欠账较多，经过前几年的努力，虽然学前教育得到长足发展，但仍是我国教育体系中发展最为滞后的环节，特别是农村学前教育尤为薄弱。未来几年，政府要继续将学前教育作为重点，做到投入水平不降低并逐步提高，同时抓紧建立健全学前教育的一系列标准和制度，提高规范化办学水平。二是体现因地制宜。各地发展学前教育，受基础条件、财政能力、地理环境、城乡居民收入水平等诸多因素制约。各地的差异性和发展的极端不平衡性，决定了我国学前教育改革发展模式的多样性，不可“一刀切”。三是公办民办并举。在绝大多数地区，学前教育不可能也不应该由政府大包大揽，政府在发展公办幼儿园的同时，应更加注重创新体制机制，更加注重发挥市场机制的作用，千方百计扩大普惠性幼儿教育资源，尤其要避免集中公共资源建设极少数重点园或示范园的倾向。具体建议如下：

（一）建立全国统一的学前教育经费保障机制

由于学前教育占公共教育经费的比重很低，公共学前教育资源短缺，民办成为学前教育的主体，埋下诸多隐患。要发挥政府普惠性学前教育投入的主体作用，落实学前教育经费单列财政预算制度，省级、州县实施学前教育专项经费配套制度，提高学前教育经费在教育总经费中的比重，在2020年前坚持新增教育经费向学前教育倾斜。对经教育行政部门登记注册的各级各类幼儿园，政府财政逐步建立按照入园幼儿数给予经费补助的制度。

（二）落实幼儿教师编制标准，增加学前教育教师编制

师资比园舍更重要，要把落实教师编制与建设幼儿园同步进行。限制编制增长不应该搞一刀切。现有幼儿园教师编制是20世纪七八十年代核定的，多年未曾追加，县市普遍没有单独幼儿教师编制，大多占用小学编制。当前，国家严格控制编制增长，地方没有增量编制指标。建议国家尽快明确幼儿教师编制、机构编制，教育、财政部门要专题落实新的幼儿园教职工与学生的比例标准，重新核定公办幼儿园教职工编制，用3年时间按照生师比标准配齐幼儿园教职工，保证幼儿教育事业发展的基本需要，确保学前教育事业持续健康发展。

（三）单设幼儿教师职称职务

幼儿教师的专业标准和中小学教师专业标准差异巨大，工作要求明显不同，现行的幼儿教师职务职称参照小学教师，不科学、不合理，违背幼儿教育的客观规律，导致社会、家长对幼儿教育的误读，不能客观公正评价幼儿教师的工作，更容易导致学前教育的“小学化”。建议国家单设幼儿教师职务职称。

（四）加强乡镇中心幼儿园建设

第一期学前教育三年行动计划四大类建设项目逆城镇化倾向十分明显，第二期三年行动计划应当结合城镇化大势，加大对乡镇公办中心幼儿园建设的扶持力度，增加公办幼儿园的数量，办好公办幼儿园，构建标准化且能够辐射所有区域的公立幼儿园体系。伴随乡村道路极大改善和随迁子女的大量增加，根据统计，乡镇中心幼儿园可以容纳辖区30%～70%的适龄幼儿。建设好、管理好一所乡镇中心公办示范幼儿园，可以保证多数乡村幼儿接受优质学前教育，又能示范、指导本乡镇（街道）辖区内其他幼儿园。

（五）灵活多样解决边远农村少数民族地区入园问题

部分边远农村少数民族地区，居住分散，适龄幼儿稀少，孩子生活在母语环境中，与外界接触甚少，不会说汉语。如果按照常规的幼儿园建设、管理，无论以公办、民办都没有投资价值。建议在巡回支教点模式的基础上，以“村村都有幼儿园”为目标，按照“中央奖补教师工资、省级负责园舍改造、县级投入确保运转”的长效机制，因地制宜，利用闲置校舍、村集体房产或者安全民房等，招聘、培训具备一定资质的志愿者，采取混合编班，灵活安排保教时间，把学前教育送到家门口，解决贫困地区农村儿童发展的基础性、根本性问题，阻断贫困代际传递，促进社会公平和民族进步。

（六）开发一定的学前教育教学资源

虽然教育部已经印发《幼儿园教育指导纲要》《幼儿园工作规程》《3－6岁儿童学习与发展指南》等系列文件，规范幼儿园的管理，指导教师保教。但是鉴于现有幼儿园园长、专任教师整体还未具备依照上述文件开展科学自主保教的素质，更不具有开发园本特色课程的能力，这也是导致提前教授识字、计算等小学化倾向的根本原因之一。在大力发展学前教育的形势下，幼儿园管理、保教队伍迅速增加，建议由教育部组织专家，开发较高质量、较为规范的幼儿活动课程教学资源、幼儿活动材料，供幼儿园选择、参考、使用。

西双版纳州对外开放现状调查与思考*

张　瑞　庄　芮　杨立卓　白光裕**

摘　要：本文依据2013年的问卷调查结果，重点探讨了云南省滇西贫困片区10州市之一的西双版纳州的对外开放问题。近年来，西双版纳州的沿边开放程度不断提高，但从调查情况看，当前其对外开放进程中存在的主要问题有：经济基础薄弱，产业结构不完善；招商引资难；交通不够发达，基础设施落后；政策支持力度不够；对人才和投资的吸力不强；劳动者技能偏低；严重缺乏产业型龙头企业带动；当地企业融资渠道不广；等等。针对这些问题，本文在进一步分析的基础上提出了政策建议。

关键词：西双版纳州　对外开放　现存问题调查　政策建议

一、引　言

按照国务院扶贫办2012年6月公布的名单，云南省西双版纳傣族自治州属于滇西贫困片区。所谓滇西贫困片区，主要是指云南境内昆明以西的广大地区，主要为边境山区，涉及云南省10个州市，包括德宏傣族景颇族自治州、红河哈尼族彝族自治州、普洱市、大理白族自治州、临沧市、楚雄彝族自治州、丽江市、保山市、西双版纳傣族自治州、怒江傈僳族自治州。滇西贫困片区地域辽阔，民族人口众多，拥有绵长的国境线，与越南、老挝、缅甸三个国家山水相连，有25个边境县、90余条边境通道和100多个边贸互市点，目前已建、在建口岸达到20余个，是我国沿边对外开放区域布局的重要组成部分。滇西贫困片区既是经济社会发展滞后的地区，又是具有独特区位和资源优势的地区，是我国毗邻国家最多、边境线最长、边境贫困问题最为严重的片区，因而也是全国及云南省扶贫攻坚的重中之重、难中之难。因此，充分利用滇西区位优势，扩大滇西贫困片区的对外开放程度，对于促进滇西地区经济和社会发展，具有重要的战略意义。

为深入了解滇西贫困片区的经济发展和对外开放状况，进一步分析其现存问题，作者在云南省西双版纳傣族自治州（以下简称西双版纳州）勐腊县挂职担任副县长期间，组织课题组专门研究了滇西贫困片区的沿边开放问题。本文的主要资料和观点来自课题组的调查研究。在问卷调查过程中，课题组共发放调查问卷60份，实际回收45份，回收率

* 本文为对外经济贸易大学2013年度滇西专项课题《新时期滇西贫困片区沿边开放战略研究》的阶段性成果。

** 张瑞，课题负责人，对外经济贸易大学科研处副处长；庄芮，对外经济贸易大学国际经济研究院副院长，教授；杨立卓，对外经济贸易大学国际经济研究院博士研究生；白光裕，商务部国际贸易经济合作研究院对外贸易研究所助理研究员。

为75%。调查问卷重点设计了四个方面的内容：答卷人基本情况、答卷人所在市州的基本经济状况、答卷人所在市州的对外经贸和对外合作状况、对进一步扩大开放的内容和建议。此次调查问卷的发放对象全面覆盖了滇西贫困片区的十个州市，且基本覆盖到县一级单位，确保了调查样本的广泛性。同时，答卷人均为滇西各地市州及其下辖区县分管经济的领导，能够确保数据的真实性。同时，作者还对西双版纳州以及下辖市县政府经济部门、重点企业等进行了走访。为突出重点，本文将依据课题组的相关调查结果，撷取核心内容，重点探讨西双版纳州对外开放问题，以期寻求提高整个滇西贫困片区对外开放水平的有效途径。

二、西双版纳州经济发展与对外开放现状

（一）西双版纳州近5年经济发展状况

西双版纳傣族自治州成立于1953年，是云南省第一个少数民族自治州，国土面积1.91万平方千米，下辖景洪市、勐海县、勐腊县和11个国营农场，总人口为119万人，有13个世居民族，少数民族人口约占77%。西双版纳州自然资源富集，民族风情浓郁，区位条件优越。它地处北回归线以南，是我国热带雨林生态系统保存最完整、最典型、面积最大的地区，也是当今地球上少有的动植物基因库，全州森林覆盖率为78.3%，建有国家级自然保护区402万亩，是全国第二大天然橡胶生产基地，也是大叶种茶的原生地、普洱茶的故乡。西双版纳州位于中国云南省南端，与老挝、缅甸山水相连，毗邻泰国、越南，全州国境线长966.3千米，占云南省边境线近四分之一，其中与老挝接壤国境线长677.8千米，占中老边境线的95.5%；一江连六国（中、缅、老、泰、柬、越）的澜沧江—湄公河从西双版纳出境，因此，它既是面向东南亚、南亚的重要通道和基地，也是云南省对外开放的窗口。

近年来，西双版纳州抓住“桥头堡”建设的机遇，经济社会取得了重大发展。如表1所示，2013年西双版纳全州国内生产总值达到272.3亿元，同比增长了13.5%。第一、二、三产业增加值稳步提高，2013年三个产业增加值分别达到了79.99亿元、80.48亿元和111.85亿元，分别同比增长了7.1%、19.6%和12.6%。从近5年的数据来看，三个产业各自在GDP中所占的比重变化不大，说明产业结构发展平稳，没有出现明显变动。

表1　西双版纳州近5年（2009—2013年）经济发展概况

	2009年	2010年	2011年	2012年	2013年
GDP（亿元）	138.64	160.99	197.68	232.64	272.3
GDP同比增长（%）	12.8	12.1	13.6	13.7	13.5
第一产业增加值（亿元）	40.7	44.47	56.95	67.53	79.99
第一产业同比增长（%）	8.2	7	7.5	6.7	7.1
第二产业增加值（亿元）	41.01	47.67	59.8	68.16	80.48
第二产业同比增长（%）	14.6	13.7	20.5	15.7	19.6
第三产业增加值（亿元）	56.92	68.85	80.93	96.95	111.85
第三产业同比增长（%）	14.8	14	12.7	16.5	12.6
一、二、三产业的比重	29:30:41	27:30:43	29:30:41	29:29:42	29:29:41

数据来源：西双版纳州统计局网站。

具体来看西双版纳州的三个产业发展状况[①]，2013年西双版纳州的农、林、牧、渔业总产值138.2368亿元，比上年增长7.4%。其中，农业产值58.7798亿元，增长8.9%；林业产值61.3228亿元，增长5.3%；畜牧业产值10.7635亿元，增长13.2%；渔业产值4.0877亿元，增长14.7%；农林牧渔服务业产值3.283亿元，增长8.8%。农业和林业总产值占到了西双版纳州第一产业总产值的绝大部分（合计约87.57%）。2013年橡胶种植面积441.02万亩，增长1.6%；干胶总产量29.2万吨，增长3.2%。

2013年西双版纳州的工业总产值106.1618亿元，比上年增长21%。全年规模以上工业增加值41.8282亿元，增长22.5%，其中，精制茶加工业增加值11.4959亿元，增长39.7%；工艺美术品制造业增加值6.7519亿元，增长48.8%；电力生产业增加值8.6469亿元，增长20.1%；电力供应业增加值4.0675亿元，增长12.1%。

西双版纳州的旅游业早在20世纪80年代中期便开始兴起，到20世纪90年代中期，已粗具规模。近年来，旅游业逐步成为西双版纳州经济发展的支柱产业之一。2013年西双版纳州全年接待国内外游客1494.35万人次，比上年增长19.2%，比2009年增长1倍。其中，海外游客41.66万人次，同比增长11.3%，是2009年的2.7倍；国内旅客1383.55万人次，同比增长19.4%，是2009年的2倍；口岸入境一日游游客69.14万人次，同比增长19.8%，是2009年的2.2倍。全年旅游综合总收入171.668亿元，同比增长22.7%，是2009年的4.2倍。其中，旅游外汇收入1.9944亿美元，同比增长29%，是2009年的3.2倍；国内旅游收入159.3225亿元，同比增长22.4%，是2009年的3.5倍（见表2）。

表2 西双版纳旅游业发展状况

	2009年	2010年	2011年	2012年	2013年
共接待各类游客（万人次）	732.03	853.14	1012.65	1253.61	1494.35
共接待各类游客同比增长（%）	17.3	16.5	18.7	23.8	19.2
口岸入境一日游（万人次）	30.80	35.86	47.23	57.72	69.14
口岸入境一日游同比增长（%）	34.8	16.4	31.7	22.2	19.8
海外入境游客（万人次）	15.18	21.67	29.44	37.42	41.66
海外入境游客同比增长（%）	34.2	42.8	35.9	27.1	11.3
旅游外汇收入（万美元）	6211	8617	12551	15459	19944
旅游外汇收入同比增长（%）	30.3	38.7	45.7	23.2	29
国内游客（万人次）	686.05	795.61	935.98	1158.47	1383.55
国内游客同比增长（%）	16.3	16	17.6	23.8	19.4
国内旅游收入（亿元）	46.10	74.47	92.08	130.19	159.32
国内旅游收入同比增长（%）	19.1	21.5	28.1	23.6	22.4
全州旅游总收入（亿元）	41.17	50.34	80.33	130.19	171.67
旅游收入同比增长（%）	21.2	22.3	28.8	24.8	22.7

数据来源：西双版纳州统计局网站。

（二）西双版纳州对外经贸现状

西双版纳州目前拥有4个国家一类开放口岸，占云南省全省的三分之一，即通往老挝的磨憨陆路口岸（该口岸是中老两国唯一的国家一类陆路口岸），通往缅甸的打洛陆路口岸（该口岸是云南省对缅重要的边境旅游口岸），通往老缅泰等国的景洪港水运口岸，以及西双版纳国际机场航空口岸。此外，西双版纳州还有60余条边境通道，其中9条公路直通老挝、缅甸。通过水路、陆路、空路均可直达泰国。②

在上述便利条件下，西双版纳州对外经贸发展迅速。加之近年来国家进一步开发开放沿边地区，以及中国—东盟自由贸易区建设逐步深入，西双版纳州迎来了前所未有的发展机遇，对外经贸更是加速发展。2013年，西双版纳州进出口总额达到25.5524亿美元，同比增长82.2%，增势迅猛。作为我国重要的沿边州市，西双版纳州与老挝、缅甸商品交换日趋活跃，2012年的边民互市成交额达到1.6391亿美元，是2007年的3倍多，2008年受金融危机和缅甸边境骚乱影响，一度出现负增长情况，但近3年有较大恢复，2011年西双版纳州的边民互市成交额一度同比增长113.1%（见表3）。

西双版纳州与国外的经济技术合作近年来发展也较好，基本保持了两位数的增长，2012年经济技术合作金额达到6385万美元，是2007年的2倍。除此之外，招商引资和利用外资金额也在不断上升，2013年，招商引资项目128项，实际到位资金136.4813亿元，比上年增长19.8%；全年实际利用外商直接投资945万美元。这不仅反映出西双版纳州的招商引资环境不断改善，也反映出投资者对西双版纳未来发展前景的良好预期。

“外贸依存度”是反映一个国家或地区开放程度的一项重要指标。西双版纳州的外贸依存度近5年来上升较快，2008年仅为29.7%，2010年就提高到了43.8%；2011年受人民币升值的影响，出现小幅下降，但2012年进一步提高到44%，反映出西双版纳开放型经济发展规模和水平不断提高。

表3 近年来西双版纳州对外经贸发展状况

	2007年	2008年	2009年	2010年	2011年	2012年
对外经济贸易总额（万美元）	38274	53090	76654	103366	116019	163047
对外经济贸易总额同比增长（%）	19.1	38.7	44.4	34.8	12.2	40.5
进出口总额（万美元）	29714	44081	67281	92508	97960	140271
进出口总额同比增长（%）	15.3	48.4	52.6	37.5	5.9	43.2
出口额（万美元）	19445	27975	47508	67292	68245	96471
出口额同比增长（%）	9	56.8	69.8	41.6	1.4	41.4
进口额（万美元）	10269	16106	19774	25216	29715	43800
进口额同比增长（%）	29.5	56.8	22.8	27.5	17.8	47.4
边民互市成交额（万美元）	5315	4849	4861	5842	12449	16391
边民互市成交额同比增长（%）	23	-8.8	0.2	20.2	113.1	31.7
经济技术合作（万美元）	3245	4160	4512	5016	5610	6385
经济技术合作同比增长（%）	59	28.2	8.5	11.2	11.8	13.8

续 表

	2007 年	2008 年	2009 年	2010 年	2011 年	2012 年
招商引资项目（项）	—	—	42	67	80	114
实际到位资金（亿元）	—	—	27.5	51.17	68.88	113.82
实际利用外资（万美元）	—	—	302	350	543	1425
外贸依存度（%）	—	29.7	37.6	43.8	37.5	44.0

数据来源：《西双版纳傣族自治州 2007—2013 年国民经济和社会发展统计公报》。

三、西双版纳州对外开放的现存问题与障碍

近年来，西双版纳州抓住西部大开发和中国—东盟自贸区建设等历史机遇，在沿边开放上取得的成就有目共睹。但与沿海地区及中西部很多地区相比，西双版纳州的开放程度总体上仍有明显差距，目前还存在着一些问题与不足。

（一）2013 年问卷调查结果：滇西贫困片区对外开放普遍面临的瓶颈

表 4 给出了笔者 2013 年的问卷调查过程中，受访人员对阻碍滇西贫困片区（包括西双版纳州）进一步发展经济、扩大对外开放的因素的看法。从调查结果来看，把表 4 所列这些因素按得分排序，即认为最需改善和阻碍程度由高到低的因素依次是：

第一，经济基础薄弱、产业结构不完善（7.77 分）。

第二，招商引资难（7.38 分）。

第三，交通不发达、基础设施落后和政策支持力度不够，对人才和投资的吸力不强（同为 7.31 分）。

第四，思想不够解放，观念更新缓慢，开放水平低（6.46 分）。

第五，信息平台搭建不足，信息渠道不够畅通（6.28 分）。

在列明的其他因素中，主要意见集中于以下几条：一是国家投入严重不足；二是劳动者技能偏低；三是严重缺乏产业型龙头企业带动，本地企业小、散、弱；四是当地企业融资渠道不广，项目贷款准入条件高。

表 4　阻碍滇西贫困片区进一步发展经济、扩大对外开放的因素

阻碍因素	平均分数
经济基础薄弱、产业结构不完善	7.77
招商引资难	7.38
交通不发达、基础设施落后	7.31
政策支持力度不够，对人才和投资的吸力不强	7.31
思想不够解放，观念更新缓慢，开放水平低	6.46
信息平台搭建不足，信息渠道不够畅通	6.28

图 1 反映的是受访人员对今后一段时间内当地经济最重要的发展方向的看法。结果分析显示，82.8% 的受访者（29 人）认为当地经济未来一段时间最重要的发展方向应该是延伸农业产业链、进行深加工，71.4% 的受访者（25 人）认为应该发展旅游服务，42.9% 的受访者（15 人）认为应该发展加工制造业，20% 的受访者（7 人）认为应该发展物流中心和边境展会服务。

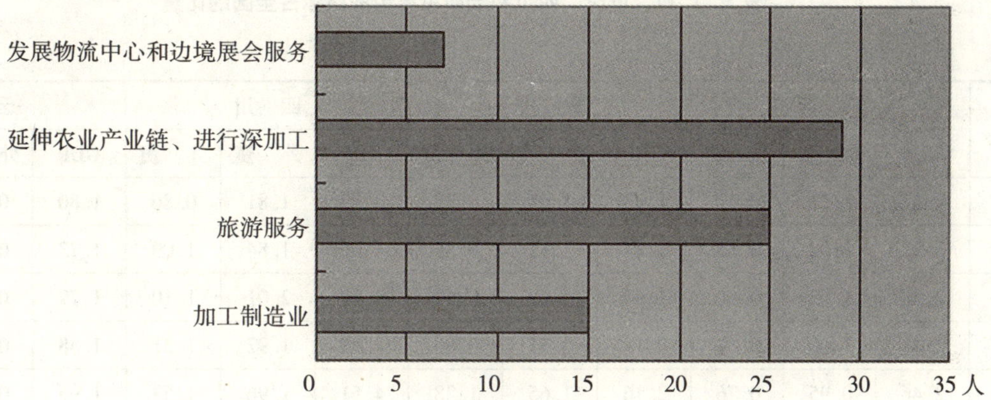

图1 对今后一段时间内当地经济最重要的发展方向的看法

图2给出了受访人员对当地最需得到的政策支持的意见。从中可以看出，绝大多数受访者认为，当地最需获得的政策支持是金融政策，其次是税收政策和土地政策，再次是出入境政策。此外，其他需要得到支持的方面主要有：一是希望中央政府加大财政转移支付；二是希望基础设施建设得到国家支持；三是希望简化审批手续，因为目前手续繁杂、项目难落地等问题比较突出。

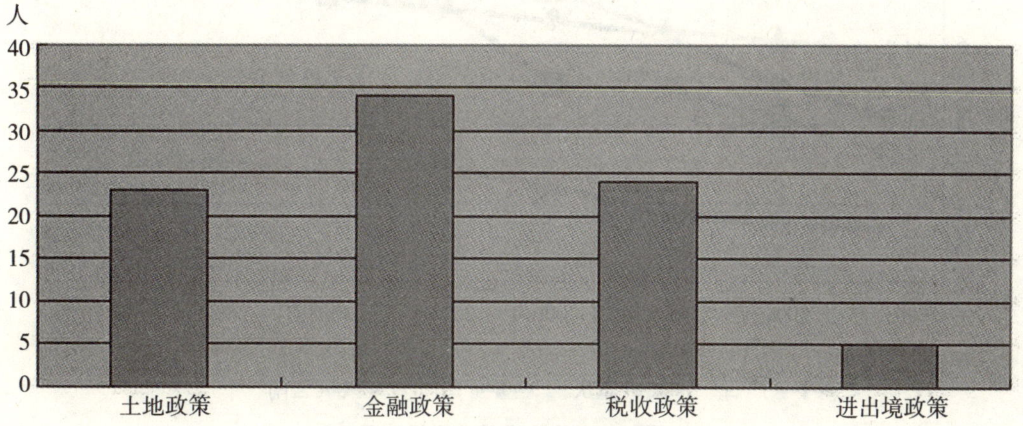

图2 对所在地区最需得到的政策支持的看法

（二）进一步分析：西双版纳州沿边开放的现存问题与障碍

1. 整体开放意识不强，水平不高

受经济社会发展水平制约，包括西双版纳州在内的云南省整体开放意识都不够强。从外商投资企业投资总额、外贸进出口总额占全国的比重来看，2008—2012年，云南外商投资企业投资总额所占比重变化幅度不大，仅提高了0.08个百分点，外贸所占比重虽然基本保持上升态势，但依然位于0.54%的较低水平。从与广西、重庆、四川这几个西部省市的横向比较来看，云南的对外开放也处于较低水平（见表5）。此外，从外资企业就业人员来看，与上述3个西部省市相比，云南也处于较低水平，2010年外资企业就业人员不足3万人，仅约为其他省市的30%（见图3）。

表5　广西、重庆、四川和云南主要经济指标占全国的比重

单位:%

年 份	广 西			重 庆			四 川			云 南		
	GDP	外 资	外 贸	GDP	外 资	外 贸	GDP	外 资	外 贸	GDP	外 资	外 贸
2008 年	2.22	1.11	0.52	1.83	1.03	0.37	3.99	1.81	0.86	1.80	0.61	0.37
2009 年	2.22	1.09	0.65	1.87	1.11	0.35	4.06	1.84	1.09	1.77	0.64	0.36
2010 年	2.38	1.03	0.60	1.97	1.29	0.42	4.27	2.01	1.10	1.79	0.66	0.45
2011 年	2.48	1.00	0.64	2.12	1.51	0.80	4.45	1.92	1.31	1.88	0.69	0.44
2012 年	2.46	0.95	0.76	2.16	1.65	1.38	4.51	1.96	1.53	1.95	0.69	0.54

注：笔者根据中宏数据库数据计算。

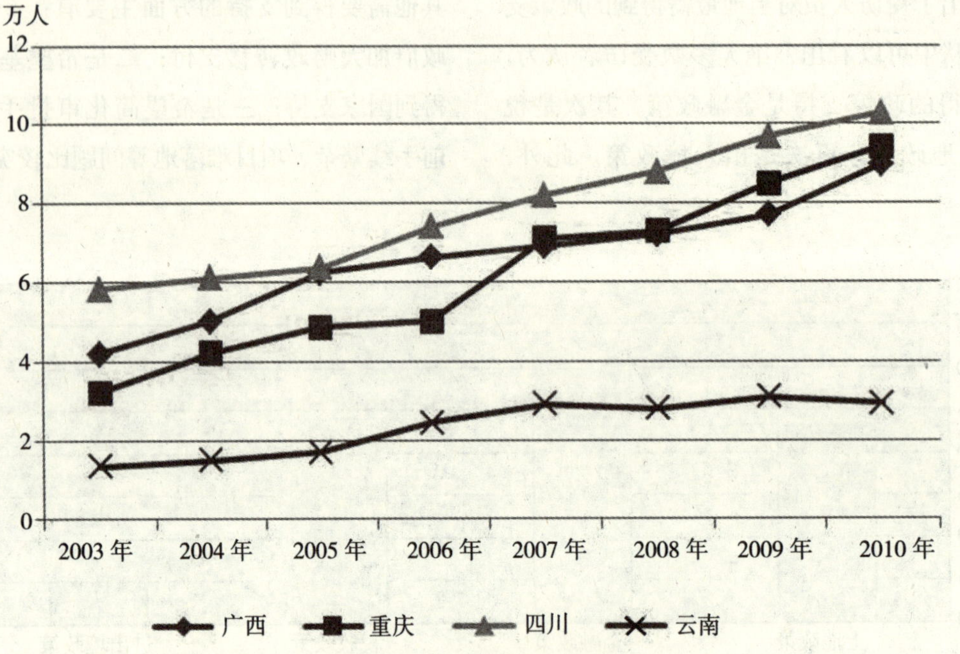

图3　外资企业就业人员情况

资料来源：笔者根据中宏数据库数据绘制。

2. 基础设施不够健全，政府财力薄弱

由于交通等基础设施存量小、政府财力薄弱、可用于边境基础设施建设和口岸建设资金匮乏等原因，西双版纳州的基础设施远远落后于我国其他地区。就公路方面来说，问题主要表现在以下两个方面：首先，交通基础设施规模总量偏小，结构不尽合理。截至2010年年底，西双版纳州公路通车里程达到8729千米，占全省公路通车里程的4.2%，在全省16个州市中排名第12位。以国土面积计算，全州公路密度达到45.64千米/百平方千米，在全省16个州市中排名第11位，远远低于全省平均水平。[③] 从公路规模来看，与省内其他州市相比，总量及平均水平均较低，而且西双版纳州公路技术等级结构总体偏低，等外公路占总里程的35%，详见表6。其次，综合交通运输枢纽的规划建设有待完善和推进。公路、站场、城市交通与港口布局之间的合理衔接存在问题，缺乏协调，货物换装环节多，增加了运输时间和费用。

表6　2010年西双版纳州与其他州市公路规模水平比较表

类　别	公路里程（千米）	占全省里程比例（%）	等级公路（千米）	其中：高速公路（千米）	等外公路（千米）	万人千米	百平方千米公路里程（千米）
全省	206214	—	124526	2512	79227	45.14	51.71
昆明市	16036	7.78	11602	359	4434	26.28	72.07
曲靖市	20293	9.84	15732	255	4561	34.19	69.03
玉溪市	16390	7.95	15937	240	453	77.24	105.7
保山市	11549	5.6	7234	134	4315	47.05	58.1
昭通市	14312	6.94	4393	135	9919	26.92	60.22
丽江市	5966	2.89	3127	—	2839	56.02	29.99
普洱市	19076	9.25	8578	135	10498	76.89	41.9
临沧市	13755	6.67	6783	—	6972	60.28	56.04
楚雄州	16644	8.07	7114	301	9530	62.6	54.92
红河州	18937	9.18	13615	334	5322	45.22	56.58
文山州	12871	6.24	8533	303	4338	33.73	38.5
西双版纳州	8729	4.23	5010	90	3719	81.58	45.64
大理州	16783	8.14	9121	226	7662	46.58	53.28
德宏州	6835	3.31	3905	—	2930	53.3	53.87
怒江州	3696	1.79	1514	—	2182	76.28	25.94
迪庆州	4342	2.11	3286	—	1056	114.49	16.72

数据来源：《西双版纳州“十二五”交通运输发展规划》。

3. 经济基础薄弱，整体经济水平较落后

西双版纳州的经济发展实力薄弱主要体现在城市规模较小、缺乏大企业和大项目的支撑，以及产品市场尚未真正形成等几个方面：首先，西双版纳的城市规模较小，产业基础薄弱，人口少，市场化程度较低。要发展成为带动力强的沿边地区经济增长极还需要较长期的过程。其次，西双版纳州的开发缺乏大企业、大项目支撑，主要依赖政府、半官方机构和民营外经贸企业进行边境经济、贸易、技术等方面的合作，然而，这些企业普遍存在着规模偏小、缺乏资金和专业化优势、经营能力不强、产品质量和技术含量较低、国际竞争力不足的问题。再次，产品市场还未形成。国内名牌产品生产企业一般较少在西双版纳开展业务，且国内名牌产品的国外认知程度也不够高，因此，稳定的产品市场难以真正形成。

4. 产业结构偏置化，第三产业传统化

当前，西双版纳州的经济结构存在“偏置化”的问题。“偏置化”主要体现在经济结构不合理，第一产业占比偏高。2008—2012年西双版纳州经济结构的变化不大，三个产业基本比重围绕30∶30∶40这一比例小幅度波动，产业结构模式特点为第一产业滞后、第二产业脆弱、第三产业传统。2012年，西双版纳的第二产业增加值为68.16亿元人民币，与第一产业增加值（67.53亿元）持平，远远低于第三产业增加值（96.95亿元）。在较为发达的第三产业中，提供餐饮、住宿、零售运输的传统服务业所占比重较大，现代服务业比重小，金融、咨询、通信等现代服务业滞后。

5. 旅游产业综合配套服务弱，旅游管理能力相对较差，缺乏龙头企业

近年来，随着西双版纳不断的开发开放，旅游业取得了较大发展，成为西双版纳州的支柱产业之一。但在发展过程中，还存在着一些问题和障碍，具体体现为：一是旅游业的综合配套服务有待加强。从单纯的观光旅游向观光度假休闲旅游的转型升级是旅游业发展的必然趋势。目前，西双版纳州的旅游景区在游乐休闲设施、购物中心及金融、通讯、医疗等方面的投入还有待加强。二是旅游管理有待进一步提高。西双版纳州的旅游业多元化投入体系逐步形成，但总体规模偏小。旅游业的服务能力和国际化水平，有待更进一步提升。三是缺乏重点龙头企业。西双版纳州旅游企业规模小，集中度低，服务项目有限，市场占有率低，明显缺乏龙头企业。

6. 对外贸易规模小，对外合作交流范围窄，总体水平仍然较低

首先，西双版纳州的贸易规模虽然不断增长，但与沿海地区相比，其规模上的差距仍然在扩大；其次，由于西双版纳州的工业化程度不高，边境贸易的商品结构往往比较单一，资源型产品和农产品占了主要部分，工业品较少，技术含量高的工业品在总贸易量中所占的比重很低；第三，边境贸易中，小额贸易的比重较大，较多开展贸易的企业仍然采用边贸市场、边贸合约、边贸交割的方式进行交易，不利于形成多层次、大范围的贸易结构；第四，西双版纳州口岸经济孤立化。由于沿边口岸经济中的加工制造产业始终未成规模，而单纯的贸易活动难以拉动第一产业和现代服务业，口岸的作用还主要停留在通道和提供交易场所等初级功能上。最后，西双版纳州进出口贸易和对外合作、投资的对象单一，主要集中于越南、老挝、缅甸三国，而与其他东南亚国家及南亚国家之间的经贸、投资、合作交流都较少。

7. 边境贸易“过货”化、对外贸易代理化

当前，所谓“买南卖南”“两头在外”已成为沿边口岸经济普遍存在的问题，西双版纳州也不例外。由于沿边口岸缺乏生产加工能力，而进口的木材、原材料、矿石、有色金属等物资也未能实现落地加工，有些直接运往内地，有些在口岸地区进行初加工、粗加工后，运往内地或沿海进行深加工、细加工。除此之外，我国对边境贸易实施了超越世贸准则的特殊优惠政策，但将边贸的主体资格限定为边民或陆地边境线行政区域内登记注册的出口企业。这种政策使得西双版纳州沿边口岸外贸代理业务趋于繁荣。但代理商多、小、杂，操作规范性差，抗风险能力差，投机性强而投资能力不足。④

8. 利用外资水平低，对外投资规模小

当前，西双版纳州引进外资、对外投资和经济技术合作的增长速度很快，但由于基数小、存量小，实际引进外资水平还较低，对外投资和合作规模较小。以引进外资为例，比较西双版纳和同处西南沿边地区的地级市——广西防城港市的差距。2010—2012 年，防城港市招商引资内资到位资金 810.69 亿元，实际利用外资 5.83 亿美元，年均增长 25.87%。而同期，西双版纳州招商引资到位资金 233.87 亿元，实际利用外资 2318 万美元，与防城港市差距较大。造成这种差距的原因是多方面的，有交通地理位置的因素，也有招商引资政策和环境等其他因素。

9. 对外经贸合作受周边国家影响大

西双版纳州的对外经济合作容易受到周边环境影响，边境地区安全因素仍然是影响该州对外经济合作顺利开展的重要因素。如前所述，2008 年和 2009 年，受缅甸边境骚乱影响，西双版纳与

缅甸的边民互市成交额一度出现负增长。由此可见，西双版纳州在对外开放进程中，对邻近国家和地区的经济、政治环境依赖性较强，使得该州的对外开放波动性大，不确定因素较多。

四、未来推进西双版纳州对外开放的政策建议

（一）加大财政金融支持力度，推动基础设施建设，为企业发展提供支撑

针对西双版纳州基础设施不够发达、缺乏龙头企业的现实问题，中央和云南省应首先加大对西双版纳州等滇西沿边地区的财政、金融支持力度，加大财政转移支付，推进基本公共服务均等化，鼓励国家开发银行等金融机构提供基础设施建设贷款，积极帮助西双版纳州更快地推进基础设施建设。

其次，西双版纳州沿边的企业大多是从事边境小额贸易的中小企业，而这些中小企业难以获得银行贷款，影响了企业的发展、壮大。政府应鼓励银行给予这些沿边小额贸易企业特殊的融资政策，如加大贷款贴息力度，给予贷款利率、还款期限等方面的优惠等，同时要积极鼓励民间资本有序进入，拓展融资渠道。

再次，政府可建立“沿边开放引导基金”，引导那些产业辐射能力强、产业链长的大项目投向西双版纳州等滇西沿边地区，引导我国沿海地区适合滇西发展的加工贸易企业转移到西双版纳等沿边地区，同时鼓励和支持当地企业主动承接东部产业转移，并加大当地特色产品的研发、对外宣传和推介。

（二）优化产业结构，促进第三产业特别是现代服务业的发展

要改变西双版纳州经济结构“偏置化”问题，就必须调整产业结构，要在以下几个方面下工夫：首先，要改变第一产业滞后的状况，发展现代农业，延长延伸农业产业链，进行深加工。西双版纳州农林资源发达，但对外大多仅仅提供原材料，附加值低。例如西双版纳州橡胶种植面积大、占农业比重高，但当地仅仅提供橡胶这种原材料，缺乏对橡胶进行深加工处理的能力，需进一步引进资金，鼓励企业在当地对农产品进行深加工，这不仅有利于延伸农业产业链，也有利于当地产业升级、提高就业率。

其次，要改变第二产业脆弱的现状，积极发展制造业，引导沿海加工贸易企业向西双版纳州转移。尤其可推动主要产品面向东南亚国家的这些企业向西双版纳州转移。同时以产业园区、出口加工园区等为载体打造特色沿边产业集群，提升产业竞争力，做大做强沿边优势产业，推进沿边产业集聚，提升产业核心竞争力，最终提高西双版纳州第二产业的比重。

再次，要改变第三产业传统化的缺陷，发展现代服务业。发展现代服务业不仅能够有效提升西双版纳州第三产业的发展水平，还能为当地企业提供更好的金融、咨询等服务。同时，西双版纳州还可以发挥自身地理位置优势，培育旅游业的龙头企业，并大力发展物流和边境展会等服务。

（三）营造良好的投资环境，创新人才引进和培养机制

营造良好的投资环境需软硬兼备，一方面，西双版纳州需要继续完善配套基础设施建设，提升服务保障功能；优化道路交通网络，增强沿边开放的通道支撑能力；加快各口岸查验设施、仓储、物流等硬件配套设施建设，改善口岸通关环境。另一方面，要以建设法制化、国际化的营商环境为目标，逐步建立与国际接轨的市场规则体系，推动贸易便利化，缩短通关时间，降低通关

成本。此外，还要加强开放观念，树立亲商理念，创新政府管理体制，提高政府审批效率，建设服务型政府。

人才缺乏是制约西双版纳州进一步对外开放的重要因素之一。云南省的高等教育资源本来就相对不发达，而西双版纳州这样地处内陆边疆、经济相对落后的地州，就更难招揽到优秀人才。除了缺乏从事国际经贸的专业人才外，西双版纳州还缺乏推动其支柱产业——旅游业发展的专业人才，包括旅游企业经营管理高端人才，如旅游业高层管理者、市场营销、旅游娱乐管理、旅游景区管理人才等。为此，西双版纳州必须破除体制机制障碍，创新人才引进和培养机制，多渠道、多形式地引进各类人才，对紧缺人才给予创业资助和税收、医疗、住房等多方面的特殊优惠政策。同时，还要充分利用教育部滇西智力扶贫计划，与国家"985""211"高校和云南省高校合作，定向培养经济社会发展急需的专业人才，积极与周边地区（如泰国）开展国际人才交流与合作，提升国际高端人才往来便利化水平；放宽中外合作办学限制，提升当地人才培养能力。

（四）充分利用中国—东盟自贸区协议，完善跨境合作机制，推动当地企业"走出去"

中国—东盟自贸区协议已经全面涵盖了货物贸易、服务贸易和投资，因此，西双版纳州应充分宣传和鼓励企业利用相关协议条款，进一步巩固和完善与东南亚国家的跨境经济交流与合作。可以考虑搭建重点合作平台和窗口，加大对跨境经济合作区的政策支持力度，深化西双版纳州与东南亚国家在经贸、技术、文化、人才等全方位、多层次、宽领域的合作。

在引资、引智、引技的同时，西双版纳州也要注重推进本地企业"走出去"，以拓展沿边开放空间。首先，要加强对周边国家的研究，建立信息服务平台，为企业"走出去"提供信息服务；其次，要完善企业"走出去"金融服务体系，建立出口信用担保和对外投资的担保体系，增加对"走出去"企业的融资支持；再次，要加强对"走出去"企业进行投资目的国相关投资政策、法律法规和文化习俗等方面的培训，使企业在"走出去"过程中，能够更好地利用投资目的地的优惠政策，有效避免违反当地法律、法规的行为，也使企业更深入地了解当地文化、更好地融入当地环境。

（五）把握新机遇，以国家重点开发开放实验区建设带动对外开放水平的快速提升

扩大沿边对外开放是促进沿边经济起飞的强大引擎，目前西双版纳州正面临着前所未有的发展机遇。为贯彻落实党的十八大提出的沿边开放战略，2013 年 12 月国务院出台了《关于加快沿边地区开发开放的若干意见》，将云南勐腊（磨憨）列为计划设立的 6 个国家重点开发开放试验区之一。西双版纳州要把握好机遇，站在国家战略的高度，认真研究，全面统筹，科学谋划，优化布局，探索创新，构筑沿边开发开放新高点。要进一步增强开发开放意识，以"口岸对开、跨境合作、一体发展"的理念，依托昆曼国际公路、泛亚铁路中线和澜沧江—湄公河大通道，加快转变经济发展方式，着力加快交通等基础设施建设，加快特色优势产业发展，形成跨境经济合作的重要增长极；深化经贸投资合作，促进区域经济一体化发展；着力在创新体制机制有新的突破，在边境管理体制、金融管理体制、跨境合作机制、土地管理方式、人才管理体制等方面大胆探索，实现对外开放水平的快速显著提升。

注　释：

①《西双版纳傣族自治州2013 年国民经济和社会发展

统计公报》。

②西双版纳州商务局网站，http：//xsbn. mofcom. gov. cn。

③《西双版纳州“十二五”交通运输发展规划》。

④刘建利：《我国沿边口岸经济发展对策》，《宏观经济管理》2011年第9期，第39-40页。

参考文献：

［1］李光辉．加快边境经济贸易发展，提升沿边开放水平［J］．贵州财经学院学报，2010（4）．

［2］刘建利．我国沿边口岸经济发展对策［J］．宏观经济管理，2011（9）．

［3］张毅，金璟，李永前，等．以桥头堡战略推动云南沿边开放跨越式发展的思考［J］．经济师，2013（5）．

［4］张丽君，吴凡．民族地区沿边开放效果及政策研究——以云南省为例［J］．黑龙江民族丛刊，2014（1）．

牟定县基础教育发展状况及对策

曹慧东 王宏杰*

摘 要：本文以牟定县教育发展状况调研为主线，从该县教育基本情况入手，梳理了近年来在各方面的支持下，取得了设施建设、教育质量提升、队伍建设等方面的成效，进而着重分析在教育投入、条件建设、资源配置、师资培养、学前教育、教育管理、校园安全等几个方面存在的问题和困难，在此基础上，对应地提出了对策和建议。

关键词：基础教育 学前教育 发展状况 教育投入 对策

牟定县地处滇中腹地，位于楚雄州中部，素有“左脚舞之乡”“腐乳之乡”和“匠人之乡”的美誉。全县辖 3 乡 4 镇、89 个村（居）委会，国土面积 1464 平方千米。县城距省府昆明 186 千米，距州府楚雄 32 千米。2013 年，全县有总人口 20.41 万人，境内居住着汉、彝、苗等 23 个民族，其中，少数民族占总人口的 21%。

该县民众历来尊文重教，历史上文风浓厚。新的历史阶段，该县教育呈现新的复杂特点。为全面了解该县教育现状，贯彻教育扶贫、科技扶贫指导思想，结合工作需要，一年来，深入到全县各中小学，通过实地考察、查阅资料、召开座谈会等形式对各学校教育现状进行了调研和思考。

一、牟定县教育基本情况

该县现有普通高级中学 1 所，在校学生 1842 人；职业高级中学 1 所，在校学生 1627 人；初级中学 9 所，在校学生 7168 人；小学 84 所（完全小学 81 所，教学点 3 个），在校学生 12598 人；幼儿园 13 所（其中，公立幼儿园 8 所，民办幼儿园 5 所），在园幼儿 3322 人。全县在岗小学专任教师 890 人，高中（含职高）专任教师 231 人，初中专任教师 485 人，幼儿专任教师 80 人，共 1686 人。全县校舍总面积 236538 平方米。全县危房面积达 40981 平方米，其中 D 级危房 21510 平方米，C 级危房 18349 平方米，B 级危房 1122 平方米。全县学前一年受教育率、小学适龄儿童入学率、巩固率均达 100%；13 至 15 周岁青少年入学率为 99.4%，辍学率为 1.4%；青壮年非文盲率为 99.9%；三类残疾儿童少年入学率为 100%。

（一）办学条件不断改善

一是教育基础资源得到全面优化。近年来，全县实施了“危改项目”“校舍改造工程”“校舍安全工程”等教育基建工程 140 余项，投入资金

* 曹慧东，华中师范大学；王宏杰，牟定县教育局。

1.3亿元。撤并教学点77个（撤并一师一校校点61个，撤并初级中学3所），有效盘活了校点的闲置资产，教育资源配置更加优化。全县列入校安工程的44所学校81个项目已全部建成投入使用，全县教育基础能力大幅提升。二是“薄改”项目取得较快发展，教学设施不断优化。截至2013年上半年，积极争取到中央、省、州“薄改”资金1193万元，为6所初级中学配备普通多媒体教室50间，为2所中心小学配备计算机教室，为24所村完小配备科学实验室、图书室、电子白板、音乐、体育、美术等教学设备。三是农村义务教育学校勤工俭学项目初见成效。6所项目学校勤工俭学基地得到改造，投入使用并初见成效。各校将勤工俭学收获的猪、鸡、蔬菜等投入到学生食堂，改善学生生活；全年共取得勤工俭学收入67万元，将其中的32万元用于困难学生补助。

（二）教学质量有了新的提升

坚持“育人为本，德育为先”的原则，把立德树人作为教育工作的根本。一是全县各类学校实施分类考核成效明显。其一，学前教育小学化倾向有所改观，对幼儿教师的考核侧重于活动的开展、儿童健康发展的潜力培养等方面，以此弱化学前教育教师对考试成绩的追求；其二，对小学阶段教师的考核重点是小学生行为习惯、学习习惯的养成教育和优秀品质的培养，教学成绩只定等次不给分数不排名次；其三，对初级中学教师的考核本着“学习可以不要求最好，但做人千万不能学坏”的思想，主要考察教师注重学生学习方法的培养和身心健康发展教育；其四，对高中阶段教师的考核主要是围绕高考目标，根据不同年级、不同学生的情况制订考核标准，做到“教师人人肩上有指标，学生个个心中有目标”。二是深化课堂教学改革取得突破，努力建立现代课堂教学模式。如深入推进集体备课制度、“一周大讲堂”教研活动，坐班制、课堂教学实行“三五七”教学模式，发挥学生自主学习、合作学习，在师生互动、愉快学习方面取得明显效果。

（三）教育工作队伍建设得到了新加强

一是加强教育行政部门和学校领导班子建设。通过公开招考，选拔教育部门领导；对多位校长进行异地交换，新提拔一批新锐骨干担任中小学校长。二是加强师资队伍建设，通过“国培计划”、希望工程全国教师培训、现代教育示范学校骨干教师培训等，全县有2015人次参加了培训学习；有251名中小学教师到山东、上海等地参加了“现代教育示范学校建设工程”培训；257名中小学骨干教师参加了北京、贵阳、山东等院校的远程培训；举办系列培训，对580名完小校长、中小学班主任、中小学教师教育技术能力进行了培训；19名中小学校长到省州进行岗位培训。

（四）教育发展机制进一步健全

一是完善考核机制，实施两个层面的考核制度，即县教育行政主管部门对全县各个学校的年度目标分类考核和学校对教师个体实施绩效考核。二是教师职称评聘管理进一步规范化、制度化，营造出公开、公平、竞争、择优的人才评价机制。三是完善教师合理流动机制。调整跟班支教制度，选拔25名城区教师到山区中小学支教，选派31名山区教师到城区跟班学习，促进了城乡教师的交流互动。通过从局机关下派干部到学校挂职，从中小学选派年轻教师到局机关挂职锻炼，实现了双向交流培养。

二、存在的问题和困难

全县教育在促进和实现义务教育均衡发展上实行了根本转变，但是，离由数量满足型向优质保障型、由不让一个孩子失学向关注每一个孩子健康成长转变的目标还有相当大的差距。面临的困难多，阻力大。

（一）教育投入与需求之间的矛盾十分突出

该县属典型的农业县，经济基础薄弱，县级财力无法充分满足教育基础设施、后勤保障之需。

一是全县校舍建设资金缺口巨大，仅以县幼儿园综合楼、江坡中心幼儿园修缮、薄弱学校食堂、牟定一中校舍建设欠款、民族地区薄弱县高中建设项目等为例，县级配套资金缺口约达1689.01万元。全县109个校点，有131幢20435平方米D级危房仍在使用，校舍安全隐患较大；不少农村小学校舍的围墙、大门、厨房、宿舍、厕所、食堂等配套设施不齐全；学生宿舍，学校美化、绿化，校园文化建设资金缺乏，教师住宿、生活条件亟须改善。

二是城镇化学校建设迫在眉睫，政府拟在城区新建一所占地200亩、办学规模约3000人的民族中学，需投资1.5亿元，资金筹措十分困难。

三是营养改善计划资金缺口大。2013年，全县实施农村义务教育学生营养改善计划学校93所，涉及学生17837人，补助标准为每生每年600元；全县有寄宿制学生9487人，享受“一补”人数9487人，占全县义务教育阶段学生总人数19766的48%，寄宿制学生生活补助为小学每年每生1000元，中学每年每生1250元。仅以应配工勤人员为例，按较低的每人每年8000元计算，工勤人员工资需要资金336.8万元。学校承担学生用餐的运输费、水费、燃料费等附加成本，开支金额较大，挤占了学校的公用经费。

（二）教育资源配置不均衡，运行管理困难多

一是基础设施布局失衡，严重制约着城乡教育的协调发展。从全县来看，绝大多数学校办学规模小，校点分散，小班额现象突出，办学效益低；全县84所小学，班级平均规模只有24.5人，还存在若干所一师一校、两级复式教学的现实。在城镇化进程中，教育资源配置跟不上形势发展，城乡学校布局不均衡，乡镇学校校舍闲置，招生逐年减少。而城区幼儿园、小学、初中生源剧增，空间拥挤，外来务工子女难以就近入学。例如，地处县城的茅阳初中在校生1572人，平均每班达58.2人，生均建筑面积仅7.5平方米，两所小学在校学生达2794人，生均占地仅为6.9平方米，平均每班超过50人，班额规模过大，空间拥挤，安全隐患问题突出。这几所学校占地面积和建筑面积都达不到义务教育“两基”指标要求。

二是寄宿制学校管理、运行实施困难多。其一，由于山区学校多、路途远、校点偏僻，学校食堂设施设备不足，食品贮藏条件差，用餐场所紧缺，给食品配送带来很大难度。全县采取学生营养餐“学校+企业”的供餐模式，大宗食品通过公开招投标的方式统一集中采购，企业供货到学校，但是食品在校外流通环节多，食品安全监管困难，存在安全隐患。一些基本食品如米线、面条等无法加工制作，学校只能选择保质期长、方便保管的预包装食品供给学生食用。其二，食堂工勤人员缺乏专业培训，业务素质不高，食品卫生安全隐患大；工勤人员严重不足，全县学校聘用了大量临时炊事人员，按每50名学生配备1名工勤人员、每300名寄宿制学生配1名管理员要求，全县应配工勤人员和管理人员430人，现有144人，缺286人。由于工勤人员紧缺，教师还要参与完成大量的后勤工作，分散了教师的精力，影响了教学。

（三）学前教育资源严重不足，严重制约了学前教育发展

一是幼儿园总量不足，无法满足幼儿入园需

求。全县学前三年入园率为46.64%，低于全州64.08%平均学前三年入园率18个百分点。全县3~6岁儿童6096人，有幼儿园13所，在园幼儿3322人，幼儿园乡镇覆盖率为71.4%。按每1万人口布点1所幼儿园的要求，至少还应建立8所。全县学前教育大量采取小学附属学前班形式，3~6岁幼儿很多只能就读于附设于小学的学前班。同时，也形成了城区入园难、班额大的现状。

二是幼儿教师缺乏，保教质量低。由于无法按全日制幼儿园1∶6~1∶7核准编制，参照小学1∶19来核编，编制标准低，数量严重不足，民办幼儿园聘用了相当数量的没有系统学习过幼儿教育理论、缺乏幼教专业技能的非幼师类毕业生。绝大部分幼教教师教育观念相对落后，年龄偏大，知识结构老化。

三是存在幼儿教育小学化倾向。一方面少数幼儿园盲目迎合家长，急功近利，开设一些课程和兴趣特长班，而对幼儿良好行为习惯、个性、兴趣、智力潜能等方面的培养重视不够；另一方面，农村幼儿园教师多数从小学选派，幼儿教师专业化水平不高，实践经验欠缺，加上受幼儿园场地、教具玩具配备的局限，教师无法按照要求组织开展游戏活动，往往采用最简便的小学化模式保育教学。

（四）教师队伍建设亟待加强

一是教师队伍结构不合理，学科结构失衡严重。受编制、地域条件等因素影响，农村学校教师年龄结构偏大，学科结构严重失衡，多年没有调进新的教师，教师断层现象严重。如小学阶段的体育、美术、音乐、信息技术和外语专业教师缺编严重；初中阶段化学、地理、历史学科兼职教师多，音乐、美术和信息技术专业教师缺编严重；有的学校教师总体上不缺编，但某些科目教师偏多，而一些学科却无专业对口教师。农村小学及教学点的一、二年级均长期实行包班教学，包教小学语文、数学、思想品德、科学、音乐、体育、美术等七八门课程，长年累月一个面孔贯穿始终，造成学生厌学、老师厌教现象。

二是骨干教师少，中青年骨干教师队伍还未形成。全县专任教师，40岁以上的697人，占总教师数的40.85%，教师年龄结构偏大，中老年教师职业倦怠，观念固化，方法落后，缺乏教育吸引力、感召力，与学生之间代沟明显。一面是“三五”政策难以实施，部分老教师无法退休；另一面是新教师得不到补充。

三是激励机制不健全，优秀教师流失严重，优秀生源外流现象日趋盛行。农村学校优秀教师、骨干教师留不住，不断往城镇流动；城里优秀教师向县外流。实施绩效工资后，奖优罚劣力度不够，没有形成较好的竞争势头，一线教师和班主任的积极性不高，有消极懈怠情绪。近几年来，该县优秀教师流失大约有50人。优秀中考学生多不选择本县就读，每年外流优秀高中生源均在200余人，且呈逐年上升趋势，严重影响着该县高中教育的持续发展与教育质量的提升。

四是教师培养培训工作力度和深入不够，培训渠道窄，形式比较单一，教师参训积极性不高，培训效果不佳。由于培训经费十分有限，教师培训多限于本地，“走出去和请进来”的培训模式没有得到有效开展。部分学校对教师培训工作重视不够、认识不到位，不参加或不安排教师参加培训，或为了充数，安排课程少、不承担统考科目教学任务的教师参加培训。培训内容相对陈旧，培训形式单一老套，缺乏吸引力，存在着“重宏观轻微观、重理论轻业务、重研究轻应用”等问题。往往是专家“有什么卖什么”，没有从教师需要出发，缺乏分层分类、系统科学地区分不同岗位、不同年龄教师、不同文化能力素质结构和技能需要，针对性不强，难学以致用、有的放矢。

在培训方法上，课堂讲授多，实践考察少；理论灌输多，经验传授少；传统方法多，现代手段少；内部交流多，外出学习少。

（五）学情复杂，教育管理难度大

一是留守学生隔代教育现象普通，教育监管脱节。根据调查，农村留守儿童的数量不断增加，该县小学有留守儿童5598人，占小学在校学生的44.4%；初中有留守学生2837人，占初中在校学生的39.6%。这些留守儿童的家庭教育、学习辅导监督不到位，生活照顾不周、亲情缺失，造成性格成长障碍，不少学生性情孤僻，遇事情绪急躁、易怒等。这一特殊群体给学校教育教学管理带来了很多困惑。

二是问题学生教育乏力。按照国家法律法规，教师不能体罚学生、学校不能开除学生，教育、批评、引导往往难于奏效，对问题学生的行为矫正成了难题。

三是生理卫生和心理健康教育滞后。由于受传统观念的影响，各学校没有认真地开展对青少年学生的青春期教育，青少年学生因生理变化、异性好奇心等陷入困惑。据调查，由于长期脱离父母，贫困、竞争加剧等因素，学生普遍存在孤僻、自卑、焦虑、好斗等心理问题，而学校的心理健康课程不能正常开课，也没有心理辅导工作室，学校对学生的心理问题疏导不利。

（六）“两基”巩固受到新冲击

部分学生家长对大中专毕业就业制度改革存在片面理解，对子女入学读书缺乏足够的热情和认识。同时，受打工潮的影响，一些初中学生在认识上还无法抵制外出打工的诱惑，控辍保学的难度较大。全县初中流失学生262人，巩固率仅为94.01%，距省、州的指标要求还有不小差距。

（七）学校安全形势不容乐观

一是学校安全隐患突出，交通安全形势严峻。该县山区面积广、校点分散，学生上、下学路途遥远，乘车难、费用贵等问题相继出现。中小学生天性好动、好奇心强，在上学、放学途中，道路交通违规行为时有发生。同时，由于上学、放学期间大量人口集中，经常造成交通阻塞，摩托车、农用车、拖拉机、非法运营车辆接送学生、超载现象时有发生，严重威胁到学生的人身安全，比较突出的有安乐中学、青龙中学和马厂中学。

二是校园周边环境整治难度大，整治后经常复发。学校周边网吧、游戏室受利益驱动，经常违法违规经营，接纳未成年人进入、超时经营、传播不良文化信息等，给未成年人带来极大的危害，影响着学校正常教学秩序和青少年的健康成长。另外，学生、师生、家校之间矛盾时有激化，学校安全管理较难，加上学校人防、物防等安保设施缺乏，面对复杂多变的周边环境，学校安保工作压力大。

三、对策与建议

（一）坚持教育政策公平取向，合理调整布局，加大公共教育投入，改善办学条件

第一，积极稳妥实施中小学校点布局调整方案，科学合理实施校园布局调整和学校建设规划。根据全县适龄儿童人数呈逐年递减、班额过小的趋势，按照国家小学教育师生配比标准，合理撤并校点，有效整合力量集中优势资源办学。该县1~6年级学生不足19人的班级共有194个，呈现出年级越低学生数越少的格局；部分班级人数极少，如戌街铁厂、安乐力石完小、蟠猫联丰完小等几所小学的1年级学生仅为5人左右。按照“加

速做大城区，积极巩固坝区，逐步优化山区”的思路，依据人口密度、服务半径、地理条件、社会需求等综合因素，科学预测学生数，坚持“高中向城区集中、初中向乡镇人民政府所在地集中、小学向村委会所在地集中”的原则，合理确定全县学校布局、数量和规模。突出重点，集中投入，在各乡镇重点建好1～2所现代教育示范学校。

第二，加快农村学校、城区薄弱学校硬件设施建设。根据全县中小学校舍安全工程建设实施方案，加速完善农村学校和城区薄弱学校教育教学功能设施建设和改造。大力推进设施器材统一规划、统一标准、统一配置，力争三年内达到国家基本标准，满足教育教学基本需要。全面消除D级危房，整修新的校舍。通过争取上级项目资金、县级财政资金安排，充分整合现有教育资源，利用危房原有空地或撤校并点的空间，重新建设校区或乡村幼儿园，优化校园校舍等级。

第三，坚持和完善义务教育经费预算单列制度。县级政府应全面落实中央、省、州关于教育投入的政策规定，完善农村义务教育投入保障制度，加大财政投入力度，进一步深化“校财局管校用”的义务教育经费保障机制改革，促进教育资源投入向农村和城区薄弱学校倾斜，向弱势群体倾斜。依法落实“义务教育财政拨款的增长比例应当高于财政经常性收入的增长比例，保证按照在校学生人数平均的义务教育费用逐步增长，保证教职工工资和学生人均公用经费逐步增长”的规定。设立中小学教师培训专项资金，着力培养培训强力师资。《国务院关于加强教师队伍建设的意见》指出：各级人民政府要加大对教师队伍建设的投入力度，新增财政教育经费要把教师队伍建设作为投入重点之一，切实保障教师培养培训、工资待遇等方面的经费投入。教师培训经费要列入财政预算。幼儿园、中小学和中等职业学校按照年度公用经费预算总额的5%安排教师培训经费。

第四，完善和创新政府主导、学校联动、社会参与的帮困助学机制。严格落实义务教育“两免一补”、农村中职学生“国家助学金”等救助政策。继续实施国家助学贷款政策，探索建立普通高中阶段贫困学生救助长效机制，完善各级各类教育贫困学生救助体系，扩大贫困家庭子女入学的资助范围。加强对助学资金的监管，严格发放程序，确保资金专款专用与资金安全。

第五，把学前教育摆在重中之重。立足实际，围绕学前三年入园率达70%、学前一年教育率达95%以上的目标，建立政府主导、社会参与的办学体制，健全完善政府扶持、企业投入、家庭合理分担的学前教育经费保障机制。力争改扩建、新建幼儿园2～3所，努力构建覆盖城乡、布局合理的学前教育布局体系。根据人口居住情况和3～6岁儿童分布情况，在县城新建一所容量达到500名左右的现代化标准幼儿园，加快戌街等三个乡镇中心幼儿园筹建，加强民办幼儿园的扶持和监管，完善准入审批制度和年审制度，规范办园行为，提高民办学前教育办园水平和保教质量。

（二）统筹师资配置，加强农村学校和城区薄弱学校教师队伍建设

第一，统筹解决教师缺额，稳定教师补充机制。根据学校布局、学生人数及结构变化，适时调整农村学校、城区薄弱学校教工编制结构，逐步解决农村中小学教职工标准、总量和结构不合理问题。积极引进、吸纳优秀高校毕业生和县外优秀教师，优化教师队伍结构，从根本上提高教师队伍整体素质。

第二，着力抓好队伍建设，实施人才强教和人才强校方针。首先，抓领头人队伍建设，强化对校长的培养培训，形成一支办学理念先进、肯干实干的新型校长队伍。其次，加强全员教师培

养培训，以德为先，能力为重，通过实施“国培计划”和国家滇西教育扶贫、科技扶贫计划，有计划、有步骤地对全县中小学教师、班主任全员培训。强化教育教学研究，突出学校办学特色。以教学改革为动力，以课题研究为载体，推进校本教研，丰富教学内涵。

第三，以政策杠杆引导和激励教师到乡村学校任教，促进优质教师资源配置均衡。通过调配、培训、职称待遇等政策措施，优先满足乡村一线、偏远校点师资引进，着力解决乡村小学英语、信息技术、音乐、体育、美术教师短缺问题；调配上，逐步实现区域内资源共享，发挥名师引领作用。

第四，实行评聘分开，推进教师职称制度和绩效工资改革。定期开展县级教学名师评选，重点奖励一线名师。发挥绩效工资的激励导向作用，改善教师待遇和工作环境；同时，保持学校工勤人员队伍稳定，将聘请人员工资纳入财政预算，确保学校后勤保障无忧。

（三）关注特殊学生群体，切实保障全体学生健康成长

第一，高度关注留守儿童，多措并举，完善关爱“留守儿童”的各项机制。县、乡党委政府应高度重视农村留守儿童工作，进一步建立关爱留守儿童联席会议制度，综治、教育、妇联、团委等部门定期通报交流关爱留守儿童工作情况。给予农村留守儿童更多的关护，加强对留守儿童学习、生活、心理上的指导。充分发挥老党员、老干部、老教师等“五老”人员的作用，实行留守儿童结对帮扶制度，关心督促留守儿童成长，帮助他们形成正确的人生观，培育他们健全的人格。

第二，要重视引导学生家长给予更多的关爱，强化家庭教育观念及其重要性，特别是外出打工的留守儿童的父母，要与孩子多沟通、交流，发挥家庭教育功能，帮助留守儿童健康成长。

第三，加强中小学生生理及心理健康教育。首先，加大对现有中学生心理辅导教师的培训，逐步安排中小学配备心理学专业的专职心理辅导教师。其次，加大宣传教育力度，开展心理辅导。学校要进行必要的青春期教育，使他们正确认识生理发育和性意识，用科学知识来解除好奇心和恐惧心理，引导异性同学正常交往，引导青少年专注于学习和健康活动，让学生自觉抵制社会上的不良风气。其三，提高教师自身的素质。教师是学生的表率，教师的言行举止影响着学生的心理成长。其四，加强家校配合，预防与矫治学生的心理障碍。充分调动学校、家庭两方面积极性，引导学生树立正确的人才观，尊重每个学生的个性和特长，重视和发掘人才的多样性，不歧视和嘲笑学业成绩差的学生。其五，组织多种活动，营造健康成长的良好氛围。组织开展丰富多彩的文体活动，从学生身边的小事情、小问题入手，抓住学生最感兴趣、最关心的热点问题入手，让学生积极参与、主动探究、充分体验、充分感悟，增强他们正确处理问题、战胜困难、不怕挫折的信心和勇气。

（四）明确各方职责，巩固“两基”成果

第一，加强领导，进一步强化政府责任。各乡镇人民政府要加强领导，宣传和贯彻新修订的《义务教育法》等法律法规，切实抓好本行政区域的控辍保学工作，通过依法控辍、行政控辍等有效措施，确保行政区域内适龄儿童、少年入学率达标，辍学率不超标，全面提高义务教育总体水平。

第二，建立健全乡镇、村（社区）、组三级联动防护网络，倡导利用村规民约确保入学巩固，采取多种方式，严防未完成九年义务教育的适龄

青少年儿童从各种渠道外出打工或流向社会。

第三，加强考核评价，把“两基”入学巩固指标完成情况作为考核乡镇主要负责人工作实绩的重要内容之一。

第四，尝试建立各部门挂点联系、结对帮扶各级各类学校的机制，在全社会营造重视教育、支持教育的良好氛围。

（五）建立综合治理长效机制，破解安全难题

第一，加强协调配合，确保道路交通安全，建立接送学生车辆管理制度和学生乘车补助制度。全县每年需投入25万元，用于学生乘车补助；各有关职能部门合理制定学生平安出行乘车规划，调整城乡公交线路、班次，强化路面监管；客运企业和公交公司加强接送学生的驾驶员及车辆管理。公安交警和运证管理部门要加大执法力度，严格禁止非法营运车辆搭载学生，持之以恒，净化学生安全乘车的环境。

第二，加强城区和部分坝区学校周边网吧管理。开展专项治理，实施“三项行动”，即在网吧容易接受未成年人时段，开展“午间行动”和“黄昏行动”；采取“零点行动”，查处网吧超时经营；努力争取电信公司支持，每晚11：30实施“掉线”管理。有关职能部门要与网吧经营单位签订《依法经营责任书》，定期召开辖区学校周边网吧经营业主依法经营学习会，增强经营者法律意识和职业道德。引导学校开设学生上网课堂和家长指导上网，满足未成年人上网需求。加强日常监管，相关职能部门定期、不定期进行拉网式排查，发现经常接纳未成年人的，吊销营业执照。

第三，将综治、平安建设日常工作经费及人防、物防、技防经费列入单位年度预算安排，落实到位。加强师生危机管理教育，开展各类安全应急演练，制订安全事故处置应急预案，包括师生集体活动、消防安全、交通安全、食物安全、传染病暴发、抗洪救灾、防震抗震、校园暴力、楼道管理、校舍垮塌、教育教学各类活动、触电抢救、学生意外伤害或猝死、危化品等突发事故处置应急预案。

边境少数民族地区基础教育发展研究报告

——以孟连县为个案

王应密 黄国清 宋显庆*

摘　要：基础教育是个人发展和进步的基础，同时为社会生产力的发展提供了最根本的条件。我国是多民族国家，由于历史、文化等方面的原因，基础教育在各民族、各地域间存在着一定的差距，尤其对边境农村地区而言，其基础教育的发展依然步履维艰，现状令人担忧。本研究选取了云南省南部的一个边远贫困县——孟连傣族拉祜族佤族自治县作为分析样本，采用个案研究的方式，通过实地调研和深入分析，系统揭示孟连县基础教育发展中存在的问题以及问题产生的根源，探索解决问题的有效途径。在个案分析的基础上，本研究将进一步提出改革和完善我国民族地区基础教育的有效措施。

关键词：基础教育　边境少数民族　问题产生的根源　有效途径

一、绪　论

（一）问题的提出

《中华人民共和国义务教育法》规定："凡年满六周岁的儿童，不分性别、民族、种族，应当入学接受规定年限的义务教育。条件不具备的地区，可以推迟到七周岁入学。"本文所指的基础教育主要是指国家规定的义务教育，包括初等教育和初级中等教育两个阶段。基础教育是个人发展和进步的基础，同时为社会生产力的发展提供了最根本的条件。《国务院关于基础教育改革与发展的决定》指出："基础教育是科教兴国的奠基工程，对提高中华民族素质、培养各级各类人才、促进社会主义现代化建设具有全局性、基础性和先导性作用。"

我国是多民族国家，由于历史、文化等方面的原因，基础教育在各民族、各地域间存在着一定的差距。近几年"两免一补"政策的实施尽管在一定程度上缓解了我国落后地区学生上学难的问题，使得适龄儿童的失学率、辍学率以及生源外流等问题都有了较大改观，但对于广大的边境及少数民族地区，尤其是边境农村地区而言，其基础教育的发展依然步履维艰，现状令人担忧。这些问题集中表现在：义务教育阶段入学率的自我保持性差，必须借助于各种外力的介入才能得以维持在政策所要求的范围；义务教育阶段在校

* 王应密，华南理工大学高等教育研究所副研究员，硕士生导师；黄国清，华南理工大学研究生院；宋显庆，孟连县人民政府督查室。

生的保持率已逐步沦为应付上级检查的一项考核指标，完成政治任务的重要性已淹没了提升国民素质和文化水平的意义；以及由此所带来的义务教育阶段高入学率与教育质量不同步、初中后教育升学率急剧下降、高考升学率长期低迷等一系列问题。这一系列问题产生的根源何在？如何才能冲破当前困境，为我国边远民族地区基础教育的发展探索一条可行路径？

为此，本研究选取了云南省南部的一个边远贫困县——孟连傣族拉祜族佤族自治县作为分析样本，采用个案研究的方式，通过实地调研和深入分析，系统揭示孟连县基础教育发展中存在的问题以及问题产生的根源，探索解决问题的有效途径。在个案分析的基础上，本研究将进一步提出改革和完善我国民族地区基础教育的有效措施。

孟连傣族拉祜族佤族自治县位于云南省南部，国境线长133.399千米，是通向缅甸、泰国等东南亚国家的重要门户。总面积1957平方千米，山区面积占98%；总人口13.55万人（2010年）。截至2013年，孟连县共有中学7所，小学30所，在校生人数17463人，其中小学11232人，初中5126人，普高872人，职高233人；教职工1255人。孟连县2010—2012年的教育经费支出情况如表1。

表1　孟连县2010—2012年的教育经费支出

收支情况 / 年份	一般预算总收入（万元）	教育支出（万元）	教育支出占比（%）
2010年	57863	7480	12.93
2011年	85034	11692	13.75
2012年	95544	12853	13.45

数据来源：《孟连县教育基本情况》（孟连县政府内部资料）。

2013年，孟连县小学入学率为99.77%，小升初升学率为96.9%，而中考升学率仅为32.2%。从近五年的高考录取情况来看，尽管升学率在逐年上升，但本科上线率平均仅为17.3%，尤其是重点本科，平均上线率仅为0.45%。

（二）研究方法

1. 问卷调查法

本研究共选取了5组调研对象，分别是学生、教师、家庭、教育管理人员以及受过良好教育的人员。针对每个调研群体的特征，设计了不同版本的调查问卷。问卷的填写采用的是当场完成、当场回收的方式，确保了较高的回收率。

2. 深度访谈法

本研究基于对5组调研对象特征的分析，分别设计了访谈提纲，所采用的主要是一对一的半开放式访谈形式。目的是通过访谈获得更为深入的信息和材料，同时对问卷收集的信息进行验证，使研究结论更加可靠。

3. 文献查阅法

文献查阅可以为研究的开展提供参考和依据。根据调研主题我们查阅了大量相关文献，包括国家统计局发布的统计公报，孟连县教育发展基础数据，国家对少数民族地区教育制定的相关政策和法规，国内外有关期刊、学术论文以及媒体信息等。

（三）数据处理工具

本次调研问卷内容较为复杂，在剔除无效问卷后进行人工录入和复核，确保数据的准确性。基础数据全部录入到Excel数据库，通过转化后导入SPSS 17.0数据处理软件进行系统分析。

二、教师问卷调查数据描述

本研究从孟连县37所中小学中随机抽取了70名中小学教师作为本次调查的样本，样本量占全县专任教师总数的比例为6.4%。调查共计发放问卷70份，回收问卷67份，回收率为95.7%；其中有效问卷64份，有效率为95.5%。共计访谈教师30人，整理有效访谈资料30份。

（一）基本信息

1. 性别结构

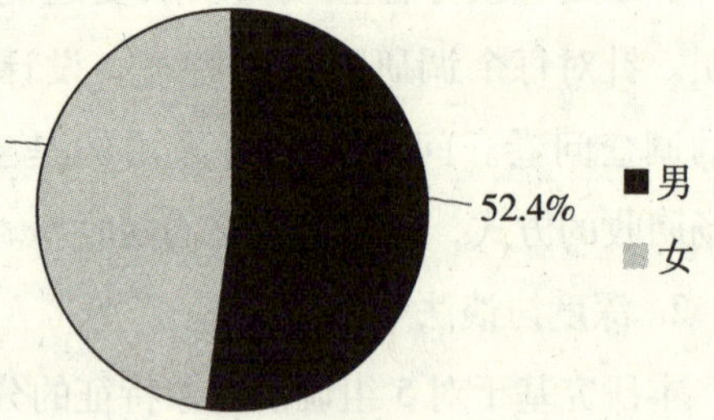

图1 教师性别结构

样本中有52.4%为男教师，47.6%为女教师（见图1）。男女比例基本平衡。

2. 年龄结构

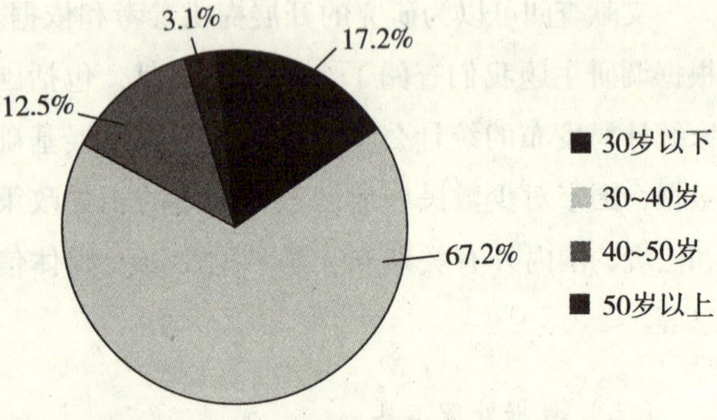

图2 教师年龄结构

17.2%的教师年龄在30岁以下，67.2%的教师年龄在30～40岁之间，40～50岁之间的教师占12.5%，另外有3.1%的教师年龄在50岁以上（见图2）。

3. 学历结构

学历构成中，大专占51.6%，共计33人，本科占39.1%，共计25人，高中或中专及高中以下占9.4%，共计6人（见图3）。

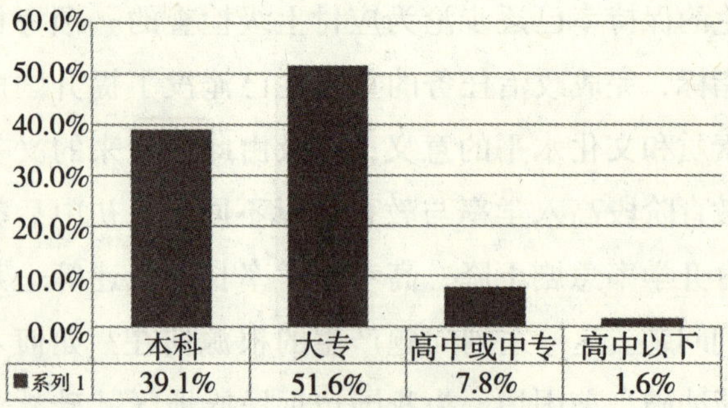

图3 教师的学历结构

4. 籍 贯

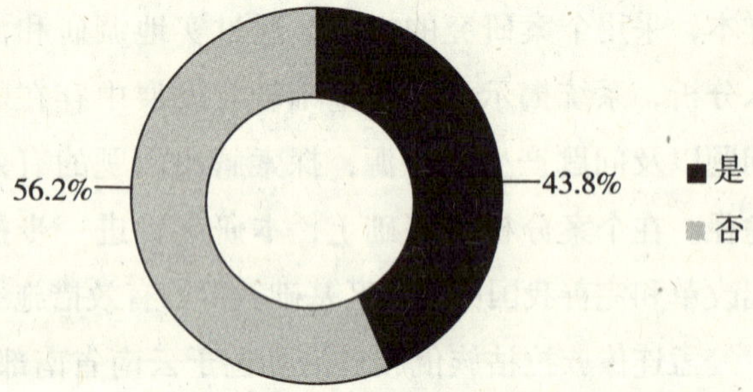

图4 教师的生源结构

在籍贯上，43.8%的教师是本地人，56.2%来自于外地（见图4）。而从访谈资料来看，这里"外地"的概念具有一定的相对性，它仅是相对于教师工作的乡镇而言的。因此，总体上而言，样本教师的主体构成仍是孟连县当地人。

5. 执教年龄

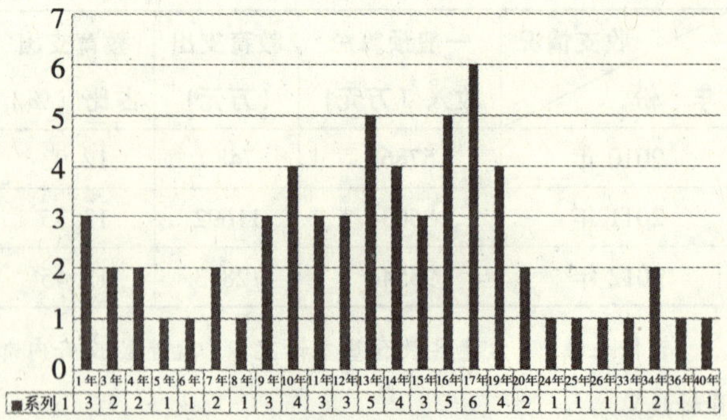

图5 教师的执教年龄分布

图5是教师教龄情况，教龄在5年内的教师有7人，仅占样本数量的9.4%，10.9%的样本教龄

在5~10年之间，79.7%的样本教龄都在10年以上。可见样本教师以10年以上教龄的老教师为主，年轻教师所占比例较小。

6. 所在学校类型

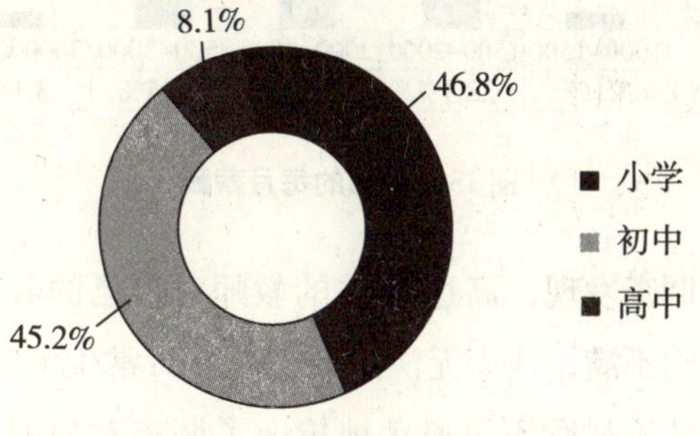

图6　所在学校类型

样本中大部分是中小学教师，其中29人任教于小学，占46.8%，28人任教于初中，占45.2%，5人任教于高中，占8.1%（见图6）。事实上，孟连县仅有一所普通高中，因此，样本中高中教师数量相对较少。

（二）教育活动

1. 对任教班级情况的掌握

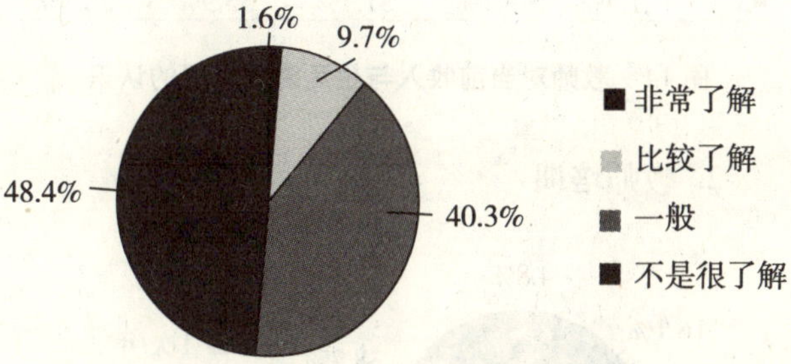

图7　教师对任教班级情况的掌握

根据图7的数据，教师对于所教班级学生情况的关注度不高，非常了解的很少，仅占1.6%，比较了解的占9.7%，不太了解或仅仅是一般了解的比例高达88.7%。

2. 家访情况

图8反映的是教师的家访状况，每学期家访次数超过4次以上的教师占51.6%，3~4次的占28.1%，1~2次的占20.3%。而结合访谈资料可以发现，导致教师频繁家访的主要原因并非是了解和掌握学生的学习和成长情况，而更多的是为了动员部分有辍学倾向的学生能坚持到校学习，以降低其所教班级的辍学率。

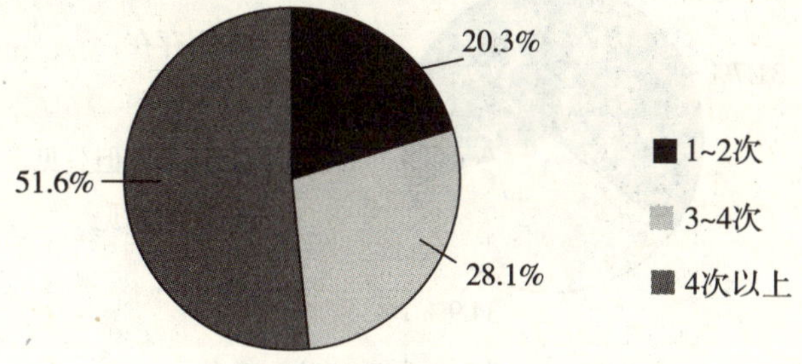

图8　每学期家访次数

3. 对学生发展的主要关注点

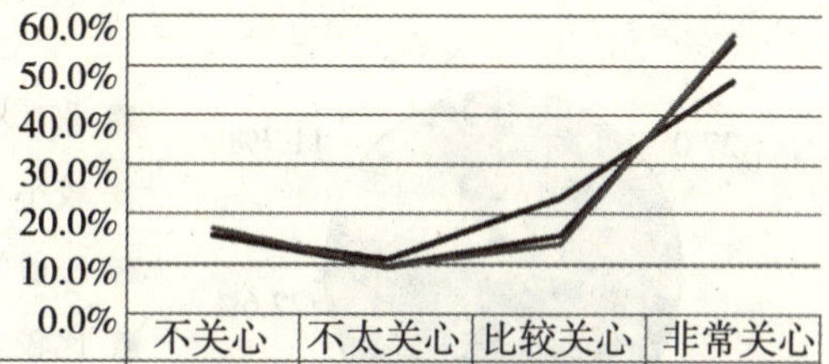

	不关心	不太关心	比较关心	非常关心
学生成绩	15.6%	9.4%	15.6%	54.7%
学生辍学问题	15.6%	10.9%	23.4%	46.9%
学生道德问题	17.2%	9.4%	14.1%	56.3%

图9　对学生发展的主要关注点

由图9可知，在学生发展的各个方面，教师更关心学习成绩（54.7%）和道德问题（56.3%），当然，学生的辍学问题也是教师关注的一个重要方面（46.9%）。

4. 体罚情况

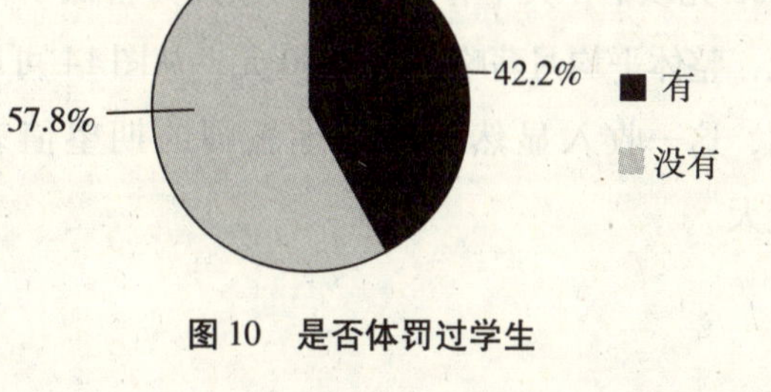

图10　是否体罚过学生

在受访的教师中，曾经体罚过学生的比例高达42.2%（见图10），可见，在当地中小学，教师体罚学生的现象仍较为普遍。为了验证这一结论，本研究还做了一项相关的调查，结果如下：

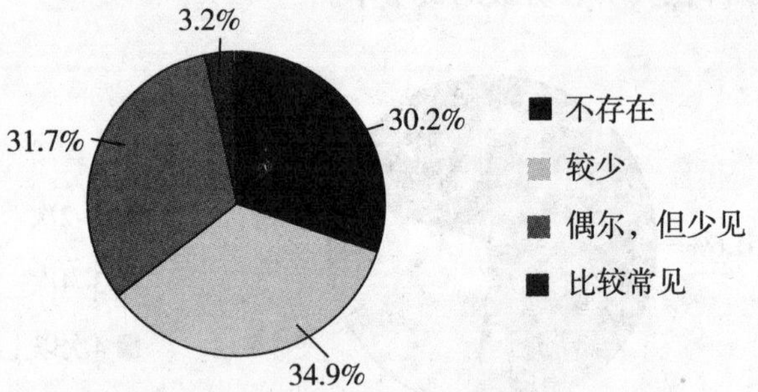

图11 所在学校体罚学生情况

由图11可知，仅有30.2%的教师能够完全否认本校存在对学生体罚的现象。

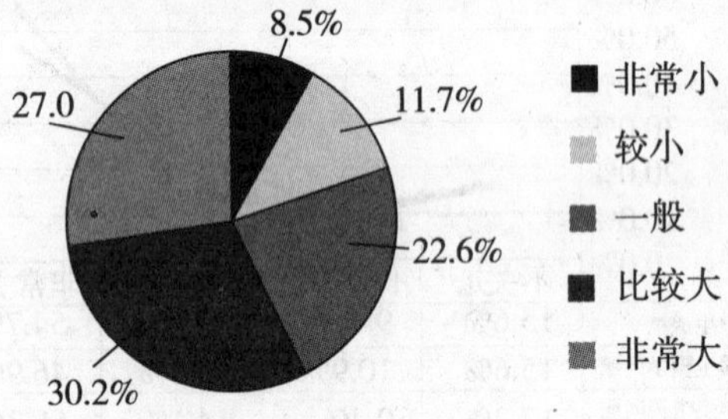

图12 体罚对学生的影响

至于体罚对于学生的不良影响那是不言而喻的，图12中的数据也反映出了这一情况，有57.2%的受访教师认为体罚会较大地影响学生。

（三）工作条件及个人发展

1. 工资收入

由图13可以看出，84.3%的教师月薪处于2500元以下，其中有31.2%的教师月薪低于2000元，整体平均月薪略高于2000元。从图14可以看出，这一收入显然距离当地教师的期望值差距较大。

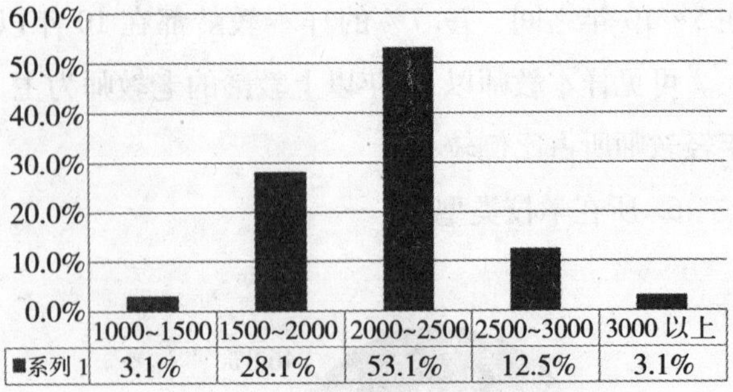

图13 教师的每月薪酬

调查发现，高达64%的教师对自己的收入情况感到不满，认为无法满足当前的日常生活需要。这一结论尽管不可避免地掺杂了调查对象的主观情绪和期望，但如果结合图13和图14的数据来看，这一调查结果也在一定程度上反映出当地中小学教师工资收入水平偏低的现实状况。

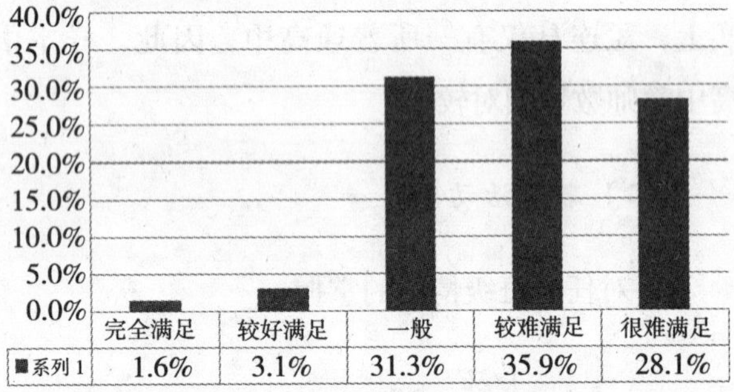

图14 教师对当前收入与生活需要情况的认识

2. 教师培训

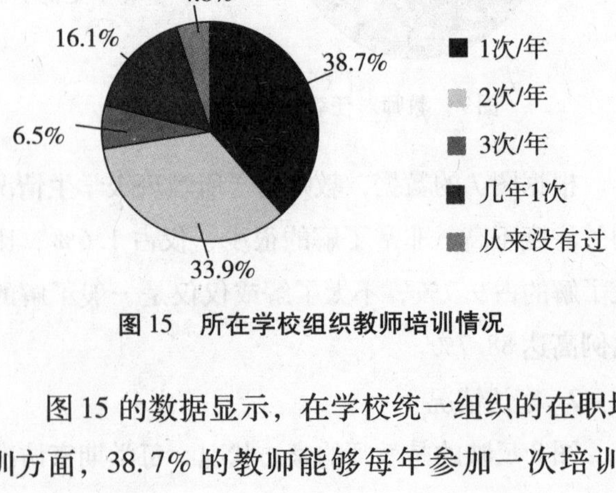

图15 所在学校组织教师培训情况

图15的数据显示，在学校统一组织的在职培训方面，38.7%的教师能够每年参加一次培训；

33.9%的教师每2年参加一次培训；22.6%的教师需要3年或以上才能有一次参加培训的机会；而有4.8%的教师则从来没有参加过培训。

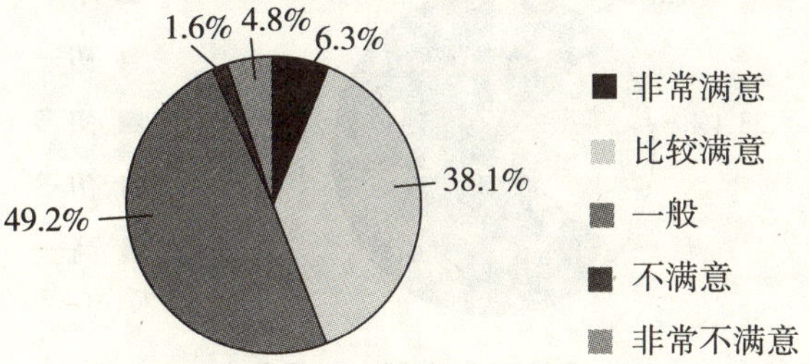

图16 在职培训满意度

对于在职培训的效果，49.2%的受访教师感觉一般；另有6.4%的教师感觉不满意；当然，也有44.4%的教师较为满意（见图16）。这反映出当地教师的在职培训工作仍有较大的提升空间。

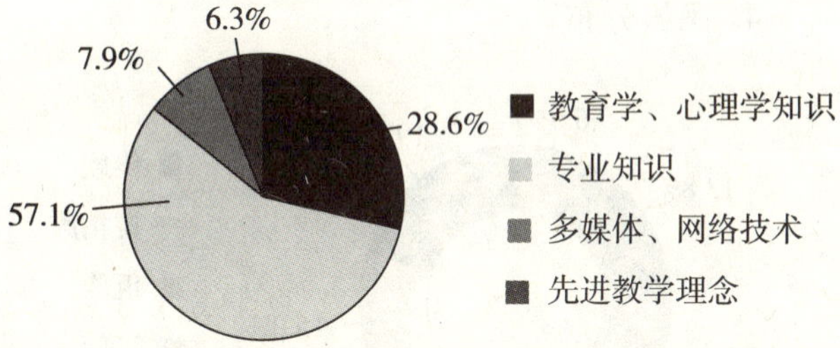

图17 期望得到的培训

通过图17可以看到，在期望培训的内容方面，高达57.1%的教师都希望能获得专业知识方面的培训。由此可见，专业知识的不足已经成为孟连县中小学教师中一个较为普遍的问题，更新和提升专业知识的培训更具有针对性。

3. 学校办公经费

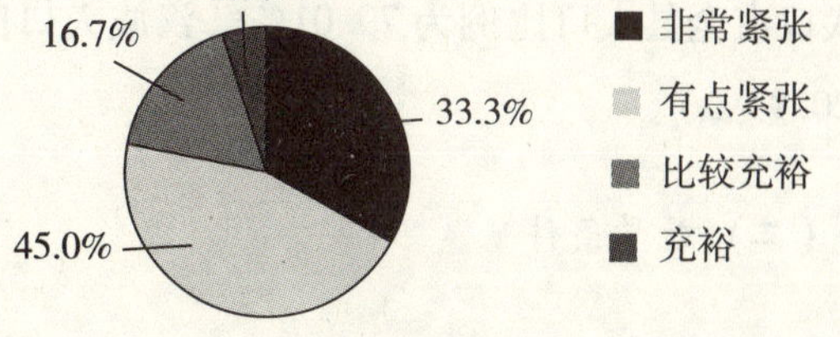

图18 所在学校办公经费

学校的办公经费直接影响着教师的工作环境和工作条件，在一定程度上也构成了教师工作动力的一部分。如图18所示，高达78.3%的教师认为所在学校的办公经费较为紧张，难以满足更好地开展日常教学的需要，这与访谈资料所反映出的情况大致吻合。

4. 工作压力

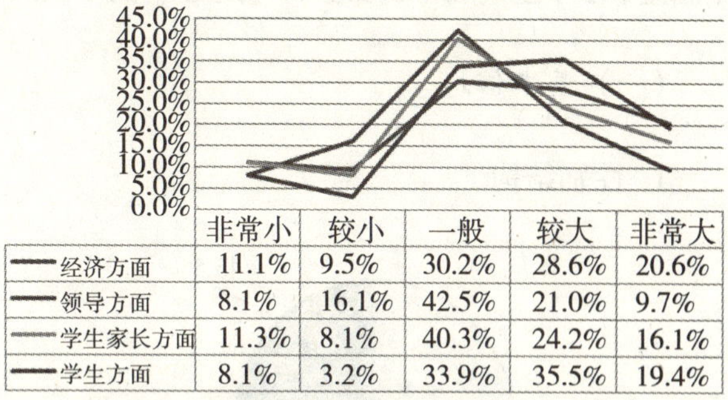

	非常小	较小	一般	较大	非常大
经济方面	11.1%	9.5%	30.2%	28.6%	20.6%
领导方面	8.1%	16.1%	42.5%	21.0%	9.7%
学生家长方面	11.3%	8.1%	40.3%	24.2%	16.1%
学生方面	8.1%	3.2%	33.9%	35.5%	19.4%

图19 教师压力情况

由图19的数据可以看出，教师的工作压力来自于多个方面，其中最为突出的是来自“学生方面”的压力（54.9%），其次为“经济方面”（49.2%）和“学生家长方面”（40.3%）。结合访谈资料来分析，教师的工作压力更多的是来源于提升在读学生的保持率、提高学生的学习成绩以及增加自己的经济收入等。

5. 对自身发展的关注

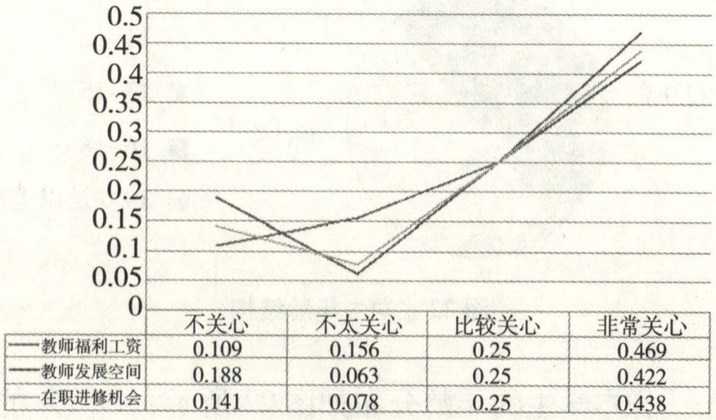

	不关心	不太关心	比较关心	非常关心
教师福利工资	0.109	0.156	0.25	0.469
教师发展空间	0.188	0.063	0.25	0.422
在职进修机会	0.141	0.078	0.25	0.438

图20 教师主要的关心方面

由图20中的数据可以看出，教师对于福利工资、发展空间，以及在职学习进修的机会都给予了较高的关注。

三、学生问卷调查数据描述

本研究在孟连县37所中小学随机发放学生调查问卷175份，回收问卷172份，回收率为98.3%；其中有效问卷167份，有效率为97.1%。选取的调查样本涵盖了小学生（三年级以上）、初中生与高中生。

（一）基本信息

1. 性别结构

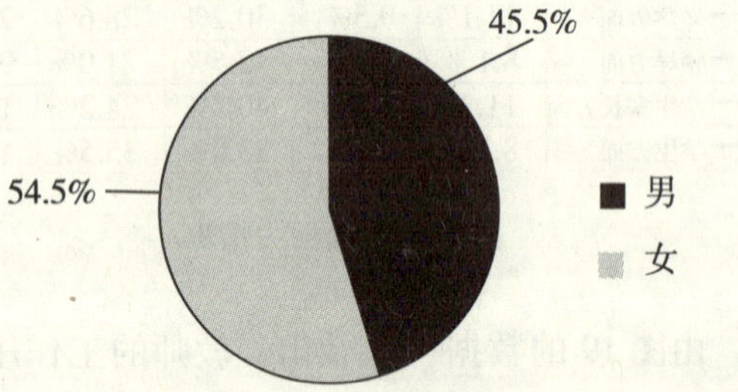

图21 学生性别结构

样本学生的性别结构如图21所示，其中男生所占比例为45.5%，女生所占比例为54.5%，男女比例为0.85:1，基本均衡。

2. 年龄结构

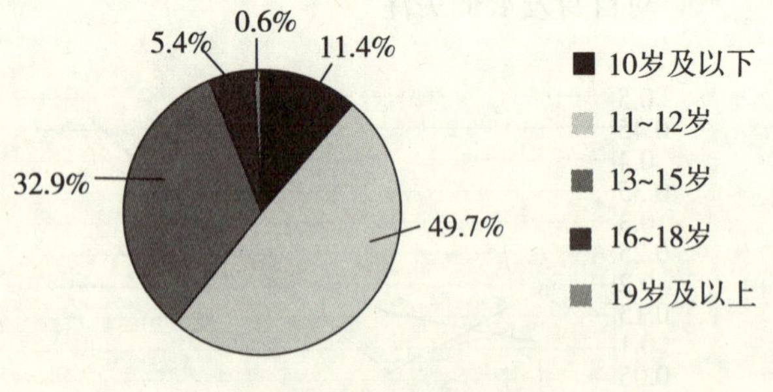

图22 学生年龄结构

样本学生的年龄分布如图22所示，49.7%的学生年龄为11~12岁，另外32.9%的学生年龄段为13~15岁。调研对象主要集中在小学四年级到九年级，这个年龄段的学生基本都能够独立完成问卷中的相关内容。

3. 年级分布

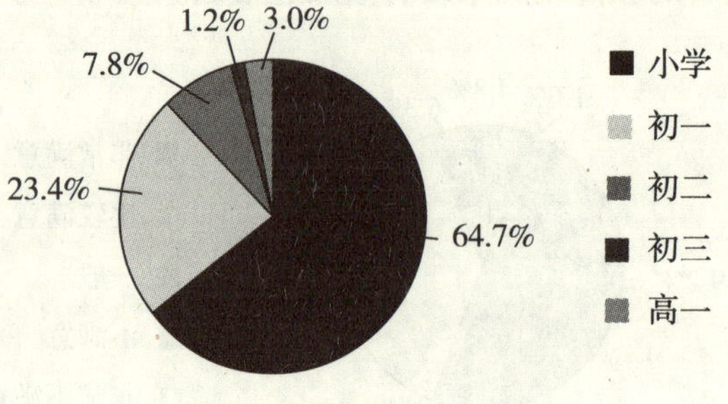

图23 学生所在年级分布

样本学生的就读年级分布如图23所示，小学生占比为64.7%，初中生占比为32.4%，高中生占比为3.0%。该比例与孟连县小学生、初中生与高中生数量的分布大体一致（2013年，孟连县共有小学生11232人，初中生5126人，普通高中生872人）。

4. 民族分布

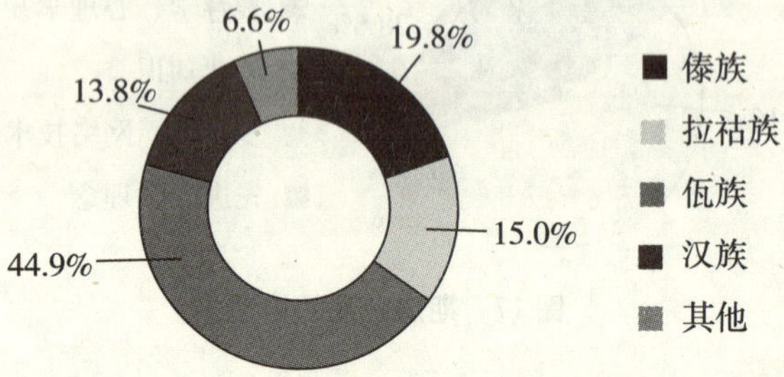

图24 学生民族分布

从图24中的数据来看，样本以少数民族学生为主（86.2%），其中佤族占了近一半的比例（44.9%），其次为傣族（19.8%）和拉祜族（15.0%）。这与当地人民的民族构成情况大体一致（从孟连县第六次人口普查数据来看，少数民族人口占全县人口比例为79.01%，汉族人口比例为20.99%）。

（二）就学条件

1. 学校距离

从图25的数据来看，30.5%的学生要步行2

个小时以上才能到达学校，人数接近样本总量的1/3，另有20.4%的学生要步行1个小时左右才能到达学校，也就是说，超过一半的样本学生都要步行1个小时以上才能到达学校。这无疑增加了学生到学校读书的障碍，在一定程度上也会影响家长送孩子到学校读书的积极性，同时增加了就学的经济负担。但孟连县多山区、地形复杂、村寨分散的状况短期内很难有所改变。

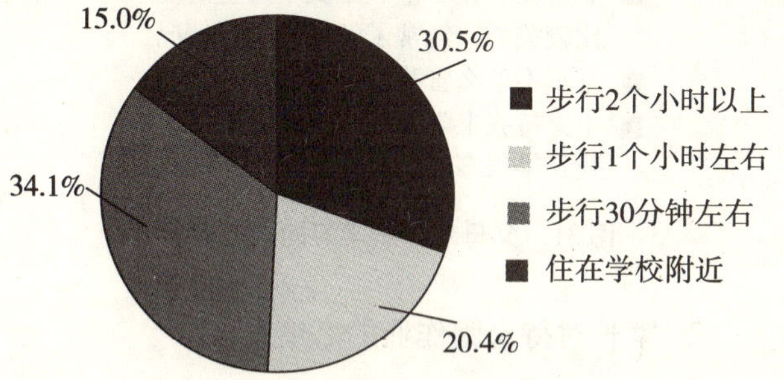

图25　家到学校距离

2. 到校方式

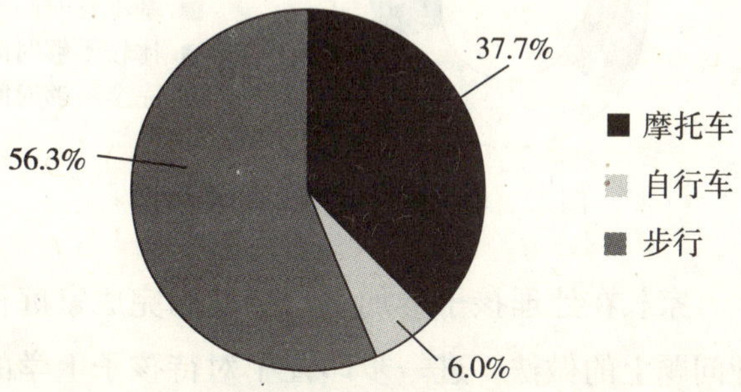

图26　学生到校方式

样本中有56.3%的学生选择的是步行上学（见图26），这与图25中学生家到学校距离不超过30分钟的数据（34.1%）吻合，但仍有近10%选择步行去学校的样本学生距离学校的路程超过了1个小时。另外，还有37.7%的同学是骑摩托车上学。当地摩托车的使用十分普遍，骑摩托车上学的学生很多，有些是家长骑摩托车接送，也有一些是自己骑摩托车上学。从访谈资料看，一般离家较远的同学会选择住校，但仍有一些学生坚持每天步行上学；住校的学生一般上学都有家长接送，也有学生会坐镇上的客运巴士或者选择步行往返。

3. 住校比例

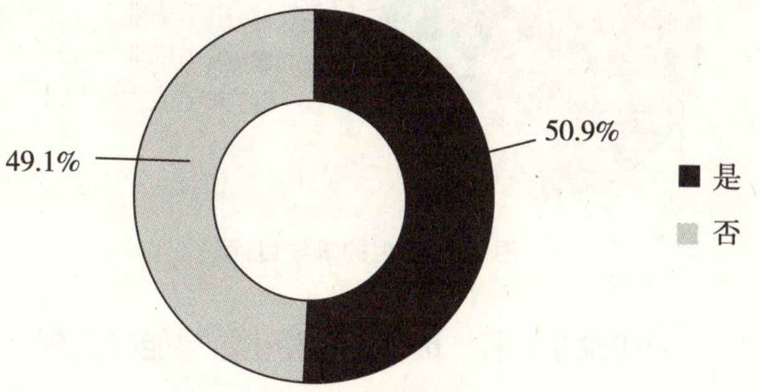

图27　是否住校

在参与调查的167位中小学生中，有50.9%的同学住校，另外有49.1%的同学走读（见图27）。住校的学生和走读的学生比例接近1∶1。

（三）对待上学的态度

1. 学习动力

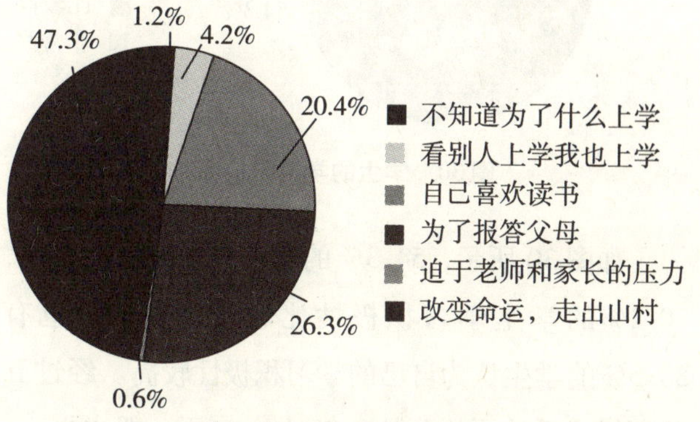

图28　学生坚持读书的原因

对于为什么会坚持上学，47.3%的学生都选择了“改变命运，走出山村”，26.3%的同学是“为了报答父母”，20.4%的同学是“自己喜欢读书”，整体上呈现出积极向上的特点（见图28）。但结合访谈资料来看，其结果并不是很乐观，有相当数量的学生上学动力不足，在很大程度上是由于父母强迫或者是教师要求才到校读书。

2. 求学目标

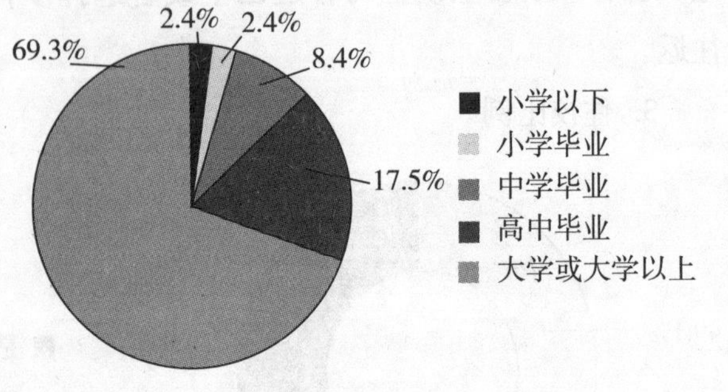

图 29　学生的求学目标

对于求学目标，69.3%的学生希望能够读到大学或者大学以上，17.5%的学生只希望读到高中毕业，10.8%的学生只想读到初中或者小学毕业（见图 29）。

3. 学习积极性

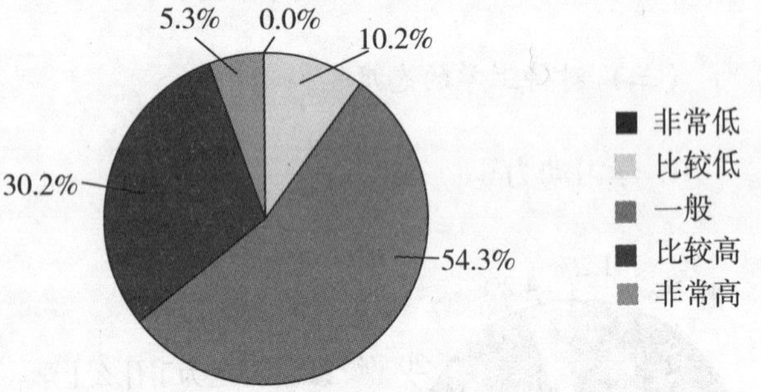

图 30　学生的学习积极性

如图 30 所示，54.3%的学生学习积极性一般，10.2%的学生学习积极性比较低；当然，也有 35.5%的学生认为自己的学习积极性较高。经过五分制量化后的平均分是 3.28 分，属于一般水平。

（四）家庭影响

1. 家长对待孩子上学的态度

父母对待孩子上学的态度无疑会对孩子的就学情况产生较大影响。调查结果显示，高达 93.4%的家长对孩子的学习给予了较高的关注，其中有 56.7%的家长对孩子的学习非常关心，会尽量满足孩子学习上的需求；36.7%的家长对孩子的学习比较关心，会经常了解孩子的学习情况（见图 31）。

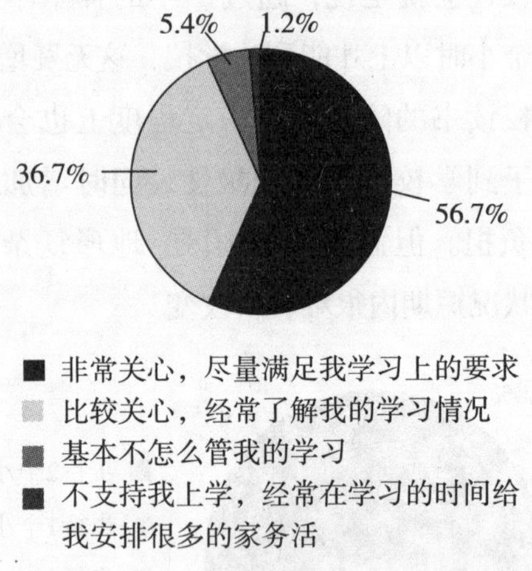

图 31　父母对孩子学习的关心状况

2. 家长对待家庭作业的态度

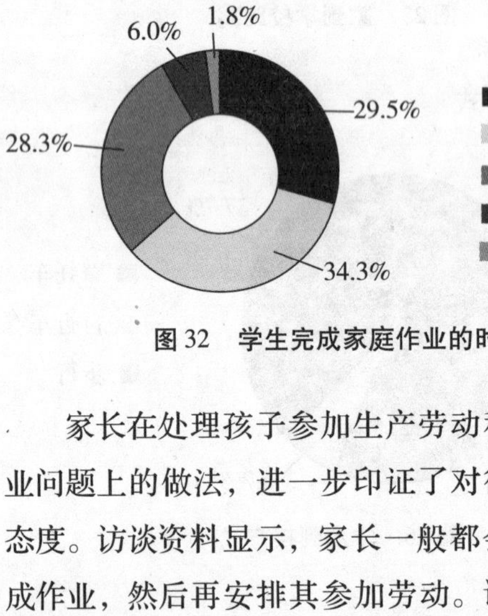

图 32　学生完成家庭作业的时间

家长在处理孩子参加生产劳动和完成家庭作业问题上的做法，进一步印证了对待孩子上学的态度。访谈资料显示，家长一般都会让孩子先完成作业，然后再安排其参加劳动。调查数据也有所体现。如图 32 所示，认为有充足时间来完成作业的学生比例达到 63.8%，另有 28.3%的学生基本够时间完成家庭作业；只有 6.0%的学生认为没有足够时间完成家庭作业。当然，随着“中小学生减负”政策的推进，教师布置的家庭作业量也日趋合理，如图 33 所示，57.3%的样本学生认为老师布置的作业刚好，能够接受；28.3%的同学觉得家庭作业比较多；8.4%的同学认为非常多。

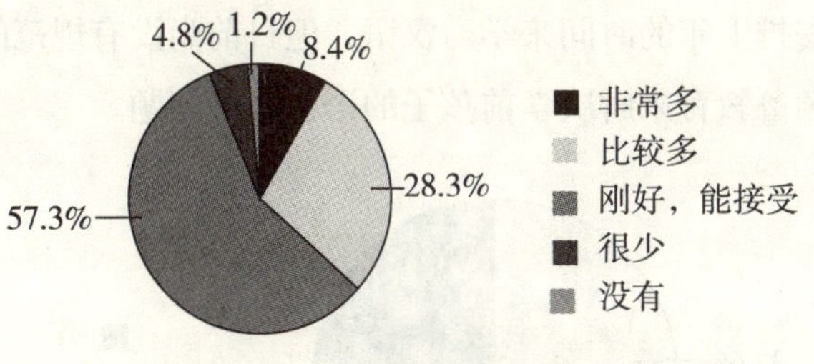

图 33　学生的家庭作业量

（五）学习条件满意度

从调查数据来看，学生对学校的学习条件总体上较为满意，但在具体的方面，其满意程度存在差异（见图 34）。其中，教学条件和饮食条件满意度较高，住宿条件的满意度稍微偏低。访谈资料显示，当地中小学一般都没有设专门的宿舍管理员，目前主要由任课教师来兼任。

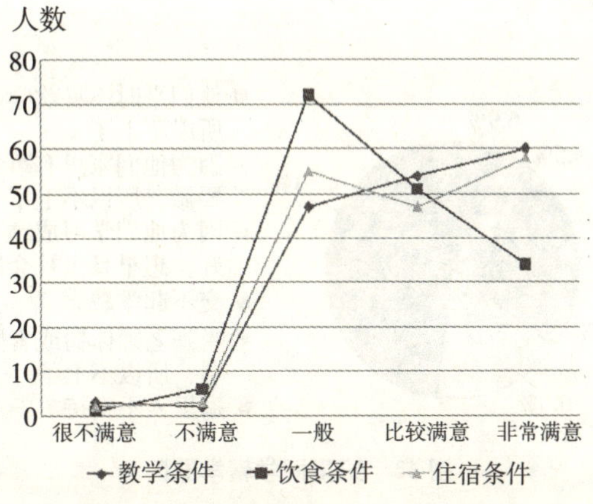

图 34　学生对学校学习条件的满意度

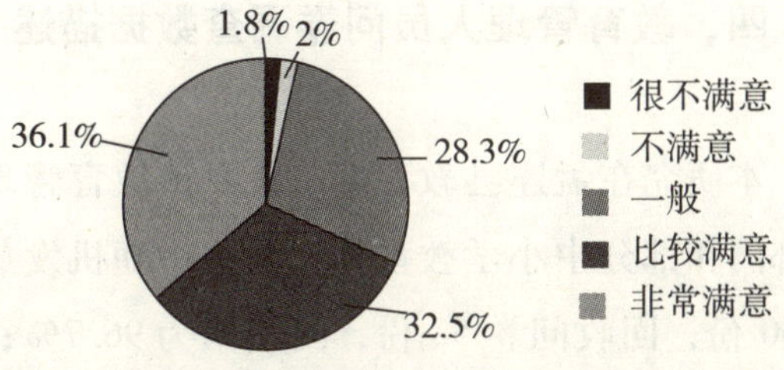

图 35　学生对教学条件的满意度

教学条件满意度指数经五分制量化后的平均分是 3. 98 分，属于较高水平。

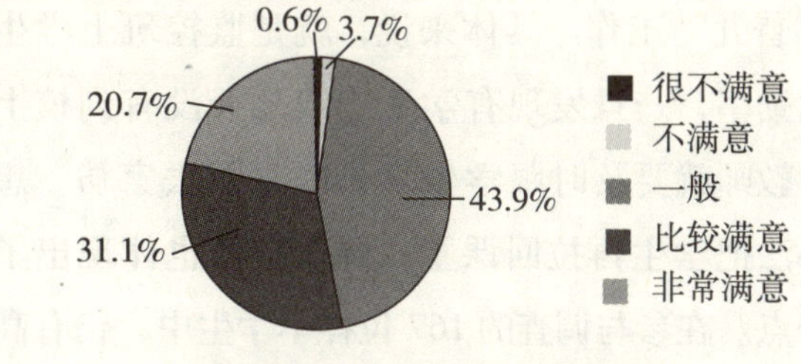

图 36　学生对住宿条件的满意度

住宿条件满意度指数经五分制量化后的平均分为 3. 61 分，满意程度属于中等。

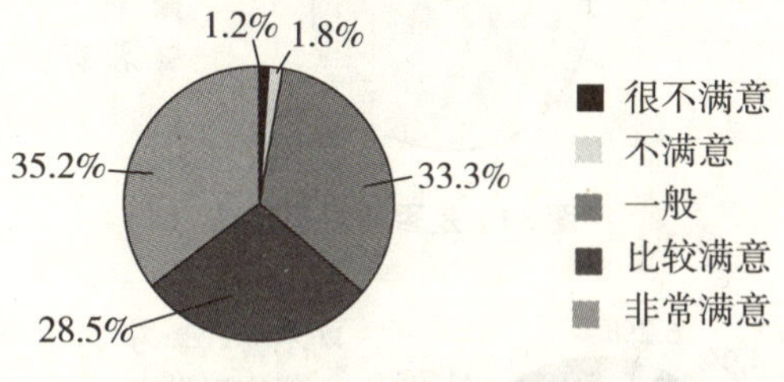

图 37　学生对饮食条件的满意度

饮食满意度指数经五分制量化后的平均分是 3. 90 分，属于较高水平。

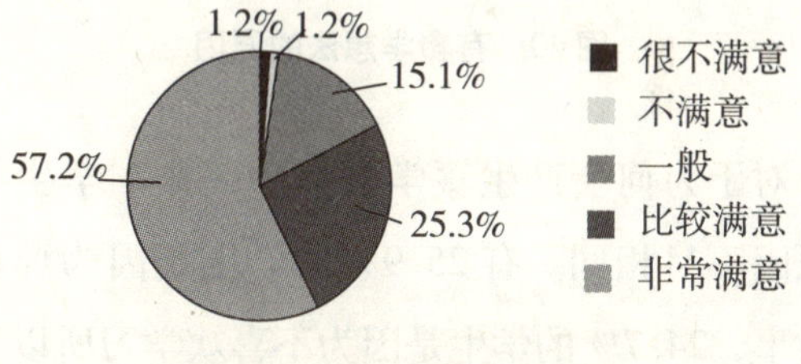

图 38　学生对教师满意度

本研究把教师也作为了学生在校学习的一项基本条件。调查数据显示，高达 82. 5% 的学生对自己的任课老师感到满意，仅有 2. 4% 的学生不满意（见图 38）。满意度指数经五分制量化后的平均分是 4. 34 分，属于较高水平。

（六）辍学问题

访谈资料显示，辍学问题一直是当地各个中小学校最为头疼的问题，为了提高在读学生的保持率，巩固全县奋斗多年的“普九”成绩，多数教师除了完成基本的教学任务外，都要承担一定的“普九”工作。具体来说，就是监控班上学生的出勤率，一旦发现有学生连续几天没有到校上课，教师就要及时跟学生家长联系或去家访，想尽办法把学生再拉回课堂。调查数据也体现出了这一点。在参与调查的167位样本学生中，仍有高达10.3%的学生有辍学想法（见图39）。

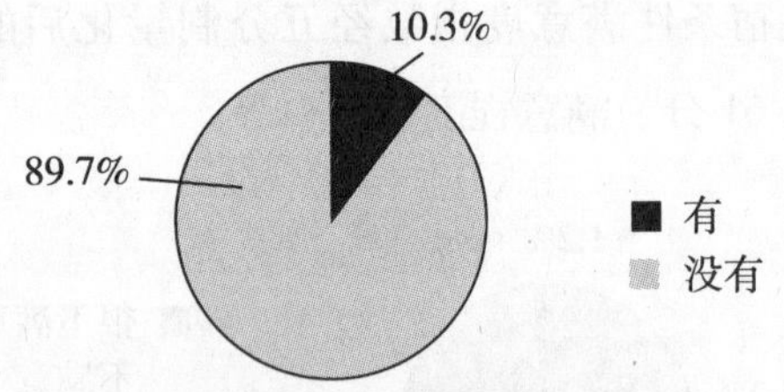

图39　是否有辍学想法

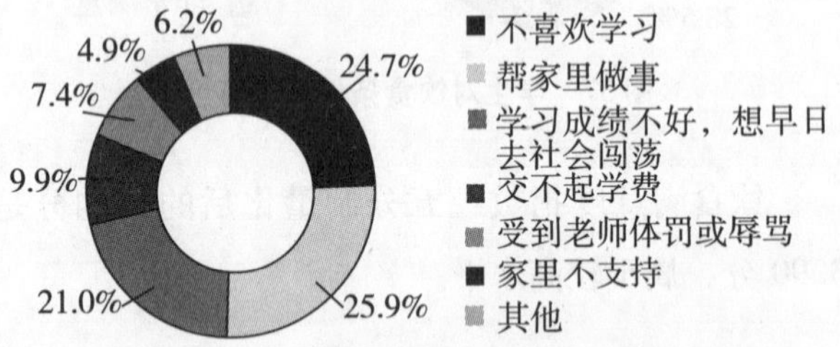

图40　有辍学想法的原因

对于为何会产生辍学的想法，样本学生给出的原因不尽相同。有25.9%的学生是因为要帮家里做事，24.7%的学生是因为不喜欢学习所以不想上学，21.0%的学生是因为学习成绩不好想早日去社会闯荡，还有少量学生是由于无法支付学习费用、不满意教师管教以及家庭不支持等原因（见图40）。可见，家庭因素和学生自身的学习兴趣、认知因素是导致学生辍学的两大主要原因。访谈资料也显示，不少的学生都是因为上课听不懂教学内容才产生了厌学和辍学倾向，产生这一状况的根本原因一方面是知识储备不够，而另一方面的原因却是语言障碍。因为当地学校上课是用汉语授课，有不少的学生在入学读书前根本不会讲汉语。我们在调研中发现，孟连县农村地区的学前教育几乎为零，有些小学在学生入学后会专门安排1年的时间来学习汉语，但目前尚没有规范的预备教育来解决学前孩子的语言障碍问题。

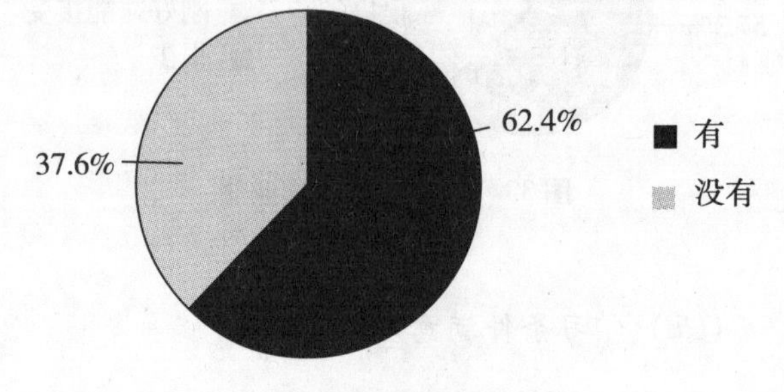

图41　班里同学辍学情况

对于班里是否有同学辍学这一问题，有62.4%的学生都给出了肯定的回答（见图41）。可见，当地中小学生辍学问题具有一定的普遍性。对于班里同学辍学的原因，学生给出的答案（见图42）与前面对有辍学想法同学的调查结果大体一致。

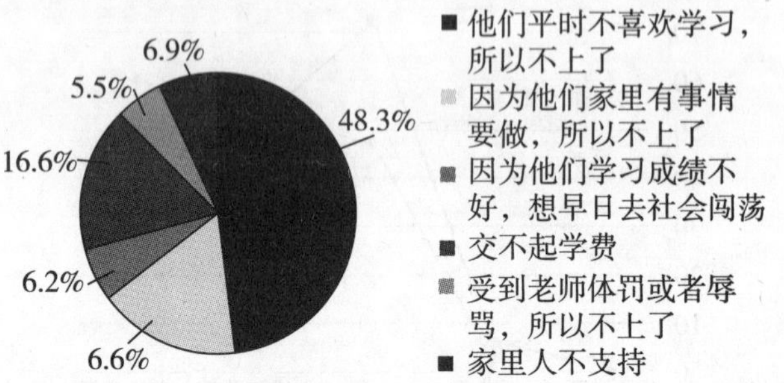

图42　班里同学辍学原因

四、教育管理人员问卷调查数据描述

本研究在孟连县教育局、各乡镇教育管理相关部门和部分中小学教育管理人员中随机发放问卷60份，回收问卷58份，回收率为96.7%；其中回收有效问卷56份，有效率为96.6%。访谈各级教育管理人员20人，整理有效访谈资料20份。样本涵盖了孟连县各级政府分管教育的相关人员、中小学校长及相关管理人员等。

（一）基本信息

1. 性别结构

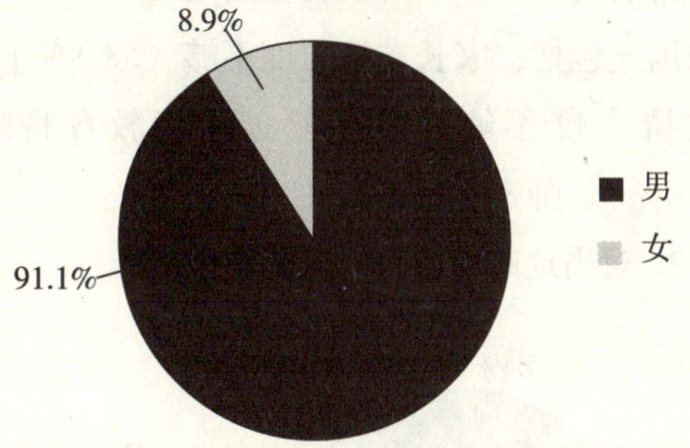

图 43　教育管理人员性别结构

受访的教育管理人员中，男性比例占 91.1%，女性比例只占到 8.9%，男女性别比例差别较大（见图 43），这可能是我国大多数管理部门存在的一个普遍现象。

2. 年龄结构

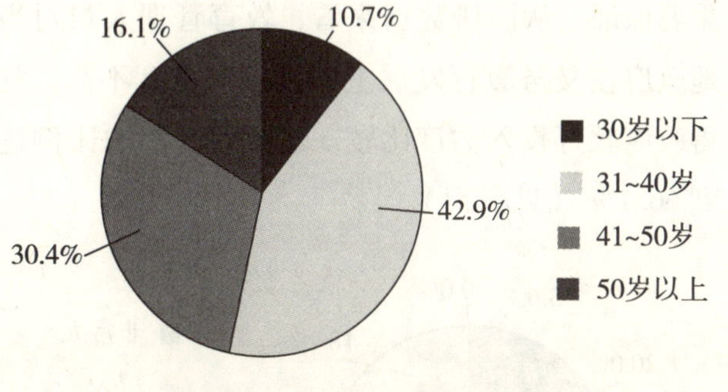

图 44　教育管理人员年龄结构

如图 44 所示，样本教育管理人员 31～40 岁占 42.9%，41～50 岁占 30.4%，50 岁以上占 16.1%，30 岁以下占 10.7%，样本群体年龄分布较为均衡。

3. 学历结构

调查数据显示，当地教育管理人员的学历多集中在大专（44.6%）和本科（41.1%）层次。另外高中学历和硕士学历分别占 7.2% 和 7.1%（见图 45）。

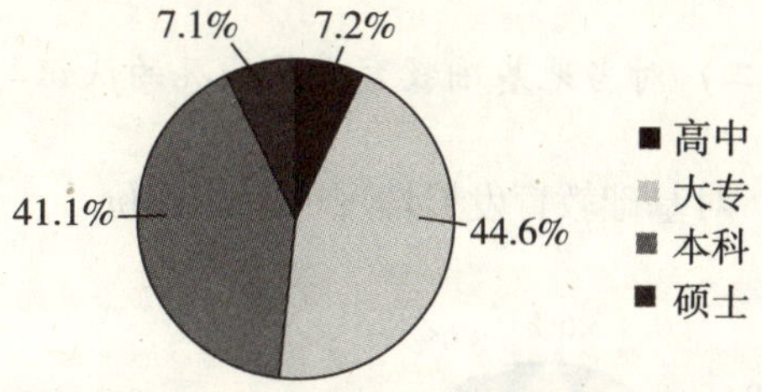

图 45　教育管理人员学历构成

4. 民族分布

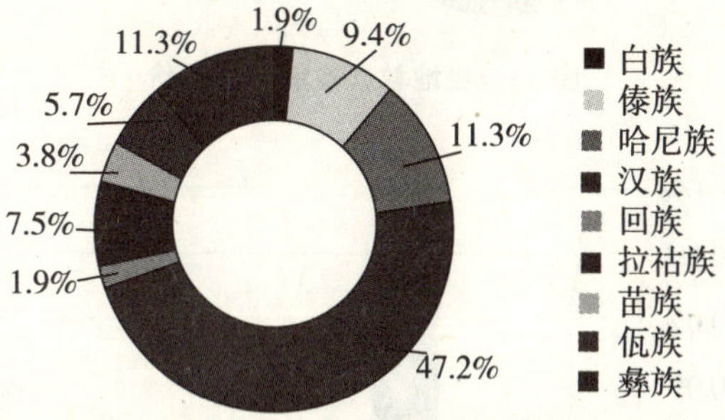

图 46　教育管理人员民族分布

样本教育管理人员来源于多个民族，但汉族人数最多，占 47.2%（见图 46）。

5. 工资收入情况

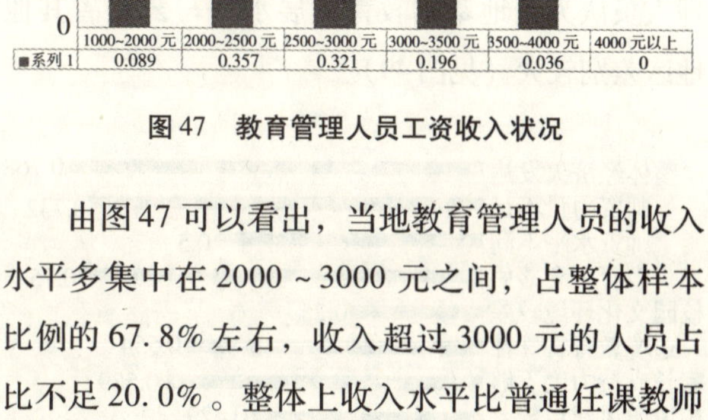

图 47　教育管理人员工资收入状况

由图 47 可以看出，当地教育管理人员的收入水平多集中在 2000～3000 元之间，占整体样本比例的 67.8% 左右，收入超过 3000 元的人员占比不足 20.0%。整体上收入水平比普通任课教师略高。

（二）对当地基础教育发展状况的认识与评价

1. 对基础教育发展情况的总体评价

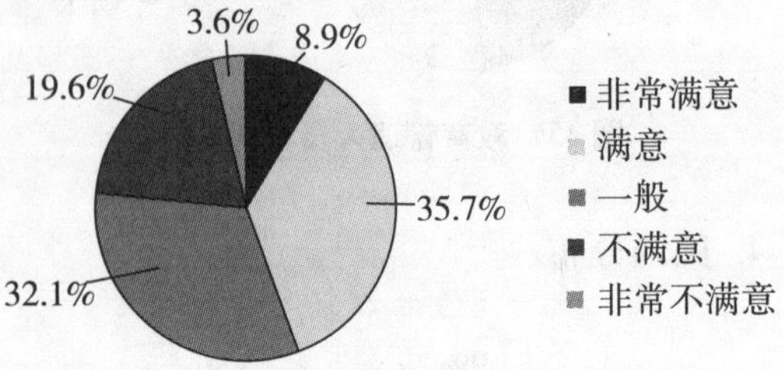

图 48　当地教育发展总体评价

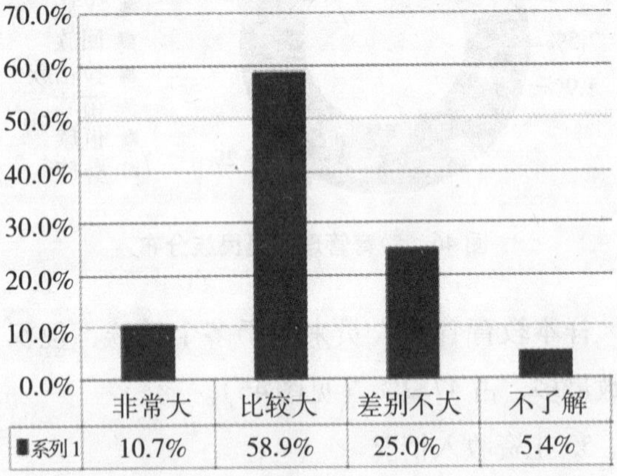

图 49　与云南其他地区教育水平差距

调查数据显示，教育管理人员对当地基础教育总体发展情况感到满意的比例为 44.6%，但明显感觉不满意的比例也达到了 23.2%（见图 48）。同时，调查数据还反映出，高达 69.6% 的教育管理人员认为当地基础教育发展水平与云南省其他地区差别较大（见图 49）。

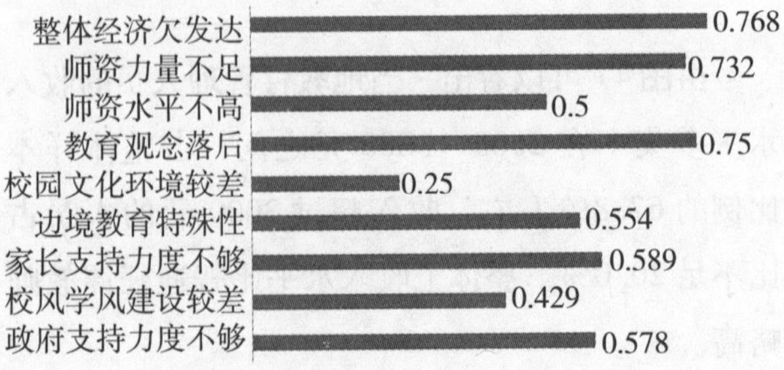

图 50　当地教育欠发达主要原因

对于当地基础教育为何落后于云南省其他地区，教育管理人员给出的主要原因集中在以下三个方面（见图 50）：经济欠发达（76.8%）、教育观念落后（75%）和师资力量不足（73.2%）。其他原因还包括：家长支持力度不够（58.9%）、政府支持力度不够（57.8%）、边境教育特殊性（55.4%）、师资水平不高（50%）等。

2. 对当地政府教育投入的评价

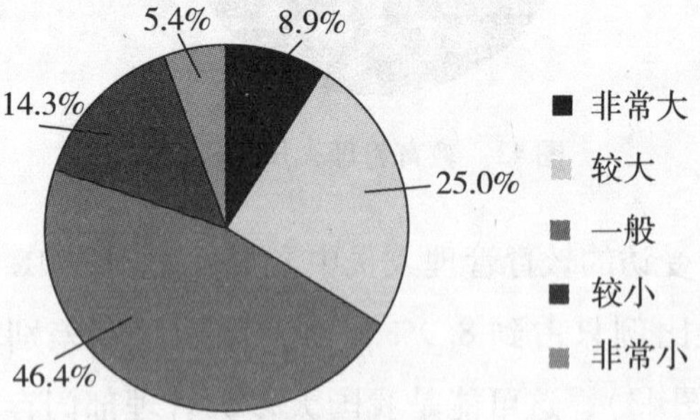

图 51　对当地政府在义务教育上投入状况的评价

政府的财政投入是基础教育得以有效开展的重要保证。从调研数据来看，教育管理人员对当地政府在义务教育发展上的投入满意度不高，觉得政府教育投入力度比较一般或者较小的比例达到 66.1%（见图 51）。

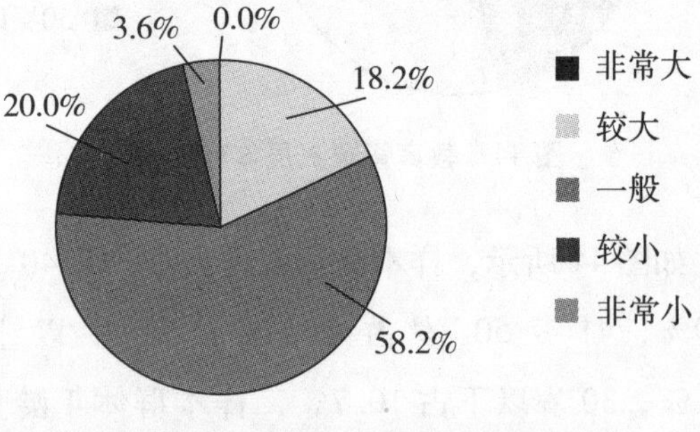

图 52　政府对初中后教育的投入力度

那么，当地政府对于初中后教育的投入力度又如何呢？从图 52 我们可以看出，教育管理人员中认为政府对初中后教育投入力度一般或者较小的比例高达 81.8%。可见，当地政府对于初中后教育的投入力度比义务教育阶段更弱。

3. 对家长教育观念的评价

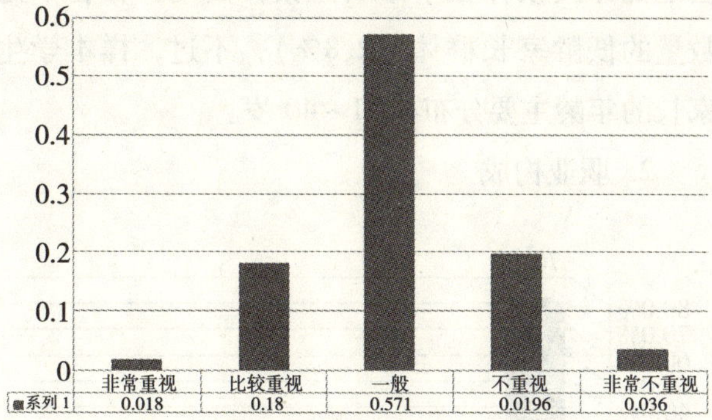

图 53 学生家长对孩子学习的重视程度

在教育管理人员看来，当地家长对孩子学习的重视程度明显不够。调查数据显示，仅有 19.8% 的教育管理人员认为家长较为重视孩子的学习，而高达 80.2% 的教育管理人员认为家长对孩子学习的重视程度一般或者不重视（见图 53），这与学生调查数据有些出入。

4. 对学生学习态度的评价

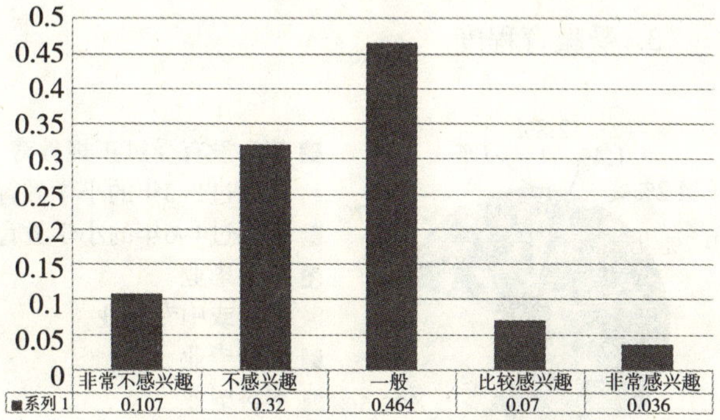

图 54 中小学生学习兴趣情况

在教育管理人员看来，当地中小学生的学习积极性不高。调查数据显示，明确认为中小学生对学习不感兴趣的教育管理人员的比例高达 42.7%，同时，认为学习兴趣较为一般的比例也达到 46.4%（见图 54）。

5. 对任课教师的评价

对于中小学教师的工作积极性，35.6% 的教育管理人员认为比较高或非常高，认为教师工作积极性一般或者较低的比例高达 65.4%（见图 55）。

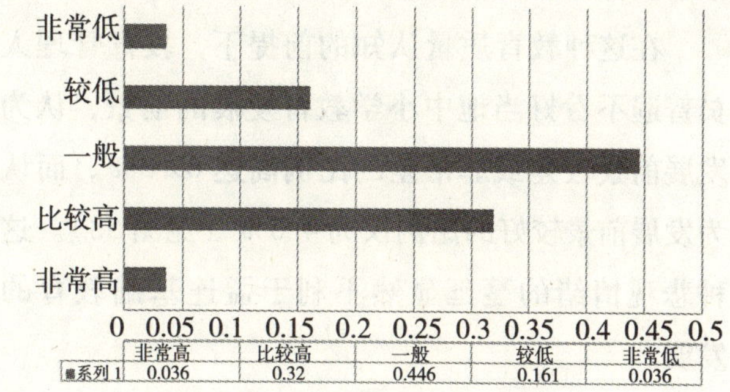

图 55 中小学教师工作的积极性

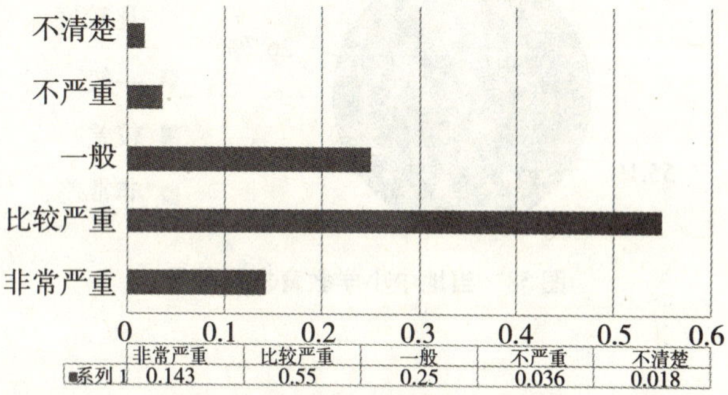

图 56 中小学任课教师流失情况

对于中小学教师的稳定性而言，当前的状况不容乐观。调查数据显示，高达 69.3% 的教育管理人员都认为当地中小学教师流失情况比较严重或者非常严重，认为中小学教师流失情况不严重的比例仅为 3.6%（见图 56）。

6. 对中小学教育质量的评价

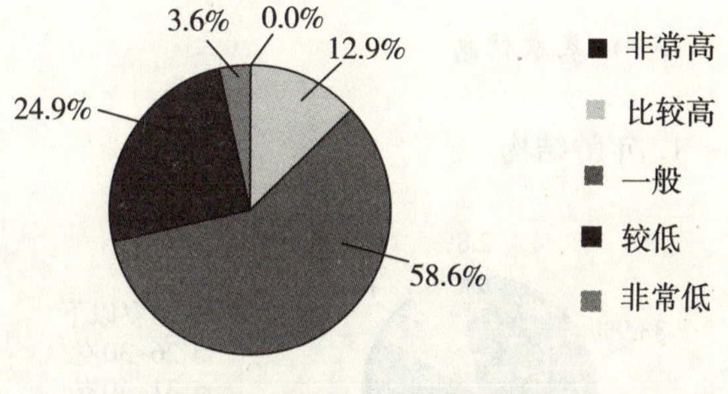

图 57 当地中小学教育质量

对于当地中小学教育的质量，教育管理人员普遍不看好，认为教育质量比较一般的比例达到

58.6%，更有28.5%的教育管理人员认为当地中小学教育质量较低，甚至非常低（见图57）。

在这种教育质量认知的前提下，教育管理人员普遍不看好当地中小学教育发展的前景，认为发展前景较差或非常差的比例高达69.3%，而认为发展前景较好的比例仅为4.0%（见图58）。这种悲观情绪的蔓延显然不利于孟连基础教育的发展。

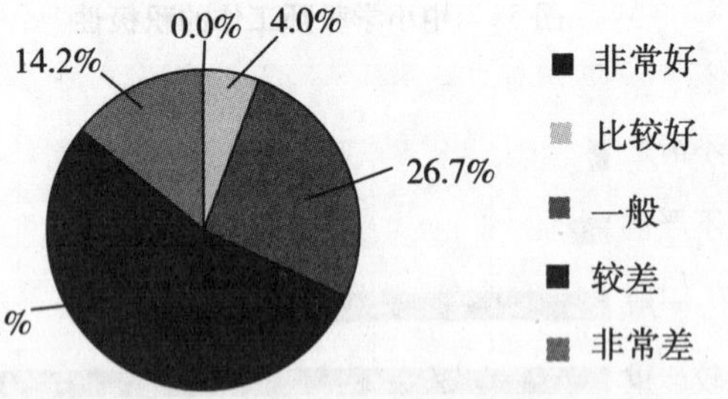

图58 当地中小学教育发展前景

五、学生家长问卷调查数据描述

本研究在孟连县所辖的6个乡镇的中小学生家长中随机发放调查问卷89份，回收问卷81份，回收率为91%；其中回收有效问卷80份，有效率为98.8%。访谈学生家长27人，整理有效访谈材料27份。选取的调查样本覆盖了小学生、初中生与高中生家长。

（一）基本信息

1. 年龄结构

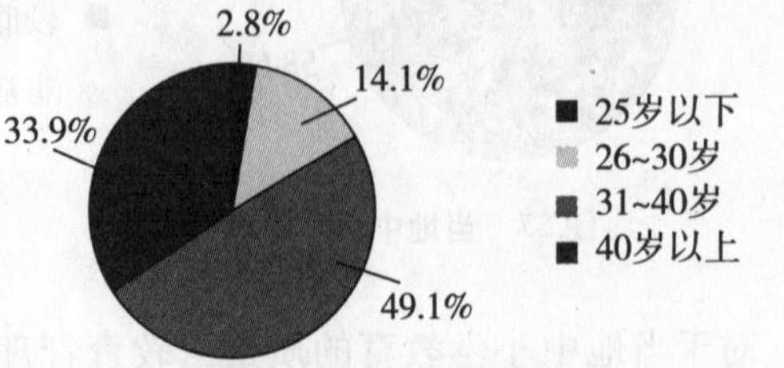

图59 家长的年龄分布

图59是样本学生家长的年龄分布情况。由于当地部分民族存在早婚的风俗，因此，存在一定数量的低龄家长群体（2.8%），不过，样本学生家长的年龄主要分布在31~40岁。

2. 职业构成

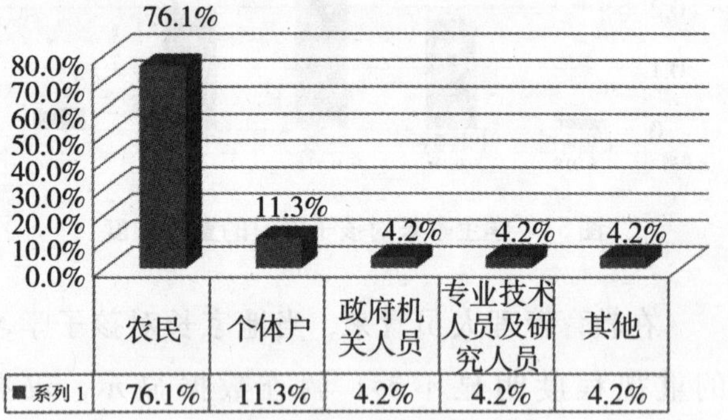

图60 家长的职业分布

由图60的数据可以看出，样本学生家长的职业主要是农民，占比达到76.1%。访谈资料显示，种植业是当地农村家庭的主要经济来源，种植的作物以玉米、茶叶、香蕉、咖啡为主。

3. 受教育程度

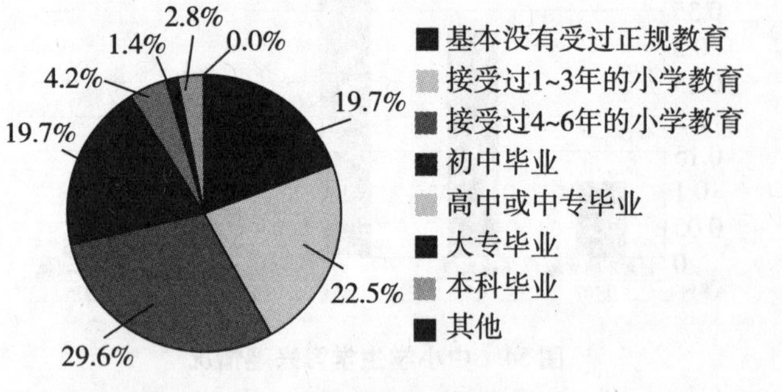

图61 家长受教育情况

调查数据显示，样本学生家长的受教育水平普遍比较低。基本没有受过正规教育的比例达到19.7%，接受过1~3年小学教育的比例为22.5%，接受过4~6年小学教育的比例为29.6%，具有初中及以上学历的样本学生家长比例仅为28.1%（见图61）。

（二）家庭经济状况

1. 家庭收入情况

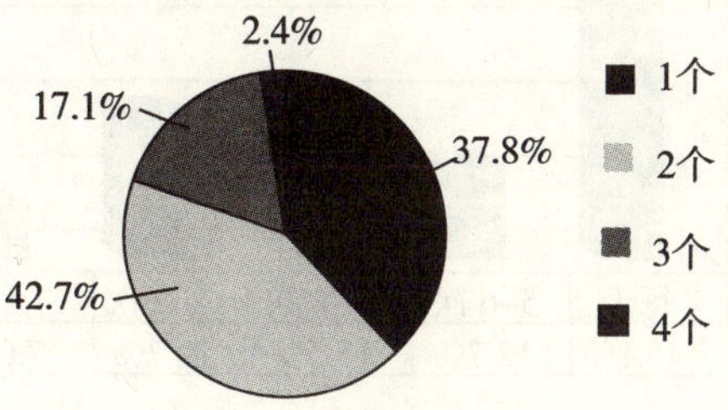

图 62　家庭抚养子女情况

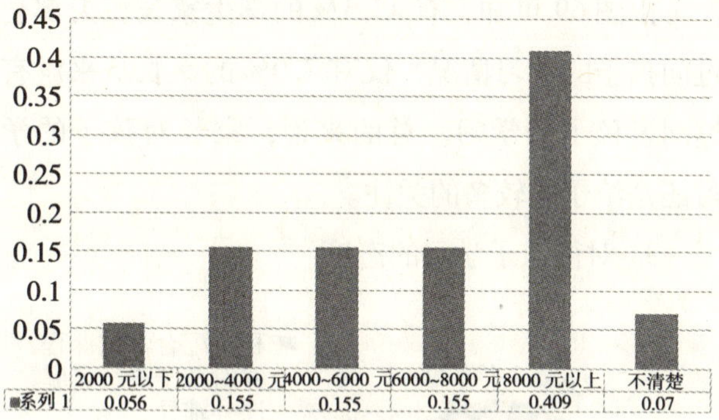

图 63　家庭年总收入

从调研数据来看，62.2% 的家庭有 2 个或 2 个以上的子女（见图 62），而年收入在 8000 元以下的家庭比例达到 52.1%（见图 63）。2011 年我国政府确立的贫困线标准为家庭人均年收入低于 2300 元，由此看来，当地较多家庭的经济条件仍处于较低水平。

2. 孩子上学经济支持的主要来源

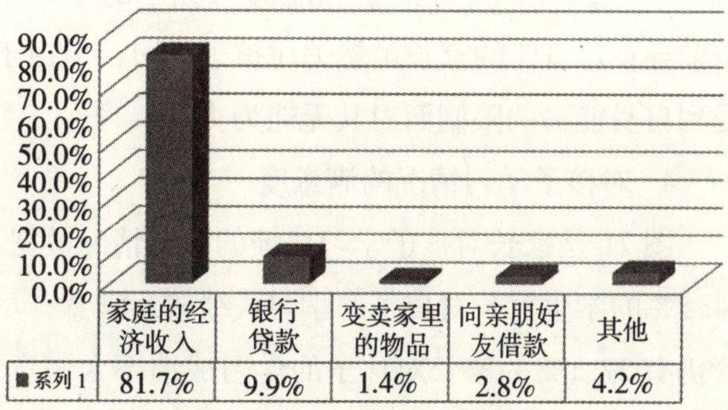

图 64　孩子上学经济支持的主要来源

如图 64，尽管有较多的家庭经济收入较低，孩子教育成本的支出仍是主要来源于家庭经济收入（81.7%），但也已经出现了一些采用借款、贷款或变卖家里物品的方式来支付教育成本的行为（14.1%）。

（三）教育理念

1. 对“知识改变命运”的看法

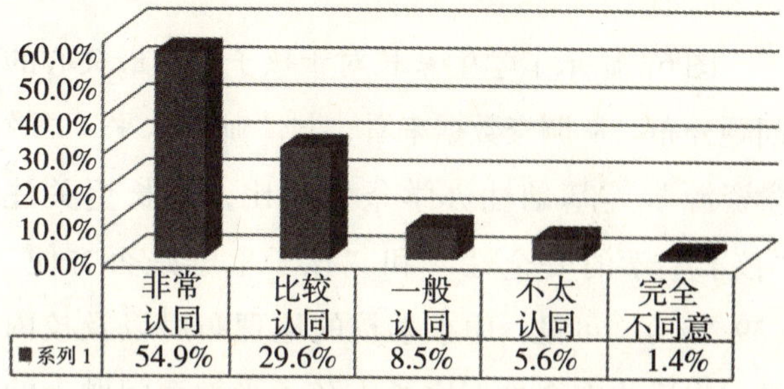

图 65　家长对“知识改变命运”的看法

图 65 反映了学生家长对“知识改变命运”的看法。84.5% 的家长都比较认同“知识改变命运”这一观点，只有 7% 的家长不认同。可见当地家长对于孩子应该接受教育这一问题具有较高的认同感。

2. 对受教育程度与孩子未来发展关系的看法

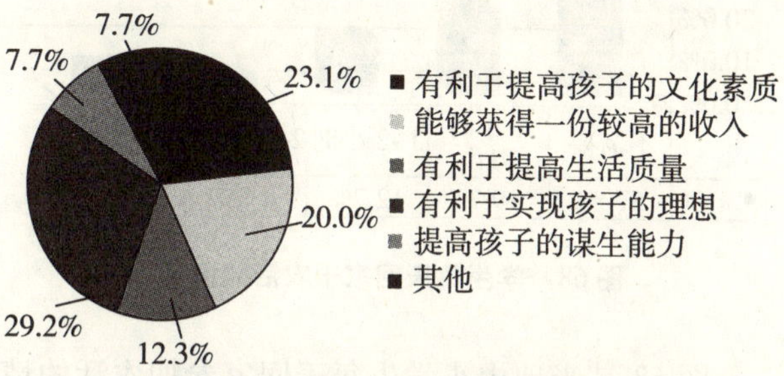

图 66　家长对孩子受教育作用的认识

图 66 反映了学生家长对孩子接受学校教育作用的认识。从数据结果来看，大多数家长还是能够充分认识到学校教育在孩子成长发展中的重要作用，从另一个侧面也反映出家长对孩子健康成

长的关注。

3. 目前最关心的教育问题

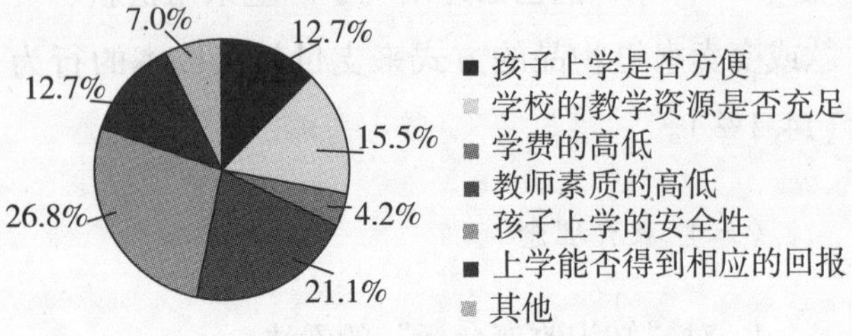

图 67 家长对于孩子上学最关心的问题

图 67 显示了学生家长对于孩子上学最关心的问题分布。从调查数据来看，与“师资水平”“教学资源”等基础性办学条件相比，家长更关注“孩子上学的安全性”和“孩子上学是否方便”（39.5%），可见，中小学校的地理布局以及校内学习生活的安全性对家长在孩子受教育问题上的态度有着较大影响。

（四）家庭教育情况

1. 孩子参与农活情况

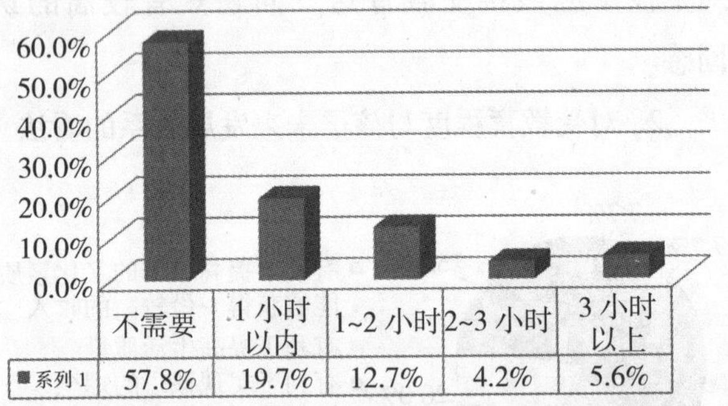

图 68 学生每天回家干农活的情况

图 68 是当地中小学生每天回家参加农活的情况。57.8% 学生家长不会安排孩子参加农活，每天安排孩子参加农活 2 小时以上的比例仅为 9.8%。由此看来，家庭农业生产劳动并未对孩子的学习产生较大影响。

2. 对孩子学习的关注情况

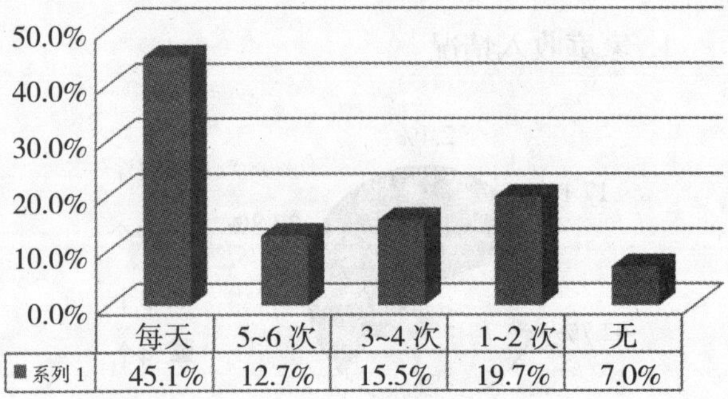

图 69 家长每周过问孩子学习的次数

由图 69 可知，有 45.1% 的学生家长每天都会过问孩子的学习情况，仅有 7.0% 的家长从来没有过问过孩子的学习。总的来说，家长对孩子的学习还是给予了较多的关注。

3. 对待孩子学习的态度

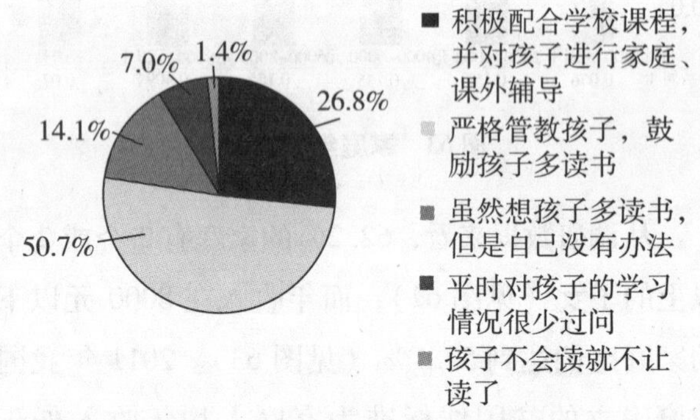

图 70 家长对待孩子学习的态度

图 70 呈现的是学生家长对待孩子学习的态度。很显然，家长对待孩子学习的态度是积极的（77.5%），有 26.8% 的家长能够对孩子的学习给予辅导；14.1% 的家长虽然关注孩子学习，但由于受到自身能力的限制而对其无能为力。

4. 对孩子学习情况的满意度

图 71 是家长对孩子学习成绩的满意情况数据。44.5% 的学生家长对孩子的学习成绩较为满意，尽管仍有 27.1% 的家长对孩子的学习成绩不太满意，但整体上家长对学生学习成绩的满意度还是比较高的。访谈资料显示，当地孩子的学习成绩普遍

较低，这一满意度数据也反映出了家长对学生学习成绩要求并不高的现实，正如访谈过程中家长对学生学习成绩所表达的期望“及格就行”。

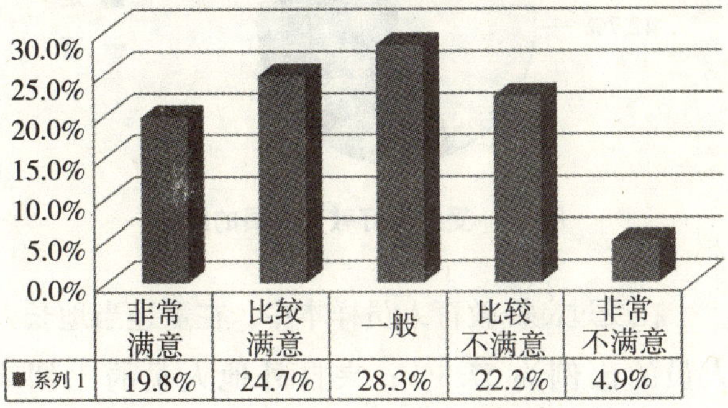

图71　家长对孩子学习成绩的满意度

（五）对中小学生辍学原因的认识

图72呈现的是学生家长所认为的中小学生辍学原因分布。从图中可以看出，在家长看来，导致中小学生辍学的原因依次为：学生及家长认识不到教育的重要性（35.7%）、厌学等孩子自身原因（32.9%）、受家庭经济条件限制（18.6%）。

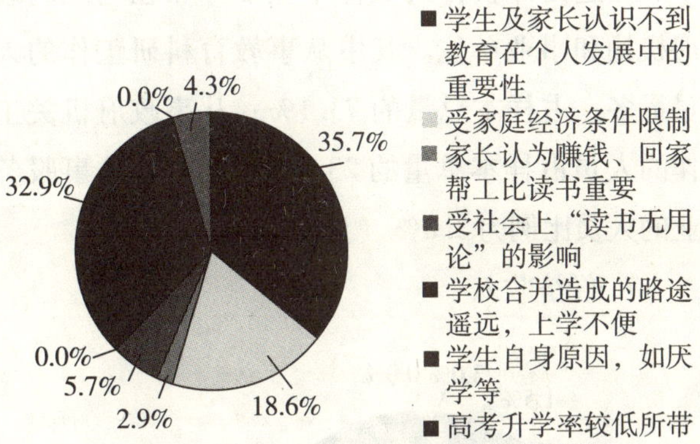

图72　家长认为的中小学生辍学原因

六、受过良好教育人员问卷调查数据描述

接受过良好教育的人在孟连是少数群体，这里“受过良好教育”主要是指接受过中专或高中文化以上教育的人员。根据《2010年孟连县第六次全国人口普查主要数据公报》，这部分人共计11965人，占当地总人口的比例约为8.8%。这部分人长期在孟连工作，大都是在孟连或与孟连相邻的地区长大并接受基础教育，而且后期大多又接受了高等教育，因而能够更为深刻地认识和思考问题，对当地基础教育发展也有着更为深刻的体会和认识。

针对受过良好教育人员的调查共计随机发放问卷70份，回收问卷68份，回收率为97.1%；其中有效问卷68份，有效率为100%。访谈11人，收集有效访谈资料11份。

（一）基本信息

1. 性别与年龄结构

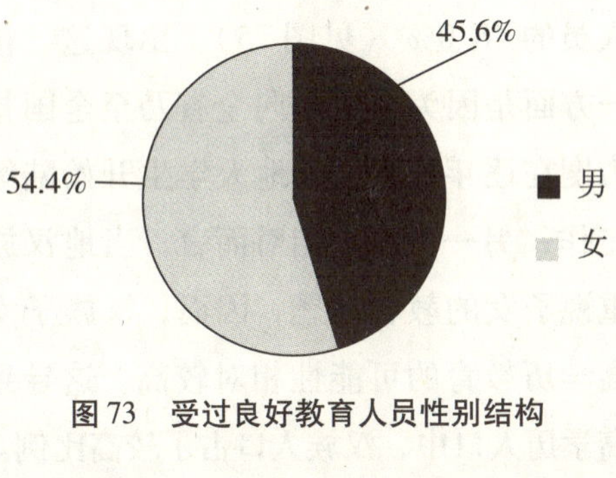

图73　受过良好教育人员性别结构

在受访的受过良好教育人员中，男性占45.6%，女性占54.4%，男女比例为0.84∶1，基本均衡（见图73）。

2. 年龄结构

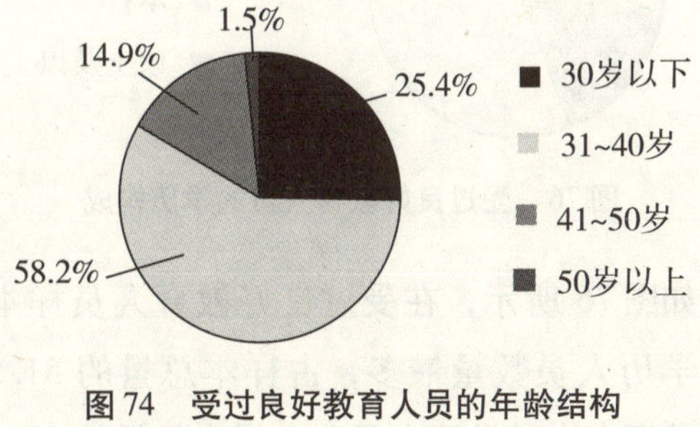

图74　受过良好教育人员的年龄结构

图74为受过良好教育人员样本的年龄结构。其中31～40岁分布的人群最多，占样本总量的58.2%。

3. 民族结构

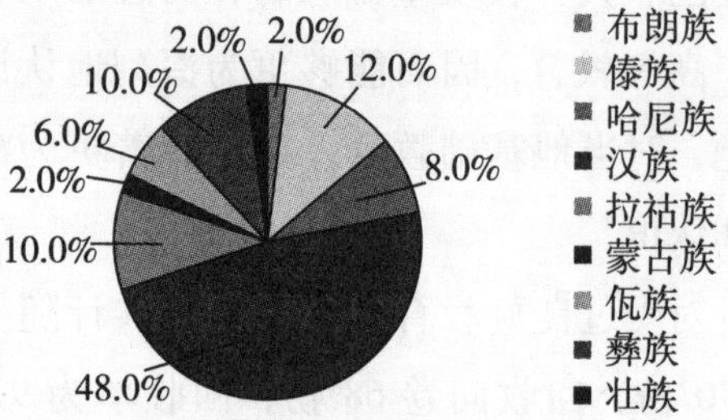

图75　受过良好教育人员的民族结构

受访的受过良好教育人员的民族涵盖了汉族、傣族、佤族、拉祜族、哈尼族等多个民族，可以较为全面地反映孟连县当地各民族接受教育的大体情况。在受过良好教育人员样本中，汉族占了样本人员的48.0%（见图75）。出现这一情况的原因一方面是因为当地面向全省乃至全国招聘人才的力度在逐年加大，外地大学生开始陆续来到孟连工作；另一方面，相对而言，当地汉族家庭更加重视子女的教育问题，因而，汉族子女能够接受高学历教育的可能性相对较高。这导致了在当地高学历人口中，汉族人口占了较高比例。

4. 学历构成

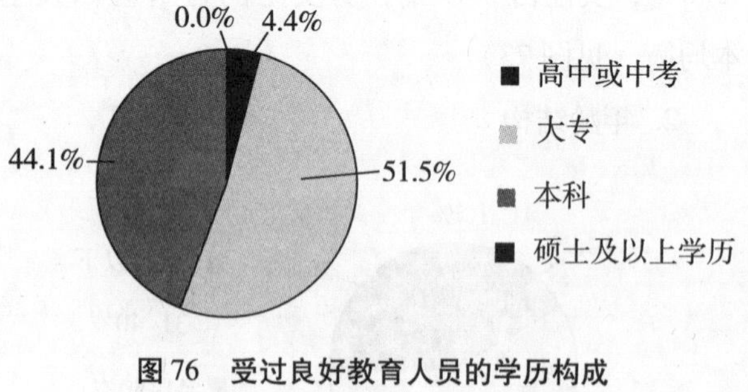

图76　受过良好教育人员的学历构成

如图76所示，在受过良好教育人员样本中，大专学历人员数量最多，占样本总量的51.5%；其次是拥有本科学历人员，占样本总量的44.1%；拥有高中或中专学历人员比例为4.4%。

5. 籍贯构成

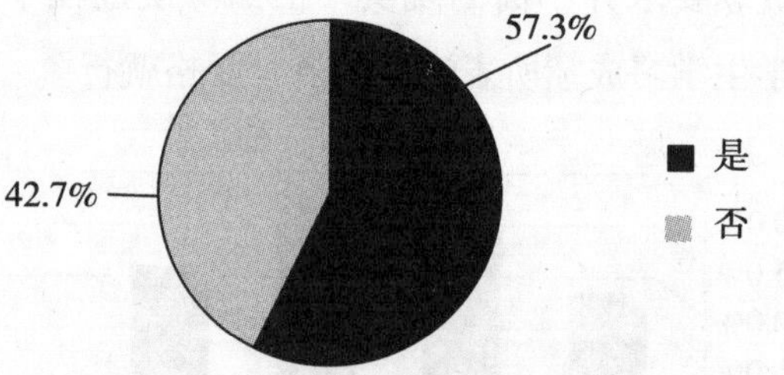

图77　受过良好教育人员的籍贯

在受过良好教育人员样本中，在孟连当地长大人员的比例为57.3%；来自外地人员的比例为42.7%，本地人与外地人比例为1.34∶1（见图77）。

6. 职业构成

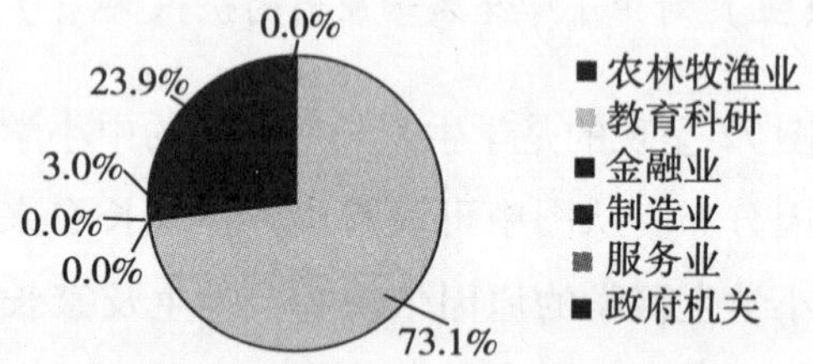

图78　受过良好教育人员的职业构成

受过良好教育人员样本主要分布在当地的政府机构和事业单位。其中从事教育科研工作的人员最多，占样本总量的73.1%；从事政府机关工作的人员占样本总量的23.9%；另外，从事服务业的人员比例为3.0%（见图78）。

7. 经济收入

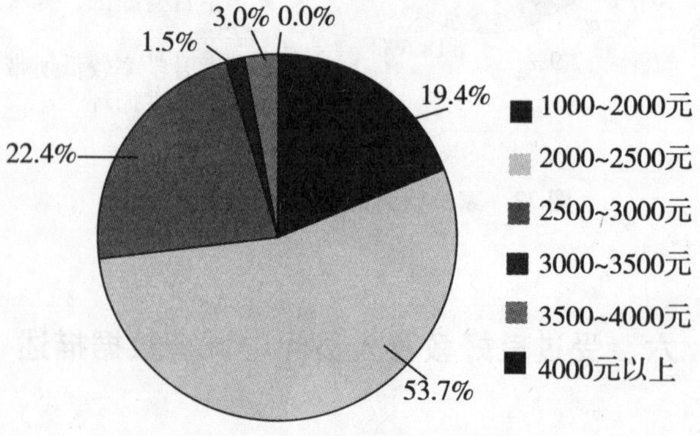

图79　受过良好教育人员的经济收入

如图 79，受过良好教育人员的月薪收入普遍不高，有 73.1% 的样本人员月薪在 2500 元以下，其中更有 19.4% 的样本人员月薪低于 2000 元；月薪在 3000 元以上的比例仅为 4.5%。访谈中也发现，近年来随着当地经济发展模式的转型，政府机关以及企事业单位工作人员月薪不及“橡胶农”半个月割胶收入，年薪不及外出农民工打工收入的现象较为普遍。

（二）对接受学校教育的认识

1. 坚持上学的原因

如图 80，访谈发现，受过良好教育的人员大都是当地为数不多的能坚持读到大学毕业的人，对这个群体而言，读书可以改变命运的想法是激励他们坚持上学的首要原因（77.9%）；而个人喜欢读书也是他们能够坚持完成高层次教育的另一重要因素（57.4%）。

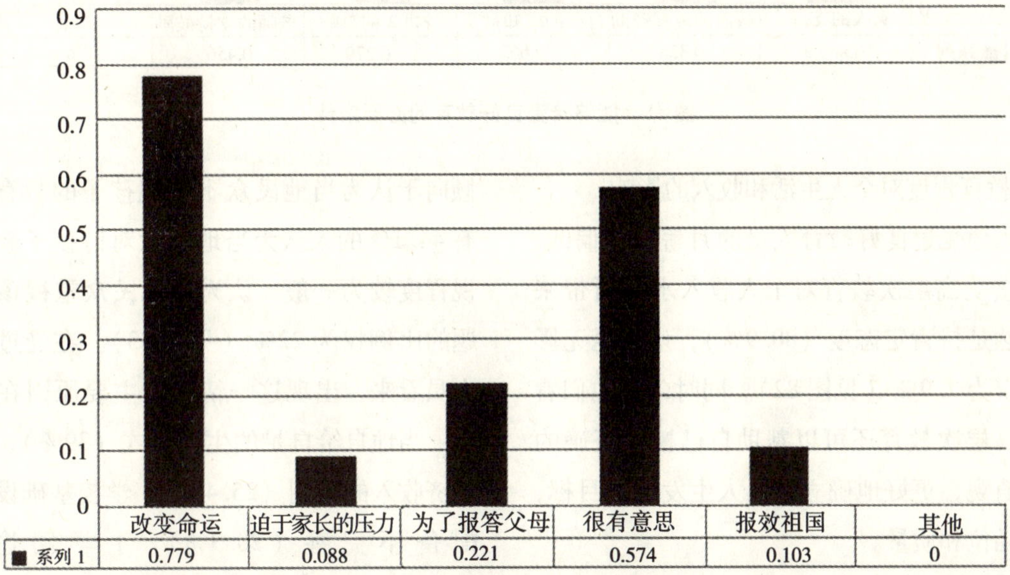

图 80　受过良好教育人员的读书目的

2. 能够接受良好教育的必要条件

受过良好教育人员看来，当地中小学生最终能否坚持读到高等教育阶段受到诸多因素的影响，这些影响因素按其产生影响的程度排序如下：家人的支持（80.9%）、个人的求知欲（66.2%）、老师的支持鼓励（45.6%）、政府的教育资助政策（33.8%）、周围同龄人的影响（27.9%）（见图 81）。

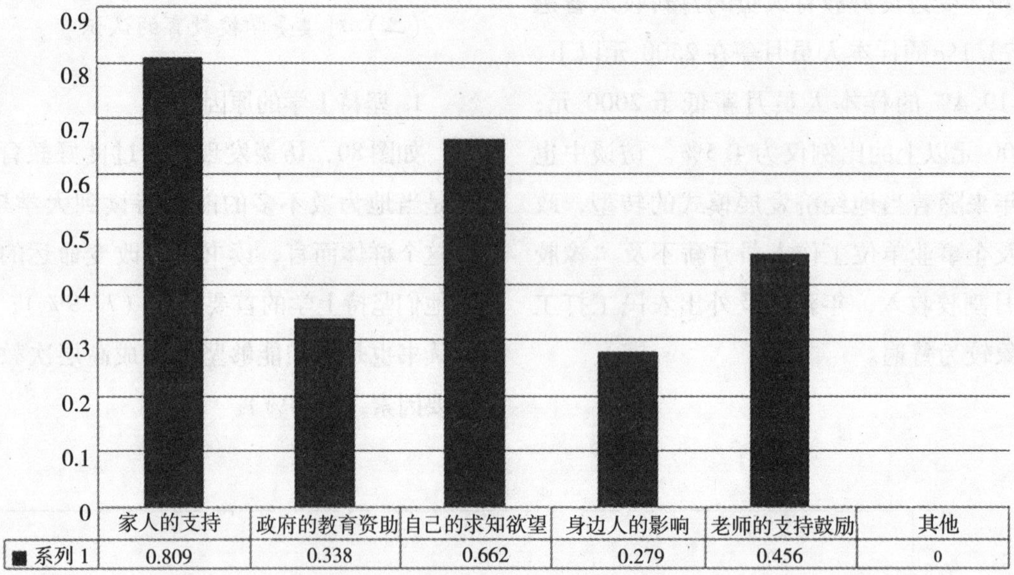

图 81　能够接受良好教育的必要条件

3. 受教育程度对个人生活和收入的影响

尽管当地受过良好教育人员的月薪普遍偏低，但其对于接受高层次教育对个人收入水平所带来的影响仍然是持肯定态度（80.9%），认为毫无影响的比例仅为 2.9%（见图 82）。同时，在他们看来，接受高层次教育还可以帮助自己树立正确的人生观价值观，更好地确立自己人生发展的目标，提升生活品位和质量。

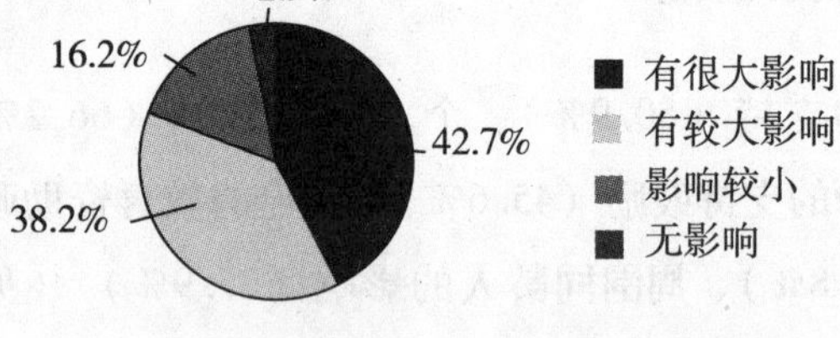

图 82　受教育程度对个人收入的影响

（三）对当地基础教育发展状况的认识与评价

1. 对当地民众教育意识的看法

调查数据显示，33.9% 的受过良好教育人员都倾向于认为当地民众不重视孩子的教育问题；另有 44.1% 的人认为当地民众对待孩子教育问题重视程度较为一般，认为当地民众重视孩子教育问题的比例仅为 22%（见图 83）。在受过良好教育人员看来，出现这一情况的主要原因在于以下几点：当地自给自足的生产方式（39%）、当地家庭经济收入的限制（25.4%）、学校基础设施和师资配备不完善（20.3%）、上学路途太遥远（15.3%）（见图 84）。

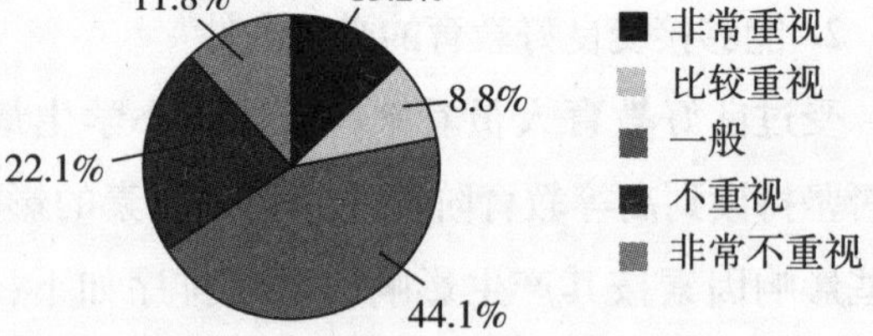

图 83　当地民众对待孩子教育的态度

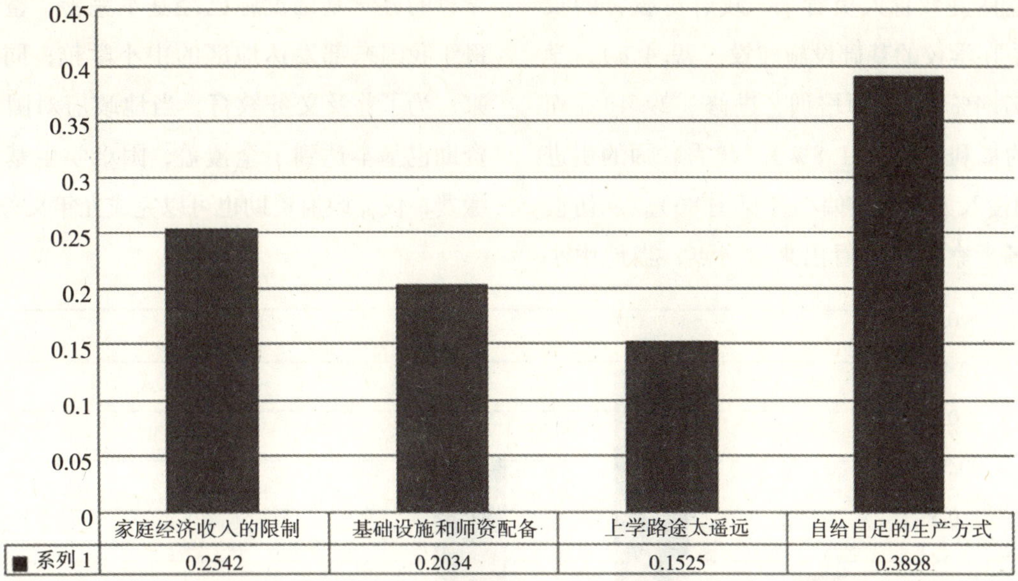

图 84　民众不重视教育的原因

2. 对当地政府教育投入的看法

如图 85 所示，在对当地政府教育投入情况的评价中，有 47.1% 的受过良好教育人员认为投入力度一般，更有 29.5% 的人认为投入较为不足，认为投入较充足的人员比例仅为 23.6%。

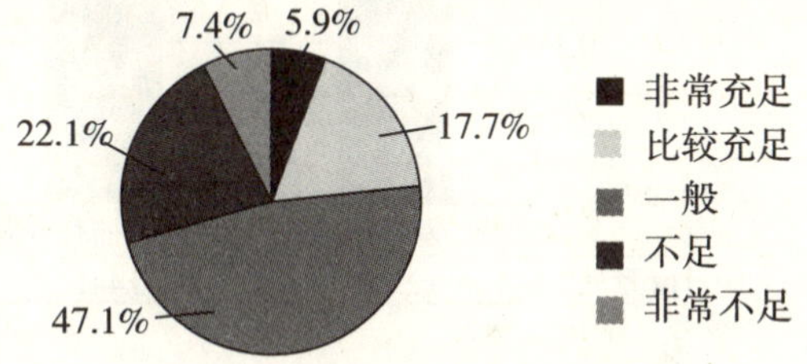

图 85　当地政府教育投入情况

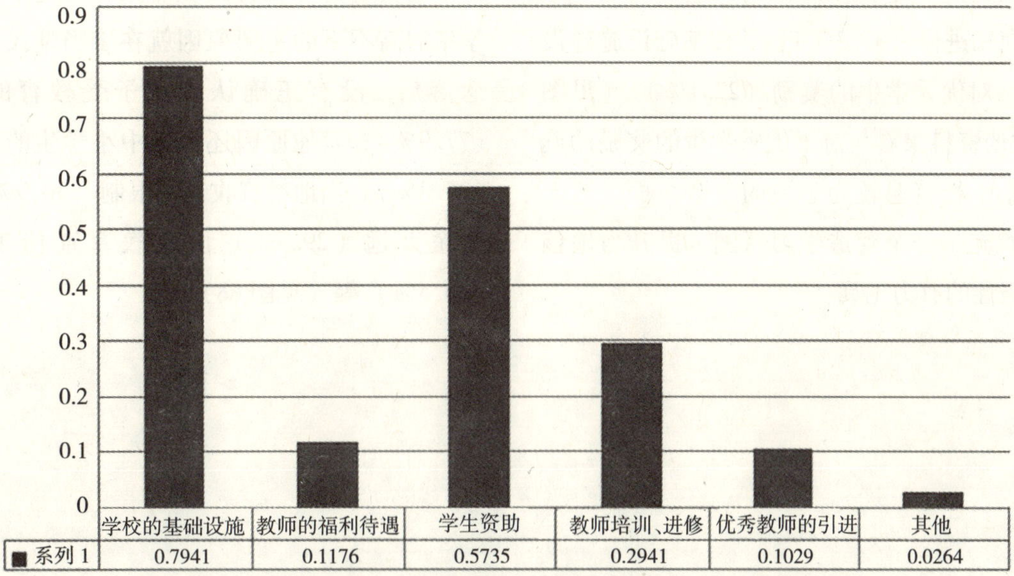

图 86　政府教育投入的重点领域

在受过良好教育人员看来，政府对教育的投入主要集中在学校的基础设施建设（79.4%），学生资助（57.4%），教师培训、进修（29.4）；而对于教师的福利待遇（11.8%）、优秀教师的引进（10.3）则投入力度明显偏小（见图86）。从访谈材料和现场考察也可以看出来这一点，当地中小学校的办学基础设施已经基本完善，整体上并不逊于我国东部发达地区的中小学校；同时，近年来，为了普及义务教育，当地政府对困难学生的资助也基本达到了全覆盖，困难学生基本不需要缴费，仅靠政府资助也可以完成九年义务教育。

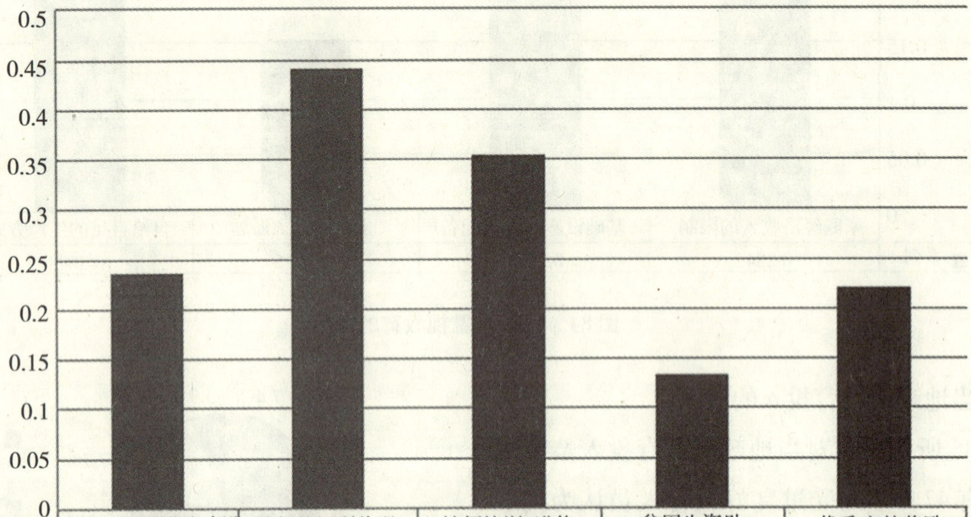

	学校的基础设施建设	教师的福利待遇	教师培训、进修	贫困生资助	优秀生的奖励
■ 系列 1	0.2353	0.4412	0.3529	0.1324	0.2206

图87　当地政府教育投入尚有欠缺的领域

对于仍需要强化政府投入的领域，受过良好教育人员认为应该是：教师福利待遇（44.1%）、教师的培训和进修（35.3%）、学校基础设施建设（23.5%）、对优秀学生的奖励（22.1%）（见图87）。从访谈资料来看，对于优秀学生的奖励的确是当地中小学校普遍较为忽视的一个方面，这无疑是主动放弃了一个营造学习氛围、提升当地孩子学习积极性的有力工具。

3. 对当地中小学生辍学问题的看法

在受过良好教育人员看来，当地中小学生辍学率居高不下的主要原因就在于当地民众教育观念落后，没有正确认识孩子受教育的重要性（77.9%）；其他原因还包括中小学生的从众心理（35.3%）、当地经济收入的限制（30.9%）、学校路途太远（29.4%）以及教育宣传工作偏弱（26.5%）等（见图88）。

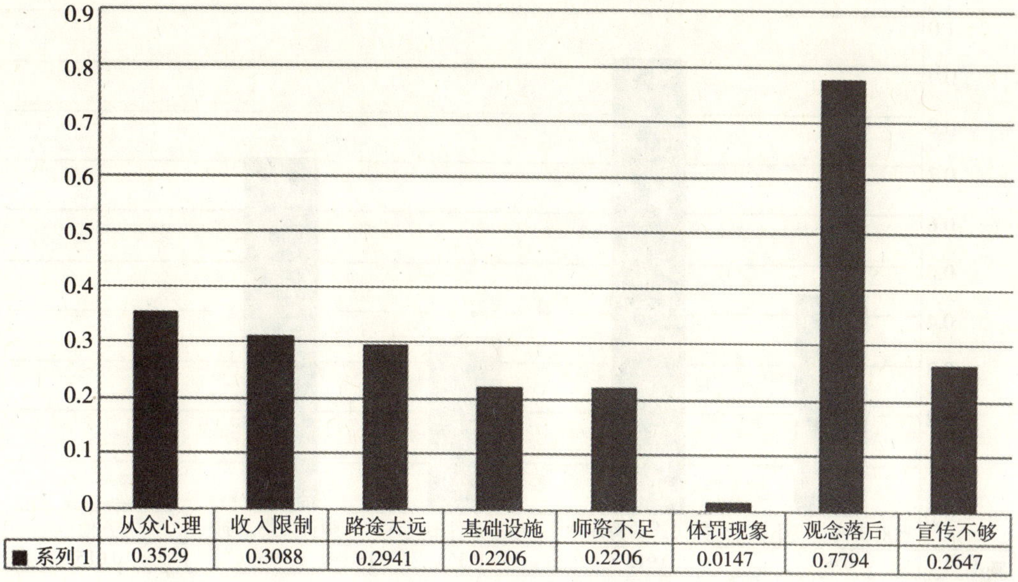

图 88　中小学生辍学率高的原因

4. 对当地教育发展状况的整体评价

在受过良好教育人员看来，当地教育发展存在的问题主要集中在：家庭教育观念落后（52.9%）、人才培养机制不健全（44.1%）、教师队伍有待加强（41.2%）、学校管理不完善（35.3%）（见图 89）。产生这些问题的原因是多方面的，但从调查数据看，其主要原因在于当地少数民族的特殊性（91.2%）、当地师资力量薄弱（70.6%）、当地政府对教育的支持力度不够（44.1%）以及经济发展条件的限制（35.3%）等（见图 90）。

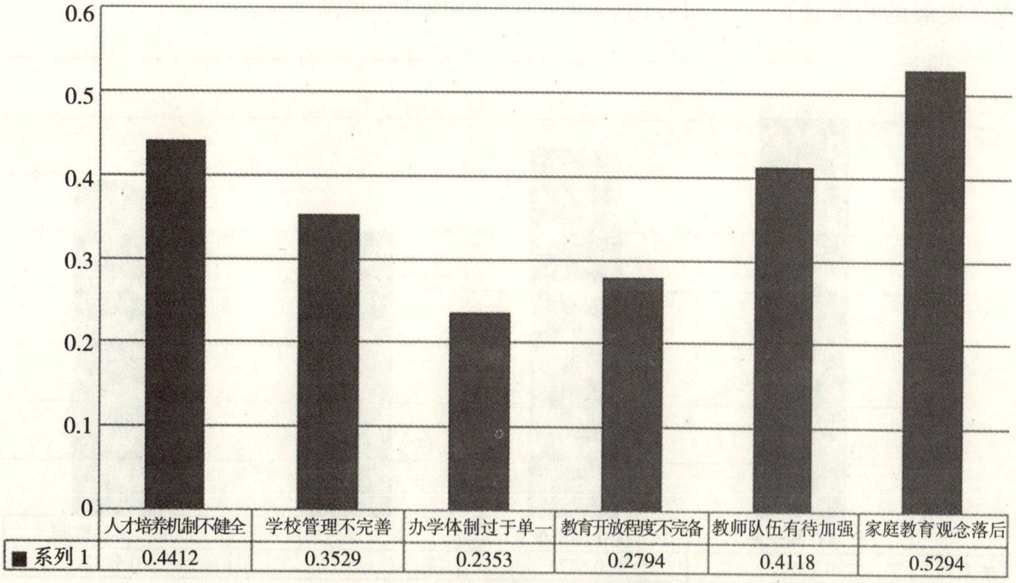

图 89　当地教育发展存在的主要问题

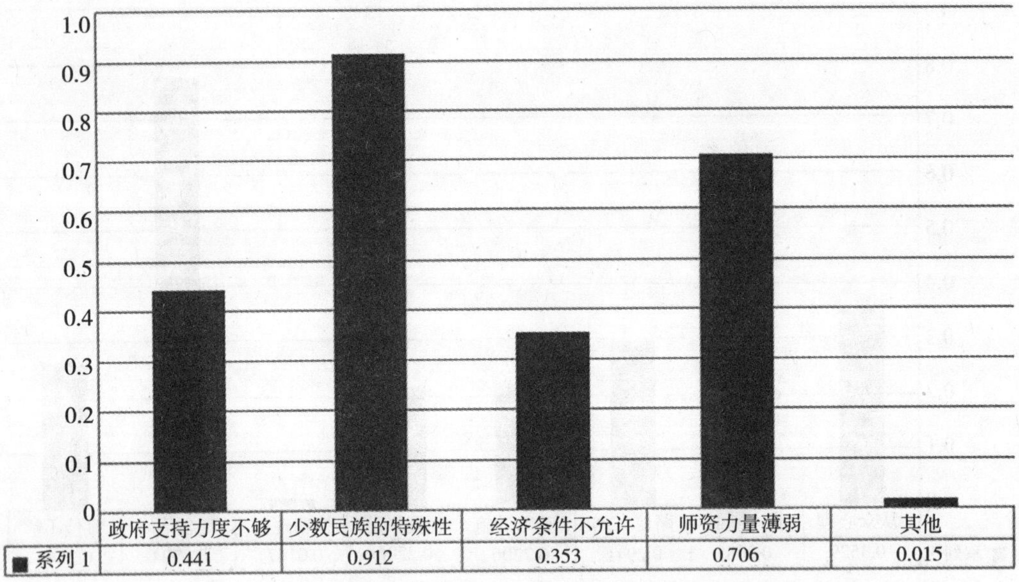

图 90 当地教育发展的制约因素

（四）对当地基础教育发展的相关建议

考虑到大多数受过良好教育人员样本均是在当地完成基础教育，在接受高等教育后又返回当地工作，因而，他们对于当地基础教育的发展具有比一般人更为深刻的体会和认识。鉴于此，本研究针对受过良好教育人员样本专门设计了“对当地基础教育发展的相关建议”的问卷内容，以进一步深化对当地基础教育发展状况的认识，提高研究的针对性和科学性。

1. 对当地政府进一步完善九年制义务教育的建议

对于政府完善九年义务教育应采取的措施，受过良好教育人员的意见较为集中，主要包括提高教师待遇（70.6%）、优化师资配置（64.7%）、完善奖惩机制（58.8%）、加大教育宣传力度（50%）（见图 91）。

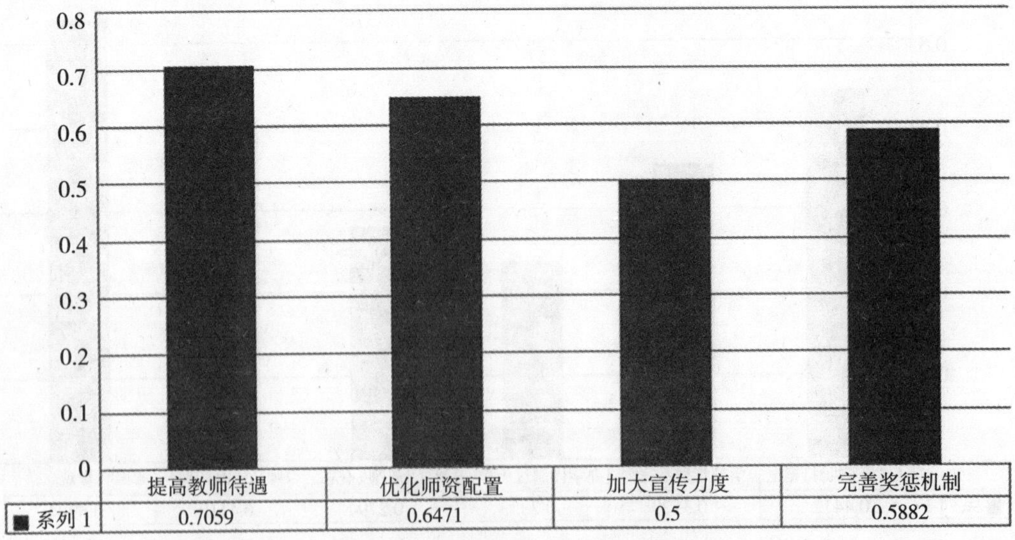

图 91 政府为完善九年义务教育应采取的措施

2. 提升当地中小学生学习动力的建议

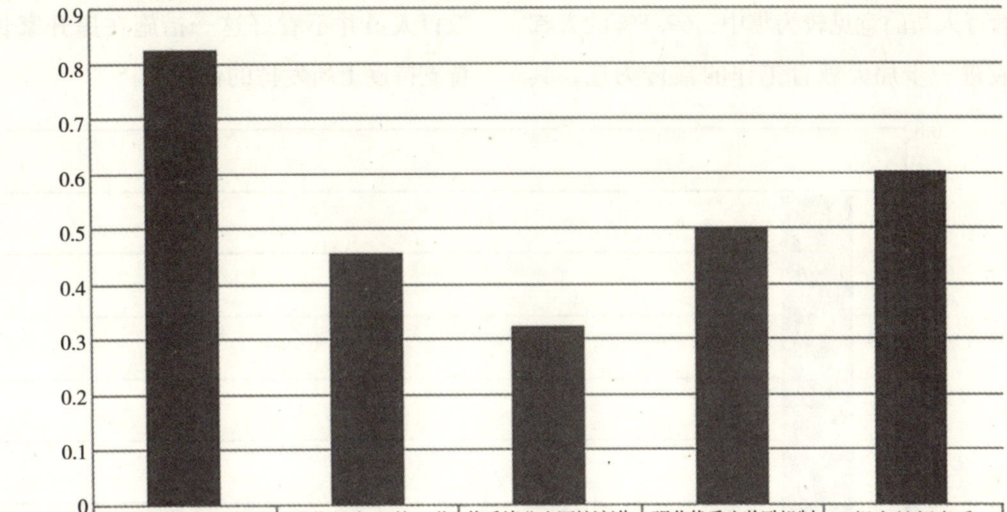

	提高教学的趣味性	强化教育宣传工作	优秀毕业生回校演讲	强化优秀生奖励机制	提高教师素质
■系列 1	0.8235	0.4559	0.3235	0.5	0.6029

图 92　提升中小学生读书兴趣的建议

对于如何进一步提升当地孩子的学习动力，受过良好教育人员给出的建议如图 92 所示，“提高教学的趣味性”受到了大家的普遍关注，支持比例达到 82.4%。其他建议如“提高教师素质”(60.3%)、“强化优秀生奖励机制”(50%)等，均集中在学校办学条件层面或管理机制的改革等。

3. 优化当地中小学师资配备的建议

对于优化当地中小学师资配备的建议，受过良好教育人员更倾向于政府强化学校基础设施建设(42.7%)、提高边远地区教师的工资福利(29.4%)、为边远地区教师提供更多进修机会(17.7%)等(见图 93)。

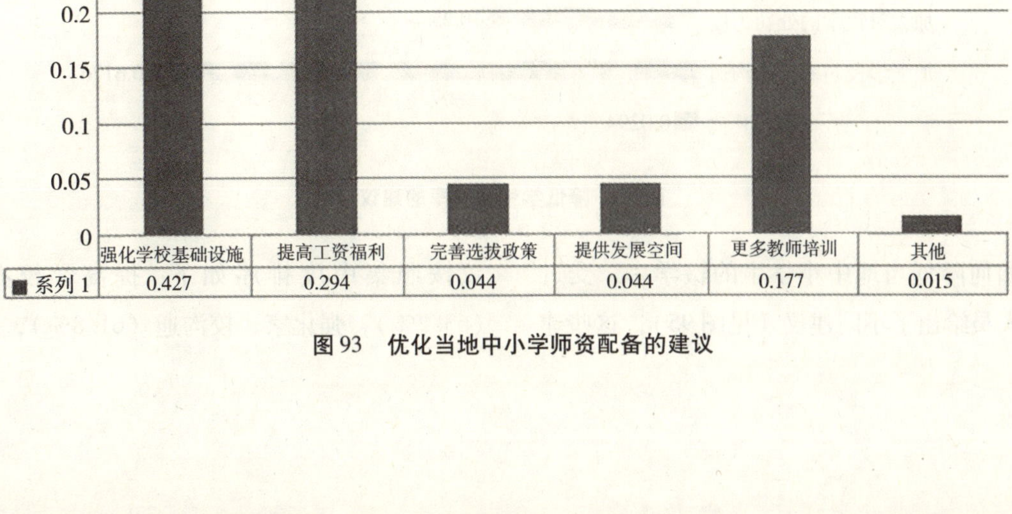

	强化学校基础设施	提高工资福利	完善选拔政策	提供发展空间	更多教师培训	其他
■系列 1	0.427	0.294	0.044	0.044	0.177	0.015

图 93　优化当地中小学师资配备的建议

4. 提升当地民众支持孩子读书积极性的建议

对于如何提升当地民众对子女教育的支持度，受过良好教育人员的意见较为集中，69.1%的人都认为政府应进一步加大教育工作的宣传力度，其次就是加大对学习优秀生的奖励力度（16.2%）（见图94）。而对于贫困生资助，大多数受过良好教育人员并不看好这一措施在提升家长对子女教育支持度上所发挥的作用。

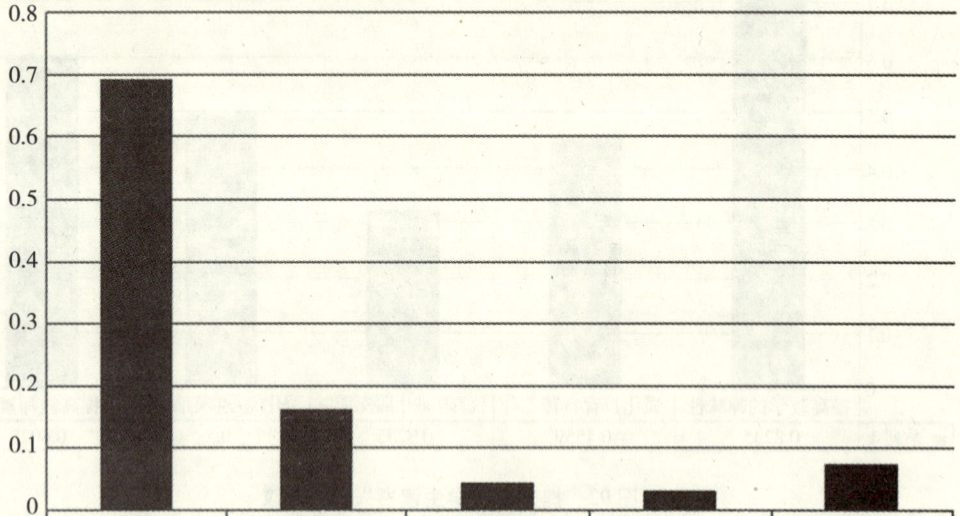

	加大教育工作的宣传	加大对优秀生的奖励	加大对贫困生的资助	加大对辍学的处罚	提高学校的办学水平
■系列 1	0.6912	0.1618	0.0441	0.0294	0.0735

图94　提升家长支持孩子读书积极性的建议

5. 降低当地中小学生辍学率的建议

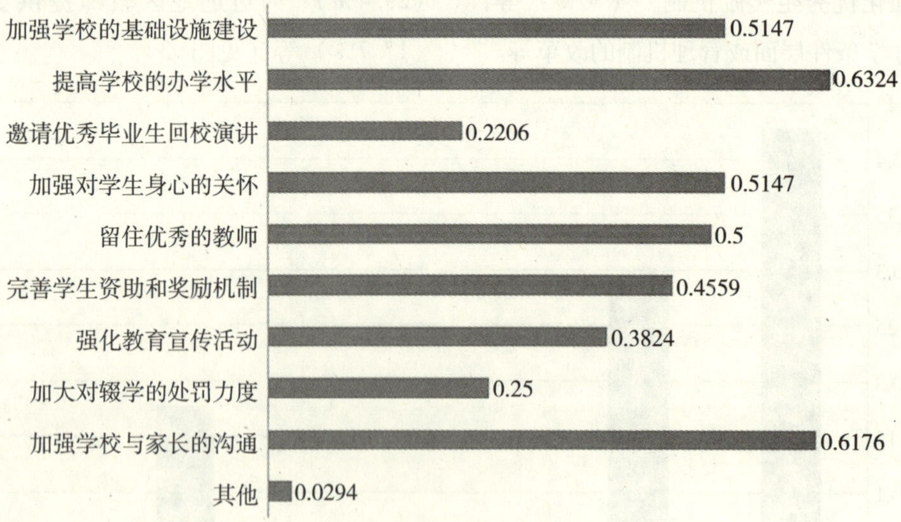

图95　降低学生辍学率的建议

对于如何降低当地中小学生的辍学率，受过良好教育人员给出了不同建议（见图95），这些建议按照集中度排序如下：提高学校办学水平（63.2%），强化家、校沟通（61.8%），加强学校基础设施建设（51.5%），强化对学生身心的关怀（51.5%），留住优秀教师（50%），完善学生奖励机制（45.6%），强化教育宣传（38.2%）等。

七、孟连县基础教育发展存在的问题及其成因分析

从前面对调研数据的分析我们可以看出，孟连县基础教育发展还存在一些根本性的问题，也正是这些问题的持续存在才导致当地九年制义务教育长期面临着巨大压力，初中后教育辍学率居高不下、高考升学率长期低迷等一系列现象的出现。

（一）当地民众教育观念落后问题

从调查数据和访谈资料来看，当地民众仍普遍认识不到孩子接受学校教育的重要性，尤其是对于初中后教育阶段，这一现象尤为严重，这也是导致当地中小学生“潜在辍学率”[①]居高不下的一个重要因素。出现这一问题的原因主要包括以下几个方面：

1. 民族传统文化制约

孟连县少数民族众多，而且各个民族的文化也存在差异。在对待孩子教育问题上，拉祜族的家庭相对而言受民族传统文化的制约较大。由于贫困，拉祜族历来有早婚、早育、姑舅姨表亲上加亲等习俗，很显然，这一文化传统必然会导致拉祜族的学生提前辍学，同时，也还会使得整个民族的体力和智力优化受到严重制约。调研数据也反映出，拉祜族学生的辍学率明显高于其他民族学生。

2. 当地民众受教育水平较低

官方统计数据表明，孟连县当地民众的平均受教育年限仅为4.8年[②]，文盲半文盲的比例较高。再加上孟连县当地的支柱产业仍然是农业，自给自足的生产方式较为普遍，长期封闭的生活使得当地民众与外界的交流和沟通非常少。在这种情况下，当地民众对子女的受教育问题必然缺乏深刻认识，也难以理解教育对子女成长所发挥的重要作用，更谈不上对子女的功课进行辅导了。

（二）学生家庭难以承担相关教育费用问题

如前所述，孟连县经济发展较为落后，是国家级贫困县，当地民众的经济收入主要来源于农业生产。本研究的调查数据也显示，76.1%的学生家长都是用农业生产的收入来承担子女的教育费用。尽管近年来国家实行了免费义务教育政策，并对农村学生和城市家庭经济困难学生免费提供教科书，对家庭经济困难寄宿生提供生活补助，同时推行农村学生营养改善计划。但是，由于孟连县属于山区，村寨分布较为分散，再加上中小学“并校运动”，大多数学生上学的路途都较为遥远，“住校”上学是当地中小学较为普遍的现象。但由此增加的生活费和交通费却对相当多的农村家庭而言都是一笔不小的开支。调查数据显示，在回答“您熟悉的辍学中小学生其辍学原因是什么”问题时，18.6%的家长和16.6%的中小学生选择了“交不起相关费用”；76.8%的教育管理人员认为经济欠发达是当地基础教育发展水平低的主要原因。

孟连县地势复杂，海拔高低不一，受地理环境限制，境内交通不便，与外界信息交流不畅。尽管当地已经开始广泛种植橡胶、甘蔗、茶叶、咖啡和热带优质水果等经济作物，但是这只适宜海拔较低、气温较高的坝子或盆地地带，广大山区仍以种植普通农作物为主。特殊的地理环境和不同的生产方式，造成了孟连境内民众贫富不均。根据实地走访发现，居住在盆地地带的傣族，文明开化较早，懂得凭借地理环境优势，种植产值高、经济收益好的经济作物，所以经济收入较高。

而其他少数民族，特别是拉祜族和佤族，主要居住在海拔较高的山区地带，橡胶等经济作物不适宜在当地生长，民众只能种植那些产值较低，经济效益也不高的农作物。再加上他们自身文化水平不高，生产技术也从原始的刀耕火种过渡而来，农作物带来的经济收入十分有限。这些区域的家庭大多数仍处于“极贫”处境，尽管当地政府已经采取了一些帮扶措施来试图改变这一现状，但其长期形成的固有生活方式却根深蒂固，这些措施短期内很难奏效。

（三）师资短缺与稳定性问题

师资短缺问题主要体现在教师数量、质量和结构方面。孟连县当地不仅师资总量不足，同时，教师任教科目专业不对口、教师整体年龄偏大等问题也非常突出。而教师队伍的稳定性问题则涉及教师流失，部分教师到某所中小学短期任教几年后则调离。

1. 教师队伍的质量与结构问题

在受访的29位初中教师中，仅有1位教师第一学历为本科，且是支教教师，另有1位教师为中专学历；在受访的30位小学教师中，第一学历为专科的教师仅有2人，高中或中专学历的4人。可以看出，孟连县当地中小学教师学历层次整体偏低。尽管后期有不少的教师都进修了专科或本科学历，但仍在一定程度上反映出来当地中小学教师队伍质量上的不足。

同时，孟连县中小学教师专业不对口的问题也非常严重，特别是音乐、体育、美术等科目，几乎没有专业教师，主要由其他学科任课教师兼任。调查发现，在当地的山区，特别是一些村级小学，教师缺口更为严重，一位教师既要承担学校多个年级的教学任务，又要承担多门课的教学。

而且，孟连县中小学教师队伍还存在年龄结构老化问题。调查数据发现，79.7%的教师教龄在10年以上，年轻教师流失现象十分严重，长期留在当地中小学教书的都是一些年龄偏大的教师，教学知识内容更新缓慢，一些新知识难以及时进入中小学课堂。

2. 教师队伍缺乏稳定性

调研发现，孟连县当地的中小学教师队伍稳定性较差，尤其是在广大的山区农村，年轻教师任职一两年就调离的现象较为普遍。即使勉强留下来的教师，其对当地中小学校的归属感、认同感也明显偏低，访谈资料显示，这部分教师工作心态很不稳定，一旦有合适的机会，他们随时都可能会调离。这一状况也直接导致了当地中小学教师工作动力不足、工作积极性不高的问题。

出现这些问题的根本原因还在于当地恶劣的自然环境条件和经济社会发展落后面貌。孟连县地处云南省西南偏远地区，交通不便，许多外地来的高学历教师往往难以适应当地落后的经济生活条件，最后只好逃离。即使是本地人，基于对自身发展空间、生活医疗设施以及子女后代教育等一系列问题的考虑，不少教师在学校短期任职后，也会想办法通过人事调动或者其他事业单位招聘考试，调往县城中小学或转到其他行业。如此一来，孟连县广大农村地区的中小学教师队伍建设就出现了一种恶性循环，优秀教师不断流失，新进教师也留不住，最后要么是加重现有任课教师的工作负担，要么是私下招聘代课教师来临时顶替。这不仅不利于当地中小学教学质量的提升，同时也会对当地基础教育的良性发展带来冲击。

调查数据显示，在当地，81.2%的教师月薪处于2500元以下，其中有31.2%的教师月薪低于2000元；63%的教师表示其收入很难或较难满足日常生活的需要；有46.9%的教师表示当前非常关心自身的福利工资问题，关心程度高于发展空间和在职学习进修机会。再加上受到近年来孟连县当地橡胶产业发展对农民增收的影响，中小学教师的收入更加显得窘迫，其职业认同感普遍偏低。而另一方面，当地中小学教师所面临的压力却不断加大。这种压力一部分来自于家庭经济生活，但更主要的是来自于学生辍学。学生学习基础差，教师提高班级学生的学习成绩有一定困难，但相较于班级在读学生的保持率而言，这都是小问题。由于政府这几年对九年制义务教育有强制性要求，因而，在当地中小学，学生辍学成为了每一位任课教师天天都在担心的问题。在对当地教师的访谈中发现，辍学问题对教师产生的压力甚至超过了日常教学和家庭经济压力。

（四）学校建设资金投入缺乏科学规划

近年来，随着国家对九年制义务教育支持力度的加大，全国中小学校硬件设施建设都取得了突出的成就，尤其是对于少数民族落后地区。从调研情况看，孟连县农村中小学校校舍建设都有了翻天覆地的变化，已经基本消灭了危旧教室，大多数中小学教室都是新建的3~5层的楼房，包括大多数的教师办公室。这是近年来学校建设资金加大投入所取得的重要成果。

当然，落后地区的中小学校舍确实需要改造，这不仅涉及办学基本条件的改善，同时，还是保证师生人身安全的必要条件。但是，好的办学条件不仅包括学校硬件设施建设，从某种意义上讲，学校的“软件”建设对于办学质量的提升所发挥的作用更大。调研中发现，孟连县当地中小学普遍存在教师办公条件简陋、校园安保难度大、学生和教师住宿条件差等一系列问题。这不仅影响着学生就学的稳定性，而且也在一定程度上影响着一部分教师，尤其是年轻教师工作的积极性和归属感。

国家对民族地区基础教育发展所拨付的专项资金用来建设校舍是最能见成效的做法，也是最为简单、快捷、有效的改良办学条件的措施。如果用来改善师生的办公、学习软环境，购买大量的图书、资料，甚至优先改造师生的住宿环境和校园生活环境，这不仅从表面上难以看到资金投入的成效，同时也容易引发社会争议，相关管理部门或许还会冒一定的政治风险。但这却是提高当地基础教育质量、增强教师对所在学校的归属感、提升学校教育对当地适龄儿童吸引力所必须要做的一项工作。

（五）中小学生厌学、辍学问题

调查数据显示，55.3%的中小学生认为自己的学习积极性一般，另有10.2%的中小学生认为自己的学习积极性比较低；在对教育管理人员的调查中也发现有42.7%的人反映学生对学习不感兴趣；但多数学生仍有着积极的求学目标和求学动机，69.3%的中小学生希望能够读到大学或者大学以上；47.3%的中小学生认为自己读书是“为了改变命运，走出山村”，26.3%的中小学生是“为了报答父母”，另有20.4%的中小学生是“自己喜欢读书”。但2013年孟连县初中升高中的升学率仅为32.2%。很明显，在孟连县当地中小学生的学习状态与学习目标间存在着深刻矛盾。这一矛盾如果解决得好，不仅可以有效缓解当地中小学生厌学、辍学的“顽疾”，而且可以极大地提升孟连县基础教育质量。

中小学生厌学、辍学问题是一个较为复杂的问题，它涉及当地社会、经济、文化等多方面的影响因素。除了前文所提到的个别少数民族早婚习俗以及家庭经济困难等因素外，本研究根据调研数据和相关访谈资料，认为孟连县当地中小学生厌学、辍学还有以下几个方面的原因：

1. 语言沟通障碍

语言问题是影响孟连县当地中小学生学习积极性和学习成绩，从而导致厌学或辍学的一个重要原因。孟连县少数民族文化多种多样，有不少民族都有自己独特的语言，当地大多数民众平时都是用本民族语言交流，山区长期封闭的生活环境使得他们大都不会讲汉语。而且，由于当地经济发展水平落后，电视普及率极低，当地仍有不少民众无法听懂普通话。

这种情况也影响到了孩子。调查中发现，孟连县山区农村的大部分中小学生在入学前基本都听不懂普通话，更不用说讲普通话了。而当地的中小学校主要开展的是汉语教学，讲课语言统一使用普通话，这对于那些刚入学的孩子而言无疑是一个巨大的挑战。经过几年的学习后，尽管这些学生理解普通话能力会有较大提升，但毕竟仍落后于班里其他同学，学习成绩也很难提升，逐渐就会形成厌学心理，并最终演化成了逃学或辍学。

2. 当地高考升学率低

对于广大山区农村的民众来讲，送子女上学的愿望并不是特别强烈。调研中发现，对于送孩子上学，大多数家长所持都是一种无所谓的态度，“他愿意读就继续读，他不愿意读就算了”。这一方面反映出家长对子女读书所报的期望不高，同时也说明当地学生读书的回报率较低。当然，基础教育所发挥的主要是“扫盲”和提高国民文化素质的作用，但是对于孟连当地的普通民众而言，读书一方面是让孩子“有文化”，同时也希望孩子能有所成就，例如能考上大学或者是能使自己的生活状况有所改观。

但从孟连县当地近年来高考录取情况来看，当地学生考得最好都是“三本”，在2013年录取结果出来之前“已经连续几年没有考上二本以上的学生了”。当地家庭条件好的学生一般都要到附近的县市去参加高中学习，以便提高自己考上大学的可能性，这对于孟连县广大山区农村的孩子而言几乎就是一件不可能的事情。对他们而言，即使能考上“三本”，所面临的巨额学习费用也会提前让他们和家人退避三舍了。而且，随着这几年大学生就业难、就业质量不高等问题的蔓延，“读书无用论”在当地又有一定程度的蔓延，这无疑都会在一定程度上强化当地中小学生厌学、辍学发生的可能性。

3. 上学路途遥远

近十几年来，在我国广大农村地区掀起了中小学合并浪潮，孟连县的中小学校也不例外。尽管由于种种原因，本研究没有查到准确的学校撤并数据，无法准确统计在合并工作完成后孟连县中小学减少了多少，但一个确定的事实就是，当地的孩子，尤其是山区农村的孩子上学开始变得极其不便，在受访的167名中小学生中，家到学校的距离超过步行1小时的比例高达50.9%，这也导致了50.9%的中小学生不得不选择住校，周末再由家长接回。这种上学的不便以及由于住校所增加的教育成本，无疑会加重家庭的经济负担，在某种程度上也会影响孩子到校学习的积极性。

八、提高我国民族地区基础教育发展水平的对策与建议

孟连县中小学教育发展的现实情况是我国少数民族地区基础教育发展的一个缩影，通过对孟连县当地中小学发展问题的分析，也可以大体上了解全国少数民族地区基础教育发展的现实及其存在的问题。为了更好地促进我国少数民族地区基础教育的发展，应做好以下几个方面的工作：

（一）完善少数民族教育立法

毫无疑问，少数民族教育具有一定的特殊性，这在全世界都是如此。西方发达国家一般都会对本国少数民族的教育实施一些特殊的政策，这些政策往往也是体现在法律条文中。如美国针对其境内少数民族——印第安人的教育，就采取了比

较特殊的立法；英国《种族关系法》是从反对歧视的角度对其境内少数民族教育加以保护。[③]我国政府曾在2002年4月正式启动《少数民族教育条例》的起草工作，并形成了《少数民族教育条例》文本，但该条例最终并未颁布。[④]

到目前为止，我国政府针对基础教育的法律法规共有60项左右，但是针对少数民族教育，尤其是基础教育的法律法规还比较欠缺。用通用性的法律法规来规范全国的基础教育，就必然会忽视少数民族地区基础教育发展的特殊性，导致"水土不服"的困境，从而引发一系列的问题。这不仅无益于少数民族地区基础教育发展的完善，同时也会影响到国家法律法规的尊严。因此，我国政府应针对少数民族地区发展的特殊性，制定专门的《少数民族教育法》，从国家的层面上把少数民族地区的基础教育发展纳入到科学规范的教育管理体系之中。比如针对少数民族教育起步晚、基础差的现实状况，可以适当缩短义务教育年限，允许学生留级，或者把学前教育纳入到义务教育阶段中等。

从国家的层面上对少数民族教育进行立法，一方面可以提升民族教育的地位，引起各级地方政府的重视；另一方面也可以规范当前少数民族基础教育发展的乱象，为提升教育质量奠定制度性基础。

（二）建立稳定的本土教师培养模式和激励机制

少数民族地区师资总量不足是一个长期的历史性问题，尤其是对于基础教育阶段急需的"双语型"教师而言尤其如此。为了突破这一困境，国家应该在少数民族聚居的地区建立专门的民族教育师范院校，或者在已有的高等院校中设立专门的师范教育专业，专门面向少数民族地区定向招生和培养。在招生和录取环节中，一方面要严格限定在少数民族聚居地区招生，另一方面要尽量考虑到当地教育水平的现实状况，制订特殊化的录取分数线，提高人才培养的针对性。针对紧缺教师的中小学科目，当地教育主管部门要灵活调控录取名额。在培养过程中，针对这些"特招"的师范生，学校除了开设通常的必修课程外，还必须加开专门针对少数民族特色文化和乡土课程开发等教学课程，尤其是针对少数民族地区的地方语言学习。

少数民族地区基础教育教师短缺和流失的原因是多方面的，但缺乏对学校的归属感无疑是其中一个重要原因。当前，少数民族地区教师工作生活环境艰苦，福利待遇差。考虑到这一点，国家除了继续实施现行的"支教"政策外，更应强化对当地长期工作教师的激励。一方面，政府要积极改善民族地区中小学教师的工作和生活条件，解决他们的后顾之忧；另一方面，建立适当补偿的激励机制，为那些主动到边远山区中小学工作的教师提升工资水平或者直接发放特殊生活补贴，在升职、调动、子女入户、职称评定等方面给予优先照顾。针对当前较为突出的教师住房问题，政府应支持中小学校建设具有周转性质的教师集体公寓，提升他们的生活基本条件，多方面培养教师对学校的归属感。另外，也可以考虑建立骨干教师边远山区中小学轮岗制度，每隔三年轮换一次，这样既可以为学校的教学工作增添新的血液，又能够保证学校教学工作相对稳定的开展。

（三）根据生源分布，合理安排学校布局

我国少数民族聚居区大都自然环境恶劣，且居住地比较分散。鉴于这一特殊情况，少数民族地区的中小学校应有一个较为合理的布局，而不能仅仅从经济效益或社会效益最大化的原则来配置学校，在这种条件下，最大化已经远非是最优化。当然，这种做法必然会带来教育成本的上升，从而会增加当地政府的教育投入，但是，这种投入是必须，国家也应从宏观层面上实施资源调配，对民族地区中小学校的分布提供专项资金支持和规划指导。从孟连县地方中小学发展现实问题的分析中我们也可以看出，上学路途的遥远已经成为了中小学生辍学的一个相当重要的影响因素。

（四）大力发展中等职业教育，培养技能型人才

初中后教育不是独木桥，职业教育也是人才成长的一条光明大道。多年来，国家一直都在大力提倡发展中等职业教育，也出台了很多的配套支持政策。由于历史上的种种原因，长期以来，我国少数民族地区大都是经济发展落后地区。在这种情况下，如果当地青少年教育的发展都沿着小学—初中—高中的路子发展是不现实的，也是不科学的，它会导致严重的教育资源和人力资源浪费。从孟连县初中后教育发展的现实情况我们就可以看出当前小学—初中—高中的教育轨迹面临的问题有多么严重：2013 年，孟连县小学入学率为99.77%，小学升初中升学率为96.9%，初中升高中升学率仅为32.2%。[⑤]在我国大多数少数民族地区，青少年学生初中毕业后能够升入高中的仅仅是少数人，初中毕业成了大多数当地青少年学校教育的终点，等待他们的必然就是辍学回家务农或者跟着成人外出打工。

扭转这一面貌的一个重要途径就是大力发展中等职业教育，培养现代社会的技术型生产者和创新型劳动力，这对于繁荣地方经济，尤其是落后地区的经济具有极其重要的意义。通过中职学校的学习，大大降低了少数民族地区的辍学率，提升了当地民众的受教育水平；更重要的是，当地青少年通过正规的学校教育可以学习到结合当地生产的新型技术，能够把自己所学的东西应用到生产中去，而且还可以产生经济效益，这无疑弥补了高等教育资源不足对少数民族地区教育发展所产生的制约。

当然，单独发展职业教育并不是必然能带来少数民族地区教育更好的发展，因为中职教育能否实现可持续发展还取决于地方产业发展的完善。只有地方经济发展了，劳动力市场在经济发展的推动下逐步实现转型，开始筛选那些有一定先进知识、技能背景的劳动力，这时，完善的职业教育体系才会逐渐形成，并逐步得到广大普通民众的认可。因此，积极推进科技兴农、科技致富的相关措施，发展新型产业，让有知识、有一技之长的人拥有发挥自己能力的平台，帮助他们发展，让他们凭借自己的实力实现更好的发展，以此培育尊重知识、尊重人才的社会风气。

（五）建立大学生就业绿色通道，发挥榜样示范作用

随着近几年大学生就业难、就业质量不高等问题的凸显，新的“读书无用论”在我国一些农村地区开始蔓延，偏远的少数民族地区也受到了一定的波及。这一言论在一定程度上影响了我国少数民族地区中小学生家长支持孩子读书的动力，具有一定的负面作用。如果有较多的大学毕业生在社会上难以发挥自己的长处，几年的高等教育系统学习后回到家乡却无用武之地，这对于大学生本人及其家长都是一个巨大的打击，同时，也会进一步强化社会上“读书无用论”观念。在当前，大学毕业生尽管早已不再是“天之骄子”，但毕竟大多数都经过了系统化的学习，具备较快地吸收新知识、学习新技术的能力，因而，为他们提供更多的发展机会不仅有利于当地经济建设的发展，同时也可以进一步增强中小学生积极投身学习的信心，为整个社会良好学习氛围的形成奠定基础。

少数民族地区的地方政府应积极构建大学生

就业的绿色通道，即使无法为他们直接提供合适的或足够多的工作岗位，也可以为他们在当地就业牵线搭桥，发掘社会中能充分发挥他们所学知识和技术的平台。毕竟，榜样的力量是无穷的，尤其是身边榜样的示范作用，其影响力会更大。通过这种对知识的强调和对人才的尊重，在全社会营造一种热爱学习、尊重人才的良好氛围。

（六）进一步强化宣传力度，培育积极的教育观念

由于少数民族地区的民众大多受教育年限较低，他们很难真正理解教育在人的发展中所发挥的作用。在这种情况下，他们对待子女的教育问题往往缺乏准确的认识和判断，从而也影响了其对子女上学的支持力度。这无疑不利于少数民族地区基础教育的发展。

针对这一状况，当地政府应进一步强化对中小学教育的宣传力度，构建政府、学校、村组三方“立体化”的宣传小组，联合开展宣传工作。在宣传活动的实施上，政府可以通过为当地民众举办科技文化下乡活动，教给当地民众先进的生产技术，开展文化扫盲工作，同时抓住各种机会，宣传儿童接受学校教育的益处以及国家的贫困生教育资助体系；学校则利用教师家访的平台，向家长宣传接受教育的必要性和有用性，强化家长对子女接受学校教育的重视程度；村级宣传小组则可以通过定期举办生产技术培训讲座的方式，促进民众对科学技术的认识和了解，同时培养他们对教育与生产、生活间联系的认识。通过这些活动，提升当地民众对学校教育的认识，强化他们对子女应接受系统化学校教育的理念，在一定程度上降低适龄儿童的辍学率。

注　释：

①所谓的潜在辍学率，指的并非是统计出来的真实辍学率。它主要涉及的是那些尽管在读，但随时有可能辍学，或者已经有过辍学行为，但又被动员回学校读书的学生。辍学率更多的是针对九年制义务教育而言的，而潜在辍学率更能反映出当地基础教育发展的真实面貌。

②数据来源于孟连县政府提供的相关材料。

③李旭东：《有关〈少数民族教育法〉立法的建议》，《民族教育研究》2012 年第 1 期，第 8 页。

④陈立鹏：《改革开放 30 年来我国民族教育政策回顾与评析》，《民族教育研究》2008 年第 5 期，第 21 页。

⑤《孟连县教育基本情况》（孟连县政府内部资料）。

云南省沧源佤族自治县基础教育信息化调查研究

邢西深*

摘　要：近年来，信息技术快速发展，并在教育教学中广泛应用。《教育信息化十年发展规划》的颁布实施，使我国教育信息化事业面临难得的发展机遇。云南省沧源佤族自治县位于祖国西南边陲，这些年在教育信息化方面取得一定的成绩，但是由于历史和客观原因，还存在信息化设施建设滞后、信息化资源缺乏、教师信息技术能力不高等困难。为了缩小与发达地区教育信息化的差距，沧源县当前要抓住信息化发展的大好机遇，加大投入力度，做好教师培训工作，加强信息化资源建设与应用，实施好教学点数字教育资源全覆盖项目，推动沧源县教育信息化事业的跨越式发展。

关键词：教育信息化　教师培训　资源建设

一、概　述

2010年7月，国务院公布《国家中长期教育改革和发展规划纲要》，将教育信息化单列一章，并提出要“加快教育信息化进程”。2012年2月，教育部发布《教育信息化十年发展规划》，明确了我国教育信息化事业今后十年发展的行动纲领和路线图。至此，我国教育信息化建设进入了新阶段。

由于历史条件、客观因素所限，我国边疆民族地区的基础教育信息化发展一直处于薄弱环节。云南省沧源佤族自治县地处祖国西南边陲，中缅边界中段，是全国最大的佤族聚居区和佤文化的发祥荟萃之地。佤山沧源是新中国成立后从原始社会末期直接进入社会主义的“民族直过区”，是集“老、少、边、山、直、穷”于一体的国家重点扶持县。

2013年3月，教育部启动了滇西边境山区扶贫工作计划，派遣干部到滇西地区挂职工作。在云南省沧源佤族自治县挂职工作期间，我深入全县广大中小学和幼儿园，通过实地调研、座谈讨论、问卷调查、查阅文献等方式，全面深入了解全县教育及教育信息化情况。

目前，全县有各级各类学校108所，其中职业学校1所、高中1所、幼儿园4所、初级中学9所、九年一贯制学校2所、小学91所（其中教学点23个），有各级各类在校生27914人，全县人均受教育年限7.6年。

* 邢西深，中央电化教育馆。

二、沧源县基础教育信息化现状分析

（一）建设了基本的信息化环境

近几年来，全县抓住国家“二期贫义”工程、“农远工程”“薄改项目”“教学点数字教育资源全覆盖”等项目建设机遇，加大了对学校信息化的建设力度。目前，全县中小学共有19间计算机教室、12间多媒体教室、81套卫星接收设备、230套光盘播放设备，112间教室安装了多媒体电子白板，23个教学点配备了“教学点数字教育资源全覆盖”接收设备，46所学校接通互联网。信息化环境的建设，为开展信息技术教学，创造了必要的硬件基础。

（二）形成了初步的教育信息化资源

教育信息化资源是教育信息化建设的关键，为了更好地应用资源，县教育局在沧源教育网上开设“教育资源专栏”，供广大教师下载使用，并将国家通过卫星免费发放的资源定期下载后，发送给地处边远无法接收卫星资源的项目学校，供教学使用，减少教师在资源下载中的困难。广大教师也通过网上下载、个人制作、现有资源的二次开发等方式，收集整理信息化资源，用于教研和日常教学。

（三）开展了多种形式的教师培训

为提高教师的信息技术能力，县教育局组织人员经常性地深入学校检查指导信息技术应用，因地制宜开展全县远程教育光盘播放点培训、远程教育校本培训、中小学教师多媒体课件制作培训、多媒体电子白板培训以及“英特尔未来教育”项目培训等。有条件的学校不定期地对本校教师开展了信息技术的校本培训，不断提升教师信息技术应用能力，培养教师的信息技术素养。

（四）初步实现了教育管理信息化

现在，全县所有学校都配备了电脑，部分学校还通了互联网。信息化设备在用于教学之余，还用于学籍管理、文件管理和课程管理等，初步实现了教育管理信息化。

三、沧源县基础教育信息化存在的问题

（一）教育信息化基础设施数量严重不足

沧源县属于国家级贫困县，财政收入较少，县委、县政府虽然高度重视教育，但是也只能把有限的经费投入到学校危房改造和学生营养餐改善等项目中，教育信息化基础设施，基本上都是依靠国家和云南省投资建设。

纵观全县教育信息化基础设施建设，主要表现在计算机数量严重缺乏。全县78个村小和教学点，仅有学生用计算机3台。全县108所学校中，只有19间计算机教室，12所中学各有1间计算机教室，全县91所小学仅有7所学校建有计算机教室。其中2间是2005年配置的，配置非常低，1间是无盘工作站，还有1间计算机教室的计算机是由各种不同品牌、不同配置的旧计算机组合而成，勉强能够使用。

2013年，云南省中小学生机比为27.3∶1，2011年全国中小学生机比的平均水平为13∶1[1]。截止到2013年底，沧源县中小学生机比为36.4∶1，小学的生机比是58.2∶1，远低于全国和全省的平均水平。在问卷调查中，硬件设施缺乏排在“学校信息化建设存在的问题”的第一位。信息化基础设施的不足严重影响了沧源县教育信息化的发展。

（二）信息化资源极其缺乏

信息化资源是教育信息化应用的核心和基础，

教育信息化资源的有效使用是信息技术与教育教学深度融合的关键。对于像沧源这样边疆民族地区的学校，由于师资条件较差，优质教育资源的有效应用是提高教育质量的重要途径。但是，全县108所学校中，仅有7所学校建设有数字教育资源库，其他学校仅靠沧源教育信息网上的有限资源以及教师从网上免费下载的资源用于教学，教师由于教学紧张和自身信息技术能力不足等原因，无法自主开发资源。信息化资源的缺乏，严重影响了信息技术教学应用。

（三）教师信息技术能力不高

近年来，全县对教师开展了各种形式的信息技术能力培训，但是由于培训经费等多方面原因，还无法做到教师的全员培训和全方位培训。全县大部分中小学教师年龄偏大，学历偏低，教学任务繁重，不少村小和教学点的教师教学之余还要承担住宿生的生活任务，广大教师没有充分的时间和精力学习信息技术。

在问卷调查中，教师缺乏信息技术技能排在“学校信息化建设存在的问题”的第二位。实地调研中发现，在应用电子白板进行日常教学中，教师仅仅使用了最基本的功能，仅仅实现了黑板搬家，许多便于教学的功能都没有得到很好使用。

（四）县域内教育信息化发展城乡差距较大

从全县中小学教育信息化调查统计和走访调研发现，全县中小学信息化建设存在较大差距。全县108所中小学根据信息化建设情况可以分为3类：县城的学校、乡镇中心完小和中学、村小和教学点。

全县78个村小和教学点在信息化建设与应用方面仅仅处在起步阶段。信息化设施都是通过农远工程、薄弱校改造、教学点数字教育资源全覆盖和社会各界捐赠的信息化设备，有些设备配置很低，因为维护运行经费缺乏和教师个人信息技术能力不足等原因，有些设备没有得到很好地应用。这些学校没有信息技术教师，任课教师的信息技术能力和水平也较低。

各乡镇中心完小和乡镇中学基本上配备了一些计算机教室和多媒体教室，有的学校还有专职计算机教师，虽然不能实现班班通，但是可以满足教师备课和教研的需要，部分学校可以开展多媒体教学，有的学校开设了信息技术课，教师和学生具备了最基本的信息素养。

县城的国门小学、民族中学、民族小学属于县教育局直属学校。民族中学是全县唯一的完全中学，国门小学是近几年建设的学校。这3所学校硬件条件和师资水平在全县是最好的。学校配备了必要的计算机教室、多媒体教室和专职的信息技术教师，信息化设备数量和配置比乡镇中学要好，学校每年有专门的信息化建设经费，教师也是从全县招聘的优秀教师。

（五）信息化人才队伍极其缺乏

开展教育信息化建设需要专业的人才队伍，但是全县的信息化人才队伍极其缺乏。全县108所学校，仅有27名专职信息技术教师，这27名教师都在县城和乡镇的中学和完小，近90%的学校没有专职的信息技术教师。村小和教学点的教师由于年龄偏大，学历偏低，平时教学任务繁重，提升自己的信息技术能力也有很大困难。

四、沧源县基础教育信息化发展策略

（一）抓住当前教育信息化发展的大好机遇，加大对教育信息化的投入力度

2012年，教育部颁布实施了《教育信息化十年发展规划（2011—2020）》，为未来十年教育信息化的发展做了顶层设计。云南省也制定了《云

南省基础教育三年行动计划》，教育部制定了《关于全面改善贫困地区义务教育薄弱学校基本办学条件的意见》，提出要推进农村学校教育信息化。这些都为沧源县教育信息化的发展创造了很好的发展机遇。沧源县在积极向国家和云南省争取项目和资金的同时，应逐渐加大县级财政对教育信息化的投入力度，提高必要的信息化建设经费和维护经费、教师培训经费，使沧源佤族自治县的教育信息化发展水平跟上全国发展的步伐。

（二）做好全县教师培训工作，强化考核与激励机制，促进教师信息技术应用

基础教育信息化发展，关键在教师的信息化能力和水平，教师的能力和水平提高了，自然就会强化信息技术在教育教学中的应用。所以，按照《中小学教师教育技术能力标准》要求，采取多种措施，利用所有社会资源，采用现场培训和远程培训相结合，县级培训和校本培训相结合，对全县所有中小学教师开展教育信息技术能力的全方位培训，不断提高中小学教师信息技术应用能力和水平。

信息技术发挥效益，关键在应用。县教育行政部门要制订教师使用信息技术的考核办法，督促教师在日常教学中使用信息技术；同时采取激励机制，通过评比、赛课等多种方式，对信息技术水平高、应用效果好的教师进行表彰。

（三）加强教育信息化资源建设与应用，促进信息技术与教学的深度融合

在教育信息化建设中，信息化资源建设与应用是核心。为了提高全县的教育信息化应用水平，发挥教育信息化应用效益，必须做好信息化资源建设工作，为教师开展信息化教学提供素材和载体。加强信息化资源建设，沧源县因为经济条件有限，可充分利用国家基础教育资源公共服务平台上的免费资源。全县中小学使用的都是人民教育出版社的教材，与国家资源平台上的资源版本相一致。平台上提供的“专递课堂”“名师课堂”“名校网络课堂”等优质教学资源，对全县中小学具有很高的应用价值。利用好这些资源，既可以解决师资短缺问题，提高教学效果，又能够强化信息技术在教育教学中的应用，促进信息技术与教学的深度融合。

（四）实施好教学点数字教育资源全覆盖项目，缩小县域内教育信息化差距

沧源县地处边疆山区，山区人民居住分散，为了解决孩子就近上学接受义务教育，全县23个教学点还将在近期内广泛存在。教学点普遍存在教师年龄偏大、学历偏低、信息技术能力缺乏，学生人数少，办学条件差这样的状况。为教学点投入大量资金改善办学条件、配置优质师资既不现实，也不可能。所以，沧源县教育信息化发展的难点就在教学点。

教育部组织的教学点数字教育资源全覆盖项目，能够较好解决这一问题。该项目由国家为教学点配备数字教育资源接收和播放设备、配送优质数字教育资源。教学点应用优秀数字资源开展教学，开好国家规定课程。从而，基本满足边远农村山区适龄儿童就近接受良好教育的要求，实现优质资源共享，缩小县域内教育信息化发展差距。

五、结束语

近年来，在国家、省、市和地方政府的高度重视和大力支持下，沧源县的教育信息化工作有了快速发展，但是作为一个边疆民族地区，沧源县的教育信息化工作与发达地区相比还有差距，还有很大的发展空间。现在，国家高度重视教育

信息化工作，各级政府也不断加大对教育信息化的投入力度，相信在不久的将来，沧源县的基础教育信息化工作会得到快速发展，教育水平和教育质量也会不断提高。

参考文献：

［1］王建颖．在“教学点数字教育资源全覆盖”项目督查推进会议上的讲话［EB/OL］．http：//www.ynjy.cn/chn201004051544082/article.jsp? articleId＝91907377.

云南省石屏县农村中小学教育情况的调研报告

徐鹏彬*

摘　要：本文从云南省石屏县农村中小学教育的现状入手，分析了石屏县农村中小学教育中校园与校点、教师与教育、学生与家长、校长与学校、政府与教育之间的关系以及存在的问题，对加强石屏县农村中小学教育提出了建议。

关键词：石屏县　农村中小学　义务教育

根据教育部统一部署，按照“定点联系、扶贫援助与干部培养”相结合的原则，经学校推荐，我有幸被教育部选派到云南省红河州石屏县挂职一年，任石屏县人民政府副县长（2013年4月—2014年3月）。一年来，按照教育部的要求，在县委、县政府的领导下，积极学习、深入调研、认真履职，较好地完成了各项挂职工作任务。

作为来自教育系统的干部，石屏教育工作是我一年来最关注的工作。通过与县委、县政府等四大班子领导请教探讨，与教育局领导深入各乡镇调研，与县直机关、部门的领导交流，与各乡镇的党委、政府领导商讨石屏县的教育面临的问题及发展的对策，与中小学的校长、教师座谈交流石屏县的教育教学情况，与外县市教育界的领导和教育工作者交流石屏教育教学工作，与参与“国培计划”来石屏县顶岗教学的云南师范大学等学校的学生座谈，与兰州大学来石屏县暑期社会实践支教的学生座谈，以及实地考察、走访石屏县各乡镇中小学及教学点等，对全县教育情况有了较为全面、深入的了解。

石屏县的教育与其悠久的历史和深厚的底蕴紧密相连，与其地处滇南、位于红河州西北部地理环境密切相关，与其社会经济和山区民族地区的不平衡发展相辅相成。全县农村中小学校点191所（个）、教师2545人、学生25213人，分别占石屏全县的97.45%、79.48%、61.93%，农村中小学的发展已经成为石屏县教育发展的重中之重，农村中小学的发展问题也将成为制约石屏教育跨越发展的关键瓶颈，农村中小学教育问题也成了体现教育公平与享受优质教育资源、办人民满意教育的“最后一公里问题”。在调研走访的过程中，与石屏县的各级领导、教育工作者“共同总结教育发展经验，分析存在问题，商讨研究对策与措施”。现就一年来农村中小学教育问题的调研情况汇报如下：

---

* 徐鹏彬，兰州大学萃英学院副院长。

一、石屏县以及农村基本教育的情况

石屏县是国家连片特困地区——滇西边境山区县之一，地处滇南，位于红河州西北部，国土面积3037平方千米，其中山区面积占94.6%。全县共有人口31万，其中以彝族为主的少数民族占60.1%。全县共有学校196所（个）、教师3639人、学生49283人，教师和学生占了全县人口的1/6。当“贫困”“山区”和“民族”这样的词汇相叠加的时候，教育资源往往会成“金字塔”形分布，优质的教学条件和优秀的师资队伍往往也会集中于经济社会相对发达的县城。这就形成了石屏的教育发展问题，而且教育资源越往金字塔底层越薄弱，薄弱地区正是农村中小学的教育区域。

（一）石屏县中小学基本的布点情况

目前，该县共有各级各类学校（点）196所（个），其中幼儿园30所（含民办幼儿园20所），小学151所（含69个教学点），初级中学9所，完全中学3所，职业高级中学1所，教师进修学校1所。中学的分布是县城所在地异龙镇集中了2所完全中学、2所初级中学，宝秀镇有1所完全中学，其他7个乡镇各有1所初级中学；而小学的分布则是按照每个乡镇1所中心校、村委会1所小学或教学点以及个别自然村教学点呈扇形或圆形分布，且教学点分布随着“撤点并校”有收缩趋势。

（二）石屏县中小学学校的基本办学条件

石屏县9个乡镇的所有中学的校园建筑相对比较齐全，主要通过国家对教育的投入、当地党委和政府的支持以及社会各界人士资助，建有相对标准和比较完善的教学用房和生活用房。小学校园地处乡镇的中心校教学条件和生活条件基本可以满足师生的教学、学习和生活要求，但在村委会一级的完全小学和村委会、自然村的教学点校园的建筑则相对较差。村级小学和教学点能有一栋相对较好的教学楼就算是比较不错的学校了，很多教学楼都能看到“希望小学”的字样，是国家对教育投入和社会对教育关爱的结果。随着逐步向牛街、哨冲等山区少数民族乡镇延伸，学校的学生宿舍、教师公寓、操场、食堂、厨房、校门、围墙、厕所等基本办学条件亟须加强，有的学校学生宿舍里一张床住着三四个学生，一些教学点没有操场、校门和围墙，学生的课间活动场地是学校旁边的果树园。

（三）石屏县中小学教师队伍的情况

石屏县有中小学教师3202人，学生40713人，大体的师生比是1∶12.72。如果按照这样的比例办一所大学，应该说师生比是比较合适的，但是要分散到160所中小学中，而且不是均衡的分布，就会出现这样的局面：比较好一点的县城中小学和乡镇一级的中小学教师数大于编制数，而偏远的小学和教学点，则是在编制数很紧张的情况下，编制数大于教师实际数，并且一师一校的学校还有9所。再从数量转向质量，位于“金字塔”顶端的县城中小学基本上具有各科的教师，而乡镇一级的学校英语、音体美老师就十分紧缺，村小和教学点则只能开语文、数学等课程，其他的课程开设起来就很难了。教师的梯队建设上，很多教学点都是几名快退休的老教师在那里支撑，也有一些教学点则是一名老教师带着几名特岗教师，且以女性居多，教师队伍不稳定和可持续性令人担忧。

（四）石屏县中小学的学生情况

截至2013年年底，石屏县小学适龄儿童少年入学率达99.91%，初中适龄儿童少年入学率达

99.95%，15周岁人口初等教育完成率达到100%，17周岁人口初级中等教育完成率99.48%，人均受教育年限由1998年的6.8年上升到8.3年，高考一本上线人数2012年62人、2013年125人，上线率逐年提高。石屏一中2013年高考一本上线率达到45.8%，创历史新高。总体来说，全县的人口素质有了很大提高，而且在红河州整体教育情况属于前列，但紧邻石屏县的建水县一中教育教学质量的优势吸引了石屏县的部分高中生源。

（五）石屏县中小学的校园文化情况

石屏县作为“文献名邦”，具有比较悠久的教育文化历史，光石屏县境内100年以上的中小学就有11所。校园文化建设氛围浓厚，许多学校建有文化长廊，校园墙报、黑板报和师生书画作品随处可见，文化底蕴深厚，薪火相传，校风、教风和学风浓郁。“立德树人”的传统文化能够从课堂到校园建筑物中寻找和体现，能够从民族教育中得以体现和传承，尤其是能够将花腰彝族的烟盒舞与体育课教育融为一体，更是难能可贵。

二、石屏县农村中小学教育存在的主要问题

在石屏县农村中小学教育中，校园与校点、教师与教育、学生与家长、校长与学校、政府与教育之间的关系需要进一步厘清。主要的问题是：基础设施建设投入不足，办学经费紧张，校园建设和教师队伍建设不均衡，造成了城区和乡镇学校的大班化矛盾突出，广大农村山区小学的小班化现象严重。当前，全县城区中小学校的办学空间不足，山区中小学的师资队伍却短缺，且学科不配套，科学、合理、规范的教师、校长聘任流动机制不完善，山区落后于坝区，坝区落后于城区，且差距还在拉大。

（一）校园与校点

从校园和校点的角度看，农村中小学教育最关键的是要处理好就近入学与优质教育资源配置的问题。石屏县国土面积3037平方千米，而且90%以上是山区，特殊的地理位置决定了校点多且分散，加上教育资金投入不足、交通不便等因素，给全县的学校建设增加了难度。目前，县城与乡镇所在地的中小学校园建设，已经基本能够满足教育教学和生活要求，课桌椅、计算机房、图书室、实验室、电子白板、网络等资源都已具备，但离标准化和现代化的要求还有一定差距。也存在部分学校校园小、教室小而班级大、学生多，校园拥挤的现象。村完小和教学点校园普遍较差，即便是寄宿制学校也连基本的办学条件都难以具备，如学生宿舍、教师宿舍、操场、食堂、厨房、校门、围墙、厕所等建筑简易，甚至还有极少几所学校使用寺庙作为教学用房。这在一定程度上反映了县域教育资源配置不均衡的现象。

当前，石屏县条件艰苦乡镇的“控辍保学”、扩规提质、D级危房排除、历史债务的化解、校长教师队伍的配置等任务还比较艰巨，缩小城区和农村教育的差距，还需要当地党委、政府和社会各界做出艰苦的努力，需要国家给予相应的政策倾斜和资金支持。

（二）教师与教育

教师是教育之本，没有教师，校园建设再好，那也只是一栋建筑而已。石屏县虽然环境宜居，但地处经济欠发达地区，山区面积大，地域优势不够，吸引优秀教师的资源不足，教师工资和生均教育经费增长完全依靠转移支付，地方政府对教育的投入心有余而力不足。教师队伍建设与创新教师管理体制机制有待进一步加强，科学合理的教师流动机制需要进一步谋划。教师队伍结构

不平衡问题突出，尤其农村教师老、中、青教师比例不合理，教师学科结构不平衡，如英语、音体美教师短缺，存在少数教师学历低、学缘结构不合理、教学水平低，学缘单一、新留的师范生比例减少等问题。同时，多数山区教师教育教学观念落后，有的以升学率代替教育教学质量，有的教学方法落后，教学模式单一，教学手段生硬，配备的教学资源不会用，有的教师不研究教材，不研究学生，不研究教法，完全是老做法、老经验。此外，教师因为条件差或自身发展等因素，难以留在教育的最基层和农村工作，在特岗教师招聘过程中，农村中小学仅仅作为部分年轻人的跳板和暂时“栖息地”，三年特岗期满，大部分人选择报考公务员、事业单位或拼关系调到乡镇或城区学校，如遇阻，甚至选择辞职。为了应对临时缺教师的情况，学校只能聘请少数的“临时授课老师”。

（三）学生与家长

家庭教育是教育的重要环节。家庭教育缺失并将之转嫁给学校教育，这是农村中小学教育存在的一个比较普遍的问题。劳动力转移是经济相对落后地区比较常见的现象，这个现象直接导致“农民工”子女教育的问题。农民进城，随之出现的“留守儿童”问题：“留守儿童”的家庭教育缺失，隔代抚养力不从心，学校与家长的沟通脱节，父母打工过程中有些负面行为对子女造成不良影响。这在一定程度上影响了孩子的健康成长和学习成绩。据不完全统计，留守孩子厌学、逃学甚至辍学往往高于平均水平，有的留守孩子甚至成为受侵害的弱势群体。这些在很大程度上影响着孩子综合素质的养成和提高，影响着孩子的未来。此外，校点撤并在一定程度上造成了部分孩子从小学阶段就开始跋山涉水，远离家庭和亲人，离开村寨到人口相对密集的学校就读，形成了新的“留守孩子”群体。这些特殊的群体给学校的教育和管理，带来了较大的难度，如交通问题、生活问题、学习问题、课余时间管理问题等，许多教师既当爹又当娘，烧火做饭、教学、洗屎洗尿等，加之安全问题，更让教师们纠结。此外，家境较好的学生家长以“望子成龙”心态不断地给孩子灌输着知识、灌输着规范、灌输着技艺，存在着学习成绩“一优遮百丑”的心态，忽视了对孩子身心健康、社会责任感的培养。

（四）校长与学校

在一个地处相对落后的地区办学，农村中小学的办学水平相对滞后是可以理解的，上级教育主管部门在管理中的盲点就需要一个校长来补位，校长的作用无疑要远远大于经济发展较快的地区。“校长好，则学校兴；校长差，则学校只能维持现状甚至衰落。”一所学校的校长需要开会和给人开会、需要陪人吃饭、需要去筹资，从一个教师、管理者到教育家的路上，如何将学校办好，这是很多校长没有认真思考或根本无暇思考的。在任的多数校长对如何办好一所学校比较茫然，办学没有思路，主观性和随意性较大。同样的条件，同样的资源，同样的师资队伍，效果却总是不一样。这取决于校长对资源、资金的眼界和眼光——是让它们去“鸡生蛋”还是“杀鸡取卵”。

一是规划办学和茫然办学的差距。办学有目标的校长，按照预先的科学规划一步一步落实；办学茫然的校长，即便是有规划也只是一纸空文，二者的差距是明显的。不同的校长有不同的办学结果。“一位好校长可以带出一所好学校。”龙武镇虽然地处石屏县北部山区，距县城100多千米，办学条件艰苦，但该镇中心校的许斌校长却让我们看到了这样的景象：办学思路清晰，学校有规划、有实施、有梯次，文化氤氲，底蕴厚重，笑声、歌声、读书声声声入耳，师生精神焕发，一脸阳光，教育质量大幅提升。而同样的资源，有些学校则是另一番景象。

二是制度管人办事和办学随意性的差距。一所学校如何建立制度并落实制度，考验着学校的执行力，更考验着校长治校理政的智慧。多数农村中小学校制度的制订、执行往往带有主观性，真正落实起来难度较大且缺少监管。校长在学校管理中，因为制度上的缺失导致矛盾，学校往往处于“兵来将挡水来土掩”被动之中。评优晋职、绩效分配、外出培训、岗位设置、福利分配等，都是矛盾集中的领域，正是考验学校制度设计是否科学合理以及执行是否公正严明的关键。顶层设计是否合理，校长是站在发展的角度还是抱着“和尚撞钟”的态度，关系着一所学校的发展，或许一年两年看不出来，三年五载就能看出结果。比如3块钱营养餐可以做成热气腾腾的鸡肉米线，也可以是一份冷面包和凉牛奶。

三是评价机制的公平性与主观性差距。一所学校的评价机制要有整体性和公平性，而造成评价机制整体性、公平性失衡或缺乏的主要责任在于校长。校长对一个学校来说，其凝聚人心的作用不言而喻。地方小，则人为因素影响大，教师管理、流动、评奖评优、培训学习、绩效考核等，立得住公平、经得起公开、做得出公正就能凝聚人心，将人心转化为学校发展的动力，否则就会成为反作用力。调研中发现，现在中小学校在评价机制上受人为因素的干扰，主要是整体性和公平性不够，校长的主观因素较大，集中反映在教职工和学生的身上，缺少优秀人才脱颖而出的环境氛围。

四是教育家型校长和政客型校长的差距。现在很多中小学校长无心研究教育教学，很少待在学校，扎根课堂走进师生中，在学校难以找到校长的影子，成了有名无实的挂名校长。不少校长已经融入现行官场的生态链中，成天忙于跑关系、开会议、吃喝应酬找上级，满口官话、空话，是十足的政客型校长。这类校长常常以分数和升学率论英雄，以事务管理代替课程管理，空谈教学改革的理论，脱离教学实践，不遵循人才培养规律和教育教学规律。对待工作墨守成规，不思进取，常常以农村学校办学条件不足、设施落后、师资缺乏等为借口，缺乏进取心和责任感，教育教学质量难以得到提升。面对现行状况，我们呼唤让教育回归教育，呼唤校长成为教育家，呼唤教育家型的校长治理学校，让教育领域的所有人人尽其才、才尽其用、风清气正。

（五）教育与政府

教育是一项系统工程。教育的问题不仅在教育本身，更重要的是一个系统问题。就石屏县而言，主要是区域发展不平衡问题，社会经济发展与教育的问题，农村传统思想、现代文明与教育的问题，教师和学生以及教师和学生身后的家庭教育问题，等等。因此，教育的问题不是教育本身能够解决，需要靠政治经济和社会的发展进程来推动。一是在中国区域行政区划的县域中，一般分管教育的县政府领导大多数都是非常委副县长，统筹和协调全县资源支持教育的力度较小。二是政府的各级资源（资金）对教育的投入没有纳入可持续发展的均衡性来加以统筹考虑，协调性和可持续性不够，存在大量的重复投入和投入不足的问题。三是校点撤并、家庭困难、家长意识和学生厌学造成部分学生的失学。在这方面，政府做了大量的工作，也给人民群众带去了许多实实在在的实惠，但城里的家长和农村的家长认识程度是不一样的，因此城区孩子的入学率与农村孩子的入学率存在着较大差距。四是应对教育领域的突发应急事件没有科学合理的机制，总是“一事一议”，甚至采取“赔钱了事”的态度，让群众觉得找领导、上访管用，而不通过正常渠道在系统内部依照程序解决问题。五是职业教育与社会经济发展不相适应。石屏县职业教育尽管起步早，但发展缓慢，规模不大，且招生困难，与推进县里提出的经济跨越式发展、建设社会主义新农村及美丽家园建设的迫切需求不相适应。

在一个县域内，石屏县的教育一直在不停地前进，并有了较大的发展，主要是从“有学上”到“上好学”的转变，但从周边县市的横向发展来看，尤其是从全州、全省内地县市教育的整体发展来看，石屏教育与内地县市仍存在着差距。一是基础教育中，关于校点布局与优质教育资源配置的问题。当我们将更多的目光聚焦于教育质量的时候，能否和山区的小学生那样，经常用我们的脚步去丈量一下中心校离教学点之间的距离有多远，教学点又离自然村有多远？二是关于素质教育与保障条件落实的问题。实施素质教育应提供相应的保障条件，尤其是给予学校配套的师资队伍，否则，实施素质教育就只能是一句空话。而石屏县还停留在一直在做却一直没有做到位的路上，提高山区教师的待遇以及相应的工作条件，建立教师科学合理的流动机制则存在诸多困难。三是关于山区教学点小班化与县城中心校大班化的问题。因为教师缺编，现在石屏县农村、山区学校隔年招生已成为教学点的一个普遍问题。我们不禁要问：这种情况又怎么能为农村和国家培养出更多的后继人才呢？而我们的师范院校每年培养出的优秀毕业生又到哪里去了？四是关于资源短缺与资源闲置的问题。在农村山区学校，一方面是资源的严重短缺，另一方面则是资源闲置。校点布局变化，撤点后教学楼的闲置，造成大量的农村山区孩子上学不得不在崎岖的山路上跋涉，孩子的人身安全没有保障；师资的严重短缺，又造成了实验室器材的大量闲置。五是关于办学自主权与校长任用问题。一所学校要办好，需要有一定的办学自主权，而一所拥有办学自主权的学校更需要有一位好校长，一位好校长则必须有一定的学术背景和专业支撑，既要能教书，又要善于管理，应该是一位教育家。从这个角度上说，选好每一所学校的校长就是一个地区办学教育的关键，确保国家相关法规在基层管理部门的有效实施，让校长的任用回归教育，减少行政色彩。

三、加强石屏县农村中小学教育的建议

人才是关键，制度是保障。定好制度，用好校长，发挥教师主体作用，调动各方面的积极性，以教育回归的精神和教育创新的责任，促进石屏县农村中小学教育可持续发展。

（一）进一步巩固和完善“以县为主”的教育管理体制

统筹好教育资源，认真研究教学点布局、教育队伍建设、经费统筹等重点工作，尤其要重视解决好农村基础薄弱学校的经费投入和教学装备问题，给予政策保障或倾斜。一是从实际出发，科学统筹规划农村中小学校校点布局。做到统而不漏，筹而有序，全面规划，切合实际，加强建设，充分利用现有人、财、物资源，提高农村中小学教育资源利用的效益，同时处理好城区教育资源与城市发展之间的问题。二是加大对农村中小学基础教育设施建设的投入力度，教学设施定期合理更新，使农村基础教育健康、稳固发展，努力促进办学条件标准化建设。三是进一步加强教育体制改革，有序推进教学改革，加大教学资金的投入力度，按照人才培养规律和教育教学规律科学制订计划，集中力量办出家门口的“好学校”。

（二）因地制宜地制订教育结构合理调整的规划

发挥石屏教育文化积淀的优势，深化教育教

学改革，将教育政策、法律法规，与深化、落实与督导有机结合，促进石屏农村中小学教育发展，提升教育的内涵质量。一是加强《义务教育法》等法律法规的深化与落实，在强化政府控辍保学责任的基础上，有规划地制订教育发展纲要，并积极宣传、落地实施。二是将石屏办学悠久的历史文化积淀和人文精神落实到育人当中（可以整理石屏教育发展近百年历史，建设教育博物馆），将文化育人体现在教书育人之中。三是将民族文化贯彻于教育教学之中，在传承民族文化的同时，培养学生热爱家乡、热爱民族的情怀。四是强化政府和教育部门对学校办学的督导工作，真正深入基层、深入学校、深入课堂、深入师生、深入家庭，倾听问题、梳理问题、总结问题，对症下药，杜绝责任落实不到位、经费落实不到位、教学任务落实不到位的情况。

（三）选好学校带头人，切实加强农村中小学校长治学理校能力

一是增加学校自主权的第一要务就是必须选好学校的校长，完善校长负责的集体领导机制，发挥校长在学校的治学理校能力。二是建立校长聘期制度，实行城区学校与农村学校轮岗制度，交流管理经验、交换办学理念、交叉人员学习，实现品格和业务能力的双重历练。三是加强校长的学习与培训，开拓他们的办学思路、思维和视野，学习经济发达地区和办学先进地方的经验，先让我们自己的校长们走出去，再让外面好学校的好校长们来，然后建立长期的联系、互动和交流，最后促进教师、学生的交流。四是加强县域内农村中小学校长之间的实地考察、校际交流，总结最直接的成功经验、做得好的学校的做法，供其他学校以“拿来主义”方式学习借鉴。

（四）加强教师队伍建设，优化教师队伍结构

加强教师教学素质和业务的培训，缩小教师队伍之间的差距，提升教学水平。一是加强队伍建设，优化教师队伍年龄结构和学科结构，在发挥现有教师积极作用的基础上，利用各种有力政策和措施（比如特岗教师、国培计划、到各大师范院校招聘、在职优秀教师的引进等）吸引一批优秀教师和紧缺学科的青年教师。二是优化教师队伍知识结构，通过培训、再教育或者网络资源建设，让广大教师能够及时更新知识储备，学习新方法、新理念，更新教学观念，改进教学方法，提升教学水平，提高学历教育，提高综合素质和创新能力。三是加强职业道德教育，通过学习贯彻《公民道德建设实施纲要》和《中小学教师职业道德规范》等法规，实行教师在农村中小学内不同乡镇交流轮岗，锤炼品格意志，建立科学合理的流动机制，以开展评选师德模范、举办师德报告会等活动载体，进一步提高广大教师的职业道德水平。四是建议国家进一步加大财政投入力度，提高农村中小学教师待遇，实行地区与城乡间教师的待遇倒挂，鼓励贫困地区从教，以提高经济待遇为先行措施和杠杆，逐步提高农村教师的整体素质，推进中小学教育均衡、协调发展。

对于我们每一个人来说，教育是人生的马拉松，对于我们的国家来说，农村中小学的教育是一场接力赛。高素质、热心、敬业的校长和教师是提高农村中小学教育质量的关键，十八届三中全会为深化农村中小学教育领域综合改革指明了方向，石屏县的教育改革如何进行、深化，要从实际出发，形成改革的合力，向着办人民满意的教育方向坚定地向前走。

因地制宜、大胆实践，努力破解农村寄宿制学校办学难题

——在永仁县农村寄宿制学校的调研与思考

杨 罡*

摘 要：农村寄宿制学校的办学质量，一直是中小学布局结构调整后教育研究者关注的课题。笔者在云南楚雄州永仁县挂职期间，了解到当地，特别是永仁县宜就镇中心学校，在农村寄宿制学校办学方面进行了一些探索，取得了一些经验，值得交流和探讨。当前，农村寄宿制学校办学还面临许多困难和问题，在现代教育理念普及、校园文化建设、教师队伍发展和后勤管理等方面问题还很突出，需要进一步进行研究，采取切实可行的措施，破解面临的一些难题，推动滇西地区农村寄宿制学校实现科学发展。

关键词：农村 寄宿制学校 经验 问题 对策

中国的西部山区，经济整体落后，自然条件艰苦，人口居住分散，交通也不便利，随着城镇化进程的步伐，农村适龄儿童也在减少。进行中小学布局结构的调整，实行寄宿制集中办学，是改变农村教育面貌、提高农村教育质量的有效手段。但如何把握住寄宿制学校的办学规律，根据当地实际采取有效措施办好寄宿制学校，是我们教育工作者应该深入思考和研究的问题。笔者作为教育部派往滇西的第一批挂职干部，在楚雄州永仁县挂职一年，调研和了解到当地在寄宿制办学方面取得的一些经验，进一步思考了农村寄宿制学校在办学方面的主要问题和对策，希望对推动滇西地区农村寄宿制学校办学产生一些积极意义。

一、永仁县在办好农村寄宿制学校的实践和探索

永仁县地处楚雄彝族自治州北部，是典型的山区办学，该县在农村寄宿制学校办学方面进行了大胆的探索和实践，取得了一些实际的经验，值得参考。

（一）落实政策，加大投入，保障寄宿制学校良性运转

落实好中央、省州的政策，是办好农村寄宿

* 杨罡，国家教育行政学院人事处副处长，助理研究员。

制学校的基础。在中小学布局调整和农村义务教育方面，从中央到地方，出台配套了多项政策，给予了强有力的政策和资金保障。县级教育行政主管部门作为责任主体部门坚决落实到位，确保把好政策用好。在永仁县期间，我了解到，在落实中小学布局调整、“两免一补”等政策方面，县里不打折扣，坚决彻底地按规划完成，在短时间内取得了实效。县里还加大对农村寄宿制学校的硬件投入力度，教学条件、宿舍、食堂等得到持续改善，经过几年的积累，很多学校面貌焕然一新。对于偏远的教学点，如果村民集体要求保留或恢复，政府坚决支持。中小学布局调整后腾出的校舍，采用民办公助的形式开办乡村幼儿园，盘活了公共资产，促进了学前教育。

引导社会力量支持办学成效显著，鼓励和引导社会力量办学，是促进教育发展的重要手段。招商银行在永仁县开展教育扶贫已经十几年，投入了大量人力物力开展教育扶贫工作。每年都投入400 万 ~ 600 万元的经费，改善当地的办学条件。开展了大量的一加一结对子活动。永仁县还引导企业捐资助学，营造全社会参与办学的良好氛围。

（二）因地制宜，发掘资源，努力营造良好的校园文化

笔者在永仁县了解到，为营造一个良好的校园文化，当地政府开展了彝族歌舞进校园活动。将彝族的歌曲和舞蹈作为校园文化生活重要内容进行普及，拨付了专门经费，组织编写了教材，录制了音像制品，提出了具体目标要求。还定期组织彝族歌舞比赛，活动开展得有声有色，得到家长和社会的普遍认可。这项活动是将当地丰富的少数民族文化资源与校园文化建设进行良好结合的范例，值得西部地区的其他学校效仿。

当地宜就镇中心校，对校园文化进行了系统的思考和实践。除开展彝族歌舞进校园外，还建设了学校文化走廊、奇石铭志、喷泉、鱼池、荷花池等，提升环境的文化品位。加强了校园管理，绿化、美化和净化校园，创设整洁优美的校园环境，使之成为师生共同发展的精神家园。该校在具备“功能完备、设施完善”的办学条件下，开齐开足国家规定的课程，开展了作文、演讲、科技创新、音乐舞蹈、器乐演奏、书法美术、体育运动等兴趣特长活动，使校园成为一个文化生活和文化气息浓重的育人环境。

（三）重视评价，创新手段，抓住素质教育的核心

当地的宜就镇中心校，在创新评价方面形成了一套特色鲜明、行之有效的手段，对促进教育质量提高、提高教师的积极性、学生的主动性方面都起到了显著的成效。当地政府多次组织全县的中小学校长实地参观学习。他们的主要思路是：把师生看作“成长中的人”，用成长的策略支持师生，用成长的观念评价师生，积极探索师生发展性评价方式，进一步完善教师专业成长评价考核，构建文明、努力、成长、快乐的校园文化氛围。该校构建符合寄宿制办学特点的学生考评制度的主要做法是：①评价中把提高学生思想道德素质摆在重要位置，坚持将良好习惯培养寓于各科教学及各项工作之中，既注重对课程学科的评价，又突出学生实践活动、兴趣特长的评价。②评价针对学生不同时期确定了具体的达标评价要求，改百分制评价为等级制评价，不按考试分数给学生排队，不以学生的考试分数作为教师晋级、奖励的唯一依据，形成“只有在某些方面表现优秀的学生，没有优生、差生之说”的评价概念。尊重学生的自我成长，让学生在获优的成长过程中体验到成功的喜悦。③评价要尊重学生自评、教师评，采用学生自评、教师评、学校达标验评组

期末评价三方面形成期末综合评价，有利于学校、学生、教师的同步发展。重视学生个性、特长的培养，每学期初学生可以自定篮球、乒乓球、跳绳、画画、演唱、舞蹈、器乐、作文、书法、演讲、科技、刺绣、家务等方面的爱好，体现小学生素质的差异性。④评价中要注重学习过程管理记录，以《小学生操行登记》《小学生体质健康报告》《兴趣小组活动记录》和学生平时的作业作为评价的重要依据，实现了过程评价的有效性。⑤评价仍要突出对基础知识、基本技能的笔试考查。仍然突出学生文化基础知识的培养，提出了80分达标的评价概念，把过程性评价和书面测试相结合，淡化刻意追求高分的应试目标，形成对学生的情感态度、价值观、能力发展水平、基础知识、基本技能的综合评价。（附：永仁县宜就镇中心学校一年级学生的评价指标）

表1 小学生综合素质评价报告

一年级上学期

同 学 ________

科 目	评价目标要求				综合评价
	平时表现	学生自评	教师评价	期末考评达标要求	
品德与生活	讲卫生、懂礼貌、团结同学、守纪向上、诚实自信。			认真完成课本中的讨论交流，操行评定在80分以上。	
语文	勤奋好学、具有相应语言能力。			期末检测成绩80分以上。	
数学	勤奋好学、具有相应的计算能力。			期末检测成绩80分以上。	
卫生习惯	学习自己洗脸、洗手，打扫教室，衣服整洁。			初步养成卫生习惯。（考评组检查个人卫生）	
学习习惯	无旷课、迟到、早退现象，坐姿端正，认真按时完成作业。			书写工整，初步养成良好的学习习惯。（考评组检查作业）	
体育	热爱运动、积极参加体育课、早操课间操。			身高120 ㎝、体重21 kg、视力5.0以上。坐位体前屈6cm。	
音乐	积极参与、大声歌唱、热爱唱歌。			学会《国歌》和本册教唱的歌曲。	
美术	喜欢画画、能完成本学习的内容。			能完成本册学习的内容。（看作业）	
课外活动	积极参与阅读、作文、体育、合唱等课外兴趣小组活动。			参加活动达10课时以上。（查记录）	
兴趣特长	（开学时学生自定项目）			此方面获得学校奖励或考评组认可。	
说明	1. 达标者在学生自评 、教师评价、期末考评相应栏后打“√”，三项达标者综合评价为“优”。 2. 教师评价每项评优在90%以内。			本学期获优数	

表1是一年级的评价标准，不同年级素质评价标准根据年龄段的差异会有不同。该校的评价标准，具体体现出素质教育的本质要求，我们很多学校开展了素质教育科目，但没有纳入到评价体系和标准中去，没有考核，就没有实际的保障。这套看似朴素本真的评价手段，恰恰是我们很多学校欠缺的内容，回归教育本真，更需要具体可操作的手段和方法来引导。

（四）发掘资源，深化德育，促进寄宿制学校的协调健康发展

笔者在当地的很多学校看见，勤工俭学已经在各个学校普及。永仁县普遍在农村中小学开展了班级菜地活动，每个班级在校园里都有自己的菜地，班级同学自己打理，浇水施肥，成熟后按市场价卖给学校食堂，所得费用作为班费使用。劳动教育使学生更加懂得父母的辛劳，懂得生活需要付出的道理，劳动教育的价值和意义在当代仍是不可或缺的。

当地还在中小学生中广泛开展向英雄人物臧金贵学习的活动。臧金贵是牺牲在永仁县的招商银行挂职干部，他的事迹在当地广为流传。当地在很多校园活动中都有怀念他的内容，我深有感触。懂得感恩是德育教育的重要内容，懂得感恩也是一个人成长的基本德行。永仁县利用身边的人和事迹去感染教育下一代，实在是可贵。很多人总讲德育教育空洞，没有载体，实际是没有去发现和发掘资源。德育教育的载体是丰富的，特别是身边的人和事，更具说服力和教育意义。

（五）抓好食宿，保障安全，努力提高后勤的服务保障水平

集中办学，住宿和食堂管理是后勤的重中之重，既要住好，也要吃好，既要吃饱，也要健康和安全。在永仁县，学生营养餐工程得到了认真地贯彻和执行。对于条件艰苦的偏远教学点，采用中心校为管理核心的模式，即中心校负责管理和派送基本的米、面、油和蔬菜。全县学校用的大米和食用油由教育局进行统一的招标采购。近几年，政府多方面筹措资金，改善农村薄弱校的硬件水平，食堂和宿舍楼硬件得到很大的改善，餐厅用具、消毒器具等设备都逐渐配齐。对寄宿制学生生活补助经费的使用上加强监管，使有限的资金切实用在学生身上。加强了住宿管理，建立了相关制度，特别是校园安全、宿管员配备等都有专人管理和制度保障。

二、农村寄宿制学校面临的主要问题和对策建议

落后、边远、贫穷和民族地区的农村义务教育发展一直是教育发展的短板。按着《国家中长期教育改革和发展规划纲要》的目标要求，“到2020年，全面提高普及水平，全面提高教育质量，基本实现区域内均衡发展，确保适龄儿童少年接受良好义务教育”，因此，我们要有高度的紧迫感和压力来推动教育的发展。从政府为公众提供基本公共服务的角度看，政府是农村寄宿制学校发展的责任主体。多年来，党和政府采取了多种措施，农村义务教育取得了显著成效，但西部地区整体上发展仍然滞后，特别是与东、中部地区的教育相比，差距还是很大，仍然面临着许多亟待解决的问题，笔者结合挂职经历，谈几点肤浅的认识和思考。

（一）现代教育理念在农村寄宿制学校发展及普及的问题

目前东西部教育差距大，西部省城与州市差距大，州市与县市差距大，县城与农村差距大。现代教育理念受地域、条件、教学水平、师资水

平等影响，在农村寄宿制学校里难觅踪影。巨大的差距使农村寄宿制学校教学理念陈旧，教学方法滞后，教育质量不高。应切实提高农村寄宿制学校教育教学和管理理念。推进学校标准化建设，无论中心校还是教学点，应严格按标准化要求建设，没有标准和验收，就无法保障基本办学目标的实现；提高管理水平，在滇西地区普遍建立起中小学校长竞聘制度，采用竞争的机制遴选校长，让有思想、会管理、有能力的校长走上学校的管理岗位；加大师资的培训和对口支援力度，让教育理念与东部教师同步普及；教育管理者加大自身学习贯彻教育方针的自觉性和坚定性，将现代教育理念在农村寄宿制学校中实施；继续加大对农村寄宿制学校的硬件投入，特别是加大对教学设备、仪器和远程教育的投入，同时注重培训，提高相关人员设备的维护和使用技能，避免昂贵的设备成为闲置品；充分利用远程教育和信息技术，通过合作和引进等多种模式，将东部发达地区的教育方法和教育理念在西部山区课堂同步实施。

（二）农村寄宿制学校教师队伍建设与提高教学质量问题

目前的现实是，农村好的老师调往县城学校发展，县城好的老师调往州市学校发展，州市好的老师调往省城发展。农村好的老师无法留住，新老师更替受编制和条件限制无法得到及时补充，在职老师的职业发展和成长没有规划和有效手段。教师是农村寄宿制学校提高教学质量的关键，抓住师资建设这个牛鼻子，就抓住了解决教学质量的关键。建立教师编制“缺一补一”机制，将教师编制与县级其他事业单位编制单列出来计算，避免出现教师缺编、全县事业单位超编的尴尬局面，致使教师无法得到及时补充；建立有效机制，提高农村教师的补贴津贴等待遇；控制教师的无序流动，新任教师必须先到农村寄宿制学校任教一定年限后，才允许往县城流动；加大对农村寄宿制学校教师的培训和培养。

（三）切实提高农村寄宿制学校的校园文化建设问题

农村寄宿制学校，特别是教学点，学生年龄小，“玩”是他们的天性，学生在玩中懂得合作，在玩中锻炼身体，在玩中掌握艺术的基本技巧。而目前的农村寄宿制学校缺乏校园文化的氛围，没有体育娱乐的设施，课外读物匮乏，教师缺乏基本的艺术技能，平时的管理模式按高中的管理模式，白天上课，晚上自习，违背了这个年龄段孩子的天性，违背了教育的基本规律。滇西地区有着丰富的少数民族文化资源，将这些资源移植到学校，既有利于学校文化生活，又有利于当地少数民族文化传承和发扬；努力提高教师的艺术修养，改变教师培训只重视教学能力的单一培训局面，对教师全面发展和能力水平进行考核，每个教师必须具备一项艺术或体育技能，更新教学理念；增加娱乐设施和设备的投入，保障学校有一定数量的课外阅读图书、体育器材、基本的乐器等，鼓励和引导社会力量进行支持和帮扶；改变农村寄宿制学校检查和考核的标准，逐渐建立适合人成长和发展的评价标准；在农村寄宿制学校校园文化建设中，增加心理健康的辅导等相关内容。

（四）切实加强农村寄宿制学校后勤投入和管理问题

目前，农村寄宿制学校仍然存在硬件条件差、设施不完备、管理落后等问题，很多寄宿制学校食堂饭菜质量得不到保证，住宿拥挤和卫生条件堪忧。学生在寄宿制学校学习期间，正是长身体的关键时期。学生健康茁壮的成长，是广大人民群众对教育工作者的要求和期盼，也是基础教育工作的目标之一，所以要保障睡眠，保障饮食，保障营养，保障锻炼。在学校住宿，是培养学生独立生存能力的大好机会，也是塑造独立人格和价值观的好时机，所以加强好后勤管理意义重大。在抓好营养餐改善计划的同时，应建立餐饮标准动态增长机制，随物价变化和社会发展，逐渐增加投入，提高标准和质量；按建设标准化校园的要求，解决部分学校食堂硬件设施和设备落后或缺损问题，解决部分住宿制学校住宿拥挤和设备破损问题；提高食堂和住宿的管理水平，重视安全管理和教育，建立寄宿制学校基本的卫生和防疫制度；加强自上而下的督导和检查。

（五）深入开展农村寄宿制学校管理的系统理论研究

目前农村寄宿制学校发展很多理论还在探索中，受地域和条件限制，有的问题具有普遍性，有的问题具有地域特色。深入开展农村寄宿制学校管理的理论研究，从学校的发展规划、软硬件投入、教师的发展与成长、现代教育理念的落地普及、寄宿制学生德育教育的特点，到地域民族文化对校园文化的影响、民族地区的双语教学的研究、中心校与教学点之间的关系等，都值得教育研究者和教育管理者深入研究和探索，总结出系统的、适合农村寄宿制学校发展的教育理念、管理方法、评价方法和手段等，能够有效地指导和推动农村寄宿制学校科学发展。

（感谢永仁县宜就镇中心校古润荣老师为本文提供的该校办学资料）

关于泸水县称杆乡学校布局调整的调研报告

王友文*

摘　要：称杆乡是泸水县实施集中办学试点的首个乡镇，该报告围绕“合理布局校点，教育科学发展”的主题展开调研，从集中办学试点到位后的效果、不支持集中办学的理由进行分析，并结合具体的调研情况和称杆乡的地理特征、人口分布，提出报告建议。

关键词：称杆乡　集中办学　报告建议

一、调研背景

2010年9月，我县实施集中办学试点的首个乡镇称杆乡将剩余的3所村级完小合并到乡中心完小办学，实现了“一乡一校”的集中办学目标。目前，整个称杆乡小学阶段办有一所学校，没有初中学校。

这项试点迄今已3年多时间，称杆乡实施“一乡一校”布局调整的效果如何，人民群众对于此项试点如何评价，有何建议？受县长委托，本着求真务实的态度，特围绕“合理布局校点，教育科学发展”的主题展开此次调研。

二、调研对象

（1）泸水县教育局、称杆乡党委政府、称杆乡中心学校。

（2）堵堵洛村、勒墨村、玛普拉地村、阿赤依堵村。

（3）电话采访称杆籍人大代表。

三、调研情况汇总

（一）集中办学试点到位后的效果

（1）集中办学后，全乡小学阶段的入学率和巩固率有了大幅度提高，教学成绩逐年上升。目前，称杆乡适龄儿童入学率99.21%，适龄少年入学率95.09%，年内辍学17人，巩固率为99.04%。集中办学后家长认为孩子在中心小学读书就学条件好，教学也相对正规，不少家长认为看到了儿女成长的希望，重教意识逐步得到提高。

（2）集中办学后，教师的教学负担减轻，有利于教育教学质量提高，实现学生全面发展。集中办学前，一师一校教师承担两三个年级的教学任务，许多学科无法开齐，学校在教育教学上低水平运转。集中办学后，较好解决了教师数量不

* 王友文，中国教育报刊社中国教育报记者部。

足的状况，学校开足开齐了课程。同时，清退了所有代课教师，节省了财政开支。

（3）集中办学后，优化了教育资源，提高了办学效益。现在所有教学投入只面向中心小学，不再分散投入，减轻了财政负担，提高了资金使用效率。

（4）有助于改善教师生存、生活条件，有利于教师队伍稳定。集中办学前全乡80%以上的教师都在高山或半山上任教，交通不便，信息闭塞，吃住在垛木房或篱笆房中，集中办学后教师们集中到中心小学，在宽敞明亮的教室上课，就医、买粮不需走山路。生活条件的改善有助于教师队伍的稳定。

（5）有利于教师的专业化成长。集中办学前全乡校点分散，一师一校占了61%，不利于教师培训提高。集中办学后便于教师集中培训，且在平时的工作中也可以取长补短，相互学习提高。

（6）所有学龄儿童在校寄宿，解放了家长。孩子住校便于家长抽出更多的时间务农、打工，此外家长认为早日到乡上读书有助于孩子更好掌握汉语。

（二）不支持集中办学的理由

（1）孩子6周岁就要到乡上寄宿，大部分孩子开始一段时间非常不适应，家长心疼、无奈。这表现在孩子经常哭闹，思念父母，同时父母也非常思念孩子；孩子基本没有自理能力，不会洗衣服、洗被子、洗头发，头上常长满虱子，这让家长感到很心疼；孩子很容易生病，由于生病时很难得到及时、细心照料，很容易造成缺勤，影响学习。尤其是孩子生病的时候，老师一个电话，家长不管路途有多遥远、路上有多艰辛，都要连夜赶来照顾小孩。随访家长基本都认为，孩子离开家庭的时间太早，不利于感受家庭的温暖、健康成长。

（2）大部分家长认为集中办学后家庭经济负担加重。以前只有在需要的时候，才会到乡上赶集，但集中办学以后，家长每周要到乡上看孩子，每次看孩子至少支出200元，一个月下来要七八百元，感觉负担较重。尤其是家里有两个孩子上学的感觉负担更加沉重，如果孩子再生病，很可能要向亲戚借钱、卖牲畜。不少家长坦言，现在多亏能享受国家低保政策，否则缺少现金收入的家庭会很困难。

（3）远距离上学给孩子上学带来了很多不便和安全问题。有的行政村、自然村离乡上很远，虽已挖通了通村公路，但由于路基不稳，雨季道路损坏严重时，家长只能徒步送孩子上学。交通安全是家长普遍的担忧。

（4）初中失学现象突出。在阿赤依堵村与部分村民座谈中了解到，现在村里能读完初中三年的基本没有，大部分学生中途就辍学了。原因主要包括：一是家庭贫困，供不起，到鲁掌上学费用进一步增加；二是路途遥远，存在道路交通安全隐患；三是鲁掌气候冷，孩子不适应；四是孩子自身也厌学。

（三）提出的建议

在中心校举行的座谈当中，有少数家长认为现在办学格局已很好，孩子到中心小学上学能享受到比村小更好的教育，不需要改变。但是在随机走访当中，绝大多数群众称，集中办学是强制执行的，虽然现在中心小学办学条件已较好，但是全乡一所小学不能满足需要。可以说反差是巨大的。

（1）从我们掌握的情况来看，随机走访中的所有群众都希望恢复部分校点。他们希望孩子在年纪尚小的时候能够在家门口就读，这既能减轻家庭经济负担，也能让孩子享受家的温暖。如果恢复部分村小，大部分家长希望办1～4年级，等孩子大一点再去乡中心校上学，这样家长就不用过分担心。

（2）如果恢复部分村小，必须要有较高的起点。家长希望学校的硬件设施要相对好，教师管理要相对严，教学质量也要有所提高。家长普遍对布局调整以前村小的办学条件、管理水平、教学质量表示不满。在一定程度上可以说，部分家长不太赞成恢复校点，很重要的原因是此前的校点办学条件、水平太低，与中心小学的巨大差距导致了家长们选择接受，而不是他们不喜欢、不需要家门口的学校，特别是经过一定程度的校点收缩后。

（3）群众对学前教育的需求越来越强烈，期盼加快学前教育发展。现在全乡每年都有近300名适龄儿童需要接受学前教育，但是基本没有条件。中心学校近年来由于生源不断上升，乡驻地的儿童也无法接受学前一年教育。学前班已无法开办，只好和一年级孩子一起跟读，教室拥挤，并且让学前儿童接受一年级教育不符合教育规律，连续上两次一年级很不利于学生从起始阶段养成良好的学习习惯。

（4）建议恢复称杆乡中学，在不能恢复称杆乡中学的情况下，将称杆籍学生转到大兴地中学就读。据统计，称杆籍初中在校生有389人，除少数成绩非常优秀的在州民族中学和泸水一中就读外，其余全部在鲁掌中学就读。由于路途相对遥远、经济负担重等一系列原因，三年完成率并不高，控辍保学压力极大。

（5）称杆中心校教师总体数量不够，音、体、美教师仍然缺乏。“一乡一校”布局调整虽然有助于留住教师，但教师流失仍然严重。目前学校核定教职工编制124人，但现有只有103人，不足21人，缺编人数较多，同时，小学科的专业师资严重不足，开足开齐课程面临很大的现实难题。

四、报告建议

（1）适当恢复校点，建议在江东、江西适当恢复校点。结合具体的调研情况和称杆乡的地理特征、人口分布，建议最好能适度恢复部分校点。如果恢复校点最好办成1～4年级的寄宿制学校。当然，若恢复校点必须办成硬件条件起点较高、教师负责且管理规范的学校。有的村组甚至提出，如果恢复校点，村组将成立理事会参与到学校的运转服务和监督当中，这在一定程度上可以看出家长对教学质量的重视。

当然，按照适度集中办学的总原则，即使恢复校点也不宜多，根据地理状况分析，可适当选择沟峪恢复校点，并且重点兼顾大山深处的行政村。从管理角度来看，适当恢复1～3个校点，在管理上的挑战并不大，相信中心校能管好。

（2）充分重视称杆乡学生接受初中教育问题，建议力争在尽可能短的时间内实现称杆的学生转到大兴地镇的县民中就读。现在到鲁掌读初中，上学距离太远，家庭支出较大，这导致初中完成率不高，形势很不乐观。通过和县教育局沟通，县民中近年来新建了教学楼、综合楼，接纳秤杆籍学生教室上已不存在问题，但是现在的难点是缺少学生宿舍，建议对大兴地新建一栋学生宿舍的事情给予重点关注和帮助。

当然，从远景而言，还是建议称杆乡恢复初中。称杆乡人口还在增加，初中适龄人口也在增长，通常来看，一个有近两万人口的乡镇拥有一所初中也算正常，义务教育只有就近入学才能更好地保证入学率和完成率。当然，恢复初中面临着没有场地、投入来源匮乏的现实，但是从长远之计来看，还是要对此有所考虑。

（3）下大力气发展学前教育。过去三年，国家已经实施了学前教育三年行动计划，重点目标是实现每个乡镇都建成公益性质的中心幼儿园，为今后的幼儿教育向村庄延伸打下坚实基础。但是此项工作进展缓慢，目前只有鲁掌、六库镇建有幼儿园，希望今后进一步加大对此项工作的重视。当前国家又启动了学前教育发展的第二轮行动计划，如果这一轮机遇再抓不住，我们即使是与同等发展水平的地区相比，也将大大落后，在学前教育的长远发展上陷入长期被动。

（4）继续加大教师队伍建设力度，教育发展要增强创新意识。充分关注农村教师队伍建设是提升泸水教育发展总体水平的根本问题所在。从称杆乡看，集中办学都不能有效地稳住师资，说明了形势的严峻。建议进一步利用好政府这只手，在师资补充上、教师激励上拿出有力政策，首先要稳住农村教师队伍，然后进一步在内涵发展上下工夫，提升校长队伍的整体素质，提高教师的专业化水平，实现农村学校的规范化管理。

此外，要注重通过创新行动激活教育发展。基础教育要在坚持和创新中寻求发展突破，积极寻求创新是打破僵局的动力所在，也是国家积极提倡的。建议泸水教育要借助创新行动增加教育发展活力。譬如实现教育均衡发展要推出新举措，在师资流动上要有一定的突破；在关乎教育内涵发展的教师专业化发展上也要有创新的空间和必要。建议政府在资金、政策上给予适当支持，缺少相应制度和适度资金保障将抑制基层创新的动力，最终会导致教育发展活力不足。

关于永平县核桃产业发展情况的调查研究

王新利　周来朝*

摘　要：发展山区经济，潜力是山，优势是林，突破口是经济林。核桃是永平县在多年发展山区经济实践中筛选出来的主要特色经济林树种之一，是山区农民增收致富的“绿色银行”。我自2013年3月28日交流到大理州永平县人民政府担任副县长以来，走遍永平72个村委会和1个社区，通过进行实地察看、走访、座谈、听取情况汇报等方式，对永平县核桃产业发展情况、发展现状、具体做法、存在问题、解决的办法和发展的必要性进行了深入的研究，并写出关于永平县核桃产业发展情况的调研报告，以供永平县相关部门进行参考。

关键词：核桃产业　经济林　科技　农业　山区经济

一、永平县基本县情

永平县位于大理州西部、澜沧江东岸，是大理州的“西大门”。永平古称“博南”，自西汉武帝开辟著名的“西南丝绸之路”——博南古道之后，就纳入古老华夏的版图，并于东汉明帝永平十二年（69年）立博南县，是云南较早设置的县级行政区之一，之后在元初（1257年）因纪念汉明帝永平年建县的历史功绩而改名为永平县。永平自古以来就是云南腹地通往保山、怒江、德宏等州市的交通咽喉和通往缅甸等南亚国家的交通要冲，古有博南古道，近代有支持滇西抗战的史迪威公路，今有320国道、大保高速公路和在建的大瑞铁路穿境而过，在100千米范围内有大理、保山两个机场可供利用。良好的交通区位条件，使永平不但成为民族迁徙和中原文化传播的走廊，而且是从古至今历代屯兵戍边的战略要地，边屯文化资源十分丰富。目前，境内生态环境良好，风景秀丽，森林覆盖率70.6%，有珍稀动植物种质资源丰富的云南宝台山国家森林公园，还有金光寺、凤鸣桥、永国寺、双鹤桥等名胜古迹。全县辖4乡3镇、72个村委会和1个社区居委会，总人口18.48万人，其中农业人口14.08万人，占76.2%；拥有22个民族，少数民族人口占43%，是一个典型的集山区、民族、贫困于一体的农业县，属国家592个扶贫开发工作重点县之一，也是全省、全州统筹城乡发展试点县。

二、永平县核桃产业发展基本情况

永平县是一个集山区、民族、贫困于一体的

* 王新利，北京外国语大学；周来朝，永平县人民政府干部。

农业县，全县国土面积2884平方千米，山区、半山区面积占93.8%。多年来，历届县委、县政府从永平县情实际出发，始终把“念好山字经、作好林文章”作为广大山区群众脱贫致富、全面建设小康社会的基本立足点，紧紧围绕建设“中国西部最大的特色林产业发展基地县”和“全国最大的核桃交易市场”的战略目标，坚持生态建设产业化、产业发展生态化，立足优势，以市场为导向，以体制创新、政策创新、科技创新为动力，坚持规模化种植、标准化管理、集约化经营，千方百计引导群众立足资源优势，大力发展核桃产业。2006年，永平县被国家林业局确定为2007—2009年云南省唯一的“全国核桃林业标准化示范区”项目县，同时被中国优质果品基地暨果品产业先进典型评选组委会审核评定为“中国优质核桃基地重点县”；2009年，永平泡核桃被中国果蔬产业品牌论坛组委会评为“中国十大名优核桃”；2010年，永平被中国果蔬产业品牌论坛组委会评为“中国核桃之乡”；2011年，永平被中国果蔬产业品牌论坛组委会评为“中国核桃贸易集散第一县”，厂街乡岩北村被中国果蔬产业品牌论坛组委会评为“中国核桃第一村”。截至2013年年末，全县核桃种植面积达156.8万亩，产量5.03万吨，产值达17.27亿元，核桃种植农户年收入最高近300万元。全县已建成核桃初级产品交易市场17个，核桃初级产品加工户已发展到500多户（年加工能力达到100吨以上的有30户），年加工经营核桃干果15000多吨（其中加工核桃仁5000多吨），实现核桃增值4000多万元。在不断完善核桃交易市场硬件基础的同时，进一步规范了市场运行机制，永平核桃的知名度得到了不断提升，上海、广州、福建等地的客商已与永平县购销大户形成了稳定的商贸关系。

三、永平县核桃产业发展的具体做法

（一）转变方式促发展

“八五”以来，为加大核桃发展力度，永平县先后制定和组织实施了“10811”工程和“20105”工程，“十五”期间又提出了支持党政机关、社会团体、企事业单位与农民联合开发荒山、兴办绿色企业，鼓励机关干部职工带头发展泡核桃产业。近年来，又结合实际，提出了“一快二转三突破”的发展思路，即“核桃发展速度要加快，力争用两个冬春的时间全面完成或超额完成规划种植目标；实现管理方式向依靠科技、注重抚育管理质量转变；种植方式向中低海拔适宜地区大力发展薄壳山核桃、培育万亩以上薄壳山核桃基地转变；优质品种筛选和示范推广要有新突破，实现核桃产品优质化；科学的病虫害防治体系建立要有新突破，确保核桃产业安全；依托招商引资加快核桃精深加工和市场培育要有新突破，促进核桃产业提质增效”，把核桃作为最具竞争力的优势产业来培植，有力地推动了永平核桃产业的发展。全县核桃产业无论是在种植观念、管理方式，还是发展的数量和质量上都跃上了一个新的台阶。

（二）创新机制求突破

在总结过去核桃产业发展经验的基础上，大胆开拓创新，以改革产权制度为突破口，明确提出：一是继续维护林业“三定”和“两山”到户责任制，林地承包经营权坚持70年不变。二是对依法取得山林经营权的农户可以自主决定流转方式，依法签订流转合同，给予办理林权变更手续。三是对发展起来的以核桃为主的经济林可实行继承、租赁、股份、转包、有偿出让等政策，维护投资者合法权益，切实解决好核桃种植者的后顾之忧。

（三）依靠科技增效益

坚持“品种优良化、种植规范化、管理科学化”的发展思路，提高科学种植管理水平。一是探索出以“七个一”（选一块中上等肥力地，挖一个1米×1米×0.8米大塘，施一担20千克农家肥，栽一株一级壮苗，浇一担水，盖一块地膜，围一个篾笼）为标准的核桃种植技术规范，并在全县范围内全面推广。二是加强科学管理，每年进行一次薅锄、两次施肥、一次病虫害防治、一次枝条修剪和整形。三是层层办样板，提供典型示范。四是按照“科技指导直接到户、良种良法直接到山、技术要领直接到人”的要求，由林业科技部门制订核桃种植及抚育管理技术方案，固定专业技术人员，送科技进村入户，使广大干部群众掌握了核桃生产的一整套科学技术，极大地提高了全县核桃生产的质量和效益。

（四）加大投入求实效

先后制定了一系列扶持核桃产业发展的政策措施。一是在“九五”期间，提出了对凡是连片种植成活核桃20株以上的农户给予每株补助2元，改造野生铁核桃为泡核桃的每株补助1.5元。二是在“十五”期间，又提出了对在常耕地上种植核桃的每亩给予补助30元，其中，当年验收成活1亩先兑现补助15元，第二年保存验收率达到合格后再给予每亩补助15元。三是从2004年开始，全县每年开展1万亩的泡核桃高产示范抚育，带动全县泡核桃科技抚育管理，每亩补助施肥、薅锄、浇水、防治病虫害等示范抚育费20元，每年安排资金60万元补助核桃种植户，每年安排资金10万元补助核桃种植户用于核桃幼树抚育。

（五）依托大户实规模

到目前为止，全县核桃种植面积在50亩以上的农户有5293户，面积570669亩，占全县核桃面积的49.8%。其中，50～100亩的有4113户、344210亩，占30.1%；100～200亩的有991户、167193亩，占14.6%；200～300亩的有143户、38230亩，占3.34%；300～400亩的有33户、12628亩，占1.1%；400～500亩的有7户、3193亩，占0.28%；500亩以上的有6户、5215亩，占0.46%；种植面积最大的1户达1600亩。

四、永平县核桃产业加工营销情况

近年来，永平县充分发挥大保高速公路和320国道穿境而过的良好交通区位优势，精心打造和培育泡核桃交易市场，目前曲硐已成为了滇西重要的农副产品集散地和省内外知名的核桃交易市场。同时，依托曲硐核桃交易市场，成立了县核桃经营协会，核桃生产重点区相继成立了核桃专业合作经济组织，有效地把千家万户的小生产与千变万化的大市场对接起来，初步走出了一条“山区建基地、坝区搞流通”的核桃产业化经营路子。目前，在曲硐核桃交易市场的带动下，全县已建成核桃初级产品交易市场17个，成立以核桃为主的合作经济组织112个，核桃初级产品加工户发展到500多户（年加工能力达到100吨以上的有30户），以果亮、木元食品有限公司为典型的核桃精深加工企业（全县有3个）也逐步崛起，全县年加工经营核桃干果2.4万多吨（其中加工核桃仁1万多吨），交易额达10亿多元，实现核桃加工增值1.99亿元左右。永平泡核桃因果大、壳薄、仁白、质优而深受国内外客商青睐，永平核桃的知名度不断提升，上海、广州、福建等地的客商已与永平县购销大户形成了稳定的商贸关系。

五、永平县核桃产业发展存在的困难和问题

经过多年的扶持发展，虽然核桃已培植成为全县上亿元的支柱产业，但与上级的要求和广大人民群众的期望以及核桃产业化发展的要求，还有较大差距，核桃产业发展中也还存在着一些困难和问题。主要表现在：

（一）核桃品种混杂，质量良莠不齐

由于部分群众对核桃良种认识不足，所选用良种的标准和繁殖方式也不同，在良种选育和嫁接改良过程中，出现嫁接良种苗纯度不高、核桃品种混杂、质量良莠不齐、商品性差、效益低等问题。

（二）种植地块选择不当，发挥效益不明显

永平大泡核桃适宜在气候温凉，土壤深厚湿润、肥沃，海拔区间在1800～2200米的地域或地块栽培。但部分农户仍在气候炎热或寒冷的地区及土壤贫瘠的荒山荒坡进行栽培，致使核桃生长不良，经济效益不明显。

（三）栽培管理粗放，科技含量不高

永平县核桃栽培历史悠久，虽然积累了一些经验，但没有形成一整套完整的、系统的、科学的栽培管理技术。加之核桃投入大、见效慢，大部分林农没有足够的人力、物力和财力投入到抚育管理、提质增效上来，栽培管理较为粗放。

（四）专业队伍力量薄弱，技术服务跟不上

随着全县核桃种植面积不断扩大，并多以纯林为主，生物病害、病虫害防治等工作任务加剧，而目前全县又无专门的科技服务机构，缺乏专业技术服务，无法满足核桃产业发展需求。

（五）缺少精深加工企业，产品附加值低

永平县目前以核桃为主的农副产品粗加工业具有一定的规模，但全县无核桃深加工企业，原生态绿色产品没有得到有效开发，产品科技含量低，附加值低，不能真正发挥产业潜在的经济效益。加之，现有的核桃初加工企业，缺乏长远意识，只顾眼前利益，不注重品牌打造，市场占有率低。

（六）基础设施滞后，核桃烘烤品质差

近年来，永平县不断加大农村基础设施建设投入，为核桃产业发展提供了很好的支撑，但基础设施建设仍然滞后，与核桃产业发展的要求还不相适应。同时，在核桃的烘烤上，目前绝大部分农户主要采用火炉烘烤，既浪费薪柴又影响质量，无烟烘烤技术推广亟待加强。

（七）监管水平差，缺乏监管措施

在核桃生产、加工和流通过程中无监管部门和规范管理措施，导致核桃在初加工环节质量下降，营销市场混乱，核桃价格波动大，林农利益受损。

六、永平县核桃产业发展对策及下一步工作建议

在下一步核桃产业发展中，根据永平县林业发展规划和核桃资源分布、产业基础、发展潜力，坚持规模化、标准化、产业化、品牌化、生态化发展。建议坚持“五带三片区”的区域布局建设核桃基地。重点在普渡以南的龙街、岩北、厂街、宝台山至杉阳，普渡以北经北斗至县城，沿老320国道和博南古道至杉阳的环线沿途片区，打造集特色农产品示范、生态文化旅游和生态经济建设“三位一体”的综合示范带，全力打造“中国核桃

之乡”新形象。在工业园区布局核桃生物有机肥、核桃壳活性炭加工等精深加工大中型企业，在县城附近布局核桃精加工大型企业，在北斗、龙街、厂街等乡镇布局核桃初加工流通中小型企业。把曲硐作为全县一级核桃专业交易市场，加快推进曲硐核桃交易市场建设，不断辐射带动周边二级交易市场，联动三级市场。把各乡镇政府驻地作为二级交易市场，把重点区域作为三级交易市场，以一、二、三级交易市场带动全县核桃交易流通。要重点抓好以下几方面的工作：

（一）实施核桃基地建设工程

把核桃基地建设作为推进核桃产业化发展的重要内容，按照规模化、集约化、产业化的要求，加大科技、资金投入，推进集约经营，加快核桃基地建设由数量型向质量效益型转变。完善优惠政策，将重点项目建设与核桃基地建设相结合，鼓励和支持企业、个人和其他经济组织，通过股份合作、联营、租赁、承包、转让等形式建设核桃基地。同时引导林农在核桃林中大力推广“林禽”“林药”“林菜”“林果”等发展模式，以短养长，产业互补，不断增加林农收入。

（二）实施标准化抚育工程

把抚育管理作为促进核桃早产、丰产、稳产的重要技术措施，深入开展核桃标准化抚育示范工程，进一步加大资金投入，强化科技扶持，组织科技人员深入田间地头，采取现场指导、专题讲座等方式，引导群众转变“重栽轻管”的观念，加快实施核桃中幼林抚育管理。

（三）实施无烟烤房工程

以林业专业合作社为依托，采取“民办公助、以奖代补、先建后补”等模式，调动各方面力量，加大无烟烘烤设施建设，把无烟烘烤技术的推广作为核桃产业发展的重点项目进行扶持，改变传统的核桃烘烤技术，努力提升永平核桃品质，着力提高永平核桃的市场占有率和竞争力。

（四）实施精深加工工程

鼓励和扶持本地核桃加工龙头企业，并从政策、项目、资金、技术等多方面进行扶持。将核桃深加工作为全县招商引资的重点项目，采取走出去、请进来等多种方式，力争在全省率先引进一流的核桃精深加工企业。通过招引有实力、科技含量高的企业，进行核桃产品精深加工开发，实现核桃精深加工的突破，提高核桃附加值，延伸产业链，真正变资源优势为经济优势，实现财政增长、林农增收。

（五）实施良种苗木工程

实行自育与引进相结合，围绕全县泡核桃种质资源优势，加快以泡核桃为主的良种基地建设。坚持科学育苗、规范生产、依法治种，严格实行种苗市场准入制、质量抽检制。通过实施良种苗木工程，将永平县培植成为全省最大的以泡核桃为主的良种苗木基地县。

（六）实施品牌打造工程

通过中国核桃第一村——岩北，北斗村全国核桃标准化示范园，新村山核桃园典型示范，带动提高全县核桃经营管理水平。通过已有的“中国优质核桃基地重点县”“中国十大名优核桃”“中国核桃之乡”“中国核桃贸易集散第一县”“中国核桃第一村——岩北村”品牌，进一步优化特色品牌工作，努力提升产品质量，打造名优品牌，逐步形成以品牌带动的产业发展机制。大力实施“精品工程”，实现核桃产品的精准生产、精选保鲜、精深加工、精美包装，尽快形成一批品种对路、档次高、有机绿色无公害的核桃精品，全力打造优化无公害品牌。

（七）实施服务体系工程

完善市场体系，建立统一、开放、竞争、有序的核桃产品市场体系，构建全县以核桃为主的林产品营销市场网络。加快培育林业要素市场，健全和完善林权交易平台，实现森林资源资产评估、林权变更登记、林权抵押贷款、政策咨询和信息发布等一条龙服务。鼓励支持企业、合作社、协会等主体开展营销业务。加强产品推介，充分利用广告、会展、商务洽谈、文化、艺术、宣传、媒体、网络（建立永平核桃交易网站）等各种手段开拓市场，打开产品市场销路。加快林产品“绿色通道”建设，促进林产品营销渠道畅通。同时，进一步加强县、乡镇、村三级林业科技推广服务网络体系建设，建议将县核桃产业办主任高配为正科级，副主任为副科级，增加人员编制，乡镇设立核桃产业办，村一级配备专职辅导员，专门负责核桃生产的服务指导和监督管理工作。创新林业科技推广服务方式，加大林农实用技术培训力度，把最新的科研成果和实用技术应用到生产第一线。切实巩固和稳定乡镇林业工作站，强化乡镇林业站技术服务职能。

（八）实施核桃文化工程

永平核桃栽培历史悠久，种植技术经验丰富，主栽品种好，产出的核桃有果大、皮薄、仁白、味香、出油率高、营养丰富等特点。虽然每年都有来自全国各地的各界人士纷纷到永平县参观学习核桃产业，但是永平县核桃文化宣传力度还远远不够，今后要进一步加快核桃文化载体建设：建立一座永平核桃博物馆；利用寓教于乐、群众喜爱的并具有审美价值的歌舞、美术、书法、摄影、散文、诗歌等讴歌打造永平核桃品牌新形象。对具有考古、学术、旅游、观光价值的核桃林和核桃古树名木，实行挂牌保护、注册登记。

（九）实施基础配套工程

要集中整合产业扶贫、土地连片集中开发等项目资源，加大对核桃集中种植片区水、电、路等基础设施建设投入，改善生产条件。采取以企业投入为主、政府鼓励扶持的方式，进一步加快核桃产业园区及其功能配套设施建设，坚持用先进的生产方式、产业化的发展思路加快核桃产业提质增效步伐。

（十）实施统筹城乡发展的资本化工程

建议以科学发展观为指导，以富民为本，坚持城乡平等、资源开放、产业互补、协调发展为原则，充分发挥“生态、资源、区位”三大优势，坚持新型工业化、农业现代化、新型城镇化“三化”联动，形成以城带乡、城乡互动、统筹兼顾的城乡一体化发展格局，使永平迈上城乡统筹、跨越发展的路子。一是健全归属清晰、权责明确、公平公正、流转顺畅的林权制度，推动林业资产资本化，促进农村生产生活方式转变，为统筹城乡科学发展创造条件。二是围绕低碳、高效、可持续发展目标，积极调整产业结构，着力推进科技创新，大力发展高精特新生态工业，不断提高产品附加值和市场竞争力，为城乡统筹发展提供经济支撑。三是加快城乡资源自由流动。要积极鼓励城区有条件的群众到山区流转林权，发展核桃产业；积极鼓励山区有实力的林农到城区购买房地产，参与城镇化建设；积极鼓励山区有条件的林农子女到县城和乡镇人民政府驻地上学，有效促进林业资源、金融资本、房地产、教育等资源在城乡之间自由流动。四是加大城市支持农村力度，引导城市资本、工业资本、商业资本进入农村，促进城乡各种资源的合理流动和优化配置，实现城乡互动，经济社会均衡、持续、协调发展，最终实现核桃产业发展促进全县经济健康快速发展。

关于滇西典型州县的信息化应用发展状况调研报告

周 维 董云云*

摘 要：滇西边境地区共有10州市61县，本文从滇西地区典型的20多个州县的信息化应用情况入手，着重选取了门户网站建设情况、网络覆盖情况、产品推广使用的网络平台、政府机构办公方式、教育机构信息化应用方式、经济发展采用的信息化手段、工农业信息化应用发展等方面目前的现状以及存在的问题，并对促进信息化应用在滇西典型州县的发展提出了几点建议。

关键词：滇西州县 信息化应用 发展状况

一、信息化应用对滇西州县的意义

信息网络建设是“西部大开发”中一项非常重要的基础设施建设，特别是滇西广大农村地区远离大中城市、信息化程度低、信息流通极为不畅，要提升对农村特有资源的开发和使用效率，加快产业结构调整，就必须利用先进的技术和手段，充分享有信息资源，用网络信息资源开发促进农业资源、农业产业、农民增收的整合。因此，综合利用全省扶贫信息网，并扩展为全省农村信息网，通过网络巨大的辐射力和扩张性能，最大限度地开发和共享社会信息网络资源，已势在必行，迫在眉睫。

（一）搭建对外窗口，促进经济发展

滇西区域地处云南省西部，自然资源富集，人文条件独特，极具发展潜力。与缅甸、老挝、越南接壤，与东南亚、南亚多国相邻，有7个国家级口岸，18个边境县，边民互市贸易活跃，与周边国家产业互补性强，是我国典型的多民族聚居地，民族文化丰富多彩，民俗风情浓郁，是通往东南亚、南亚的重要通道。水能蕴含量巨大，铜、铁、铅锌等矿产资源富集，资源组合优势明显。总体上属热带亚热带季风气候，立体气候特征明显，年均降水量约1100毫米，森林覆盖率达54.6%，生物物种丰富，素有“动物王国”“植物王国”和“生物基因宝库”“药物宝库”之称，发展特色农业和生物产业条件优越。物质文化遗产丰富，发展民族文化产业和旅游业潜力巨大。

但由于交通不便、信息闭塞，滇西地区的区域经济发展落后，商业信息难以为外界所知。需加快信息化建设，搭建信息化平台，将本地区的多种资源展示给外界，让外界更多地了解这片资

* 周维，云南大学副教授，研究方向为分布式，云计算；董云云，云南大学滇西发展研究中心研究实习员，研究方向为多维数据索引。

源丰富、风光旖旎、文化多样、热情好客的梦幻热土，鼓励更多的社会力量参与扶贫开发这一伟大而神圣的事业，吸引更多的组织、企业、个人到这片土地上投资兴业、共同富裕。同时，通过网络，可以将先进适用技术送到广大农村转化为农民的增收产品，也可以使农民获取农产品供求信息，将产品销售出去，获得直接的经济效益，为农民提供产前、产中、产后服务，真正使农民能够既增产又增收，对疏通贫困地区科技信息渠道，搞好农村社会化服务，将农民引进市场经济的大潮中起到巨大的推动作用。

（二）利用信息化手段学习外界新的知识

近年来，随着多媒体技术与网络技术的发展及其教学应用的不断深入，信息化教学资源越来越丰富。通过网络传输和呈现的信息化手段可以让学生实时、逼真地将生活与学习有机地联系起来，有利于创设情景，培养学生的非智力因素。进一步缩小东西地区教育差距，让大山里的孩子也能看到外面的世界，进一步开阔眼界，比如说，前不久，教育部让全国中小学生远程观看宇航员太空实验，能给孩子们形象地展示外太空情景，帮助孩子们更好的学习书本知识。

市民通过了解网上的资源，可以及时掌握国内外最新实事，获取就业信息或商机，学习新知识，使得更多的人能够走出大山，或找到更好的发展道路。通过信息化让农民了解市场信息，降低农产品生产和交易风险。利用及时、准确、真实的交易信息来引导农业生产和农产品市场运作，由交易双方直接联系可减少流通环节，节约交易费用，提高农民收入，尽快地脱贫致富。

（三）借鉴其他地区扶贫经验，早日脱贫致富

通过网络，查询和获取国内外有关反贫困工作的最新动态，投资开发项目、劳务需求、贸易、科技等方面的信息，为各级主管领导及业务部门提供决策的依据，以保证决策的正确性和准确性。

工信部部长曾提出工信部各相关部门要深刻领会中央精神，认真总结经验，不断提高认识，结合工信部实际，继续按照“以关注民生为重点，以项目扶贫为手段，将行业发展与扶贫开发相结合，突出工业和信息化特色”的扶贫工作思路，积极落实《工业和信息化部关于全国工业和信息化系统支持集中连片特殊困难地区发展的意见》，充分发挥通信和信息化对经济社会发展的重要引领作用。同时，要加强引导，加大政策、资金倾斜力度，努力打造贫困地区工业发展基础，充分依靠地方和全行业力量，打好新一轮扶贫开发攻坚战，帮助贫困地区的人民早日脱贫致富，共同奔向小康。

国务院扶贫办主任范小建希望工信部进一步发挥联系企业多、市场信息量大，以及技术、管理、装备先进等独特优势，通过行业扶贫、定点扶贫的推进，进一步创新扶贫攻坚体制机制，帮助贫困地区加快推进扶贫攻坚进程。

为充分了解滇西地区典型州县信息化发展现状，本次调研通过调研问卷、实地考察及网络调研等方法，通过对滇西地区不同的人、不同区域的调查，掌握最新最真实的情况，以保证数据的真实性，更好地帮助分析滇西信息化发展存在的问题。对于问卷调研，主要针对了保山、大理、普洱、临沧、楚雄等地的挂职干部和地方信息技术负责人，以更好地体现出滇西地区典型州县的实际情况。针对调研出来的结果，相关部门才能更好地采取措施，发展信息化应用，也能争取滇西地区人民更早地走出贫困，走出大山，早日致富。

二、信息化在滇西州县的发展现状

2011年4月26日，中共中央政治局会议审议

《中国农村扶贫开发纲要（2011—2020年）》，研究部署农村扶贫开发工作。会议强调把连片特困地区作为主战场，全面推进连片特困地区扶贫攻坚工程，并确定了六盘山区、秦巴山区、武陵山区、乌蒙山区、滇贵黔石漠化区、滇西边境山区等11个连片特困地区作为今后十年扶贫攻坚的主战场。

滇西边境片区是全国14个集中连片特困地区之一。滇西边境山区包括云南省的保山、丽江、普洱、临沧4市以及楚雄、红河、西双版纳、大理、德宏、怒江6个自治州，涉及56个县级行政区域（包含2个区、1个县级市和53个县），其中有20个民族自治县。国土面积18.4万平方千米，总人口1751万人，其中贫困人口424万人。因滇西地区地处西南边境，交通不便，经济落后，教育水平严重滞后，信息化在该片区应用发展较为缓慢。

以国际互联网为基础的信息化正逐步成为推动世界经济和社会发展的关键因素，信息的快速传播正改变着人类的生活方式、工作方式和商务方式。农村信息化显得更为重要，它是加快建设现代农业、繁荣农村经济、增加农民收入的迫切要求。农村信息化使信息化渗透到农户生产、经营、消费、学习等各个环节，从而极大地提高农户生产效率和生活水平的过程。

滇西地区，在这几年云南省委、省政府的领导下不断推进滇西地区信息化建设，各州市信息化建设设施得到了极大改善，各级政府信息化程度已经得到提高。但是滇西地区由于地理、受教育程度、专业人才稀缺等问题，信息化建设推动较为缓慢，人民对信息化意识薄弱，现代化教育设施贫乏，计算机软件开发更新滞后。

为更好地了解滇西地区的信息化普及程度，我们给滇西地区十州市六十一县各挂职干部、信息化部门相关负责人共发出50份滇西信息化调研表，最后收回20份，主要涉及的地区是普洱市思茅区、普洱市西盟佤族自治县、保山龙陵县、保山市昌宁县、红河州元阳县、楚雄州大姚县、大理州鹤庆县、德宏州盈江县等。针对这20份调研表，统计如下：

（一）网站建设情况

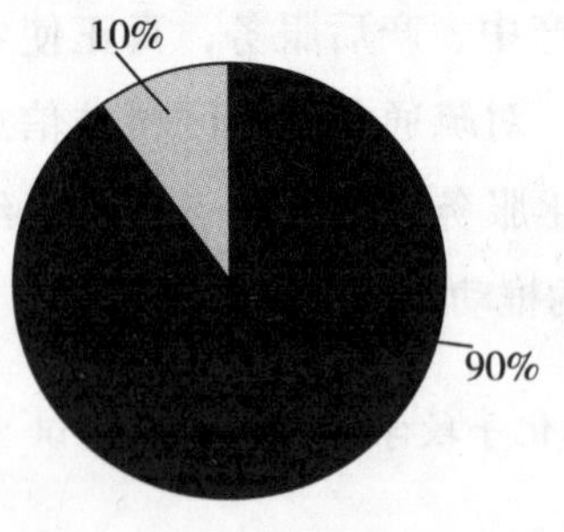

图1 滇西州县网站建设分布图

从图1可知，在滇西各州县中，县委、县政府及相关部门基本上都建有自己的门户网站，只有10%左右的还没有自己的门户网站。

（二）网络覆盖情况

表1 滇西州县网络覆盖表

单位：%

	县 级	乡 镇	村
电信宽带	60	65	40
广播电视网	55	55	60
无线3G网	60	15	0
GPRS	55	35	50

（三）网络化应用情况

从图2可知，在滇西地区中，网络化应用最为广泛的行业是政府机构的门户网、金融业等，在供应业方面网络化应用还有待加强，可进一步挖掘。

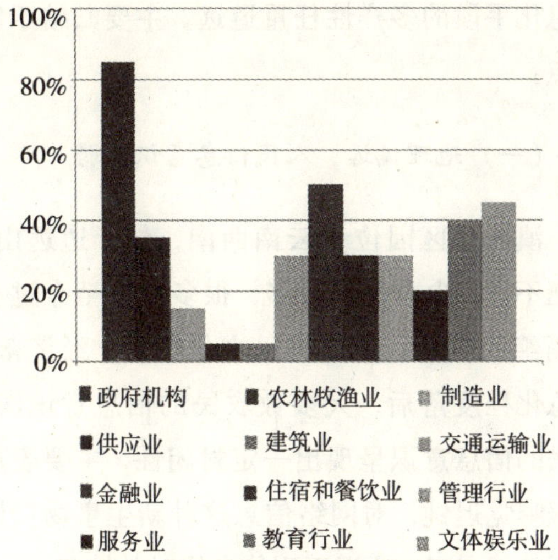

图 2　滇西州县网络化应用分布图

（四）产品推广使用的网络平台

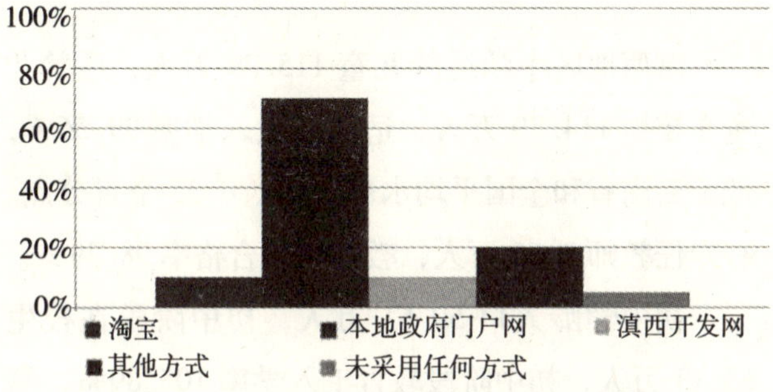

图 3　滇西州县产品推广网络平台分布图

从图 3 可知，在滇西州县产品推广网络平台分布图中，使用政府门户网作为推介媒体是主流，采用淘宝等类似的 B2C 平台、C2C 平台还甚少，可见，滇西片区的网络广告载体还未被推广，普遍还采用着比较单一的网络方式。

（五）民众的信息化意识

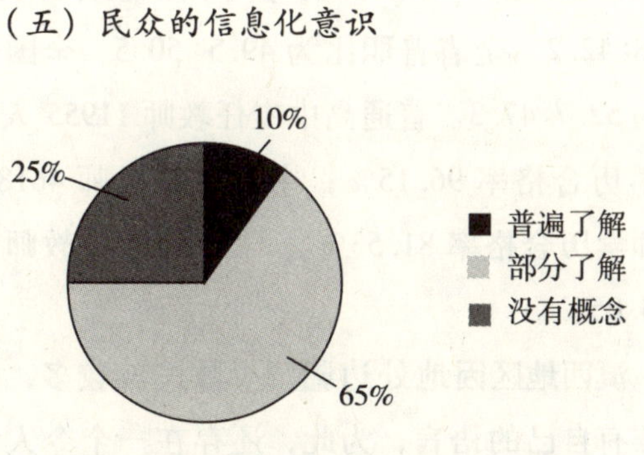

图 4　滇西州县民众信息化意识分布图

（六）政府机构办公

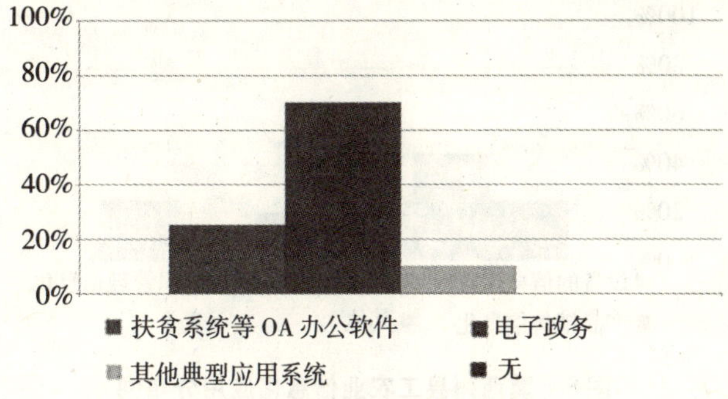

图 5　政府机构信息化应用分布图

（七）教育机构工作

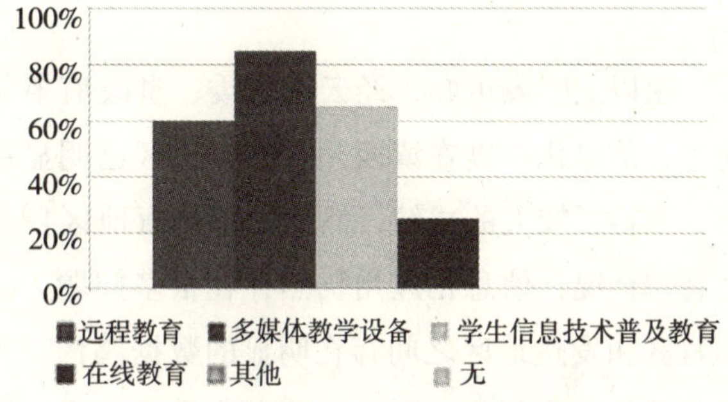

图 6　教育机构信息化应用分布图

（八）经济活动

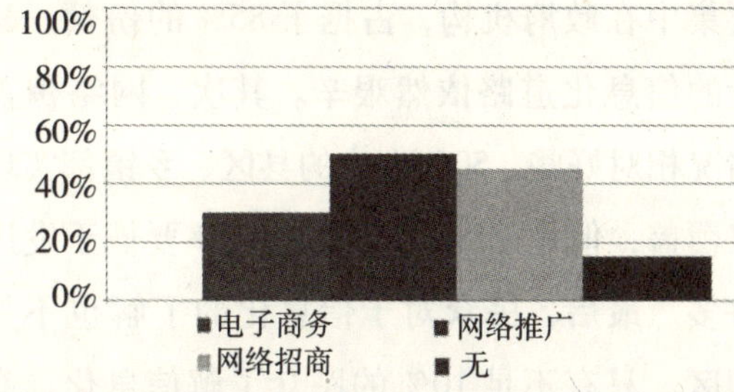

图 7　滇西州县经济活动方面的信息化应用分布图

（九）滇西州县工农业信息化应用分布

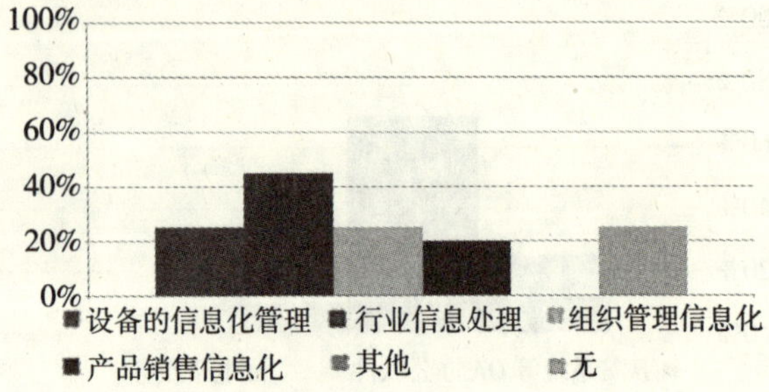

图8 滇西州县工农业信息化应用分布图

三、信息化应用在滇西州县发展存在的问题

由以上图表可知，经云南省委、省政府多年努力，信息化程度在滇西州县部分地区已明显提高，取得了较大的成绩，然而由于滇西地区自身的特殊情况，信息化应用仍然存在很多问题，滇西片区和发达地区之间存在明显的数据鸿沟。无论是从信息化程度，还是从信息化手段来看，这种差距是全方位的。

从信息化程度方面，我国滇西片区的信息化程度处于中等偏低水平。首先，实现信息化的行业主要集中在政府机构，占据了85%的份额。其他行业的信息化道路依然艰辛。其次，网络覆盖率的情况相对好些，50%左右的县区、乡镇都实现了网络覆盖，但是无线3G网的覆盖率要低于发达地区许多。最后，民众对于信息化的了解也不如发达地区，只有不足10%的民众了解信息化，高达70%的民众只是一知半解。

从信息化手段方面，我国滇西片区的信息化手段呈现出类型单一的特点。不管是政府机构、教育机构、经济活动还是工农业都存在这一特点。比如，政府机构中使用电子政务的占据了70%，其他办公软件的占有率加起来才30%。因此实现信息化手段的多样性任重道远。主要归结于以下几点：

（一）地理偏远，人民信息意识薄弱

滇西片区因位于云南西南，处于边远山区，交通不便，少数民族较多，很多村寨至今过着与世隔绝的生活。多数村民文化落后、经济落后、信息化程度落后，大多数农民的信息意识淡薄。农民的信息意识呈现出一定封闭性，主要表现为情报嗅觉迟钝，对网络信息这种新生事物持怀疑和不信任态度，认识不到信息的时效性和经济性，缺乏应用信息的积极性。

（二）教育水平严重滞后，信息化发展缓慢

滇西地区小学适龄儿童115.29万人，适龄儿童在校生114.79万人，适龄儿童入学率99.56%，低于云南省和全国平均水平0.05、0.23个百分点。有专任教师7.56万人，教师学历合格率98.39%。

初中学龄人口59.61万人，初中阶段在校生63.13万人，初中阶段教育毛入学率105.89%，高于全省和全国平均水平0.65、5.79个百分点。有专任教师3.84万人，教师学历合格率98.96%。

高中阶段教育适龄人口65.88万人，在校学生28.37万人，毛入学率43.06%，低于全省平均水平26.94个百分点，低于全国平均水平40.93个百分点。其中，普通高中在校生16.98万人，中等职业教育在校生11.39万人，高中阶段教育普职比为57.8:42.2，全省普职比为49.5:50.5，全国普职比为52.7:47.3。普通高中专任教师11955人，教师学历合格率96.15%；中职专任教师4618人，教师学历合格率81.53%，“双师型”教师比例为4.05%。

滇西地区因地处边疆，少数民族较多，很多民族有自己的语言，为此，还存在一个令人十分担忧的问题，就是还有大批文盲不断产生。教育

水平落后，综合素质较低，直接限制了人们接受新的事物，对信息技术和网络知识的学习能力，也限制了人们理解信息的能力，导致了信息化发展较慢，运用水平低下。

（三）地区经济落后，信息获取成本较高

2010 年，滇西片区人均 GDP 为9286 元，为云南省的 47.39%、全国的 27.29%。第一、二、三产业结构比为 32.6∶32.8∶34.6。人均地方财政一般预算收入681 元，仅为云南省的 33.29%。农民人均纯收入 3026 元，仅为云南省的 76.6%、全国的43.4%；年末人均居民储蓄存款6057 元，为云南省的 48.69%。

人们的收入水平与信息应用水平是息息相关的，各种信息获取手段的费用需求减缓了信息进入农户的步伐。现在虽说电脑普及了，价格便宜，最低也需3000 多元，但农民一家一年净收入也买不了一台电脑，加上我国农户经营的土地规模小且分散，导致人们购置设备上网不仅不现实而且不经济，采用电话获取信息虽然方便但费用普遍较高，而通过电视、板报、传单等方式，方便且节省费用，但获取信息方式大都不能满足农民需要，这在一定程度上限制了人们的信息需求。

（四）滇西地区贫困范围较广、较深

2010 年，片区总人口 1524 万人，占十个州市总人口的68.19%，占云南省总人口的33%；其中按照2300 元的扶贫标准，片区有贫困人口 468.5 万人，占片区总人口的 30.9%，云南省贫困人口的46.2%，其中农民人均纯收入低于 785 元的深度贫困人口 88 万人，占云南省深度贫困人口的55%。很多地区连温饱都无法解决，自然无法买电脑设备，接受新事物的学习。当然，政府对这方面的投入和支持还需进一步加大，并认真落实。

四、信息化应用在滇西州县发展的建议

（一）对教育和文化方面的信息化应用的建议

（1）树立教育信息化环境下教与学的新观念。提高认识，准确定位，明确发展目标，制订与学校整体发展相适应的教育信息化发展规划。

（2）实施远程教育培训，特别是利用东中部优质基础教育资源和部属重点高校教师教育资源，采用远程教育培训的方式提高滇西教师教学水平。更好地利用信息化手段，实现科教文化的信息互通和资源共享，从而真正发挥信息化的效用。

（3）改善投资结构，保障硬件、软件、潜件协调发展，提高教育信息化投资效益。措施可包括：建立面向贫困地区的教育、文化数字图书馆和信息资源库；推动多媒体教学应用，促进教学从传统模式到多媒体、多元应用；运用信息化手段，对文化管理和文化遗产强化数学化资源建设，从而加强文化遗产保护和宣传丰富的民族文化。

（4）加强对文化科教信息的监管，对信息泛滥和网络低俗化等现象起到控制和约束作用。

（二）对促进经济进步和社会发展方面信息化应用的建议

（1）加强电子政务建设，改善发展环境。进一步完善统一的电子政务内网和外网平台，完善网上审批系统，增加政府网站上“网上办事”的服务功能，使企业和社会公众利用网络得到方便快捷的政府服务。

（2）尽可能搭建或利用统一的、受众广泛的电子平台，在统一的规划和监管下，实现信息发布的权威性、信息传递的有效性和网络交易的可靠性，并共享最新的资讯和先进的技术，从而真正发挥信息化对经济进步和社会发展的推动作用。

（3）在基层，信息相对封闭，目前信息化应用成熟，但基层应用很少，加大推进各类信息管理系统软件在各企业中的运用，推进宣传的网站建设。

（三）对贫困县区信息化建设发展的建议

（1）建议市县政府把信息化建设作为覆盖全市的重要工作统筹规划考虑。要加强政务信息化进程，提高政务管理效率。亟待建立运行县级政府信息门户网站，实施非保密信息的扁平化管理，加强县级的网上宣传介绍，促进全国和世界了解当地的经济社会发展全貌和特色。

（2）强化全市全县对信息化认识，加大宣传力度，引起足够重视，做好信息化工作经费、人员方面保障工作，推进信息化培训，提高对信息化管理的认可和实际运用能力，全方位推动信息化发展。

（3）继续推动信息化工作，扩大信息化的覆盖面，充实信息化的有效内容，提升信息化的利用率，为人们的日常生活提供更多的便利。但同时要提出相应的信息化监管手段，以保证信息化发展方向的正确性。

（4）加强招商引资服务信息服务平台建设，减少人工成本，加快电子商务建设。

（四）对扶贫工作的信息化方法的建议和意见

（1）在政府工作中可采用电子政务协同办公系统，收发文件基本实现无纸化；建成县乡视频会议系统，召开会议尽量采用电子政务视频会议方式进行。希望政府加大对边疆极贫困地区信息化工作在资金和设备方面的投入。

（2）可把网站作为一个对外宣传及自我展示的一个平台，涉及内容广；办公系统的应用使得办公更加快捷、方便。通过信息网站等平台进行宣传、招商，推动在线办事，提高行政办事效率。民政救济救灾也可以建立信息化管理平台，与户籍管理平台对接，改变还处于 Excel 初级管理的方式，提高信息化管理程度，提高管理效率。

（3）建立专门的扶贫网站，动态管理扶贫工作的进展情况，及时了解扶贫工作中存在的问题，并快速帮助反映和解决相应问题。

（4）不断探索扶贫工作的方式方法，加大信息化建设力度，提高研发普及程度，动员行业和社会各界力量参与扶贫工作。要规范管理，把有限的资金用在“刀刃”上，真正发挥信息惠民的功能作用。规范项目管理和资金使用，保证项目满足群众急需，要深入贫困地区调查研究，确保政策制定科学合理。

（5）以资源共享、合作开发、互利共赢的方式加快结对帮扶工作。

（6）管理上可以设计动态管理的基本数据库，从而强化扶贫瞄准目标的有效性。整合相关资源，做到信息化管理上的简单、快捷、易操作。

宾川县葡萄产业可持续发展思路

蒋　莹*

摘　要： 近年来，宾川县依靠其得天独厚的自然资源和地理环境优势，葡萄产业得到迅速发展，被誉为“中国葡萄之乡”。葡萄产业的发展已经成为宾川县最具竞争力的优势特色产业，是促进农民致富和经济快速发展的“新引擎”。本文紧扣时事，根据宾川县葡萄产业发展的现状，分析目前所存在问题并提出相应的政策措施，以期对葡萄产业的未来发展方向提供一个新的思路。

关键词： 葡萄产业　现状　主要问题　发展思路

宾川县位于云南西北部，金沙江南岸，是典型的干热河谷地带，素有“天然温室”之称。自20世纪90年代开始引入葡萄新品种以来，葡萄产业得到迅速发展，目前已成为宾川县最具竞争力的优势特色产业，是促进农民致富和经济快速发展的“新引擎”。但是，由于市场经济的深入发展，宾川县葡萄产业在不断提升质量和效益的同时也伴随着各种问题的出现，如何加快宾川县葡萄产业的快速发展，确保全县经济的稳定增长，已成为一个亟待解决的重大课题。因此，通过对全县的葡萄产业进行深入调研，分析葡萄产业的发展现状及存在的问题，并提出相应的可持续发展对策具有十分重要的意义。

一、宾川县葡萄产业发展现状

（一）生产现状

近年来，宾川县充分发挥“热区宝地、天然温室”得天独厚的资源优势，大力发展以红提为主的鲜食葡萄产业，有效促进了农业增效、农民增收。全县葡萄产业发展迅猛，已初步呈现出区域化布局、规模化种植、专业化生产、多元化加工流通和社会化服务的产业化经营模式，成为宾川农民增收致富的重要途径。宾川县已成为我国最大的早熟鲜食葡萄生产基地。

2013年，全县鲜食葡萄总面积达15.97万亩，挂果面积14.98万亩，总产35.95万吨，均价7.7元/千克，总产值达27.68亿元，平均亩产值达1.85万元，葡萄产业总产值占全县农村经济总收入的60.33%。宾川葡萄以其“成熟上市早、果大均匀、整齐度好、色泽鲜艳、固形物含量高、糖分充足、营养丰富、耐贮藏运输、商品性好”等优点，深受广大消费者青睐。宾川现已建成全国县级规模最大的早熟鲜食葡萄生产基地，被誉为“高原葡萄城，南国吐鲁番”。宾川生产的红提葡萄比全国主产区提早40天左右成熟上市，填补了全球红提葡萄6月下旬至8月上旬上市的市场空

* 蒋莹，滇西发展研究中心。

白。目前，全县基本形成了以红提、克瑞森等优质耐贮运的中晚熟品种为主，以夏黑、维多利亚等早熟品种为辅的品种发展格局。全县5月至6月份上市的早熟葡萄品种占全县总面积的5%左右；6月至9月份上市的中晚熟品种占全县总面积的95%左右。

宾川县大力推广以测土配方施肥技术、水肥一体化自压滴灌节水技术、单幅连棚降密提质促早熟技术、避雨控病栽培技术、病虫害绿色防控和规范化防治技术等为重点的葡萄标准化生产管理技术，《宾川县葡萄生产技术综合规程》已被批准为云南省地方农业规范在全省推广实施。目前，全县通过无公害葡萄产地认定面积1.15万亩，出口鲜食葡萄登记备案面积5.61万亩。2013年，投资214.3万元，建成了宾川县农产品质量安全现代化管理平台，并在葡萄生产销售中成功运行，实现了葡萄产品质量安全可追溯。2012年以来，经严格开展农药残留检测，全县葡萄样品合格率达99%以上。

近年来，宾川县加强了葡萄营销推介及葡萄品牌打造，县委政府连续几年在昆明召开葡萄营销新闻发布会，并组织葡萄营销推介组到全国各大中城市开展宣传推介活动。2012年成功举办了“中国·宾川葡萄文化旅游节暨第十八届全国葡萄学术研讨会”，与新疆吐鲁番市缔结为“葡萄产业发展姊妹县市”，在中国农学会葡萄分会举办的全国首届早熟设施优质葡萄评比中，宾川共有25个葡萄样品荣获金奖，占金奖总数的62.5%。2013年，“宾川红提葡萄”成功注册为“中国地理标志证明商标”。与沃尔玛等连锁超市共建葡萄直采直供基地，在全省率先实现葡萄“农超对接”，目前全县建成“农超对接”基地7240亩。

全县共有区域性农产品批发市场、专业市场、集贸市场61个，年交易量达20万吨以上，交易额达6亿元以上。全县共培育有一定规模的农产品加工企业22户，其中省、州级农业龙头企业9户；农民专业合作经济组织300余个，发展会员18000余人，其中农民专业合作社246个，带动非成员农户3.5万户，培育代理商、批发商和经纪人6000余人，承担组织外销全县大部分农产品；全县共建成水果商品化处理生产线15条，塑料周转箱、泡沫箱加工厂12户、生产线92条，建成冷库528座，库容达14.68万立方米。投资220余万元，建设开通了近百个网站（网页），与全国上百家农业网站、农副产品加工企业、进出口公司建立合作关系，实现了货畅其流。

（二）品种结构

宾川县自20世纪90年代以来，先后引入了里扎马特、京亚、140、巨峰、美人指、京秀、白鸡心、优无核、维多利亚、瑞必尔、红地球等近20个品种进行栽培，但在栽培过程中，多种葡萄品种出现了不同程度的问题，比如巨峰等品种由于不耐储运，价格波动较大，经济效益不稳定。在其他品种都遭遇各种问题无法被市场认可时，红地球葡萄优质高产的优势凸显，在宾川县的种植栽培面积迅速扩大。

截止到2012年，葡萄的栽培面积达14.99万亩，其中早熟品种（主要是维多利亚和夏黑）栽培面积为8607亩，占总栽培面积的5.7%；中晚熟品种（主要是红地球和克瑞森）栽培面积达14.13万亩，占总栽培面积的94.3%，其中红地球的栽培面积为13.83万亩。

（三）加工情况

目前，宾川县主要生产的是鲜食葡萄，采摘后商品化处理及深加工开发工艺等技术比较落后，产业链中仍存在明显薄弱之处，严重阻碍了葡萄产业进一步深化和可持续发展。截止到2012年，宾川县从事水果生产销售的省州农业龙头企业达7

户，农民专业合作社达127个，专业协会达62个，经纪人达4000余人。全县共有水果分级、打蜡生产线15条；冷库480座，库容量达3.4万吨；有泡沫箱、塑料筐加工企业12个，生产线83条，年设计生产能力2394万只。

由于散户经营占绝大多数，管理和栽培技术较落后，葡萄生产仍无法在品种、品质和技术上完成升级，采摘、储存和运输等环节的方法落后，导致各环节的操作损失非常严重。如果这些损失的果实能够通过深加工得到利用，不仅将大幅减少浪费和污染的现象，延伸产业链，还能从一定程度上保障果农的劳动成果和增加经济收益。

二、当前宾川县葡萄产业存在的主要问题

（一）品种单一，结构不合理

近年来，以红地球为主的中晚熟品种得到大规模的扩张，栽培面积占总栽培面积的90%以上，而同期以维多利亚为主的早熟品种栽培面积占比不足10%。由于葡萄品种成熟期结构的不合理搭配，给市场造成了较大的压力，市场的潜在风险增大，不利于宾川县葡萄产业的稳定可持续发展。

（二）散户较多，经营管理粗放，优质果品率低

宾川县的葡萄种植户大多仍沿袭一家一户的分散经营方式，规模小，独立生产销售，果园的基础建设较差，市场信息匮乏，经济实力较弱。专业合作社数量有限，其经营管理方式较为粗放，发挥的作用小，产业化、组织化程度低，缺乏品牌意识，市场竞争力不足。由于葡萄种植户种植栽培技术落后，过分追求产量，盲目大量使用农药、化肥和激素，导致葡萄果品质量差，优质果品稀少，市场价格偏低，经济效益不高。

（三）霜冻天气和病虫害现象频发，抵御自然灾害的风险较弱

纵观今年宾川县的天气情况，前期霜冻天气频繁，温度偏低，中后期阴雨天气过多，光照严重不足，导致葡萄成熟期推后，品质下降。进入葡萄上市期，由于阴雨天气湿度大，裂果严重，加上霜霉病、酸霉病、灰霉病和黄龙病的持续蔓延，严重影响了葡萄的产量和质量。近年来，自然灾害频发，由于缺乏先进的技术和管理经验，农户缺乏抵御自然灾害风险的能力较弱，一旦遭遇灾害，损失非常严重。

（四）采摘后商品化处理和贮运加工滞后

采摘后商品化处理和贮运保鲜是目前葡萄产业最薄弱也是最关键的环节，它不仅影响葡萄采后贮藏和货架的寿命，更决定了鲜食葡萄远销的范围。目前，宾川县水果采后商品化处理基础设施薄弱，缺乏贮运设施，保鲜技术跟不上。葡萄的加工仅限于初级加工，技术含量不高，企业的加工能力有限，产品附加值低，经济效益不高。

（五）市场把握驾驭能力较弱

由于分散经营，组织规模化程度较低，营销体系不完善，导致市场驾驭能力较弱，难以避免多变性的市场风险。除了少数规模较大的企业可直接将果品调运到销售地点进入市场外，其余的个体种植户都必须经过中介到代购商再到经销商进行外销，这些环节的利润分配果农全然不知，对于多数个体种植户和小企业来说，市场信息闭塞，只能被动接受价格，“买方市场”使得个体种植户对克扣、压价现象无能为力，一旦遭遇“滞销”等现象，他们必须承担所有的市场风险，这无疑会损害他们的利益。

三、宾川县葡萄产业可持续发展思路

（一）优化品种结构，提高葡萄优质品率

在市场竞争日趋激烈的现在，葡萄品种的多样化和特色化同样重要。品种更新的速度和品质的提升很大程度上决定了一个地区在市场竞争中的地位。因此，宾川县应该在稳定葡萄种植栽培面积的基础上，加强葡萄新品种的研究培育，调整种植时间以错开上市时间，避免因集中上市导致的市场风险。同时，降低中熟品种的比例，提高品质优良的早熟和晚熟品种的比例，合理搭配品种结构，并且大力发展无核、大粒、品质好、耐贮运的优良品种，充分利用早晚熟的优势以及高品质品种优势来减小市场竞争，增加经济效益。

（二）引进先进的种植栽培技术，进行标准化生产，提高经营管理水平

积极引进新品种、新技术，全面推广无公害标准化生产，不仅能够提高农户的种植管理水平，还有利于保护生态环境，促进葡萄产业的可持续发展。因此，宾川县应该在制订完善鲜食葡萄无公害标准化生产技术规程的基础上，加大宣传和推广力度，建立更多的标准化生产示范区，将标准化生产技术运用到葡萄的种植、采摘、包装、保鲜冷藏和贮运等环节，提高果品的质量，促进产业的可持续发展，增加农户经济收益。栽培生产上要大力推广葡萄测土配方施肥，增施有机肥料，利用果实套袋技术，推广物理杀虫灯、色板诱虫技术、自压滴灌技术等的使用，减少化学污染，保护生态环境。同时，政府要加强对葡萄质量安全监管工作的重视，建立质量安全检测中心，确保葡萄质量安全。

（三）健全农业服务体系，加强培训，培养危机意识，增强抵御自然风险的能力

一要通过政府的农业专项资金和农村信用社等多渠道筹集资金，加大对基础设施建设的投入力度，完善生产基地“路、水、电”和采后冷藏保鲜、加工等产业配套。二要通过安排专项培训资金，邀请行业专家进行授课，学习新技术，更新观念，增强农户的危机意识，全面提高从业者的综合素质。三要加强对病虫害的监测工作，及时发布病虫害疫情预测、监测报告，组织和指导葡萄生产基地做好防控工作。通过以上三点，共同努力，提高农业服务水平，增强抵御自然风险的能力。

（四）完善产业配套，强化采后处理、贮运和保鲜的环节

葡萄是一种特别要注意保鲜和避免摩擦的水果，应该进行无伤采摘和无伤贮运。因此，要加快引进先进的水果采后商品化处理、贮藏、冷链设施，以确保果皮免伤并延长货架期提高水果价格。目前，宾川县的葡萄加工企业数量有限，且以初级加工为主，经济效益不高，在今后的发展中，应该大力发展葡萄的精深加工产品，从果汁、酿酒、葡萄干开始逐步向葡萄籽加工、葡萄胶囊、葡萄茶等产品延伸产业链，提高产品附加值，减轻销售压力，增强市场竞争力，提高产业效益，推进葡萄产业的持续发展。

（五）提高组织化和专业化水平，增强品牌意识，充分发挥专业合作社和行业协会的作用

重点培育现有的龙头企业，引导龙头企业与种植户之间建立利益联盟机制，集中力量，优势互补，初步建成“龙头企业+农户+示范基地+标准化生产”的产业化经营模式，形成“产、供、

销”紧密联系的产业链，有效解决小生产与大市场之间的矛盾，进一步推进葡萄产业向专业化、组织化方向发展。同时，重视专业合作社的建设，整合集体的力量，利用资源的优势互补，把合作社发展成为能够真正代表农户自身利益的组织，形成现代化农业生产经营新模式，采用标准化生产，统一生产、采收、包装、冷藏保鲜、贮运，打造统一品牌，创新营销模式，提高农户进入市场的组织化程度和抵御市场风险的能力，增加经济效益，推动产业升级。

（六）拓宽销售渠道，创新营销模式

目前，比较普遍的葡萄销售模式有批发、零售、团购、入园采摘四种。其中，批发和团购是规模化葡萄种植企业的主要销售渠道，零售是中小规模种植户的主要销售模式。随着市场经济的进一步发展，消费者的自主消费将成为葡萄销售的主要模式，广大的葡萄种植户要调整思路，拓宽销售渠道，把重点放在品质提升、品牌建设上，采用“上门购买”“入园观光采摘”“网上营销”“微信营销”等创新营销模式，提高宾川葡萄的知名度，增强市场竞争力，增加收益。围绕新的营销模式，首先要从园地环境改造、标准化生产管理、葡萄文化宣传、葡萄技术知识普及、葡萄品质安全公开、农耕体验等方面着手，认真设计，创新建设，完善产业配套。

参考文献：

［1］王海波，王宝亮，等．我国葡萄产业现状与存在问题及发展对策［J］．中国果树，2010（6）．

［2］姚渊，邵建辉，等．云南葡萄与葡萄酒产业的发展现状及展望［J］．黑龙江农业科学，2013（2）．

［3］王家祥，杨爱兵，等．宾川葡萄产业可持续发展探讨［J］．云南农业，2009（2）．

［4］宾川县老科协．大理州宾川县葡萄产业持续发展前景浅探［C］．第二届云南省科协学术年会暨高原特色农业发展论坛论文集，2012（9）．

［5］杨顺林，张武，等．云南葡萄产业发展现状与对策［C］．第十八届全国葡萄学术研讨会论文集，2012（6）．

［6］贺荔宁，徐若恃，等．借鉴美国葡萄产业集群经验打造广西热带水果产业集群［J］．广西经济，2012（11）．

［7］徐晔，韩宇．中国水果产业链管理的实践研究［J］．世界农业，2007（3）．

［8］广西农业科学院．“特色水果新品种选育及高效栽培技术集成研究与示范”通过验收［J］．世界热带农业信息，2014（5）．

［9］车建美，马金龙，等．水果保鲜技术及其保险机理的研究进展［J］．保鲜与加工，2012（1）．

［10］胡志全．农业自然风险分析及支持政策研究［M］．北京：中国农业科学技术出版社，2010（12）．

交通优先跨越发展是脱贫致富的关键

——双柏县交通状况调研报告

徐晓武*

摘 要：双柏县是典型的山区县，交通发展滞后是制约经济发展的关键因素。利用国家新一轮扶贫大开发和桥头堡建设的战略机遇期，抓住有利时机，采取有力措施，促进双柏交通优先跨越发展。

关键词：交通 优先 跨越发展

双柏县位于云南省中部，楚雄州南部，哀牢山脉以东，金沙江与红河水系分水岭南侧，全县辖区面积4045平方千米，辖5镇3乡84个村（居）民委员会，1540个村民小组，1845个自然村，总人口15.97万，其中农业人口占89.2%，居住着汉、彝、回、苗、哈尼等18个民族，少数民族人口占49.3%。境内最高海拔为哀牢山脉的大梁山海拔2946.9米，最低海拔为南部三江口海拔556米，是典型的山区县，山区面积占总面积的99%以上。

一、交通建设基本状况

双柏县地处滇中腹地，属典型的山岭重丘区，境内交通以公路为主，目前无其他交通类型。县内交通主要有四条出口干道五大出口，公路网密度为1.23千米/平方千米，已基本形成以元双线双柏段、226线、晋云线3条省道为骨架，白大、里安、中村河、妥鸡、妥海、大独、水弥线等共8条县乡公路为支撑，以乡村道为脉络的公路交通网络。

（1）按行政等级划分：全县公路通车总里程4976千米，其中省道4条（段）190.9千米，占总里程的3.83%；县道8条（段）343.4千米，占总里程的6.9%；乡道98条（段）1136.5千米，占总里程的22.84%；村道263条（段）3305.2千米，占总里程的66.43%。

（2）按公路等级划分：全县共有二级公路22.9千米，占总里程的0.46%；共有三级公路127.9千米，占总里程的2.57%；共有四级公路1520千米，占总里程的30.55%；等外路3305.2千米，占总里程的66.43%；

（3）路面硬化情况：省道和县道全部534.3千米已基本完成了公路硬化，硬化率98%；乡道

* 徐晓武，南京大学。

1136.5千米，已完成硬化62.1千米，硬化率5.46%；村道3305.2千米未进行路面硬化。

（4）公路通畅、通达情况：全县县道以上公路通畅率98%，通达率为100%；乡道通畅率5.46%，通达率100%；村道通畅率0%，通达率77%。

二、双柏县交通建设优先跨越发展必要性及面临的机遇

（一）交通建设优先跨越发展的必要性

公路建设是公益性的公共基础设施，是人民群众生产生活、经济社会发展的基础。“要致富，先修路”已经成为农村经济社会发展和人民群众生产生活中重要作用的集中体现和经验总结。

（1）农村公路建设是推进社会主义新农村建设的重要内容，是农村经济发展、农业结构调整、农民持续增收的重要基础条件。由于农村公路点多线长、地质结构差、路面等级低，许多地方缺桥少涵、晴通雨阻，农村公路的覆盖能力、技术状况和管理水平等都不能适应建设社会主义新农村的需要。

（2）农村公路建设是增加农民收入的有效途径，是扩大内需、拉动经济增长的重要措施。全县农村经济社会发展落后，一个十分重要的原因就是交通落后，信息闭塞，“买难”和“卖难”问题仍然突出，制约了农民的生产和消费。加快农村公路建设不仅可以打破农村地区的自然封闭状态，有效促进农村资源开发，使广大农村蕴藏的土地、矿产、森林、水电以及旅游等资源潜力转变为现实生产力，可以有效地开拓农村市场，改善农村的流通环境，还可以畅通与扩大农村的信息和商品流通渠道，提高农民的购买力，使农村的自然物产和农副产品进入流通领域，从而增加农民收入，提高农民生活水平。

（3）国民经济持续快速增长，人民生活水平不断提高，交通消费结构进一步升级。城镇和乡村居民对“行”的需求更加迫切，出行范围逐步扩大，对出行要求除满足及时、方便外，舒适、快捷、安全性的要求也日益提高，旅客运输量持续增长。随着汽车消费的大众化，要求公路交通设施不断增加和完善，农村居民对适宜农村运输的小型货车、普通客车需求大幅增加，要求改善农村公路设施，发展农村客运。同时，城乡一体化的有力推进，区域交通的协调发展是区域经济协调发展的基础，交通必须为加快城镇化进程提供有力支撑。

（4）由于双柏县是典型的山区县，山区面积占总面积的99%以上，境内无一平方千米的平坝，山高箐深，运力成本高，居民居住分散，交通通行条件差，全县要着力解决群众增收难、饮水难、行路难、上学难、就医难。“五难”之中，行路难成为最为核心的、关键性的制约因素，从客观上关联着其他困难的解决。

（5）农村公路建设是构建便捷、通畅、高效、安全的交通运输体系的重要组成部分。由于公路等级低，大多是等外级公路，路基窄、路况差、坡陡弯多，许多地方交通工具农用、客用不分，摩托车、小型面包车等安全性能低的车辆成为当地主要通行工具，安全隐患突出，交通安全事故频发，建立城乡协调、结构合理、质量稳固、功能完善的公路网络和运输服务体系是适应经济社会发展的迫切需要。

（二）面临的机遇

（1）随着西部大开发战略向纵深推进，国家新一轮扶贫大开发的展开，将进一步增加对民生、新兴产业、产业转移等领域的投入，从政策和投资上向支持西部地区基础设施建设、产业结构调

整等方面倾斜，双柏县面临着进一步加强交通基础设施建设、增强发展后劲的难得机遇。

（2）党的十八大提出了“坚持把国家基础设施建设和社会事业发展重点放在农村，深入推进新农村建设和扶贫开发，全面改善农村生产生活条件”和“加快完善城乡发展一体化体制机制，着力在城乡规划、基础设施、公共服务等方面推进一体化”。各级党委、政府都把建设农村公路作为解决“三农”问题的关键，当作为农民办实事的重点，为全县农村公路建设提供了发展机遇。

（3）省州一系列区域发展重大规划的实施，给双柏县加快发展带来了先机。中央提出要把云南省建设成为中国面向西南开放的重要桥头堡，加快推进滇中城市经济圈区域协调发展，《楚雄州南部红河流域经济社会发展规划》《滇中产业新区规划》《双柏县绿汁江流域综合开发规划》等文件的出台和实施，为双柏县交通路网建设指明了方向。

（4）全县农村经济社会发展和人民生活水平不断提高为农村公路发展提供了强大的动力。农村经济总量的不断扩大和人民群众生活质量的日益提高，必将带动农村地区货物和旅客运输需求的不断增加，对农村公路建设和运输能力提出了新的更高的要求，将推动全县交通运输快速发展。

（5）国家、地方相关政策以及行业法律法规的出台和逐步完善，为全县交通运输的发展提供了政策、法规保障，为交通运输逐步走向规范、有序的发展创造了条件。

三、制约双柏县交通建设跨越发展的问题及原因分析

（一）公路等级低，建设任务重

一是公路技术标准低，后续改造提高技术等级工作任务较重。目前，县境内最高等级公路为二级路，现有的县乡公路虽然已实现等级化，但都是公路技术标准中最低的一级（四级公路）。乡村和村组公路技术标准更低，大多数是仅能满足轻型汽车行驶的简易公路。境内县道通油率仅占县道总里程的2%，路面等级提高改造迫切而且任务艰巨。二是公路设施不配套、整体抗灾能力弱。由于建设时期资金投入不足，设计标准低，配套设施无力完善，从而导致公路抗灾能力弱，晴通雨阻现象十分普遍。尤其是乡村、村组公路，一遇雨季，交通即处于中断或半中断状态，急需改造提高。三是公路纵深通达不足。公路里程长，周边出口通道衔接不畅，公路通达不够，全县未通公路的村民小组数共计154个（占全县村民小组总数的10%），未通公路总里程2320.5千米，全县公路网总体上依然存在纵深通达覆盖不广的问题，经济社会发展与交通基础设施建设滞后的矛盾仍然突出。

（二）项目立项难，推进难度大

随着国家、省对交通项目建设审批程序的进一步规范，交通重点项目环境影响评价、矿产压覆、用地等审批越来越严格，项目前期工作推进难度加大。部分已通过工可评审的项目无建设计划，我县2009年已通过工可省级评审的白竹山至安龙堡、里海至大麦地、大岔路至独田沥青路面工程、鄂嘉至新厂至茶叶块体路面，至2013年因无投资计划而没有实施，导致8个乡镇中有2个乡镇的通乡公路还没有实现通沥青路。农村公路迫切需要解决的就是农民群众出行难的问题，公路建设基本在老路上进行改造，路线经过部分农田地和经济林果地，以及少量房屋也需要拆迁，但是占用农田地及拆迁资金难于落实，由此工程建设协调、推进难度较大。

（三）资金缺口大，历史欠账多

国家对交通建设投资补助导向性的调整，使资金问题成为制约交通建设的瓶颈问题，目前国家仅对国道、省道有补助政策，上级补助资金也只占项目总投资的十分之一，项目缺口资金巨大。"十二五"期间投资标准虽然较"十一五"期间有了提高，但是由于州县财政困难，配套资金难于落实、项目前期工作经费及公路建设配套资金不足等诸多实际因素，一定程度影响了项目前期工作推进和工程实施。农村公路的建设资金由国家补助一点，地方自筹一点，但双柏县作为全省欠发达县和全国重点扶持县之一，自身财力十分薄弱，基本无法自筹资金，公路建设配套资金不足，建设管理经费、土地和青苗补偿费等费用极为紧缺，给开展工作带来很大困难。农村公路建设项目前期工作经费按现在的价格水平，每千米最低需要1万元，县级财力安排的年度交通项目前期工作费缺口仍然较大。同时，农村公路建设在"吃拼盘"的体制下，农村公路建设投资渠道单一，由于县财政十分困难，地方配套资金难以落实，致使工程建设达不到设计标准要求和"旧账未了又添新债"的问题难以解决。

（四）建设成本高，管护难度大

由于特殊的地质、地形，形成了山高、箐深、山体破碎的地理状况，加之境内普遍缺乏筑路材料，农村公路建设成本高。同时，农村公路养护资金只能依靠省补的县道每年3500元/千米、乡道1750元/千米、村道1000元/千米来解决，资金短缺，养护技术、设备还停留在土路养护时代，无法满足公路建设、养护转型的需求，乡镇农村公路管理所人员不专职，甚至不落实，建养脱节的现象不同程度存在。同时，随着全县经济持续、稳定增长，农民群众"要致富，先修路"的意识不断增强，对发展农村公路交通的愿望显得更为迫切和强烈，社会需求量和社会期望值逐步提高，但由于管护跟不上，通行条件差，致使社会满意度逐渐降低，社会需求和社会满意度矛盾凸显。

（五）基础配备弱，服务水平低

随着国家对农村公路的高度重视，交通运输主管部门职能增加，交通项目年年有增加，公路建设和管理需要的办公设备要求越来越高，但办公设备、人员编制和技术力量配备薄弱，服务交通发展的水平低，与交通建设的发展形势不相适应，一定程度制约了交通运输事业的发展。

四、加快双柏县交通跨越发展的对策建议

双柏县交通发展"十二五"规划的总体目标是：到"十二五"末，基本建成以县道和出口公路为主的骨干交通网，全县公路总里程达5625千米，新增境内二级公路里程219千米，实施通乡油（水泥）路157千米，新增村组公路587千米，实现建制村公路通达率为100%，实施20户以上村组公路通畅率在60%以上。为实现双柏县交通事业跨越发展，要在以下几个方面着力：

一是要抓好项目规划立项。要充分抓好"十二五"规划、桥头堡建设和新一轮扶贫大开发的战略机遇，根据区域经济发展和交通变化情况，科学编制和不断完善公路建设方案，通过路网布局规划，确定规划期所需要进行建设的工程项目，做好项目的规划、论证、立项工作，抓好争取协调，力争建设一批、上报一批、储备一批，继续着力加快交通基础设施建设。以项目为支撑，规划建设骨干公路、乡镇联络延长线，以及桥梁路网规划，使生产要素北流南通，从而带动区域经济的协调发展。

二是要加强交通骨干网络建设。围绕"2+6"骨干路网建设规划，推进与连接邻县市公路骨干

网络的建设，解决与周边地区的出口路和断头路的交通死角；逐步提升县域公路网的技术等级和路面等级，完善路网布局，以提升公路网络的通达深度为目标，加大向上汇报争取力度，力争双柏至新平（水塘）二级公路和禄丰彩云经大庄、妥甸至鄂嘉两条干线公路尽快列项投入建设。到2016年，交通主骨架网基本成形，绿汁江公路、县城至彩云公路、南下通道打通，双柏至易门、双柏至普洱高等级公路前期工作启动，发挥交通路网的辐射功能。

三是要逐步提升乡村道路路面等级。要以通乡、通村路面硬化建设为重点，不断推进实施行政村通村路面硬化改造建设，逐步提高公路运输能力。同时，按每年200千米的目标逐年实施完成20户以上村组公路建设，先通后畅，逐步提高通村公路技术等级，进一步提升路网功能，构建交通运输发展与农村经济社会发展相适应、与本地规划相协调、与区域干线公路相衔接机制，夯实道路交通运输基础。

四是要不断拓宽融资渠道。在筹资渠道上，要坚持多管齐下，拓宽融资渠道，千方百计筹集资金，确保工程建设顺利推进。一是"补"，探索建立积极有效的融资体制，实行以奖代补机制，逐级落实配套资金。二是"筹"，要充分利用一事一议的形式，吸收社会资金、村民一事一议和贷款，以投工投劳、以劳折资等形式倡导社会力量和农民自筹资金搞建设，形成建设合力。三是"争"，加大争资跑项力度，争取协调国家、省、州项目资金扶持。四是"免"，严格执行上级有关优惠政策，特别是农村客运站点建设，进一步规范收费和优化服务。

五是要加强监管，确保工程质量。针对农村公路建设项目分散，涉及面广，规模小、投资少，直接面对农民出行的特点，因地制宜，合理确定设计标准及结构类型。加强工程施工质量管理，从材料入场、路基压实、路面铺筑到工程验收等主要控制点上严格把关，打造廉政工程。同时，要加强薄弱环节和重点环节建设，对于交通安全隐患突出的路段要及时整改，保障通行安全。

六是要推行城乡道路运输一体化。坚持从农民群众的需求出发，加快农村客运网络化建设，改善农村边远地区客运条件，制定农村客运班线的优惠政策，加强站点建设投入，大力发展农村客运市场，完善农村客运基础设施，为农村运输发展打下良好的基础，努力让农民群众坐上"方便车""经济车"，切实解决群众"出行难"问题。

七是要注重创新驱动。农村公路建设在坚持民生优先，保证路基宽度的基础上，按照等级多标准、路面多形式的建设思路，探索建设造价低于沥青路、行车舒适度大于弹石路的混凝土块石路面，综合考虑公路的使用安全和节约资金，最大限度发挥公路建设效益。

八是要落实养护责任，巩固建设成果。改变公路建设重建轻管的状况，按照分级负责的原则，职能部门和乡镇要建立公路养护机制，逐步改变落后的养护管理体制和粗放的养护方式，建立"乡道乡管，村道村管"的责任，以保证公路养护质量和效率。加强路政管理，依法查处私自占用、挖掘乡村公路及乱搭乱建、超限运输等违法行为，维护公路路产、路权，保障乡村公路安全畅通。

九是要优化交通建设内外环境。交通工作是一项复杂的系统性工程，需要社会各方面的大力支持和积极配合，交通部门要履行好牵头实施的职能，发改、财政、税务、国土、建设、环保、水利等相关部门要通力配合，增强服务意识，做好行政审批事项的办理，特事特办保畅通，真正形成"全县上下一盘棋，齐抓共管抓交通"的浓厚氛围。

十是要抓好人才队伍建设。注重人才队伍建设，加强专业技术人才的引进、培养，努力造就一支素质优良、结构合理的交通运输人才队伍。

楚雄五街彝族对干旱灾害的解释与应对

琚婷婷*

摘　要：从2009年开始，云南省遭遇百年不遇的旱灾，这次灾害给全省各族人民造成了重大的经济损失。干旱灾害发生之后，不同学科的学者（包括自然科学和社会科学）对云南气候、水文、干旱灾害、抗旱救灾等进行了全方位的研究。楚雄州南华县五街镇在此次干旱灾害中受到较大影响，面对灾害五街镇彝族群众总结出了以自身凝聚力和经验为主，政府和科技辅助的应对特点。人们节约用水，同时也借助神灵祈求平安，这种伴随着传统文化的干旱应对方式，也可以被看成是五街彝族独特的“灾害文化”。

关键词：灾害人类学　干旱　五街彝族

一、研究背景目的及意义

从2009年开始，云南省遭遇百年不遇的旱灾，给全省各族人民造成了重大的经济损失。干旱灾害发生之后，不同学科的学者（包括自然科学和社会科学）对云南气候、水文、干旱灾害、抗旱救灾等进行了全方位的研究。云南是一个多民族的聚居区，全省大部分的人口为贫困人口，聚集区也是少数民族贫困地区，在山区、贫困、灾害等多种因素交叉的背景下，将环境、生态与文化、民族等因素放在一起进行综合性的考察就变得重要和充满意义。

在连年的干旱灾害中，楚雄彝族自治州是受灾最为严重的地区，截至2012年2月9日，干旱受灾农作物面积达25.1万亩，因旱饮水困难人口达30.3万人。①2013年初春，楚雄再度面临干旱，据2月21日中新网报道，干旱已经造成10.8万人、5.28万头大牲畜饮水困难，小春作物受灾面积再创新高。②楚雄州南华县五街镇由于地理位置、历史经验等原因，在干旱的应对方面经受了一次巨大的考验。五街镇是一个典型的彝族聚居社区，地处山区，加上较差的交通条件，那里的民族文化得到了较好的保留。在这样的传统文化背景下，学者对干旱灾害的解释与应对方式的研究就会具有更为丰富的内容，既可以更多地关注到彝族的传统文化，又能关注新的科技知识和手段，两者之间的结合或者相辅相成能更加全面地了解彝族人民在干旱灾害面前所显示出的智慧。

* 琚婷婷，云南大学滇西发展研究中心研究人员。

二、灾害人类学研究现状

在2008年的“5·12”汶川大地震之后，中国的灾害人类学受到了很多人类学者的关注，也取得了很多的学术成果。很多西方的人类学理论被介绍到中国，例如，李永祥博士就在他的多篇文章中提到美国学者安东尼·奥利弗·斯密斯对灾害人类学的观点：灾害的发生反映出复杂的自然、生物和社会文化的互动过程。③随着社会的逐渐发展，自然被过度利用的越来越严重，人们面临的是大规模的破坏自然之后所出现的困境，自然、生物和社会之间的互动出现了很多问题。

美国灾害人类学家霍夫曼提到过：人类学在很大程度上拓宽了灾难的研究领域。首先，田野调查的方法区分了人类学与其他学科对灾害的研究；其次，人类学多元化的视角让灾害研究走出了生态、气象等自然学科的范围，更多地加入了政治、经济、文化、社会等因素。张原博士也在他的研究中提出，其他社会人文学科常把焦点集中在宏观层面的国家应对灾害的行动，人类学者在灾害研究中则更加强调以地方社会与世界体系的互动为背景，更加关注地方层面的灾害解释和应对策略。④从2008年的汶川大地震到2009年开始至今的西南大旱，人们在努力救援和积极重建的同时，发现了对灾害与人的关系认知的落后，灾害人类学越来越受到各方学者们的重视，灾害人类学的理论与研究方法开始成为人类学家热烈讨论的话题。近年来，随着越来越多的国外灾害人类学专著和研究被翻译并介绍进入国内学术界，中国的灾害人类学研究也有了更好的可以借鉴和参考的理论。

三、云南干旱灾害的研究现状

云南、贵州、广西、重庆、四川等地的干旱，始于2009年年末，至今仍在持续。云南大部分、贵州西部和广西西北部已达特大干旱等级。严重干旱已经造成全省742万人、459万头大牲畜饮水困难。干旱范围之广、时间之长、程度之深、损失之大，均为云南省历史少有。⑤

关于云南干旱的成因，学者也是众说纷纭。有提到是因为大气变暖，破坏大气结构；有提到由于云南的喀斯特地貌特征，造成地表水下渗；有提到是由于对库塘蓄水排放的经验预测偏差，导致蓄水不足；有提到是由于常年对基础水利设施的疏于管理，造成水管和坝堤等的漏水；还有认为干旱的原因是由于近年来生态环境遭到破坏，大量桉树的种植导致树种单一以及地表水被吸干等。如此看来，关于干旱的成因，从任何角度来阐述都会显得不够全面和具有说服力，本文尝试着重从气象学角度来进行分析。

云南处于南亚季风控制区，主要表现为旱季和湿季的显著特征，平均来讲5~10月降水较多为湿季，11月至次年4月降水较少为旱季。由于季风活动变化性较大，云南及其附近地区成为我国干旱最为频繁发生的地区之一。⑥季风活动的理论，也得到了广大学者的认同。

2005年4月1日~6月10日云南大部分地区降水量较历史同期偏少了2~8成，为偏少至特少，偏少2成以上的有99个县（市）（形成干旱灾害），占全省的79.8%，其中偏少6成以上的有51个县（市）（达重旱标准），占全省的41.2%。⑦

5~6月是云南由干季向湿季转换的过渡时期，此期间冷空气及暖湿气流的活动强弱，对雨季开始期有着重要的影响。2005年5月南亚高压中心位置偏南、强度偏弱，表明南亚高压没有在青藏高原上建立，季节转换明显推迟，这成为了2005年干旱的一个原因。同时低层冷空气活动也明显偏北。2005年5月从高层到低层，整个环流季节调整明显滞后，故云南进入雨季的时间也相应推迟。[8]

在关于"2009—2010年干旱原因"[9]"云南冬春气候变化特点"[10]"云南春末夏初气候变化原因"[11]的分析中，多位学者也提到季风变化和环流层的异常，可见这是历来干旱年份的共同特征。

四、田野点简介

楚雄州位于滇西高原腹地，横跨西南的哀牢山把楚雄州置于西南气流的大背风坡一侧，夏季的东南气流虽然沿元江河谷北上，但是由于沿途地势不断抬高，凝云致雨，水汽含量逐渐减少，所以影响楚雄州的东南气流一般情况下不会造成大范围的强降雨天气，而且只会波及东南部地区。受乌蒙山余脉影响，冷空气和静止锋天气影响较少，因此，楚雄州年降水量仅比迪庆州稍多，成为滇西地区乃至云南省雨量最少的地区之一。[12]楚雄州南华县作为云南野生菌的产地之一，在近年来的干旱中也受到了不小的冲击。本文选择了南华县海拔较高的五街镇作为田野点，通过调查，讨论那里的彝族群众对干旱的文化解释以及应对方法。

康熙《镇南州志》中提到：明代镇南（今南华）州专设英武乡治理，英武罗鲁聚于咪黑们，以农为专。从书籍资料，以及当地的村民处得知，咪黑们村在历史上属于农业社区，村民均属于农业人口，从事农业生产。村民们根据耕作习惯，把土地分为三个种类：

第一类土地围绕村庄，无论送水送肥都十分便利，一年两种，春夏种包谷、洋芋、大白豆；秋种大麦、小麦和萝卜。

第二类土地离村较远，不利送肥送水，只有靠天下雨来补充水分。这一类土地一年一种，作物收完后，往往会休耕数月，待土地稍微恢复，再进行下一轮耕种。

第三类土地离村更远，这一类土地耕种的成本过高，村民大多放弃耕种，退耕还林，这样一来反而促进了野生菌的生长，为村民们谋得另一项收入。

在没有野生菌的季节，村民的主要收入以出售萝卜、洋芋为主。二三月天气渐暖，早洋芋开始播种，六月挖出后，开始种萝卜和晚洋芋，七月和八月是松茸的高产期，过后的九月开始收萝卜，在一年的最后两个月，挖出晚洋芋后，人们就可以轻松地准备过年了。

五、五街镇的干旱状况

2009年开始的云南干旱，楚雄地区为受影响较为强烈的地区之一。五街镇由于海拔较高，降水就更为稀少。中学的鲁老师说："我是去年考进学校的，从我10月份报道到现在（2013年2月27日），总共就下了两次雨，说是下雨，也就是飘了一小点，十几分钟也就停了。"从鲁老师的话中可以看出，2012年10月到2013年2月几乎没有下过雨。

五街镇年平均气温14摄氏度，年均降水量约为848毫米，而2005年至2012年均降水量为538毫米，比往年下降了超过300毫米，其中2009年1到3月降雨量为17毫米，2009年11月到2010年3月降雨量仅为13毫米，冬春连旱成为不争的事实。初到五街时就发现，村民在未经气象部门许可的情况下，随意更改了流动气象观测站的位置，从原先一个开阔通风的平地移动到了一个位置稍低的两面有高墙的角落，气象专家表示，这样的位置可能会导致空气不流通和积水等问题，随之而来的结果是造成测量风速、降水等数据的不准确，这样看来，降水的形势会比上文数据提到的更加严峻。

据南华县水务局通报，2011年7月整个南华主汛期干旱，五街降水仅为105毫米，这是历史上少见的，从1990年至今只发生过三次，分别为1993年、2003年和2011年。

从上文鲁老师的描述中得知，2012年10月至次年2月，五街降水极为稀少，2012年10月至12月降水仅为7毫米，这与2009年气候极为相似，又是一年冬春连旱。学校的顾老师家亲戚是镇上农科站的负责人，据她所说，五街一般七八月雨大，虽然从四五月开始就有雨，但是只有一点点，而且五街海拔高，一下雨气温就会下降，刚长出来的庄稼就会被冻死。这几年干旱，四五月也不怎么下雨了，气温比以前也高一些，再加上风又大，小麦都干死了。以前要是庄稼长得不好，还可以用野生菌来补贴，这两年雨水少，菌子也出的少，虽然价格提高了，但是基本上都被外面来的人收走了，村子里面的人一般捡不到。

从2月25日开始调查，五街3月下过一次大约3个小时的雨，四月清明后下过三次雨，每次都不超过15分钟。在镇政府所在地和老五街村委会之间有一个烂泥箐水库，供附近四个村委会使用，水库大小绕行一周约需要一个小时，据观察以往的水位线，水面大概下降了一人的高度，约160厘米。

学校从三月底开始就定时定量供水了，自来水每天只有一个小时，同时，学校还会从山下的水库拉水上来，沉淀后再分配给大家。有一个小浴室，但是没有使用过，因为水量不足。学校有三个水池，目前只有一个在使用。

近几年，人们为了生活的方便，都开始从山里走出来，把房屋建在路边和水库边。2006年的统计数据，五街镇的森林覆盖面积超过了65%，但是随着人们建房，大量的砍伐树木，现在放眼望去，山上已经是大片裸露的土地。在老五街村委会，看到人们搬迁后，原先居住地的水源由于无人管理，没有遮挡，加上近三年日晒严重，有些已经完全干枯，没有完全干的也是盖满藻类和垃圾。周围的松树多数也已经被晒干，村民介绍说，这样干枯的树以往早就被砍了当柴烧，但是这几年都没去砍，因为在树的阴影下还可以种少量的自家吃的菜，要不水少，再加上暴晒的话，肯定就种不活了。

在干旱的这几年，总能听到人们在讨论，究竟是什么造成了我们如今的生活环境，同时人们也在不断地寻求各方面的帮助。可是仔细想想，如果在自身寻求发展的同时，能够以长远的目光考虑到未来可能会发生的变化，那么如今的防灾减灾工作就会事半功倍。

六、五街彝族对干旱的解释

五街彝族有许多关于干旱的神话故事，同时也有许多借助于神灵们解释和缓解干旱的方法和例子。咪黑们村作为典型的彝族村寨，传统文化对于干旱的解释与应对也因此成为一大特色。

五街彝族自称“罗鲁”，传说在远古时代，部落间战败后，有的退入水中变成“鲁”（彝语义为“龙”），有的进入山中变成“罗”（彝语义为“虎”），据康熙《镇南州志》记载，明代镇南（今南华）专设英武乡（今五街镇）治理，本支系以龙为原生图腾基础上，为解决通婚问题，衍生出虎图腾氏族。在五街，人们祭龙井、过龙诞、招水魂，部分人家还会祭祀附近田地的水源，若在自家田地里拥有水源的人家，都会被认为是至高的福气。在众多的彝文古籍中，都有提到龙王开山开水的故事；还有提到村民不祭龙、不献水，结果惹怒了龙王阿扎的故事，阿扎一怒之下召回水龙，从此六年不下雨，粮食无收获。[13]由此可见，“龙”是五街彝族文化中必不可少的一部分，而龙所掌管的“水”也成为人们生活中重要的事物。

咪黑们的宗教活动场所有老君庙、山神庙、

土主庙、财神庙、水锁寺和观音寺。其中山神庙和土主庙大小村寨一定会有，老君庙和观音寺仅一些大规模的村寨才有，有时，水锁龙王和财神老爷会在观音寺或者老君庙里供奉。

传说龙王庙原本是建在村子的最低处，旁边有一条清澈的小河，后来因为村寨的建设，以及河水的干涸，人们不得已才把水锁龙王请到了观音寺。这座寺庙原本为佛寺，传入彝区便与水神崇拜相结合。《撼龙经》有云："天门贵开畅，地户宜闭塞。欲求殷富，当建锁水阁。"人们总是会在春季播种前来拜祭水锁龙王，传说若是心诚，龙王就会把水锁打开，那一年就会雨水充足，到雨季，人们又会祈求龙王关上水锁，避免雨水过多造成涝灾，由于龙王在人们心里逐渐占据了最重要的位置，所以大家就把观音庙改为回龙寺。

从以上描述中我们可以看出在当地的传统文化中，"水"早已经成为了一个不可缺少的组成部分，人们请回龙王、拜祭龙王的行为，无非也就是想求得来年的风调雨顺。在干旱的年份，人们心中对龙王的崇敬就又加深了许多，这样的想法和做法在科学技术发达的今天，无疑是起到了凝聚人心的作用，这是人们在面对灾害的时候需要的最重要的力量。

村民对于干旱灾害的看法，除了有像上文所提到的那样基于传统知识进行解释的，也有从自己的感受进行解释的，如今，社会在进步，人们逐步走出大山，到各地打工交流，他们会从大山外面带回各种新鲜的知识和信息。传统文化虽然深扎人们心中，但是新时代的新方法也一直在刺激人们对干旱进行思考和解释。

有人认为是烤烟防雹弹造成了干旱，有人认为是由于煤矿的开采和汽车排放的尾气污染造成了干旱。以上两种说法都是认为人们为了发展，使用先进的科学技术对自然造成了破坏，从而导致了生态系统的不平衡，以至于灾害的发生。但是也有一大部分人认为，虽然他们相信并且逐步接受了先进的思想和技术，但是也不能忘记尊重神灵。他们的心中一直怀着对神灵的崇敬，祈求它们的庇护。有人认为，在先进的今天，应该彻底摈弃这样落后的思想，但是我认为，正是这种信仰和崇敬，使人们在灾害面前团结一致。正如上文所提到的，强大的凝聚力将会成为战胜困难的最重要的条件。

七、五街彝族对干旱的应对

说到应对干旱的办法，首先想到的都是节约用水，五街的人们也不例外。在调查中得知，几乎所有的家庭都在自己的院子里修起了蓄水池。有些人家在2006年接通了自来水后拆掉了自家的水池，只留下一根水管。2009年以后的干旱使原本从来不断的自来水变为限时供应，人们为了保证平时的生活用水，便又在自来水管连接处修建了水箱，这样就可以把水储备起来待停水时使用；同时，还会另修一个水池用来存剩水，洗菜、洗澡的水都会留下来另作他用，这样一来就会节省不少的水。

除了在家等自来水，外出寻水也成为人们在干旱时节必不可少的行为。一般通过自来水储存的水，够一个五口之家加上两头猪和一头牛用两天到三天，剩下来的四天就需要外出找水。咪黑们村和五街村的村民会到镇政府旁边的烂泥箐水库取水，有拖拉机的人家每次可以装三桶水，每桶大概50升；有面包车的人家每次拉四桶；有车的人家大概会在一天内跑三到四趟，拉回来的水也都分给大家，村委会都会给他们一些金钱上的补助，一趟补助50元。

咪黑们村由于离镇政府较远，所以拉水使用汽车；老五街村距离较近，人们都采取人背或者牛背的方式，每次背两个20升的桶，路程大约30

分钟。以这样方式得到的水，基本上被人们作为生活用水，若还有剩余，才会管顾家里极少量的菜地，至于远距离的田地，只有靠天吃饭了。

除了人们的日常所需，作为主要生计方式的农业也经受了严酷的考验。

五街镇主要的农作物品种为洋芋、萝卜、黑瓜子和松茸。洋芋的块茎形成期是需水最多的时期。早洋芋在地上部分孕蕾期到开花末期，茎叶急速生长，块茎大量形成，需水量最大；中熟品种自开花后直至茎叶停止生长前的整个阶段，都属块茎膨大期，比早熟品种需水期更长。咪黑们村的早洋芋在12月、1月播种，3月、4月正是生长的旺盛期，而这一时期又正好是少雨的干旱期。

在萝卜生长过程中，如果水分不足，不仅产量会降低，而且很容易糠心、味苦、辣、口感粗糙；若水分供应不均，又会导致根部开裂，只有在水分适中的条件下，才易获得优质高产的产品。咪黑们村的萝卜在5月份开始种植，在起初的萌芽阶段，水分不够充足；进入7月，雨水又会忽然增加，从而使萝卜水分过多。这样一来，萝卜的质量就大不如前。

自从雨水减少以后，洋芋萝卜的收成大不如前。从前，人们卖出的都是直接从地里挖出来的产品。在之后的两年，由于作物产量以及质量的降低，农民的收入也随之减少，虽然收购价有所提高，但是还是不能达到以前的水平。为了得到更多的收入，人们逐渐学会对农产品进行粗加工，村里也开起了简易的小型的加工作坊。白萝卜切条后晒干腌制，做成萝卜条；洋芋会洗净去泥，形状不完整的洋芋也会晒干制成洋芋干片等；品相最差的萝卜和洋芋就会晒干打碎，制作成猪牛饲料。这样加工之后，卖出的价格会比以前高出30%以上。

虽然通过农作物的改种以及深度加工的方式可以缓解一些干旱带来的损失，但是毕竟不能满足所有人的需要。年轻人选择外出打工，在家里的人也会放弃一部分较远的土地，在街上做一点小生意。

年轻人外出打工，家里的老人也没有干农活的能力，再加上干旱，有时候根本是白费力气，所以许多人就干脆放弃土地，在家里开了个小杂货铺，以此来减轻家里人的负担。

虽说群众的力量是无穷的，但是借助外界的力量也是十分有必要的，它可以使结果更加接近成功。比如说，学校可以通过学生传播更加先进的知识，政府以及企业的投资可以让更好的设备进入山区，广泛的宣传更是可以帮助人们改变传统甚至落后的观念。

在干旱时期，学校属于政府重点帮助对象，在供水方面都是优先考虑的范围，但即使是这样，也会有一个月的时间是完全断水的。为了保证基本的做饭用水以及清洁用水，学校对学生的要求是：不在学校洗衣服和洗被子，尽量不在学校洗澡。

大益爱心小学在海拔较高的老五街村委会，周围没有天然的水源，2010年在大益爱心基金会的帮助下，修建了爱心泉，从山下的水库把水抽上来，很大程度上解决了全校师生的用水问题。学校自己的菜地从原来的一片开阔地移到了后山树林的脚下，这样可以减少日晒，种的菜上也盖上了塑料薄膜以减少蒸发，周围没有条件修建大棚的农民也学习学校的方法，为自己家的地铺上塑料薄膜。在小学门口，有一棵一人多高的柳树，校长说这是去年才种下的，用来浇树的水都是学生们循环使用之后的生活用水。

随着干旱的持续，仅依靠自身的力量已不足以解决问题，政府以及一些爱心企业也在这时贡献出不小的力量。

在老五街村委会，村民集资修建了从水库上山的水管，政府出资请人每周从山下抽水一次，每次抽得的水，够整个村委会使用一天，剩下的日子就只有靠村民自己背水或节省来解决。

从2009年降水减少开始，人们逐渐开始在自家的地里修建小型水窖，在更高的地方会有政府出资以及社会各界捐赠修建的爱心水窖，到2012年年底，整个五街共建起了100个爱心水窖，进入2013年，爱心水窖的建设仍在继续。2013年4月，五街镇也组织了为爱心水窖捐款活动，多到镇长的几百元，少到学生的几角钱，据统计，在此次捐献活动中，五街中学师生共捐献1289.5元，可见大家都在为自己的家园共同努力。

科学技术的应对方式在抗旱工作中也极其重要。所谓人工影响天气，是指为避免或减轻气象灾害，用一定合理的手段利用气候资源，在适当条件下通过科技手段对大气的物理、化学过程进行人工影响，实现增雨雪、防雹、消雨、消雾、防霜等目的的活动。[14]人工影响天气是人类自古以来的理想，在17世纪末中国清代的《广阳杂记》就载有："夏五、六月间，常有暴风起，黄云自山来，必有冰雹，土人见黄云起，则鸣金鼓，以枪炮向之施放，即散去。"这是中国古代用土炮防雹的生动描述。

在人工影响天气的各项研究中，开展得最多的是人工降水，还有云南烤烟种植地区所开展的人工防雹作业。人工降水的基本原理是采用向云中播撒催化剂的方法，使局部地区天气过程朝着有利于人类生产生活的方向发展。人工防雹作业原理在上文中有所介绍。

人工增雨（雪）作业必须要有云和降水形成的天气条件，没有云是无法作业的。要使作业的效果好，云必须满足一定的条件，如云的厚度要大于2000米至3000米以上，水汽充足，云中过冷水含量超过0.01克/千克等。[15]从南华县气象局得知，以往的人工增雨作业都严格按照上述要求来执行，自2012年起，凡是云层厚度达到1500米以上，即组织人工增雨作业。2013年3月至6月，南华县气象局进行人工增雨作业，为农业生产做出了显著的贡献。

在2013年12月举办的云南省人民政府第27次常务会议中，通过了新修订的"云南省人工影响天气管理办法"，新的办法中建议，应加强对作业后效果的评估，以及妥善处理作业后所发生的一些事故、纠纷等其他问题。这一举措充分地说明了云南省人民政府已经把"人工影响天气"放在了应对干旱灾害的重要位置。

八、对未来防灾减灾的建议

虽然人们无论从传统文化或是现代知识方面都对灾害有了认知与应对方法，但是其中也存在一些可以改进的地方，如政府帮扶不到位、外来爱心人士目的不纯、当地群众自身认识失误以及对突发变化的应对不及时，这些都是值得反思的地方，只有认清了自身的问题，才能在今后的防灾减灾工作中做得更好。以下是笔者经过田野调查，尝试提出的建议。

政府要把防灾减灾工作作为首要任务来抓，所谓下基层要真正落到实处，只有真正深入贫困农村地区，才能了解灾害的严重程度，才能重视防灾减灾工作。政府虽然人员流动快，但是也应及时做好防灾减灾工作的调查和处理工作，在进行人员交换的时期，应该及时做好交接工作，避免工作出现空白时期。灾害的信息通报和更新问题，应该是与政府人员的应对工作息息相关，若防灾减灾工作做到位，信息更新也不是问题，专门指派工作人员负责网络、媒体等的更新工作，没有条件的地区也可以设置轮岗制，由政府已有的工作人员轮流负责。

对于外来人员，政府应该首先表示感谢与欢迎，其次应该为救助者仔细介绍灾区的有关情况，并且听取救助者的帮扶计划，最后有选择地接受外来人员的帮助。对于有意向提供帮助的人们，也应该在目的单纯的基础上尽自己能力对受灾群众提供多样化的帮助。对于希望依靠自己实力（无论是金钱或者知识）帮助大家的当地人，应该在结合当地实际情况的基础上，再加入外界的新知识以适当缓解干旱对老百姓造成的损失，在提供帮助的同时，要事先做好应对方式的宣传，只有与人们进行好沟通，才能更好地提供帮助。

老百姓对于旱情的认识往往来自于经验，这就难免会对旱情的预判产生误差，关于这一点，应该首先对人们做好旱情标准的宣传。政府可以在广播里加入对云南旱情介绍的新闻，及时地播放天气预报，给老百姓发放有关干旱的宣传手册，有时甚至可以进村入户进行宣讲。

在做好干旱灾害的防灾减灾工作的同时，要时刻关注可能发生的灾害转变，在防灾减灾的应对设施以及方法上，要做到全面化和多样性。

对于五街这样一个少数民族聚居的地区，在充分利用现代化科技手段进行防灾减灾的同时，也可以适当结合民族传统文化中的应对方式，这样做可以让人们在面对灾害的时候，以更强大的凝聚力对抗所有可能发生的困难。

九、结语

通过上文，我们可以看到，无论是传统的祭祀活动，还是如今利用先进科学技术对干旱的应对，对于龙王等神灵的崇敬已经深深扎根于五街彝族群众的心中。从出生到日常生活中的祈福，再到如今的求雨，这就可以解释为何传统文化在五街人民心中占有如此重要的位置。这种伴随着传统文化的干旱应对方式，也可以被看成是五街彝族独特的“灾害文化”。

五街彝族对于干旱的回应是具有它自身的特点的，这符合行为回应学派所认为的不同民族群体对于灾害都有不同的应对方式，所以，对于灾害的救助和恢复等方面工作都必须符合当地特点，综合社会、文化、历史等方面进行全方位的讨论，这才是符合人类学整体论的灾害应对方法。

综上所述，笔者认为，五街镇彝族对干旱灾害的应对方式具有以自身凝聚力和传统经验为主，政府和科技辅助的特点。通过对五街防灾减灾工作中存在的问题进行反思，提出对未来防灾减灾工作的建议。希望这样的经验能够对相似地区干旱灾害的人类学研究有所帮助。

注　释：

①新华网2012年2月10日新闻，http://news.xinhuanet.com/photo/2012-02/10/c_122686744.htm。

②中国新闻网2013年2月21日新闻，http://weather.news.sina.com.cn/news/2013/0221/073785548.html。

③李永祥：《泥石流灾害的人类学研究——以云南省新平彝族傣族自治县“8·14特大滑坡泥石流”为例》，知识产权出版社2012年版；李永祥、彭文斌：《中国灾害人类学研究述评》，《西南民族大学学报》2013年第8期。

④张原：《人类学的灾害研究如何呈现——兼评〈泥石流灾害的人类学研究〉》，灾害人类学及防灾减灾国际学术会议论文，2013年8月。

⑤云南网2012年3月新闻。

⑥杨辉、宋洁、晏红明等：《2009/2010年冬季云南严重干旱的原因分析》，《气象与环境研究》2012年第3期。

⑦刘瑜、赵尔旭、黄伟等：《2005年初夏云南严重干旱的诊断分析》，《热带气象学报》2007年第1期。

⑧刘瑜、赵尔旭、黄伟等：《2005年初夏云南严重干旱的诊断分析》，《热带气象学报》2007年第1期。

⑨宋洁、杨辉、李崇银：《2009/2010年冬季云南严重干旱原因的进一步分析》，《大气科学》2011年第6期。

⑩彭贵芬、刘瑜、张一平：《云南干旱的气候特征及变化趋势研究》，《灾害学》2009年第4期。

⑪陶云、郑建萌、黄伟等：《云南春末夏初干旱的气

候特征》,《自然灾害学报》2009 年第 1 期。

⑫ 王宇:《云南山地气候》,云南科技出版社 2006 年版。

⑬杨六金:《彝族水文化调查与研究》,载熊晶、郑晓云主编《水文化与水环境保护研究文集》,中国书籍出版社 2008 年版。

⑭《人工影响天气管理条例》。

⑮《中国气象报》2011 年 2 月 22 日。

☆工作总结

心系乡村倾真情　助力宾川促发展

杨临宏*

2012年3月，我从云南大学下派到宾川县担任新农村建设工作队总队长，并挂任县委副书记。两年来，我认真履行总队长和县委副书记的工作职责，强化学习调研，狠抓指导员管理，发挥好“领头雁”作用，带领全县第六批和第七批指导员投身新农村建设，为宾川新农村建设添砖加瓦。

一、走遍乡村访民情，深入调研明思路

为尽快转变工作角色，适应宾川县新农村建设工作需要，我注重加强学习，深入基层调查研究，提高综合素质。一是认真学习邓小平理论、“三个代表”重要思想、科学发展观和习近平同志系列讲话精神等党的先进理论知识及十八大、十八届三中全会和省州县党代会精神，不断增强党性修养。深入学习了中央、省、州关于新农村建设的各项政策、法规及有关文件精神，掌握了《新农村实用手册》《新农村指导员工作手册》中关于新农村建设的一些工作方法。参加县委政府召开的各种会议，熟悉宾川县情和掌握新农村建设知识，融入到宾川县各项工作，特别是在新农村建设工作中锻炼自己、提高自己。做到方针政策心中知，认真干事不发痴。二是深入基层调查研究，了解新农村建设情况。本着没有调查，就没有发言权的精神，我走遍了宾川的10个乡镇、90个村（居）委会，有时徒步4个多小时到宾川最贫困的多数本地干部都没有到过的连湾坪调研，深入田间地头和农民家中走访调研，深入了解县情、乡情、村情、民情，对各乡镇的新农村建设情况做到了心中有底数，办事有招数。三是详细了解宾川县的风土人情、社情民意，全面掌握全县的重点工作、难点工作、产业优势，虚心向县乡干部、指导员和人民群众学习，边学边干，认真总结，学用结合，掌握规律。通过深入调研和思考，提出了整合指导员资源、加强指导员管理、发挥指导员优势、加强新农村建设理论实践探索等新农村建设工作思路，撰写了《产业主导、基础先行、整合资源、建设新村》等3篇调研报告，组织编撰了由云南大学出版社出版的《给力红土地建设新农村——宾川县新农村建设纪实》，提高了宾川县新农村建设的理论与实践水平。做到前人经验总结好，开拓创新有法宝。

* 杨临宏，云南大学滇西发展研究中心主任。

二、创新举措强管理，认真履职出特色

为认真履行总队长职责，创新指导员管理举措，带好指导员队伍，使指导员优势得到充分发挥，我主要做了如下几个方面的工作：一是抓制度强管理。及时调整充实县委新农村建设工作队领导小组，完善指导员管理办法等一批管理制度，明确了工作队长、指导员、派出单位、乡镇党委政府职责任务，创新“五级联动管理模式”，实行指导员驻村工作计划制度，提高指导员工作的可预见性。二是抓培训提素质。加大指导员培训教育力度，坚持召开指导员和工作队长培训会、交流会、座谈会、新老指导员工作交接会，每月定期轮流到乡镇召开一次工作队长会，各乡镇每月轮流到村委会召开一次工作会，促进指导员相互交流学习。三是抓活动搭平台。及时组织2012年和2013年“省州指导员宾川行”活动，组织省州指导员对全县特色产业发展、重点项目建设及新农村建设情况进行调研，让省州指导员充分了解宾川县情、乡情，在全州指导员管理中起到了一定的示范作用；组织部分指导员到昆明参观工业发展和新农村建设，拓宽了指导员的视野。在管理中，明确要求每支乡镇工作队必须与其他乡镇工作队开展交流活动。2年来，县、乡镇培训指导员2765人次。四是抓保障激活力。认真履行总队长职责，积极协调争取县财政安排工作经费61.5万元，保障指导员工作正常开展，把每支乡镇工作队工作经费交由工作队统一支配，为工作队深入基层开展活动，学习交流等工作的顺利开展提供了保障。加强对2012年和2013年220万元工作队专项补助资金的使用和监督，完成53个项目，使资金真正用到刀刃上。五是抓承诺促落实。把《宾川县新农村建设指导员工作派出单位帮扶承诺书》的签订作为一项重要工作，及时对承诺完成情况进行统计和通报，并反馈给派出单位，对未完成承诺的单位进行督促落实，亲自找主要领导谈话，确保承诺事项的圆满完成。共签订派出单位承诺书256份，派出单位支持项目144个，资金支持2543.7万元。六是抓沟通续感情。开展“三请回”活动。主动邀请前任总队长、前一批指导员和派出单位领导回宾川看看走走，对给予关心支持的部门、村组、困难群众进行回访，召开座谈会，继续为当地经济社会发展出力献策，延续总队长、指导员和派出单位领导的宾川情。另外，还邀请派出单位领导列席工作队长会，向他们通报工作队的基本情况，以提高派出单位对指导员工作的支持力度。七是抓宣传造氛围。主动联系省州媒体对宾川新农村建设和指导员工作进行宣传报道。在《云南日报》《大理日报》等省州媒体宣传宾川新农村建设和指导员工作的好经验、好做法。发挥县级媒体的阵地优势，加强对指导员工作的宣传和交流。2年来，省级媒体宣传28篇次，州级媒体宣传218篇次，县级媒体宣传500篇次。八是抓测评强监督。开展人民群众评议新农村建设指导员工作，组织各村组干部及群众代表9人以上对所驻村指导员进行评议，把指导员工作成绩交由群众来评定，加强了指导员与人民群众的联系。九是抓督查促发展。坚持问效跟踪督查制度，定期不定期对指导员工作进行督促检查，对指导员工作进行随机调研，检查派出单位关心支持指导员情况，督查乡镇党委、政府对新农村建设工作队办公室机构建设和加强指导员管理工作的情况，督查指导员工作履行职责情况。亲自进行对指导员随机调研40多次，带领县委新农队办开展实地督查49次。此外，开展定期向派出单位反馈指导员考勤和工作情况，一定程度上有效地防止了指导员“两头不到岗”情况的发生。

三、围绕中心干实事，服务农村促发展

通过加强对指导员的管理和对指导员工作的组织领导，充分发挥指导员优势，积极投身新农村建设。一是深入基层访民情。指导员开展三深入，开展民情恳谈，建立《民情联系卡》《民情登记卡》，记录民情日记，撰写民情报告，配合做好本单位领导蹲点联户、部门挂钩联户、干部住村联户、建卡经常联户等协调工作。2年来，全县256名指导员走访农户数达40630户次，建立民情登记卡和民情联系卡878份，撰写调研报告444篇。二是齐心抗旱保民生。由于宾川是有名的干旱地区，加上连续4年旱情叠加，为抗旱保民生、促生产，组织广大指导员和各级派出单位积极响应县委、县政府抗大旱、保民生、促生产的号召，帮助村组想办法、出主意、定措施、谋发展，携手并肩打好抗大旱、保民生攻坚战。广大指导员共协调抗旱项目40个，争取抗旱物资资金315万元，派出单位协调抗旱物质资金242.5万元。指导员还积极协助乡镇、村组开展森林防火和抢险救灾，有效地减少了损害的发生，降低了损失。三是合理调解促和谐。指导员与群众谈心交心，了解农村的热难点问题，进一步掌握农村维稳动态，协助村干部积极排查和调处农村矛盾纠纷，通过耐心细致的思想工作，妥善处置了群众反映强烈的问题，减少了政策落实过程中的梗阻现象。指导员参与排查调解热难点247个，调解群众纠纷708件。四是精心指导强组织。指导员充分发挥宣传、指导、监督三大作用，协助村（社区）“两委”顺利完成了换届工作，并积极帮助村（社区）“两委”班子进一步理清工作思路，围绕“五个好”目标，深入推进“三级联创”“跨越发展先锋行动”“党员致富先锋”“党员中心户长制”等活动，认真履行党总支常务书记的职责，加强基层党组织的思想、组织、作风、制度建设。指导帮助健全和落实各项规章制度，协助做好党员的教育管理，完善村“两委”议事规则和决策程序，推进村务公开。为村级党组织建立健全各种制度416个，提出合理化意见建议725条，被采纳510条。五是围绕中心抓重点。组织广大指导员围绕全县中心工作，积极参与全县果权证发放的基础材料核实和填报工作，顺利完成果权证的发放，破解了农民贷款难的制约瓶颈，为宾川高原特色农业发展注入了新活力。指导员还积极参与省级重点村、扶贫开发整乡推进、一事一议财政奖补项目、示范园区等新农村建设，积极参与协调项目和资金，牵头协调项目265个，协调项目资金12114万元，为群众办好事实事1207件。指导员共参与完成了162个“一事一议”财政奖补项目，完成投资5257万元。

四、建设乡村造氛围，农村面貌有改善

认真按照县委的工作安排，全力做好“美丽乡村”建设工作。深入农村开展“美丽乡村”工作调研，召集“美丽乡村”建设领导小组成员研究“美丽乡村”建设工作；积极探索农村垃圾收集、农药包装回收等长效措施，组织开展了“美丽乡村·清洁田园”活动周；组织全县全体干部职工、新农村建设指导员与人民群众一起到田间清理垃圾，营造了全民动手、全员参与“美丽乡村”建设的浓厚氛围。协调县级财政投入资金426.1万元启动了“美丽乡村”建设，金牛镇李相社区和鸡足山镇沙址村打造为“美丽乡村”建设示范村；协调县财政投资1008.78万元完成9个“美丽乡村”建设项目。组织向民众宣传“美丽乡村建设”，累计发放《致全县人民的一封公开信》10万余份、宣传资料38200余份，发放“美丽乡村·清洁田园，造福子孙后代”活动倡议书11万

份，签订农户环境卫生责任承诺书25863份，组织省级媒体宣传10篇次，州级媒体宣传5篇次，县级媒体宣传40多篇次，干部群众参与达30000人次。目前，在“美丽乡村”建设中，宾川县已经形成了县委政府有倡导、社会组织齐响应、全民动手共参与的态势，为今后开展“美丽乡村”建设奠定了坚实的基础。

五、发挥优势办实事，工作成效得好评

通过前期调研，我总结出“新农村建设要有新举措，新农村建设有培养农民的新观念”的工作思路。为此，我积极发挥自身优势，为宾川新农村建设争取项目资金。在调研中，注重培养农民的新观念，经常与农民企业家交流，为企业发展壮大献言献策，培养农民企业家的现代企业制度观念，助推宾川古建真空砖瓦厂、诚满生物科技有限公司2家企业更新经营理念，扩大了生产规模和开拓销售市场；到鸡足山镇移民搬迁村大坝子调研时，与村民深入交谈，积极引导移民树立新的生活、生产经营理念，指导和支持大坝子移民在2012年成立了水果专业合作社，带动了该村群众生产致富。为宾川县图书馆争取到云南大学出版社4.5万元的图书；为宾川最贫困的钟英乡争取到7200多万元的扶贫开发整乡推进项目，带领钟英乡干部到其他地区考察扶贫开发整乡推进，到钟英乡检查指导项目推进情况，确保了项目顺利进行，2013年完成投资6028.25多万元；争取到省扶贫办150万元的钟英乡咖啡产业发展资金，为农村协调小额扶贫贷款200万元；为山区一年级学生争取到价值2万元的《新华字典》1000本；宣讲十八大精神、法制讲座7场次，听众2000余人次；争取总队长工作经费73.5万元，安排涉及民生的小型项目15个；联系云南大学城乡规划方面的专家为金年镇蔡甸村老村改造进行规划设计。作为总队长共争取协调项目6个，协调争取资金7616.5万元，已经投入资金4830多万元。

虽然我个人所做的工作十分有限，但得到了社会各界的肯定，大理电视台新闻栏目在2012年12月27日做了专题报道；《云南日报》于2013年8月21日第9版以《杨教授的“农民情结”》为题作了专题报道，大理州《新农村建设简报》第12期（2013年9月3日）做了转载，云南省新农村建设指导员网做了转载。对此，我深感受之有愧。

六、严格自律做表率，工作作风更亲民

严格遵守《廉政准则》及中央省州县关于党风廉政建设有关规定，时刻以《党章》和《廉政准则》要求自己，经常开展自检自查，切实端正思想作风和工作作风，始终保证政治上的坚定性和思想上的纯洁性，强化廉洁自律意识，筑牢防腐拒变的思想道德防线。认真遵守中央八项规定，认真按照省州县关于改进工作作风，密切联系群众的要求办事，按照干部“五德”的标准严格要求自己，坚持勤俭节约，在生活和工作中时刻保持党的优良传统，下乡调研检查工作轻车简从，没有给基层添麻烦；在面对群众时不摆官架子，不说空话，始终保持与人民群众的血肉联系。始终严于律己，自觉防微杜渐。作为县委副书记，始终坚持在县委的领导下开展工作，自觉维护县委的权威，自觉遵守党的民主集中制原则，自觉维护县委班子的团结，切实履行好县委副书记职责。

七、用心投入留真情，锻炼提高有收获

“两年宾川行，一生宾川情”，通过2年的基层锻炼，我完成了大学教授到基层干部的转变，与人民群众的感情更加深了，与基层的联系更加

紧密了，对新农村建设有了更深入的认识，对党和人民群众之间的关系有了更加深刻的体悟。我充分认识到党和人民群众之间的关系一是鱼和水的关系（鱼离开水，成死鱼；水中无鱼，空寂寞），二是血和肉的关系（血蕴于肉内，肉包血不破；肉无血必腐，血无肉自干），三是舟与水的关系（水不载舟，枉自空流；舟若无水，岸上闲搁），四是种子与土地的关系（种依土生根，土才有收获；土有种下播，种才有着落），五是末与根的关系（末供根营养，根让末附着；末无根必死，根无末难活），六是学生与老师的关系（学生敬老师，老师有生活；老师教学生，学生有收获），七是儿女与父母的关系（儿女父母生，成长有依托；父母育儿女，盼望有着落），八是仆与主的关系（仆当报恩，主才放手脚；主交事明白，仆才好干活），九是工具和使用人的关系（工具有人用，成效才显卓；用者有利器，事业大展拓），十是领导与被领导的关系（领导有人跟，事业冲云天；群众有领导，方向才明确）。这些概括既形象，又明了，但其共同之处在于都一致认为党离不开人民群众、人民群众需要党。没有人民群众，党就失去了存在的基础；离开了党，群众就失去了向前发展的主心骨。

通过两年的挂职锻炼使我的党性进一步得到了锤炼，大局观念、担当精神和责任意识得到了进一步提升，综合协调能力和决策管理能力得到了进一步增强，驾驭局势的能力和为民干事的能力进一步提高，事前谋划、事中应变、全程监管能力进一步得到了提升，对党忠诚、以民为本、求真务实、为民服务的理念得到了进一步加深，工作方法和工作作风得到了改善。

总之，在这两年中，我扎扎实实地锻炼了自己，认认真真地做每一件事，真真切切地感受民众艰辛，实实在在地取得了收获。两年的工作，使我与宾川、与大理结下了不解之缘，“担任两年总队长，一生结下大理情”；此生听得“宾川”字，竖耳静听话短长。

扎根滇西，务求实效，努力做好教育扶贫工作

——在楚雄州永仁县挂职的工作总结

杨　罡*

自2013年3月末至2014年4月，受教育部委派，作为教育部第一批援派干部，我在云南楚雄州永仁县挂职副县长，协助分管教育和扶贫开发工作。一年的时光，我努力适应当地的环境，深入基层，调研学习，为当地的教育发展和扶贫事业多做实事，务求实效，也对滇西教育的发展现状有了更多的切身体会和思考。

一、坚定理想信念，注重学习调研

（1）注重学习和调研，打好工作基础。树立信心，充满激情，来到了彝州大地的“仁山仁城”——永仁县。我确定的基本想法是“帮忙不添乱”，短时间内要迅速和各级领导、新同事融合。初期工作的重要内容就是学习和调研，当政府工作的“小学生”，谦虚地向干部和群众学习，掌握第一手资料，为下一步开展工作打好基础。调研中，我深入田间地头，走乡串户，对烤烟种植、抗旱保生产、水库建设、移民搬迁、农民合作社等进行调研学习。翻阅县情书籍，阅读相关资料，了解全县的经济发展状况和教育情况。对教育发展实际进行调研，走访了全县90%以上的学校，对县里寄宿制学校办学探索和创新、教师队伍建设情况、学校布局调整后产生问题、学校撤并后校舍安置去向、县级教育经费投入、民办和代课教师遗留问题解决、职业教育、勤工俭学等进行专题调研，收集整理了相关的资料。

（2）注重向挂职干部横向交流学习。学习他们好的做法和思路，相互取长补短，沟通信息，共同促进工作。参加了多次挂职干部的交流会和工作座谈会，认真准备发言材料，诚恳学习别人的好做法和好经验。向其他部委、企业挂职干部学习挂职工作经验，进一步思考开展工作的着力点和突破口。

二、完成部里任务，工作不打折扣

（1）完成了滇西挂职干部基金会专项任务，努力解决学校实际问题。争取到教育基金会专项资金29万元，用于永仁县山区两个教学点的校舍维修和必要设备采购，由县教育局组织实施。资金要发挥出它的使用效益，必须用在刀刃上，用在急需的地方。

（2）通过网络，宣传本地的招商和项目优势。作为滇西开发网的信息员，完成了网络信息报送工作，支持教育部和云南大学共建的滇西开发网

* 杨罡，国家教育行政学院。

的发展，为网站提供稿件。我共向网站提供21份稿件，均被采用，其中有10个招商项目，还有11份为我县产业发展的经验总结和县域产品、风情介绍。注重稿件质量，紧紧围绕经济社会发展的新经验和新探索，围绕教育和扶贫开发方面撰写、整理、投送，无关的新闻稿件均不报送，部分稿件是自己搜集、整理、撰写。在教育部规划司评审中我被评为二等奖。

（3）顺利完成滇西办公室布置的任务，使挂职工作的纵向管理保持顺畅。完成了滇西办公室交办的信息化调查工作，为推动滇西地区教育信息化提供详实数据；组织教育局工会参加教育部滇西办公室组织的滇西笑颜摄影大赛；协调了永仁县职业中学参加由教育部和云南省共同组织的校企合作促进会。使职业中学融入一个促进发展的官方平台，争取更多交流合作的机会。

三、发挥单位优势，开展智力支持

（1）促进滇西地区和东部地区的人员往来。促成了楚雄州领导一行到国家教育行政学院的访问事宜，双方就国家教育行政学院帮扶楚雄州达成了系列意向，为今后的扶贫工作制订了框架，打下了很好的基础。我邀请了国内著名的职业教育专家曹永安教授到楚雄职业教育园区，具体指导楚雄教育职业教育改革发展。各级领导和专家学者的往来，对提高滇西地区的开放度、信息流、技术流等都有实质的帮助。

（2）开展教育培训，提高本地教育管理者的教育理念和管理水平。组织完成了国家教育行政学院楚雄支教项目——楚雄州基础教育改革专题培训班，全州351名中小学校长和教育行政管理者在楚雄市接受了国家级培训，国内部分知名专家学者赴楚雄授课。国家教育行政学院在师资和经费方面给予了鼎力的支持，努力提升教育行政管理干部的能力和素质。派出了楚雄州10县市教育局局长到国家教育行政学院参加国家级培训，共11人参加26期全国县市教育局局长培训班，培训三周。派出了楚雄州一中校长参加全国重点中学校长培训，派出2名教育督学参加督学培训。国家教育行政学院给予了全部费用支持。

（3）开展图书期刊捐赠活动，丰富当地办学资源。国家教育行政学院为楚雄师范学院捐献了14000册教育期刊合订本，包含约14万本的教育期刊，使楚雄师范学院的图书保有量提高了15%，促进了当地高等教育事业科学发展。

（4）谋划了全州知名教师和专家讲学计划。打造楚雄州的名师队伍，给他们创造更多的讲学机会，在学习别人经验的同时，把楚雄州好的教学经验和理念也传播出去。13名楚雄州专家陆续参与到了国家教育行政学院云南培训基地的教学工作，学员反馈的效果良好。

四、扎根永仁事业，注重有的放矢

在当地的事业发展中，特别是教育事业和扶贫开发事业中，我的工作思路是“多做雪中送炭的事，少做锦上添花的事，多做管长远补短板的事情，少做昙花一现务虚的事”。注重去补当地教育事业的短板，多做有利于提高教育质量和实现教育均衡协调发展的事情。

（1）积极投身到地方政府的工作中去。本着“定好位、不越位、能补位”的思路，认真完成县委和政府领导交办和委托的各项任务。深入学习和了解政府相关文件，了解政府运行规则。认真参加政府常务会、党组会等会议，参加县委的学习中心组理论学习、讲座、专题会议等。代表政府到昆明或楚雄参加了全州民族工作会、食品安全工作会、扶贫开发现场会、全州龙头企业座谈会、中央联席会议专项视频会议、全州代课民办教师解决工作推进会、水库移民补偿专题会、彝州新村建设推进会、全州环境保护会等专题会议，既补了位，帮助政府其他领导同志分忧，又开阔了视野。接待和陪同部委、省、州各类检查组、调研组多次，进行陪同考察并汇报工作。参加信访接待活动，开创了永仁县挂职干部参与信访工作的先河，努力化解地方矛盾。

（2）促进职业教育与当地产业结合，推动职业教育健康发展。我在县职业中学创立“苴却砚雕刻专业”，并招收第一期28名学生，培训期为6个月，就业企业全部解决。努力培养永仁县自己的苴却砚产业队伍，打造特色产业长远发展的人才基础，同时使县域职业教育发展走出发展的困局，让他们能招到生、有学生培养、学生能就业、实训有企业、职业教育有资金。通过这样的形式，解决企业用人，促进职业教育发展，形成智力扶贫的好机制。

（3）加强教师培训工作，促进对口支援。促成了永仁教师进修学校与深圳龙岗区教师进修学校的合作和交流。促成了该校的专家团队到永仁来开展教师培训，两校建立了长期的交流合作关系，深圳龙岗区教师进修学校将义务支持永仁县教师培训，承担相关费用。联系云南师范大学附属中学对口支援一中，通过示范教学、资料共享、教师互派、管理咨询等措施，帮扶永仁县一中，使他们尽快提高教学水平。

（4）加强产业扶持力度，促进项目申报。筹建北京林业大学永仁油橄榄科研工作站。通过多方联系，北京林业大学同意在永仁县筹建科研工作站，为永仁县油橄榄产业发展提供科技支撑，使更多的老百姓脱贫致富。目前，北京林业大学的科研团队已经赴永仁县开展工作。

（5）参加党的群众路线教育实践活动，为群众解决实际困难。严格要求自己，认真参加县委、党组及政府机关的各种学习、调研活动，认真撰写发言稿，剖析查摆问题。认真记工作恳谈和学习笔记。到负责联系村委会，走乡串户，征求意见，努力为他们解决一些实际问题和困难。

一年来的挂职工作，我较好地完成了各级组织、政府、单位赋予的职责和任务。作为一名公职人员，在工作和生活中我严格按照党的纪律和政府的规则办事，严格遵守各项规章制度，廉洁自律，以身作则。平时按时上班，服从地方的干部管理和工作部署。严格执行中央八项规定和党的群众路线教育实践活动的总要求，形象意识强，注重细节，慎言慎行。政府布置安排的各项任务都能保质保量地完成。生活中能和新同事打成一片，形成了相互理解、相互支持、相互补台、关系融洽的良好氛围。发挥自身和单位的优势，努力做一些实事，有创造性的工作，影响长远的工作，不搞花架子，不搞假大空。

在永仁这个“仁”文化浓郁的彝乡，我得到了各级领导和同志们的关心和爱护。他们不仅在工作上给予支持帮助，还在生活上给予关心照顾，为挂职干部创造了很好的工作和生活条件。一年工作，积累了基层工作经验，拓展了自己的视野，提升了自己的修养，收获了朋友的友谊，同时也充分体验到了基层政府工作的辛苦和不易，体验了彝乡人民的好客和淳朴。一年挂职，终身扶贫，我想我和滇西的缘分才刚刚开始。

在兰坪县挂职锻炼一年的工作总结

张江涛*

根据组织安排，我于2013年3月27起到怒江州兰坪县人民政府挂职锻炼，并于当月25日经兰坪县人大常委会任命为副县长，负责社群工作，协助管理教育，分管残联、红十字会，联系县总工会、团县委、妇联、文联工作。

一年来，在中共兰坪县委、县政府的领导下，在班子成员的大力支持帮助下，自己始终珍惜挂职锻炼的机会，认真学习，积极调研，主动参与，深入思考，得到了较为全面的学习锻炼，在政治素养、工作思路、工作能力等方面都有了不同程度的提高。简而言之，就是感受很深，收益良多，现就自己挂职一年以来的工作及思想情况向组织总结汇报如下。

一、兰坪县基本情况

兰坪县全称兰坪白族普米族自治县，地处滇西北横断山脉纵谷区，两山夹一江，云岭、碧罗雪山由北向南巍峨连绵，澜沧江在境内流程130千米，被称为金沙江、澜沧江、怒江“三江并流”世界自然文化遗产的门户。全县幅员4388平方千米，辖4乡4镇，104个村委会，5个社区居委会，782个自然村，总人口21万，其中农业人口17.6万。兰坪最突出的县情是“老、少、山、穷”。“老”体现在兰坪是云南省委、省政府确定的解放战争时期41个革命老区县（市）之一；“少”体现在兰坪是全国唯一的白族普米族自治县，少数民族人口占93%，其中白族占48%，普米族（全国人口较少民族）占7.6%；“山”体现在兰坪地处高寒山区和干热河谷，山地面积占国土面积的95%，坡度大于25度的耕地占70%以上；“穷”体现在兰坪是国家级扶贫开发工作重点县，截至2013年年底，贫困人口达13.73万人，占总人口的67%，其中深度贫困人口4.4万人，低收入人口7.2万人。

二、兰坪县扶贫工作的内容

在这一年的时间里，除日常工作外，依据挂职锻炼培训时要求，对兰坪进行扶贫工作，简要汇报如下：

（一）学校部分

1. 举办培训班

根据《教育部 云南省人民政府加快滇西边境山区教育改革和发展共同推进计划（2012—2017年）》精神和《教育部关于做好直属高校定点扶贫工作的意见》（教发［2013］3号）中“为贫

* 张江涛，中国人民大学财务处。

困地区开展咨询研究、文化艺术下乡、干部师资培训等方面工作”的要求，中国人民大学培训学院与云南省怒江傈僳族自治州兰坪白族普米族自治县组织部在中国人民大学联合举办了为期五天的“兰坪县县域经济发展专题培训班”项目，培训费用由中国人民大学承担。

本次培训主要以发挥我校“思想库”和“智囊团”的作用，结合当地县域经济社会发展特点，设置符合实际的课程，实现了为当地领导干部开拓发展经济视野、提升工作能力的目标。并且本次培训对象为兰坪县基层年轻骨干力量，多数参训干部为县局（办）正职，为兰坪县的可持续发展提供了有力支持。

2. 领导互访

2013年7月，中国人民大学副校长查显友在学校明德楼会见了兰坪县委副书记李金儒、县委组织部长杨钦一行，并就支持兰坪县扶贫工作方向，对教育部反馈持续扶贫的建议内容以及双方后续工作做出重要指示。此外，财务处处长顾涛、培训学院院长李海彬和组织部副部长（正处级）张晓辉与到访一行同志进行会谈，落实了具体工作内容。

2013年11月，兰坪县人民政府县长熊元德会见中国人民大学组织部副部长（正处级）张晓晖、吴自强同志一行到兰坪县调研，并考核派出干部。县委副书记聂胜雄、兰坪县人民政府常务副县长罗荣、县委组织部部长杨钦等同志参加座谈。

3. 争取学校资源

现在正与中国人民大学出版社联系协商，针对兰坪文化教育进行援助。目前意向主要包括：第一，捐赠图书；第二，培训文化事业干部；第三，出版关于兰坪文化方面图书。

（二）个人方面

1. 落实村级校点维修资金

落实教育部、中国教育基金会针对兰坪县村级校点扶贫维修项目，涉及的32个村级校点，全部分布在兰坪县6个乡镇山区内，自然条件艰苦，交通不便，累计投入347万元。为实实在在落实项目，达到“修缮一个，安全一个，能用一个”的目标，采取了“逐个走访，逐个落实”的工作方式，该项工作基本完成。

2. 落实援建富和希望小学师生宿舍楼的项目

落实怒江州州长助理张伟民同志联系上海证券报社援建兰坪县啦井镇富和希望小学师生宿舍楼的项目。工作内容包括针对富和希望小学的长期规划，与上海证券报社的具体沟通联系，报社三次到兰坪县调研面对面的沟通，落实协议的签署和县内不同部门的协调。经过努力，现已签订援建协议，针对一期援建富和小学师生宿舍楼一栋，造价近140万元，按照35%、35%、30%的比例分三次拨款。首期拨款47万元已经到位。计划2014年年底完工。双方于协议中商定，于完工时，进行2015年对富和希望小学其他项目的规划。

3. 争取其他援助

争取中国教育基金会针对兰坪孤儿给予生活及学习补助的项目，涉及九年义务教育期间的120名孤儿，资助了6万元资金。联系北京图书出版集团资助兰坪县图书馆346本图书，共计近万元。

4. 落实慧中慈善小组的“救心行动”

落实省红十字会、州红十字会针对慧中慈善小组的“救心行动”。在该项目中起主导作用，先后与慈善小组负责人薛慧中女士确定资助方式及工作流程，并协调县内红十字会、教育局、卫生局、人力资源和社会保障局、民政局、扶贫办以及金顶镇政府和中心校、啦井镇政府和中心校等。针对该援助项目确定两年内的筛查、治疗、宣传计划。目前，已经有多位儿童被筛查出，根据不同情况，第一批七名儿童已经进行手术。

三、挂职期间的体会

一年来始终坚持从繁忙的政府工作中抽出时间来，通过广播、电视、报刊、理论知识读本、中心组学习、各种会议等一切可学习的方式，认真学习马列主义、毛泽东思想、邓小平理论。参加怒江州委党校培训班，学习习近平总书记的系列重要讲话精神，十八大、十八届三中全会精神，中央、省、州重要决策和国家宏观调控政策，全面理解贯彻县委、县政府加快推进兰坪县域经济争先进位跨越发展的战略思路，加强科技、文化、教育、残联、妇联、文联等全方面知识的学习。通过学习，进一步坚定了自己的政治立场，明确了努力方向，提高了运用理论解决实际问题和结合实际贯彻执行党的路线、方针、政策的水平，增强了领导和驾驭工作全局的能力。在努力工作、认真履行工作职责的同时，也在以下四个方面体会很深。

（一）求真务实，树立大局观

一年来，自己在工作学习过程中，认识到谋发展、拓思路是作为政府工作的第一要务。要把政府工作的重心放到全县经济社会发展的问题上来，把更多的精力放到调查研究、找准问题和狠抓落实上来。要树立大局观，干工作要脚踏实地、求真务实，不搞花架子，不夸夸其谈，紧紧围绕县委发展思路，深化县情认识，发挥资源、环境比较优势，进一步调整完善县域经济发展思路。要牢固树立科学的发展观、正确的政绩观，带领部门班子成员，狠抓落实，促进经济社会协调健康发展。

（二）以人为本，落实党的群众路线教育实践活动

要自觉把维护群众的利益作为工作的出发点和落脚点，努力实践科学发展观，牢固树立全心全意为人民服务的宗旨观念，树立群众观点，从解决群众关心的热点、难点问题着手。帮助他们解决生产、生活的实际问题，维护和实现好人民群众的根本利益。抽出时间来，深入基层，广泛接触群众，及时发现新情况，积极帮助基层和企业解决好改革和发展中遇到的新问题。尽量把群众反映的问题、把矛盾化解在基层、化解在萌芽状态。通过建章立制，实行严格的工作制度和规程，建立健全和完善各项重点工作目标责任制，提高办事效率。

（三）加强督促检查，工作落实是关键

要加强对部门和乡镇工作的督促、协调、检查和管理，提高办事效率。对县委、县政府做出的各项决策和工作安排，有计划、有步骤地深入到相关部门和乡镇进行督促，并对工作中出现的问题和困难，给予及时研究和解决，以促进工作落实、工作任务的圆满完成。

（四）勤政廉政，保持清正廉洁本色

一年来自己严以律己，坚持勤政廉政，牢牢把握坚固的思想道德和纪律防线，积极参加廉政建设学习教育活动，按照上级纪委的要求，认真学习《中国共产党党章》《中国共产党纪律处分条例》和习近平同志系列重要讲话，观看了《焦裕禄》和《杨善洲》等影片，结合自身实际，找出不足，做到学与用、说与做的统一，树立正确的权利观、地位观、利益观、价值观。同时，按照“为民、务实、清廉”的要求，全面贯彻落实中央、省、市、县纪委会议精神，深入实践“三个代表”的重要思想。坚持立党为公、执政为民，以人民群众的根本利益和全县经济社会发展作为自己工作的出发点和落脚点，牢记“两个务必”，树立艰苦奋斗的思想，时刻保持艰苦朴素的作风，

正确行使手中的权力，做到廉洁从政，勤政为民。同时，将自己的行为置于党内监督、群众监督、舆论监督之中，把人民群众满意不满意作为衡量自身廉洁自律工作好坏的标准。清清白白做人、堂堂正正做事，以自己的实际行动，用自己的表率影响带动身边的干部职工，身体力行从自己做起。

四、扶贫工作中存在的问题及建议

当前，兰坪县的经济和社会发展中面临许多新的形势和困难，也面对着加快发展、乘势而上的机遇和挑战。而我在对口扶贫工作中，把教育工作作为重点内容。目前，全县各级各类学校共156所，其中幼儿园10所、小学133所、初中8所、普通高中2所、高完中1所、中等职业技术学校1所、教师进修学校1所，在校学生34985人，在职教职工2691人。为掌握第一手资料，我对全县8个乡镇中心幼儿园、完小、完中、兰坪县一中、兰坪县民族中学以及民办的海源中学一一走访调研。在调研过程中，认识到兰坪教育工作，虽然在硬件设施上有所改善，在教学质量上不断提高，各年级学生受教育率逐年增加，但仍然存在一些问题。

（一）城乡教育发展不均衡，各类教育发展不协调

城乡中小学办学条件差异大，地区之间教育发展不平衡。根据2013—2014年的教育工作统计数据显示，全县适龄儿童16176人，已入学16072人，入学率99.36%；适龄少年7748人，初中阶段在校生7401人，毛入学率95.52%；适龄青年8596人，高中阶段在校生5515人（含在外就读高中、职技校学生数），毛入学率为64.16%；4至6周岁幼儿7707人，在园幼儿生2920人，入园率为37.89%。残疾儿童47人，已入学40人，入学率为85.11%；残疾少年23人，已入学20人，入学率为86.96%。由此可见，学龄前教育、高中阶段教育发展滞后，办学规模不足，质量不高。

（二）教育结构不合理、体制不完善、机制不健全的问题依然存在

普通高中和职业教育发展不均衡，教育体制改革试点工作亟待启动和加快推进。在基层调研过程中，最大体会就是越到基层师资力量越匮乏。优秀的师资力量主要集中在乡镇完中、完小以及县城完中、完小，导致了教育资源公平无法在现有机制、体制下得到体现。并且兰坪县师资素质与相邻大理州相比，差距甚远，也导致了兰坪县属的优秀生源流失严重。多数家庭经济环境较好、学习优秀的生源，不是缴纳赞助费去大理读书，就是被大理的奖学金所吸引去大理读书。这种非常普遍的情况，让我们完善体制、健全机制的工作迫在眉睫。

（三）教师队伍数量不足，专业结构不合理，素质偏低

当前兰坪县教育系统编制2649个，现有中小学在职教职工2667人，结合兰坪县教育实际，经测算兰坪县教育系统需要配备编制共计2967个，实际编制严重不足。特别是寄宿制学校管理人员严重不足，如安保人员、生活指导教师、医务人员、后勤服务人员等，影响了学校管理工作，师生安全隐患大。

（四）教育发展需求与教育投入之间的矛盾仍然十分突出

教育发展资金不足，教育资源整合项目建设资金缺口较大。例如，县民族中学建设项目主体工程已全面竣工并投入使用，概算总投资12678.65万

元，因项目地点在城区申报受限，由县级筹资8556.11万元建设，资金缺口达4122.54万元。

（五）学校校舍建筑面积中不安全校舍面积问题普遍存在

当前，兰坪县各学校校舍建筑面积中不安全校舍面积达147710平方米（其中D级危房52265平方米），排危新建共需投入资金8000多万元；同时，“校安工程”项目建设实施以来配套资金缺口达14477.81万元。

按照上级部门的指导意见，分析出现的问题，结合我们教育工作近些年发展的实际情况，以及相关兄弟地区教育发展的经验，现归纳了以下建议，以供参考。

第一，进一步推进义务教育均衡发展，构建网络教学模式体系。认真落实《云南省学前教育三年行动计划》，加强幼儿教师队伍建设，大力提高学龄前三年的普及程度，推进义务教育均衡发展和促进教育公平。提高普通高中教育质量，增加民办高中师资投入，扩充职业教育内容，开辟学生升学渠道。并且结合兰坪县山区多、村级校点分布分散、急需优质教学资源的前提，建议利用网络教学平台，引进外部优质师资，以及不同村级校点及中心校点的资源相互补充，构建“信息化网络教学模式”，将教师面授与网络授课的方式结合起来。

第二，进一步加强教师队伍建设，做好人事制度管理和改革。我们将继续坚持以中小学校教师继续教育为基础，以提升师德、师能为主要内容，加强领导和管理，深入推进名师名校创建工程，建设一支以骨干教师为中坚，教师队伍数量、素质和结构适应教育事业发展的教师队伍。建立科学合理的教师补充制度，探索教师退出机制，完善制度建设。结合人事制度改革的相关要求和兰坪县的实际情况，科学地确立兰坪县教师队伍补充制度。并通过多方面的工作，结合聘用制的有关要求，探索教师的竞争退出机制。探索建立新的教师编制管理制度，逐步实行城乡统一的中小学编制标准，对农村边远地区实行倾斜政策，合理制订幼儿园编制标准。做到区域内教职工编制由教育行政部门统一调配。使教职工编制管理工作为教师队伍建设服务，为教师队伍建设和基础教育均衡发展服务。

第三，进一步推进教育教学质量提升工程。教育教学质量的提高作为教育改革和发展的核心任务，我们将结合兰坪县实际，把校园文化建设与学校发展、质量提高紧密结合起来，全面实施素质教育，创新教学观念、教学内容、教学方法，着力提高学生的学习能力、实践能力、创新能力。加强中考、六年级素质测评和高考质量的过程监管工作，使各级各类教育教学质量有新提升，努力办好人民满意教育。

第四，加大资金筹措力度。相关单位应该千方百计加大资金筹措力度，确保石登中学、营盘中学、校安工程及学龄前教育试点项目缺口资金筹集到位，保证教育类工程顺利实施。并且加强项目专项资金的管理和使用，严格执行财经管理和财务审计制度，确保项目资金安全和投资效益。

通过一年来的挂职锻炼，不但增长了见识，丰富了阅历，积累了经验，充实了头脑，还交流了感情，收获了友谊。同时，我觉得组织部门的挂职安排非常有利于干部的成长，挂职工作是锻炼干部的“大熔炉”。我很庆幸自己能够有这样的机会融入到挂职锻炼中，让我毕生难忘，真诚感谢组织和领导对我的培养锻炼。不管今后在什么岗位工作，我都会尽自己的最大努力，扎实工作，勇于创新，严格律已，干好本职工作，无愧于组织的培养，无愧于领导和同志们的信任。为国家、为社会、为学校及兰坪县的父老乡亲贡献自己的一份力量。

沧源佤族自治县挂职工作总结

邢西深*

2013年3月29日，根据教育部的统一安排，我荣幸地被组织选派到沧源佤族自治县挂职锻炼，任沧源自治县政府党组成员、副县长。对我而言，这是一次难得的学习、锻炼和提高的机会。一年来，在县委、县政府的正确领导下，在领导和同事们的关心和帮助下，我认真学习，努力工作，圆满完成了这一年的挂职工作，现将一年来工作总结如下：

一、沧源县县情

（一）沧源佤族自治县基本情况

沧源地处祖国西南边陲，中缅边界中段，国土面积2445平方千米，国境线长147.083千米，有30多条道路连接缅甸，属国家二类开放口岸。全县总人口18万，其中佤族人口占80%，占全国佤族总人口的40%左右，是全国仅有的两个佤族自治县之一，也是全国最大的佤族聚居区和佤文化的发祥荟萃之地。佤山沧源是从原始社会末期直接进入社会主义的“民族直过区”，是集“老、少、边、山、直、穷”于一体的国家重点扶持县，是国家扶贫开发重点县和临沧市唯一的革命老区县。

（二）沧源佤族自治县教育概况

近年来，在国家、省、市和县委、县政府的大力关心和支持下，按照“普及学前教育、巩固义务教育、发展高中教育、壮大职业教育”的思路，全县教育工作有了很大的发展。目前，全县有各级各类学校108所，其中职业学校1所、高中1所、幼儿园4所、初级中学9所、九年一贯制学校2所、小学91所（其中教学点23个），有教职工2197人，有各级各类在校生27914人，全县人均受教育年限7.6年。

沧源佤族自治县地处边疆山区，全县山区面积占99.2%，广大百姓居住在山区村寨，远离乡镇等人口聚集地区，全县共有村小和教学点78个，学生人数8165人，其中全县小学生人数13960人，占全部小学人数的58.4%。村小和教学点较好解决了孩子就近上学，接受义务教育的问题，但无法开展高水平、高质量的教育。

目前，全县只有4所幼儿园，分布在县城和人口密集的乡镇，很多居住在其他乡镇和村寨的孩子无法接受良好的学前教育，学前教育的发展受到很大制约。目前，全县所有村小和教学点利用闲置的校舍，开设了学前班，大力普及学前教育。全县90%的幼儿在入小学前都能够接受1～2年的

* 邢西深，中央电教馆研究部副主任。

学前教育，为孩子接受小学教育打下必要的知识基础，取得了良好的效果。

（三）沧源佤族自治县教育信息化现状

为更好地应用教育信息技术，提高课堂教学效率，近几年来，全县抓住国家“二期贫义”工程、“农远工程”“薄改项目”等项目建设机遇和中国教育发展基金会“润雨计划”对滇西边境山区教学点特殊重点支持项目、教育部—德州仪器“中西部贫困地区多媒体教室捐赠”二期项目的机会，加大了对学校信息化的建设力度。目前，全县中小学共有19间计算机教室、12间多媒体教室、81套卫星接收设备、230套光盘播放设备，112间教室安装了多媒体电子白板，配备了23套“教学点数字资源全覆盖”设备，46所学校接通互联网。

为提高教师的信息技术能力，全县在对教师的教育考核中，加大对信息技术应用的考核力度。县教育局要求广大教师努力应用信息技术，不断提升课堂教学效率，县教育局在沧源教育网上开设“教育资源专栏”，为广大教师提供教育信息化资源。县教育局电教室将教学点资源全覆盖项目的教学资源定期下载后，发送给教学点学校，供教师使用，减少教师在下载资源过程中的困难。此外，县教育局组织人员经常性地深入学校检查指导信息技术应用，因地制宜开展全县远程教育光盘播放点教师县级培训、远程教育校本培训、中小学教师多媒体课件制作培训、多媒体电子白板培训以及“英特尔未来教育”项目培训、选派骨干教师外出培训等，不断提升教师信息技术应用能力。

二、认真学习党的方针政策，全面了解沧源县经济社会实际

为不断提高自身理论水平指导工作实践，我充分利用工作和业余时间，认真学习党的十八大、十八届三中全会和习近平总书记一系列重要讲话精神，参加县委、县政府组织的一系列理论学习活动。通过学习，不断提高自身政治水平和党性修养，提高执政能力。

为深入了解沧源县经济社会发展情况，我认真学习沧源佤族自治县人民政府2013和2014年度工作报告，深入全县每一个乡镇和部分村组、学校进行调研，与同事座谈，与群众谈心，全面深入熟悉沧源县经济社会发展情况，从而更好地开展工作。

三、深入开展党的群众路线教育实践活动，查摆“四风”方面存在的突出问题

按照中央、省、市委的统一部署，根据县委、县政府党组深入开展党的群众路线教育实践活动实施方案，按照“照镜子、正衣冠、洗洗澡、治治病”的总要求，落实好为民务实清廉为主要内容的具体要求，着力解决“四风”方面的突出问题，着力解决关系群众切身利益的问题，着力解决联系服务群众“最后一公里”问题。

在教育实践活动过程中，我认真参加全县和政府党组动员部署大会，充分认识党的群众路线教育实践活动的重要性、必要性和重大意义，自觉增强参加教育实践活动的积极性。

在教育实践活动过程中，我认真学习党的十八届三中全会精神和习近平总书记系列讲话精神，《党的群众路线教育实践活动学习文件选编》《论群众路线重要论述摘编》《厉行节俭反对浪费重要论述摘编》，学习党的光辉历史和优良传统，不断开展理想信念、党性党风党纪和道德品行教育，开展马克思主义群众观点和党的群众路线专题学习讨论。

联系点（工信局）和挂钩村（勐省镇永让村）贴近群众，与党员干部座谈，到困难户家慰问，

体察民情，了解民意，集中民智，广泛听取干部群众意见。为永让村身患癌症的曾参加对越自卫反击战的老支书卫忠华捐款，贡献自己的微薄之力，帮助村里联系葛根种植，帮助农户增产增收，为农户解决实实在在的问题。调研结束后，对征求到的意见进行认真梳理，围绕群众反映强烈的问题，即知即改，立行立改，让群众看到变化，见到成效。

四、深入基层调研，熟悉当地实际

一年来，我走遍了全县的每一个乡镇，多次深入乡村农户，熟悉当地民风民俗，倾听群众意见，了解工作推进情况。

一年来，我走进全县30多所学校，通过与教师座谈、走进课堂听课、查阅资料等多种方式，了解全县教育发展情况，并就全县教育信息化发展，进行了问卷调查，详细了解沧源县教育信息化发展实际。

一年来，我多次到沧源县金江水泥有限公司、沧源县新兴矿业有限公司、沧源县富怡纸业、沧源碧丽源茶叶等企业，调研企业建设情况，了解企业生产经营情况。

五、认真履职，圆满完成县委、县政府安排的各项工作任务

一年来，按照县委、县政府的工作安排，我认真做好协助分管的各项工作和县委、县政府临时安排的各项工作任务。协助省工信委核查沧源富怡纸业技术改造省级补助资金落实情况，陪同凤庆县领导考察沧源碧丽源茶叶基地等。多次参加政府党组会议和政府常务会议，研究政府各项工作。参加宣传《旅游法》视频会议、云南省产业建设年动员大会视频会议等。参与沧源新兴矿业公司在沧源的有关工作，帮助企业解决现实中的困难。参与县民族中学校长的聘任工作。

六、充分利用社会资源，大力开展扶贫工作

作为挂职干部，大力做好扶贫工作是挂职干部最重要的任务。一年来，我努力挖掘自己的社会资源，充分利用教育部和中央电教馆优势，紧紧抓住教育部此次援助滇西的大好时机，大力开展教育扶贫工作。

（1）争取到中国教育发展基金会“润雨计划”援助项目经费212万元。中国教育发展基金会“润雨计划”对滇西边境山区教学点特殊重点支持项目经费两批共212万元，其中，112万元用于全县8个教学点危旧校舍的简单维修和必要教学设备的购置；100万元用于沧源县班搞小学教学综合楼建设。“润雨计划”的实施，使受援助学校的面貌焕然一新，学生学习环境得到了极大改善，学校教育教学条件、教学设施设备进一步规范。

（2）争取到教育部—德州仪器“中西部贫困地区多媒体教室捐赠”二期项目44套多媒体设备。该项目计划向贵州、云南、甘肃和青海省的60所学校捐赠120间多媒体教室，旨在推动中西部贫困地区教育信息化建设，提高中西部地区的教育质量。经过积极向中央电教馆和云南省电教馆汇报沧源县教育信息化的现状和实际困难，争取该项目对沧源县给予更大的支持。最后沧源县争取到22所学校共44套多媒体设备以及教育信息技术能力培训活动。

（3）教育部联系相关企业，对沧源县勐省幼儿园捐赠价值20万元的学前教育装备。

（4）教育部确定杭州旅游职教集团对口支援临沧市的职业教育，2013年6月杭州市旅游职业学校资助沧源佤族自治县职业教育培训中心50万

元，用于建设佤文化专业实训室。

（5）争取到“英特尔未来教育推动培训研修一体化试点项目”，为沧源县中小学教师开展教育技术能力培训。2013年12月5～7日，中央电教馆组织专家，对沧源县中小学校长开展了信息化领导力培训活动，取得了较好的培训效果。2014年2月17～24日，中央电教馆再次组织专家，对全县教师开展了电子白板使用与信息技术环境下的合作学习的培训，产生了良好的效果。未来3年内，中央电教馆将组织专家对全县所有教师进行信息技术应用能力方面的培训。

（6）积极争取社会企业对沧源县的爱心捐赠活动。徐州华网公司为沧源县民族中学捐赠网络教研平台软件和教育教学资源，2013年11月25～26日徐州华网公司组织专家到沧源县民族中学对教师进行了义务培训。

（7）争取到湖南省怀化市电教馆向沧源县教育局捐赠教学光盘和教学资源，并积极开展两地学校之间的手拉手活动。2014年3月17日，沧源县民族中学与怀化市一中签订了对口帮扶协议，从教育教学管理、教师发展、学生培养方面帮助沧源县民族中学提高教育教学质量。

（8）参与滇西应用技术大学特色农业学院的申报工作。在滇西应用技术大学筹建中，临沧市申报了特色农业学院。为了帮助临沧市顺利申办成功，2013年8月，中央电教馆和临沧市签订了就滇西应用技术大学特色农业学院合作办学协议，为滇西应用技术大学特色农业学院的教育信息化发展提供智力支持。

（9）争取到沧源县民族中学扩建工程列为2014年援助项目。经过努力沟通协调，2013年12月2日，与副县长张君玲同志赴北京向教育部规划司汇报全县教育工作，争取到教育部将沧源县民族中学扩建工作列为教育部2014年援助计划，建设经费2300多万元。该项目已经得到教育部和发改委的批准。

（10）积极做好中央电教馆与沧源县扶贫工作对接。2013年12月3日，中央电教馆党委书记刘贵友同志接待了沧源县副县长张君玲同志，并就中央电教馆对沧源县教育扶贫工作进行了座谈交流。

（11）对全县中小学开展教育信息化调研。挂职工作期间，我深入全县30多所学校调研，了解全县教育信息化工作情况，对全县108所学校的教育信息化实际进行了问卷调查。在调研的基础上，撰写了沧源佤族自治县基础教育信息化调研报告，就沧源县在教育信息化发展现状、存在的困难积极向教育部反映。

（12）积极向教育部滇西开发网报送信息。滇西开发网是教育部为做好滇西边境山区的扶贫工作，促进滇西边境山区区域发展与扶贫开发而专门设计的综合性网站。滇西开发网为滇西10个州市56个县搭建了招商引资平台、推介特色产品，同时也是滇西对外交流的窗口。挂职期间，我积极向滇西开发网报送扶贫信息6条，沧源县新闻动态、招商引资信息等16条，积极对外宣传沧源，让外界了解沧源。

（13）组织开展滇西边境山区沧源县研究书系撰写工作。为国家边境扶贫开发战略提供决策咨询，云南大学滇西研究中心在云南省的22个边境县启动了“滇西边境县研究书系”项目。沧源县作为22个边境县之一，开展项目的编写工作，对于开展沧源的对外宣传具有重要意义。2014年1月3日，我组织召开项目启动会，组织相关部门开展项目的编纂工作。现在初稿已经完成。

（14）落实中央电教馆援助沧源县教育信息化设备。经过研究，中央电教馆决定向沧源县捐赠价值30万元的教育信息化设备。经与教育局协商，决定向沧源县民族中学和单甲中学各捐赠1间计算机教室，总共80台电脑。

（15）积极开展爱心捐赠活动 。积极响应县政府号召，向地震灾区捐款500元；参与森林沧源建设，捐款3000元，种植大树2棵。向挂钩村——勐省永让村身患癌症的曾经参加对越自卫反击战的老支书卫忠华捐款1000元，为困难户尽自己的微薄之力。

七、对挂职工作的认识与思考

（1）自身扶贫工作能力与当地对挂职干部开展扶贫工作的需求存在较大差异。挂职干部到地方工作，大力开展扶贫工作是挂职干部的重要任务，地方的干部群众也对挂职干部寄予了厚望，希望挂职干部在资金和项目方面能够为地方做出一些实实在在的事情。每到一个乡镇、村组、学校和农户家调研座谈，大家都会在不同方面提出一些困难和期望，希望能够从资金、项目和设备方面帮助他们解决一些现实问题。作为一个国家级贫困县，作为一个边疆地区和民族地区，沧源在教育、经济社会发展方面与国家整体发展水平、与我国东部和中部发展还存在一定的差距，在这里工作的一年中，我们也确实深有体会，对于一些百姓面临的实际困难我们也很揪心。我们也特别希望能够在自己挂职期间为地方多做一些事情，帮助地方百姓解决一些实际困难。但是，因自己能力有限，社会资源不足，对于很多学校、百姓提出的困难，我们也是爱莫能助，我们也非常遗憾不能为百姓解决更多的困难。

（2）开展扶贫工作，既要根据自身特点，也要考虑当地需求。挂职干部和派出单位既然承担了组织安排的扶贫任务，都有责任做好扶贫工作。相对来说，挂职干部和派出单位多多少少都有一些社会资源，能够为地方做一点事情。但是，有些社会资源是当地不太需要的，或者说是当前不太需要的。各个地方，除了资金之外，急需项目根据地方特点又有不同。所以，做好扶贫工作，既要根据自身能力，又要结合地方实际需求，找准双方的结合点，这样的扶贫工作才会产生更好的社会效益。

在学习与实践中为宁蒗发展而努力工作

——赴宁蒗挂职工作总结

张远航*

2013年3月，经个人申请、学校推荐、教育部选派，我来到了云南省丽江市宁蒗彝族自治县，挂职县人民政府副县长一职。工作期间个人坚持按照《教育部 云南省人民政府加快滇西边境山区教育改革和发展共同推进计划（2012—2017）》和《教育部赴滇西边境山区挂职干部守则（试行）》有关要求，虚心学习、主动思考、深入一线，尽快完成角色转换，认真履行岗位职责，努力完成当地县委、县人民政府交办的各项工作任务，为宁蒗发展积极贡献个人力量。在宁蒗挂职工作总体可用“全面、全力、全程、全心”，即“四全”加以总结概括，现具体报告如下：

一、打基础，全面了解宁蒗县情与发展现状

全面熟知当地县情和发展现状是做好工作的前提，为此，刚到宁蒗，我就让办公室提供了近几年的政府工作报告、主要领导讲话以及当地的县志与年鉴，以阅读文献的方式，了解当地经济、政治、文化、社会和生态文明发展现状。宁蒗彝族自治县既有优美的自然风光、独具特色的风俗民情，又有悠久的文化传承和一步跨越千年的传奇，但为什么至今全县还有83%的贫困人口，是典型的国家级贫困县？制约宁蒗发展主要原因是什么？促进宁蒗发展的突破口和着力点在哪里？解决宁蒗发展问题的对策在何方？从我初到宁蒗的那刻起，我就一直思考这几个问题，并把这几个问题作为指导自己开展工作的动力与思想源泉。在查阅文献的基础上，我抓住一切可能的契机，与县委、县政府主要领导、相关部门负责同志积极探讨交流，并结合工作深入到乡村调研，努力掌握第一手资料。同时我仔细学习《中国农村扶贫开发纲要（2011—2020）》《滇西边境片区区域发展与扶贫攻坚计划（2011—2020）》等政策文件和规章制度，为工作开展打好坚实的工作基础。

二、拓渠道，全力推进宁蒗教育帮扶工作

教育扶贫是本次我们挂职干部的主要任务。本次共派出54名同志，是教育部首批选派赴滇西开展扶贫工作的干部，这其中16名同志所在高校与派驻县有定点帮扶关系。我所在的大连理工大学本次共派出2名同志，另一名同志所在龙陵县与我校有定点帮扶关系，我所在的宁蒗县不是我校定点帮扶单位。我积极与校扶贫工作领导小组沟

* 张远航，大连理工大学学生工作处副处长。

通，力争能兼顾定点扶贫与非定点扶贫，得到了所在学校领导的肯定。在争取学校支持的基础上，我积极拓展渠道，全力推进宁蒗教育扶贫工作。

（一）深入调研宁蒗县教育发展现状

通过参加全县教育工作座谈会、赴教育局调研、实地调研中小学、访谈中小学校长、资料查阅等形式，逐步了解全县教育发展现状，重点对全县教育急需解决的问题进行分析与论证，在初步掌握全县教育发展总体情况的基础上，完成了宁蒗县高中师资现状及对策、宁蒗县学前教育现状及对策等研究报告。特别是结合上级部门到宁蒗调研教育工作的机会，全程参与了汇报报告的撰写工作，与县四套班子成员、教育部门负责同志、中小学教师充分交换了意见，深入分析宁蒗教育取得的成绩、存在的问题，并提出了自己仔细思考后的发展对策。

（二）积极沟通爱心人士捐资助学

积极调研全县希望小学和临近市县希望小学教师、宿舍、食堂工程造价、援建方式等情况，以上海证券公司援建宁蒗县拉伯乡希望小学情况为蓝本，编写希望小学援建工作样本，积极与爱心人士沟通，推进希望小学援建工作。挖掘各界爱心人士对宁蒗进行捐资助学的资源，与深圳狮子会、慈溪蓝天下爱心工作室、彝人公益、丽江雨露公益等民间组织建立沟通联系，促进捐资助学对接工作。

（三）落实中国教育发展基金会特殊重点支持项目

认真落实中国教育发展基金会教育点特殊重点支持项目，结合通知要求和全县工作实际，深入一线教学点，广泛听取意见，反复论证资助方案的可行性，努力将项目支持宁蒗教学点的35万元用好用实。资助项目共维修改造四个教学点危旧校舍540余平方米，受益学生127人。

（四）探索“爱心包裹”定点邮寄形式与内容

“爱心包裹”是中国扶贫基金会发起的一项全民公益活动，通过动员社会力量捐购爱心包裹的形式，关爱贫困地区及灾区小学生。因在学校期间具体负责学生资助工作，充分利用以往工作期间积累的资源优势，积极与中国扶贫基金会沟通，探索“爱心包裹”定点邮寄的可行性。虽受该项目实施政策、沟通协调环节等外界条件影响，最终促成劝募的金额中有6万元用于我校定点扶贫龙陵县，但已将宁蒗县列入了2014年资助计划。

三、强本职，全程做好有关专项检查与督导工作

按照政府工作分工，我主要协管两位副县长工作，涵盖内容主要包括教育、文化、民族宗教、卫生、人口与计划生育、食品药品、招商引资等工作。多数工作以往都未曾涉及，为此我虚心向周围同志请教，尽快熟悉本职工作。特别是一些由我单独负责专项检查与督导工作，从前期准备、中期汇报、后期反馈总结，我都全程参与，尽可能把工作做细、做到位，努力成为相关工作的行家里手。截至2014年2月，具体负责国家、省、市扶贫、妇幼工作等专项督察17次，参与全县经济运行分析会议、教师节表彰大会等各类会议60余次，并单独组织召开全县地质灾害防治和防汛减灾紧急会议。工作总体受到了领导和周围同事的肯定。

四、重担当，全心完成政府交办的补位工作

我所在的宁蒗县属于民族自治县，且具有

"山、少、偏、穷、特"的特点，政府工作纷繁复杂，政府工作经常出现人手不足的现象。在完成本职工作的基础上，我积极发挥补位意识，全心完成政府交办的工作，并及时与分管同志沟通交换意见。在节假日期间主动担当值班任务。同时，发挥自己文字专长，全程参与了2013年全县政府工作报告起草工作。通过这些努力，既更加全面了解了县级工作，又多角度锻炼了自己。

挂职虽已结束，但自己对小凉山的祝愿不会结束，衷心期待小凉山科学发展、和谐发展、跨越发展，早日实现与全国同步建成小康社会的目标；挂职虽已结束，但挂职工作对自己的激励不会结束，自己将把挂职期间所学、所思、所想、所获融入到今后的具体工作中，激励自己不断前行与提升。

挂职的这段经历必将让自己终生难忘并受益终身，在自己人生的历程上，已深深镌刻了云南、滇西、丽江、宁蒗等关键词，这些关键词不仅承载着丽江古城的客栈小桥、小凉山的动情山歌、泸沽湖的静水碧波，更承载着善良淳朴滇西人民的情与意、小凉山各族人民对经济社会发展以及中国梦实现的期盼与努力。

最后，衷心感谢教育部人事司、规划司，云南省委组织部、教育厅、扶贫办，丽江市委组织部、教育局，宁蒗彝族自治县县委、人大、政府、政协，在挂职期间对我个人工作、生活的关心与帮助，感谢大连理工大学的推荐与保障，感谢我的家人，感谢挂职期间帮助关心我的每一个人。

再见，小凉山！

小凉山，不说再见！

（附：在宁蒗挂职期间所作诗词三首）

其一：泸沽湖的水

格姆女神山的美
清幽索理玛的醉
多情的摩梭姑娘
掬起一捧
醉美的水
水中映着月
月中漾着水
一曲
诉不尽的思恋
化作眼前
满满泸沽湖的水

其二：里格岛的传说

阳光下的里格岛
恬静
逍遥
恬静逍遥的里格岛
好似摩梭姑娘身姿的曼妙

月光下的里格岛
神秘
妖娆
神秘妖娆的里格岛
好似摩梭姑娘似火的舞蹈

玛达咪
多情的里格岛
一幅不驻笔的水墨
春秋冬夏
羞答答
脉脉含笑

玛达咪
传说中的里格岛
一份千年的等待
远离尘嚣
静悄悄

与谁相邀

其三：青龙海杜鹃花咏

风霜相为伴
不语不孤单
笑看四千米
绽放山之巅
春夏秋冬恋
万亩花海间
最是青龙海
千年山杜鹃

☆真情扶贫纪实

融真情　出真招　求真效

——华南理工大学助力云县、孟连脱贫致富比翼腾飞*

按照教育部关于滇西边境山区区域发展与扶贫攻坚工作的统一部署，我校对口扶贫云南省临沧市云县，同时帮扶云南省普洱市孟连傣族拉祜族佤族自治县。开局之年，学校党委高度重视，精心谋划，成立了学校一把手挂帅的扶贫工作领导小组，积极统筹专家团、博士团、志愿者、校友企业等校内外各方力量；认真研究分析“校地对口扶贫模式”的形势特点，紧密结合云县、孟连两县经济社会发展需求和学校办学的优势特长，科学编制帮扶方案和工作规划；大力实施以科技为抓手、以人才为推手、以校友为帮手，促产业转型升级、促经济社会发展的“三手两促工程”，为两县绿色产业发展、城乡规划和旅游规划、农产品精深加工、人力资源培训、形象宣传、招商引资、基础教育等事业发展提供多层次、全方位的支持和帮助，取得了较好的成效。

图 1　杜小明书记带队考察孟连边贸口岸

图 2　杜小明书记考察孟连茶厂

一、深化认识　融入真情

真情投入，才能见真效。承担扶贫任务之初，杜小明书记带领学校党委一班人反复研读国务院扶贫办、教育部一系列重要文件，认真领会滇西边境山区区域发展与扶贫攻坚工作的战略部署。华南理工大学地处改革开放前沿，拥有轻工技术

* 文章来自滇西开发网。

与工程、食品科学与工程、城乡规划学、材料科学与工程、建筑学等一大批应用型优势学科，被誉为“企业家、工程师的摇篮”，一直以来都在广东经济社会发展中发挥着重要的作用。履行帮扶使命，助力滇西边境山区脱贫致富加速腾飞，既是国家对学校的信任和肯定，也是学校发挥社会服务功能、加快内涵式发展、提高办学水平的重要机遇。千里之外的滇西边境地区，遥远而陌生。扶贫攻坚，不能打无准备之仗。学校通过多种途径了解两县经济社会发展情况，杜小明书记、彭说龙副校长为此先后带领调研组深入两县实地考察。经过大量调研，学校立足两县实际，科学研判，因地制宜，找准突破口，确定了帮扶工作的指导思想、目标任务、主要内容、工作计划和工作机制。

图3 学校调研考察组与孟连县领导班子座谈

图4 学校调研考察组与云县领导班子座谈

二、配强干部 搭好桥梁

挂职干部如何挂而有为？选好选对人是关键。按照两县帮扶工作实际需求与挂职干部任职经历、能力素质、专业特长相匹配的原则，学校党委经过认真研究，在众多报名挂职的干部中确定了资产经营公司党委书记朱文建和党委研究生工作部副部长黄国清两位同志。朱文建同志思路视野开阔，工作经历丰富，从事高校资产资源管理工作多年，在资产管理、科技成果转移、产学研合作等方面积累了比较丰富的经验，而云县作为临沧市的工业重镇、交通枢纽、物流中心、信息中心和经济中心，正需要这样的“对口”干部。黄国清同志担任学生就业指导中心负责人期间，与各地来校招聘的企业尤其是校友企业建立了良好的联系，在发挥校友资源优势帮扶孟连县城乡规划、招商引资、产业发展、形象宣传上可以大有作为。到两县工作后，两位同志扑下身子，主动作为，深入乡村社区、学校工厂、田间地头调查研究，积极向学校党委和当地党委政府献计献策，充分发挥桥梁纽带作用，凝心聚力融汇各方资源，切实把学校的办学优势、社会资源和自身的经历经验，转化为帮扶工作的质量效益。

三、校地互动 加强沟通

相知，源于相识；合作，重在沟通。6月中旬，孟连县县长杨棚棚率领党政领导代表团来校访问考察，就孟连县与学校在生态产业发展、旅游规划、形象宣传、食品加工、干部培训等方面的合作与学校进行了洽谈。期间，还在学校召开了孟连县人才招聘推介会，并经学校校友总会牵线，深入多家校友企业进行招商引资。7月底8月初，杜小明书记带队赴云县、孟连县对接工作，先后考察了云县茅粮集团、三奇光电科技有限公司、澜沧江酒业集团等企业和县一中新校区，走访了孟连县勐阿口岸、娜允古镇、鑫草石斛种植基地、勐柏行健茶厂和芒沙小组、东扩二组等村寨，与两县县委、县政府、人大、政协领导班子进行座谈，与省、市、县扶贫办负责人进行交流，就有关方面的合作和帮扶与两县达成了共识。9月中旬，临沧市市委常委、云县县委书记李志勇率领党政代表团来校商谈对口扶贫工作和校地合作事宜。期间，学校与云县签订了《华南理工大学、云县对口帮扶战略框架协议》。校地往来互访，共谋发展，既强化了沟通，加深了感情，也凝练了共识，为携手夺取滇西边境地区扶贫攻坚战的胜利打下了坚实的基础。

图5　孟连县党政领导代表团来校访问商谈校地合作

图6　杜小明书记带队考察云县茅粮集团

图7　云县党政领导代表团来访华工洽谈合作

图8　华南理工大学与云县签订《对口帮扶战略框架协议》

四、产业扶持　孵育成果

结合云县的资源优势和产业布局，学校采取施己长扶彼长、以点带面突破的战略，为云县优势产业提供科技创新支持，帮助破解技术瓶颈，加速实现转型升级。其中，轻工与食品学院与云县骨干企业——茅粮酒业集团签订了技术开发合作协议，为茅粮集团提供核心技术指导、技术人员培训、实验室设备等支持，共同研究“白花木瓜资源开发基础研究”和“木瓜醋及膳食纤维饮料开发”两个项目。目前，联合研制的白花木瓜醋饮料已进入中试阶段，即将投产。届时，将达到年加工木瓜1万吨的规模。学院院长扶雄教授身先士卒，组织国家评酒委员曾新安教授、制糖工程专家于淑娟教授等一批专家教授，在茅粮酒业集团设立了“专家工作站”。后勤产业集团结合经营平台，在校内开设云县特色产品展厅，进行大力推介，受到了师生校友的广泛欢迎。针对孟连实际需求，学校充分利用校友总会平台优势，帮助孟连县与上市公司——康美药业股份有限公司、广东粤微食用菌公司和福建仙游姬松茸食用菌有限公司开展合作洽谈，深入多家校友企业进行招商引资并成功落户孟连，寻求绿色产业发展路子。挂职干部还主动走访云南广东商会、云南福建商会、普洱广东商会等机构，向商会积极推介孟连商机。

五、规划指导　因地制宜

顶着烈日，冒着酷暑，建筑设计研究院副院长、副总建筑师、博士生导师郭卫宏教授带领城乡规划专家团对云县进行实地考察踏勘。经过对云县山山水水的详细勘察，专家团对云县城市总体规划修编工作提出了富有针对性、指导性和建设性的意见建议，并主动提出义务为云县大控蚌地热资源的开发利用进行规划设计。与此同时，另一支由建筑学院博士生导师和博士生组成的科技服务队，则针对孟连县城规划、富岩樱花谷避暑庄园规划、景信乡傣家特色村等规划，建筑学院城乡规划系主任、博士生导师周剑云教授曾两次踏上孟连这块热土，在滇西大地挥洒汗水。2012级城乡规划学博士生周游、风景园林学博士生鲍梓婷是仅有的几位女生中的两位。七天中她们走遍了大半个孟连。每到一处，她们都细致地进入建筑内部考察，询问当地人有关情况，拍摄、收集了大量的照片等规划资料。当地人热情淳朴的民风和幸福满足的微笑让周游难忘，在为孟连县规划方案提出修改意见时，她和其他队员不约而同地提出保留周边村寨、农田的原生态，实行有差异的发展方式。科技服务队的到来，为孟连城镇化发展思路带来了崭新的观点，帮助当地政府转变了规划思路。“合理的保护，合理的利用”，鲍梓婷说，“我们带来了很多城镇化发展的案例，这些案例都说明科学的规划最重要的是从当地的经济、文化、社会发展等更宏观的角度出发综合考虑。”根据孟连县“生态立县、产业富县、口岸活县、旅游兴县、文化名县、和谐稳县”发展战略，学校还将为孟连县义务编写《娜允古镇保护性详细规划》修改意见和为孟连富岩避暑庄园设计富有民族特色的佤族民居。

图9　科技服务队为孟连县城乡规划献计献策

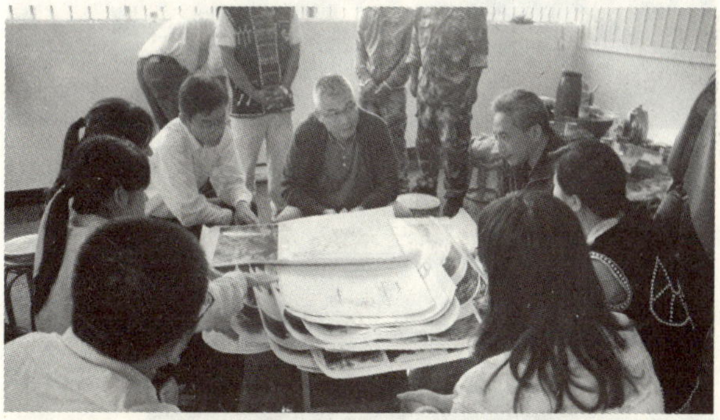

图10　科技服务队与政府负责人讨论规划图纸

六、爱心支教　放飞梦想

知识的甘霖滋润幼小的心灵，爱心的帮扶放飞翱翔的梦想。学校研究生院组织机械与汽车工程学院、工商管理学院、材料科学与工程学院、新闻与传播学院等10个学院的20名研究生，组成社会实践服务团赴孟连开展社会调研和支教工作。调研团队深入孟连县娜允镇、勐马镇等六个乡镇，行程390千米，走访了7个学校和54个家庭，访谈225人次，发放400份问卷，召开12次座谈会，形成访谈文字资料10万余字。通过调研，团队对孟连县教育现状、制约当地教育发展的因素、少数民族地区教育的特殊性等方面进行了研究和分析，并针对存在的问题为当地政府提出了切实可行的措施和建议。支教团队在富岩乡中学相继开展了“成长与梦想”“演讲与表演艺术”“美与世界”等课程教学，并举办趣味运动会、联欢会等丰富多彩的活动，受到当地师生们的热烈欢迎。此外，学校还为孟连县民族小学捐建了“华南理工大学爱心捐赠图书室”。

图11　支教团队志愿者开展课题教学

图12　学校研究生院为孟连县民族小学捐建爱心图书室

七、形象宣传　突出特色

处在信息时代，酒香也怕巷子深，只有与时俱进，加大宣传推介力度，树立特色鲜明的良好形象，才能赢得更多的外部支持，吸引和融汇更多的社会资源。为了充分展现孟连县的好山好水和多姿多彩的少数民族文化，扭转“远在深山无人知”的局面，全面提升知名度和美誉度，学校联合南方电视台为孟连县义务拍摄“形象宣传片”和“招商宣传片”。8月初，新闻与传播学院副院长朱剑飞教授带领由学院教师和广东省南方电视台高级记者组成的学术团队，赴孟连县开展拍摄城市形象宣传片的现场取景和整体框架设计工作。团队将紧紧围绕孟连县建设“民族文化旅游名县”战略，从民族文化和生态宜居的视角切入，突出展示娜允古城、孟连宣抚司署、孟连民族文化旅游周、神鱼节等一大批文化古迹和旅游品牌，为孟连打造一张独具特色的崭新名片。

图13　2012级博士生周游与孟连佤族村民合影

滇西边境地区扶贫攻坚战的号角已经吹响，我们将再接再厉，奋发作为，进一步完善工作机制和帮扶模式，更好地发挥学校办学优势、校友资源和广东地缘优势，举全校之力和全体华南理工人之力，支持云县、孟连县产业转型升级和经济社会发展，为两县脱贫致富加速腾飞、同圆共享“中国梦”做出更大贡献！

对外经济贸易大学助力滇西扶贫*

作为教育部指定的承担云南滇西边境山区扶贫专项任务的直属高校之一，对外经济贸易大学在教育部定点联系滇西边境山区领导小组办公室的指导下，以高度的社会责任感与使命感，开展了多项扶贫举措，帮扶滇西边境山区。

一、领导重视、分工明确，畅通帮扶工作渠道

自2012年7月教育部下发《教育部定点联系滇西边境山区工作方案》，指定对外经济贸易大学为参与云南滇西边境山区扶贫专项任务的直属高校之一，学校高度重视此项工作，明确了分管领导和组织工作机构，校长办公室作为定点联系滇西边境山区工作的机构，负责协调相关帮扶工作任务的落实，积极贯彻《〈教育部 云南省人民政府加快滇西边境山区教育改革和发展共同推进计划（2012—2017年）〉任务分解方案》，有序做到“根据学科特色为贫困地区开展咨询研究、文化艺术下乡、干部师资培训等专项扶贫工作”。

二、实地调研、战略规划，谋求滇西的长远发展

为使扶贫方案更加符合滇西地区的实际情况与现实需求。学校领导、部分职能部处负责人以及学校的专家教授多次远赴滇西，实地调研，深入了解滇西的经济社会发展情况、资源产业特色及需要帮扶的领域和项目，寻找对口帮扶的切入点与关键点。2013年7月，我校科研处处长王强带队赴云南勐腊县实地调研，组织专家，开展为期两年的“新时期滇西贫困片区沿边开放战略研究”，对勐腊县的沿边开放方案提出针对性的咨询意见。8月，施建军校长亲赴云南，就滇西教育改革推进计划与云南省教育厅、西双版纳州和勐腊县主要领导进行了深入的交流。经过充分调研，学校制订了滇西教育援助计划。该计划包含了专项课题、专家咨询、干部培训、图书捐赠、远程教育、留学生支教等多项内容，充分整合了学校的各类资源与优势，将定点扶贫、对口帮扶与当地社会经济发展实际需求有机结合，着眼于切实解决实际问题，促进滇西地区经济社会发展。援助计划投入经费近120万元。目前各项帮扶工作正在有序进行。

三、多措并举、开拓创新，全面推进帮扶工作顺利开展

一是积极选派干部。按照教育的工作安排，学校承担向西双版纳州勐腊县派出定点联系挂职干部的任务。校党委高度重视，专门研究讨论援建干部选拔、培养及待遇等问题，并连续两年选

* 文章来自滇西开发网。

派优秀干部到西双版纳州勐腊县挂职副县长。挂职干部积极搭建学校和勐腊县的沟通交流平台，充分利用各种资源，推动扶贫工作的开展，服务当地经济社会发展。

二是免费承接培训。输出干部，直接帮扶的同时，学校积极承办滇西干部培训班，精心设计课程，加大对滇西地区人才的帮扶力度。2013 年 9 月 9 日 ~15 日，学校举办西双版纳州勐腊县领导干部高级研修班，勐腊县各级党政干部 30 余人参加培训。培训课程设置因材施教，师资配备精益求精，参训学员普遍表示受益匪浅。10 月 14 日，由教育部定点联系滇西边境山区工作领导小组办公室、中共云南省委组织部主办，学校承办的滇西领导干部经济管理（金融和贸易方向）研修班在学校开班。来自滇西地区 10 州市的领导、职能局领导干部，共 61 人，参加了为期五天的集中培训。

三是推广远程教育。考虑时空界限、成本效率以及受训学员受教育的可持续性问题，为提升勐腊县领导干部的学历层次，学校远程教育学院面向勐腊县少数民族党员干部、新生代农民工骨干和经济困难的学习群体，提供了 100 门网络课程的免费学习卡，以及 100 张“伴对伴”学费减免卡，为县里提供 100 个本科或大专学历教育名额，希望滇西边境地区广大学习者通过便捷的网络学习获得更多的知识和信息，拓宽视野、促进思考、启迪智慧，实现素质与能力的进一步提升，为当地经济社会的发展做出更大的贡献。

四是多次捐款赠书。2013 年 1 月，学校出版社向滇西地区捐赠图书 1.5 万册。8 月，根据勐腊县的实际需求，学校向勐腊县图书馆、乡村书屋、勐仑中心小学捐赠图书 2.2 万余册，内容涉及党建、军事、经济、历史、文学、百科、儿童读物、农业等诸多领域，共计 2660 多种。同时，学校积极响应“滇西边境山区教育发展基金专项基金”募捐活动，慷慨解囊，以实际行动支持滇西边境山区的扶贫工作，受到教育部定点联系滇西边境山区工作领导小组办公室的肯定与表彰。

五是组织暑期夏令营。传统方式进行帮扶的同时，学校积极开拓新的帮扶模式，将学生暑期夏令营活动与滇西扶贫挂钩，锻炼大学生能力的同时，为滇西的教育事业做出一定贡献，一举多得，实现校地共赢。2013 年 8 月中下旬，学校组织 5 名留学生和 2 名志愿者赴云南省西双版纳傣族自治州勐腊县，为当地中学生举办了为期两周的英语夏令营活动。根据当地高中学生的英语水平，留学生“老师”们精心设计了教案和教学模式，帮助学生树立积极、主动、创新的学习态度，培养自信、勇于挑战自我的心理素质，充分挖掘他们对英语学习的兴趣和潜能。

六是开展专家座谈指导。2014 年 1 月 18 日 ~23 日，由学校组织部部长黄捷、外语学院书记刘金兰等 22 名青年教师和支部书记组成的社会实践团到勐腊县开展社会实践活动；实践团成员按专业背景和工作职能分为六组，分别与县委、县政府各机关和企业进行了座谈交流。2 月 9 日 ~11 日，学校党委书记王玲赴云南就下一阶段扶贫项目与云南省教育厅、西双版纳州和勐腊县领导进行了交流座谈。

七是实施“滇西农村学子圆梦计划”。为了进一步落实教育部援助滇西贫困地区扶贫项目，贯彻落实李克强总理在政府工作报告中提出的“进一步提高重点高校招收农村学生比例的工作要求，让更多勤奋好学的农村孩子看到更多希望”，学校制订了“2014 滇西农村学子圆梦计划”，将 90% 的贫困地区自主招生指标安排给了滇西片区并给予最优惠的政策，只要签约学生高考成绩达到云南省的重点本科分数线，即可录取。2014 年签约 36 名当地农村考生。此外，学校还与云南省教工委和云南大学就共同合作申报跨省高校合作研究课题达成了一致意见。

八是发起实施“贸大高远在线”农村初中英语教师扶贫培训计划。由学校与中国扶贫开发协会联合发起，利用学校与德国DP公司联合开发的“贸大高远在线”语言培训平台，开展主要针对我国中西部老、少、边、穷地区农村初中英语教师进行“在京面授一个月+在线培训一年”的扶贫性质培训。学校与勐腊县教育局签订了培训协议，来自勐腊县的21名农村初中英语教师已加入项目一期中，并已完成在学校的面授培训，现已进入在线培训1年阶段。项目规划为5期，5年完成。勐腊县拟利用该项目的一期、二期和三期于2017年8月完成本县全部农村初中英语教师的培训。目前，进入项目一期培训的21名教师所需所有扶贫培训费和交通费均由学校以全额捐款的方式负担。通过“贸大高远在线”农村初中英语教师扶贫培训计划必将对彻底改变勐腊县农村英语教学的落后局面有所促进。

上海交大校领导带队赴云南洱源县调研定点帮扶工作*

2014年9月18日，上海交通大学副校长吴旦带队赴云南省洱源县调研定点帮扶工作。在洱源期间，吴旦与洱源县相关部门进行了座谈交流，听取了洱源县县委副书记、县长丁洪涛关于洱源县当前经济和社会发展情况的报告。在洱源期间，吴旦一行考察了洱宝实业、洱源县人民医院，慰问了在上海交大附属胸科医院完成手术、正在恢复期的洱源“先心病”患儿，还对已在上海交大参加过实习实训的洱源中小学教师当前的教学情况进行了调研。

图1　吴旦一行参观云南大理洱宝实业有限公司

洱源县素有“梅果之乡”的美誉。吴旦一行参观了云南大理洱宝实业有限公司，该公司是洱源县最大的专门从事梅子基地建设和梅果系列产品的研究开发、生产加工及销售为一体的现代化企业。吴旦仔细询问了特色梅果的基地建设、果农收入、企业经营模式、食品加工现状与新产品研发、销售和市场开发等情况，并对梅果加工后废水的无害化处理现状进行了调研。现场听取了上海交通大学教授、洱源县副县长（挂职）张才喜关于在洱源县推动特色经济林果，如车厘子和错季葡萄的生产，在洱源县三营镇建立上海交通大学洱源县樱桃实验基地和对当地科技人员和果农进行技术培训等情况的汇报。

图2　吴旦一行走访洱源县人民医院

吴旦一行来到洱源县人民医院，走访了医院住院部和部分重点科室，深入了解医疗条件和帮扶需求，鼓励洱源县医院青年骨干医务技术人员到上海交通大学进行业务培养和医技水平提高，并亲切慰问了8月份在上海成功接受了先天性心脏病手术的儿童。

吴旦一行走访了洱源部分中小学，与曾在上海

* 文章来自滇西开发网。

交通大学附属中学和小学跟班实习、实训的教师代表进行交流，仔细询问了他们返回工作岗位后的工作情况，征求他们对培训项目的改进意见。

此行，交大代表团还对洱源县城乡建设规划和现状进行了调研。

上海交通大学总经济师刘牧群、科学技术发展研究院常务副院长刘燕刚、文科建设处调研员蒋宏、党委组织部副部长吴映强、先进产业技术研究院副院长陶宏志、建筑学系马文军副教授；洱源县县委副书记、县长丁洪涛，副书记杨文泽，县委常委、副县长李桂瑞，洱源县副县长（挂职）、上海交通大学教授张才喜及洱源县卫生局、教育局等部门代表参加了调研。

爱心辞典·情倾山区

——暨重庆大学教育发展基金“五彩石”项目爱心电子辞典捐赠绿春一中仪式*

2014年9月25日下午5点，在云南省绿春县第一中学多媒体阶梯教室隆重举行了暨重庆大学教育发展基金“五彩石”项目爱心电子辞典捐赠仪式，出席本次捐赠仪式的领导有共青团绿春县委副书记易洁、绿春一中校长陈云山、副校长李然里和王太格、校团委书记白盛，除绿春一中初二170班接受捐赠的53名学生之外，初中大部分学生也来到了本次捐赠仪式的现场，捐赠仪式由重庆大学第十六届研究生支教团绿春分队志愿者曹芯蕊主持。本次活动受重庆大学学工部副部长、现任绿春县副县长李勇委托，由重庆大学研究生支教团六名志愿者精心组织和策划。

图1 捐赠仪式

捐赠仪式在同学们热烈的掌声中开始，主持人首先简单介绍了本次电子词典爱心捐赠起因——由中央财政支持社会组织示范项目，重庆大学教育发展基金会、校团委城乡社区市民学校“五彩石”社会工作服务示范项目。其中“五彩石”社会工作服务示范项目是主要针对少数民族地区、地震灾区等留守儿童聚集地的一项志愿帮扶活动，通过招募大学生志愿者与中小学生建立“一对一”联系，进行作文交流活动。从2013年10月开始，重庆大学研究生支教团在云南省红河州绿春县绿春一中、二中积极开展“五彩石”活动，先后发展了百余名同学参与，通过一对一的书信交流，不仅帮助同学们提高了作文水平及学习成绩，也让他们和志愿者们结下了深厚的友谊，在这样的活动中志愿者和同学们一同成长成才。本次捐赠仪式将为去年在绿春一中参加“五彩石”活动的同学们，每人捐赠一台电子词典，鼓励同学们继续奋发学习。

紧接着共青团绿春县委副书记易洁做简短的致辞，她首先表达了对重庆大学教育发展基金会、校团委城乡社区市民学校“五彩石”社会工作服务示范项目的感谢，同时也感谢重庆大学六名研究生支教团的志愿者能远赴山区，在孩子们最需要的地方奉献青春，同时也希望支教团的志愿者保质保量完成支教任务，遵守学校的各项规章制度。

* 文章来自滇西开发网。

最后她希望接受捐赠的孩子们今后能够常怀一颗感恩的心，感恩他人、感恩社会！

图2　电子词典爱心捐赠

绿春一中校长陈云山同志做捐赠仪式总结发言，他首先对易副书记和同学们的到来以及一直忙碌在活动现场的重庆大学研究生支教团志愿者们表示感谢，他从自身经历谈起，希望在座的各位同学们能够好好学习，走出这座大山，到大山的另一边去看看外面的精彩世界，同时也希望各位同学能够像重庆大学研究生支教团的大哥哥大姐姐们一样，考入自己理想的大学，走向美好的明天，活出绚丽的人生，去努力实现自己想成为的那个他！

图3　支教团志愿者

同时志愿者们也非常欢迎各位同学能够积极地参与到“五彩石”活动中来，用文字搭起桥梁，架起和大学生志愿者们美丽的友谊之桥，走上轻松愉快的成长之路，携手走向更美好的明天！

北京交通职业教育集团扶贫工作情况*

按照教育部部署，北京交通职业教育集团结对帮扶云南省丽江市政府，自2012年战略合作协议签署以来，各项帮扶工作稳步推进并取得了成效。

一、统一思想，勇挑重任，提升对帮扶工作的认识

集团是北京市首个由市委、市政府批准的职业教育集团，在教育部、交通运输部指导下，不断创新职业教育办学体制、机制和职业人才培养模式，较好地支持北京市交通行业的发展，在全国起到了一定的引领作用。集团高度重视对口帮扶滇西工作，充分结合丽江的地方特色，明确通过开展智力帮扶，推动丽江市教育特别是职业教育的改革发展，提高丽江市职业教育发展总体水平，为丽江经济社会发展提供强有力的人才支持。

二、主动建立沟通和协调机制，为帮扶工作做好前期准备

集团主动与丽江市人民政府联系，加强沟通协调，促成丽江政府来京就深化帮扶工作进行深入商讨。2013年1月11日，丽江市人民政府一行12人来京调研，双方就落实合作进行了深入细致的沟通，签订《深化战略合作备忘录》，在职业教育发展规划、技术技能人才培养、师资培养、合作办学、校企深度合作、共同促进丽江市经济发展六个方面达成了合作意向。双方经过多次互访和讨论，建立起了良好的沟通和协调机制，在对口帮扶工作上达成共识、形成合力，为帮扶工作的开展做好了前期准备。

三、充分调研，了解需求，明确帮扶工作思路

2013年5月8日～12日，集团领导及成员单位代表11人赴云南省丽江市调研考察，实地走访，与丽江市政府、相关院校及企业代表座谈，摸清需求，明确了“以人力资源开发扶贫为重点、全面落实六项帮扶工作”的思路。重点开展两项帮扶工作：一是面向丽江市贫困山区的少数民族学生提供来京接受免费职业教育的机会，帮助他们成为高素质的技术技能人才，获得职业发展机会，从而带动他们的家庭脱贫致富；二是面向丽江市职业学校管理人员、专业教师提供来京挂职锻炼的机会，帮助他们接受先进的职业教育理念、教育教学方法的培训，并进入一流企业顶岗实习，提升他们的管理水平和开展职业教育的能力，从而为丽江市培养一支高水平的职业教育管理和教

* 文章来自滇西开发网。

师团队，带动丽江职业教育的整体水平提升。

四、切合实际，精心组织，扎实做好帮扶工作

2013年5月，集团与丽江市人民政府共同签署《北京交通职业教育集团与丽江市人民政府深化战略合作　联合办学协议书》《北京交通职业教育集团与丽江市人民政府深化战略合作　职业教育师资培养协议书》。按照协议，双方积极推进了相关工作。一是定向招收丽江贫困学生来京学习。2013年起，北京交通运输职业学院开始面向丽江市贫困山区开展三年制大专层次招生，招生专业为汽车检测与维修、汽车技术服务与营销、汽车整形与涂装、物流管理、道路桥梁工程技术等丽江市政府重点发展专业。集团全额减免定向生的学费、住宿费，并提供每人每月200元的生活补助；丽江市政府为贫困山区学生提供每人每年2000元的交通补助。2013年定向招生计划100名，2014年计划增加到200名，招生范围扩大到丽江市以外的滇西贫困州市。目前，已有212名滇西贫困山区学生在学院学习。二是接受丽江市职业学校管理人员、教师来京挂职锻炼。合作期间，集团以短期集中培训的方式，无偿对30名丽江中等职业学校专业教师和6名校长或管理人员进行专业、管理知识培训，并提供住宿和生活补贴。2013年9月，首批11名丽江市中等职业学校教师来到北京接受为期三个月的职业教育培训，经考核合格全部获颁培训证书。2014年9月，第二批11名丽江职业教师已经进入集团进行挂职锻炼。

五、稳扎稳打，不断扩大帮扶工作深度和广度

在前期工作基础上，集团将继续深入开展调研，使培训和招生更加贴近当地需求，进一步推进帮扶工作，让更多滇西地区师生受益于国家的好政策。一是完善职业教育规划。集团将继续加大对丽江市乃至云南省职业教育的帮扶力度，参与《丽江市现代职业教育发展实施意见》的修改完善。组织职业教育专家、企业专业技术人员参与，提出建设性的意见和建议，从当地经济社会发展实际，帮助丽江市制订切实有效的职业教育发展规划，带动丽江职业教育发展。二是开展现代职业教育体系建设。做好与丽江职业学校中高职衔接工作，围绕丽江市重点发展的专业，统筹开展专业设置、人才培养方案制订、教材编写及教学指导等。接受丽江中职学生进入集团内高职继续学习，对丽江市职业学校进行师资培训，帮助丽江职业学校提升管理水平，提高教师职业教育理念、教学水平。同时，立足当地交通发展，开展交通技术技能人才培养，为交通企业在职人员开展职业培训、继续教育，提升在职人员整体素质。三是以丽江为重点，将帮扶工作辐射到其他滇西贫困山区。在做好对口帮扶丽江的基础上，将把帮扶工作范围进一步扩大；在做好面向丽江的师资培训的基础上，还将面向普洱、德宏等滇西贫困地区，开展管理及教学骨干人员的培训。在充分了解当地经济和职业教育发展情况，充分满足其培训需求的基础上，有针对性地制订师资培训计划，帮助这些地区打造高水平的职业教育师资队伍，带动当地职业教育发展。

青春梦·支教情

——记重庆大学第十六届研究生支教团绿春分队成功抵达绿春*

总有这样一种梦想，让青春之花绽放在祖国最需要的地方；也总有这样一种情怀，用一年的支教时间，做让自己一辈子值得记忆的事情，在自己最美好的青春年华留下最绚丽的彩虹。青春是光荣与梦想交织的生命年华，承载着更多的希冀与担当。作为90后的他们——重庆大学第十六届研究生支教团绿春分队的成员们，准备用自己无悔的青春，去点燃一群孩子的梦想。如今，他们正走在支教圆梦的路上。

2014年7月22日，六名支教团成员赴云南昆明参加由共青团云南省委、云南省大学生志愿服务西部计划项目管理办公室组织的“2014年省大学生志愿服务西部计划”培训。在为期三天的培训当中，绿春分队成员和来自全国各地上百名志愿者积极参与培训，认真听取讲座，为即将到来的支教工作做好准备。培训最后一天的出征仪式上，所有志愿者举起右手握拳大声宣读青年志愿者誓词：“我愿意成为一名光荣的志愿者。我承诺：尽己所能，不计报酬，帮助他人，服务社会。践行志愿者精神，传播先进文化，为建设团结互助、平等友爱、共同前进的美好社会贡献力量。”伴随着话音的落下，志愿工作正式拉开帷幕。

伴随着蒙蒙细雨，穿过重重云雾，跟随着奔腾的红河水，依傍着错落有致的哈尼梯田，来自重庆大学的方悦颖、赵青云、曹芯蕊、赵定一、徐泽义、税野恒来到了支教的目的地——位于祖国西南边陲的绿春县。他们将在这里开展为期一年的支教志愿服务工作。

重庆大学第十六届研究生支教团的到来受到绿春县委、县政府领导及县教育局的高度重视。副县长李永第一时间到宿舍看望并慰问了六位支教成员，对今后为期一年的支教工作提出了要求，同时希望支教同学们在这里谱写属于自己的青春。绿春一中精心为支教成员们安排住宿、饮食，做好后勤保障。

重庆大学支教团成立于2000年，十三年来，在重庆大学党政的关心下，重庆大学先后共选拔了83名能力突出、甘于奉献、具备保送研究生资格的优秀学生作为青年志愿者，到重庆彭水县开展支教工作。2013年新增了云南省绿春县支教点。作为第二届研支团绿春分队的成员，将继续秉承重庆大学“尚简朴、耐劳苦、勤学业、爱国家”的校训，在绿春一中开展为期一年的支教活动。

正如重庆大学周绪红校长在2014届毕业生毕业季上所说的那样，青春是一道永不落幕的彩虹。而这些志愿者们将会是绽放在彩云之南、梦想之巅、大山深处那道最绚丽的彩虹。

---

* 文章来自滇西开发网。

☆感知滇西

漾濞十八爱

孙　靖*

大泡核桃国字牌，苍山西坡石门开；
大花园里杜鹃海，漾江秀岭不见霾；
卷粉米线舌尖快，雪山清酒爹娘待；
鸡纵蜂蜜真不赖，水烟筒子随身带；
年猪年牛原生态，大刀起舞打歌摆；
云龙桥架千年在，博南古道茶马载；
滇缅公路搭命脉，高原种养楼院盖；
肤黝心美手有才，彝汉白回十七彩；
十万人民乐悠哉，一载历程终生爱！

这篇短文为挂职即将结束时对所在挂职县的情况进行整理回顾基础之上写就的，字数不多，但基本涵盖了漾濞县最有代表性的地理、气候、民俗、土特产、历史遗迹、自然景观、经济支柱产业、文化、百姓心态等各方面的特征，在全县引起了很大反响，受到全县领导和群众的广泛认可。

* 孙靖，中国传媒大学。

☆滇西扶贫大事记

●2011 年 11 月，中央召开扶贫开发工作会议，印发了《中国农村扶贫开发纲要（2011—2020 年）》，提出全面推进连片特困地区扶贫攻坚，并确定教育部负责定点联系滇西边境山区。教育部高度重视此项工作，成立了由袁贵仁部长任组长的教育部定点联系滇西边境山区工作领导小组，并决定在云南大学组建滇西发展研究中心。

●2012 年 4 月 17～19 日，时任云南大学副校长林文勋参加陪同由鲁昕副部长领导的教育部调研组到滇西德宏、保山等州市对滇西边境山区区域发展与扶贫攻坚工作进行调研，并对云南省编制滇西边境山区区域发展与扶贫攻坚规划给予指导，建立了第一批东部地区 10 个职教集团与滇西 10 州市中职学校“一对一”对口联系帮扶合作机制。

●2012 年 4 月 20 日，云南大学滇西发展研究中心成立。滇西发展研究中心揭牌仪式在科学馆举行，教育部副部长鲁昕、教育部发展规划司司长谢焕忠、教育部职业教育与成人教育司司长葛道凯、教育部直属机关党委常务副书记吕玉刚、教育部发展规划司副司长陈锋、教育部基础教育二司副司长刘昌亚、教育部民族司副司长何光彩，云南省副省长高峰、省扶贫办主任王智、省教育厅副厅长和福生、邹平，云南大学党委书记刘绍怀、校长何天淳等校领导，教育部、省教育厅等有关部门、滇西十州市、昆明各高等院校的领导，云南大学各职能部门、学院单位的主要负责人参加了揭牌仪式。教育部副部长鲁昕出席挂牌仪式并讲话，指出成立云南大学滇西发展研究中心，是深入贯彻中央扶贫开发工作会议精神和《中国农村扶贫开发纲要（2011—2020 年）》要求，全力推进滇西边境山区区域发展和扶贫开发的一件大事。希望研究中心针对滇西的实际情况，加强调查研究，破解区域发展与扶贫开发的热点难点问题，为滇西边境山区扶贫开发提供智力支持：①从国家战略高度加强对滇西地区的研究。研究中心要从国家深入实施西部大开发，全面推进新一轮农村扶贫开发，建设中国面向西南开放桥头堡等国家战略高度，围绕滇西边境山区的基础性、全局性、综合性问题开展理论研究。②以区域特色为重点加强应用研究。围绕滇西边境山区经济社会发展中的特色产业发展、基础设施建设、民生问题改善、边疆民族问题等方面提供有价值的研究报告，加快推进滇西地区资源优势向产业优势转化，全面推动区域发展。③以省部共建为支撑全面服务滇西扶贫开发。为了支持实施国家建设云南桥头堡战略，教育部与云南省政府签署了共建协议。中心的组建创新了省部共建模式，省部合作将把中心建成支持滇西发展的研究机构、咨询机构、服务机构。④以服务为宗旨推动云南大学全面提升办学水平。希望云南大学以中心建设为契机，优化学科结构，提高人才培养质量，增强科学研究和社会服务能力，传承创新文化，把中心建设成为高水平、有特色的研究机构。

●2012 年 5 月，滇西发展研究中心李东红教授参加滇西边境山区扶贫国家规划调研组赴滇西 10 州市调研，参与教育部发展规划司《滇西边境山区十市州经济社会教育基本情况》的编制。

●2012 年 4～6 月，滇西发展研究中心完成《滇西边境山区十州市经济社会教育发展基本情况调研》和《滇西边境山区五十六县经济社会教育发展基本情况》的调研和编订工作。

●2012 年 6 月，教育部第 21 次党组会召开，会议审议通过《教育部定点联系滇西边境山区工作总体方案》，方案明确提出在云南大学组建滇西发展研究中心，作为支持教育部定点联系滇西边境山区工作的综合性研究机构和工作平台。

●2012年6月5日，在教育部第21次党组会讨论通过的《教育部定点联系滇西边境山区工作总体方案》中提出《云南大学滇西发展研究中心组建方案》。《云南大学滇西发展研究中心组建方案》明确提出“为进一步落实中央扶贫开发工作会议精神和《中国农村扶贫开发纲要（2011—2020年）》的具体要求，切实做好教育部定点联系滇西边境山区10州市56个贫困县的扶贫开发工作，努力推动贫困地区经济社会更好发展，现拟成立云南大学滇西发展研究中心”。该方案明确了滇西发展研究中心组建的目的：“围绕滇西边境山区10个州市56贫困县扶贫开发的全局性、综合性、战略性重大问题开展理论和应用研究、科技服务、人才培训、政策咨询等互动，为推进滇西边境山区扶贫开发提供科学决策支持。”方案提出，中心的主要任务是：①开展滇西经济社会发展中的重大问题研究，包括战略咨询、规划编制和重大项目的论证；②参与人才培训工作；③做好有关项目的管理和服务工作；④培养高层次人才。同时，方案还提出了中心的组织机构：①理事会。理事会是中心的最高决策机构，由理事长、副理事长、常务理事长组成。理事长由教育部鲁昕副部长担任，副理事长由云南省副省长高峰、教育部发展规划司司长谢焕忠、云南大学党委书记刘绍怀担任。常务理事由教育部有关司局领导，云南省教育厅、发改委、扶贫办等相关厅局领导，10州市主要负责同志担任。②专家顾问团。专家顾问团是中心的学术指导机构，由教育部聘请国内外相关领域的资深专家担任，主要负责指导中心的学术研究，组织重大课题和规划的验证和验收，为滇西边境山区经济社会发展提供专家咨询。③中心内部机构。中心行政机构是中心的常设机构，负责落实中心的各项工作任务，制订中心各项管理规定，负责中心日常工作。

●2012年6月，云南大学滇西发展研究中心承担2012年度教育科学决策研究中心腾讯战略研究基金三大课题。林文勋教授、姚绍文教授、吕昭河教授分别承担2012年度教育科学决策研究中心腾讯战略研究基金课题《人力资本投资与滇西地区扶贫开发战略研究》《信息技术在贫困地区区域开发中应用》《滇西教育扶贫的创新案例》三个项目。

●2012年7月，为贯彻落实《教育部定点联系滇西边境山区扶贫工作方案》，根据教育部的要求，以云南大学为法人，在北京注册成立北京云大滇峰咨询有限公司，配合教育部定点联系滇西扶贫工作。业务类型：教育咨询，企业管理咨询，技术服务，技术咨询，技术转让，计算机技术培训，会议服务，组织文化艺术交流活动，文艺创作，市场调查等。

●2012年8月8~10日，教育部部长袁贵仁率调研组赴滇西边境山区调研。教育部党组书记、部长袁贵仁率调研组一行深入实地考察了怒江傈僳族自治州、德宏傣族景颇族自治州和保山三州市的部分县区，深入少数民族村寨，了解当地近年来扶贫开发项目实施进展情况、经济社会发展基本情况，以及资源开发利用和生态环境保护情况，为推进滇西边境山区区域发展和扶贫攻坚夯实基础。

●2012年12月3日，国务院扶贫开发领导小组在云南省普洱市召开滇西边境片区区域发展与扶贫攻坚启动会。会议由教育部部长袁贵仁主持，云南省委书记秦光荣在会上致辞，云南省人民政府省长李纪恒、国家发展改革委副主任杜鹰、国务院扶贫办主任范小建在会上发言。国务院副总理、国务院扶贫开发领导小组组长回良玉参加会议并讲话。在讲话中，回良玉强调要认真组织实施滇西边境片区区域发展与扶贫攻坚规划，坚持扶贫开发与建设面向西南开放重要桥头堡、兴边富民行动、扶持少数民族和民族地区发展等重大战略部署相结合，努力走出一条边境少数民族地区脱贫致富的新路子。回良玉指出，滇西边境片区既是经济社会发展滞后的地区，又是具有独特区位和资源优势的地区。集中力量推进该片区区域发展与扶贫攻坚，对于促进各族群众共同富裕与边疆和谐稳定、加强生态建设和环境保护，都具有极其重要的意义。要努力将滇西边境片区建设成为我国面向西南开放重要门户、国际知名旅游目的地、重要的生物多样性宝库和西南生态安全屏障、边境稳定和民族团结模范区、人力资源开发扶贫示范区。

●2012 年 12 月 3 日，滇西开发网（http://www.dxkf.cn）正式开通。国务院扶贫开发领导小组在云南省普洱市召开滇西边境片区区域发展与扶贫攻坚启动会。会上，回良玉正式启动滇西开发网启动球，标志着教育部定点联系滇西边境山区的网络信息平台——滇西开发网正式开通。滇西开发网是教育部为做好定点联系滇西边境山区工作，促进滇西边境山区区域发展与扶贫开发，专门委托云南大学设计建立的综合性门户网站。网站包括“七色滇西”“招商引资”“特色产品”“旅游服务”“产教联盟”“动态信息”“发展研究”和“资源中心”八个栏目。内容丰富、信息客观，满足政策咨询、资源推介、学术研究、信息共享等多方位需求。滇西开发网以图文并茂的方式充分展示滇西的山川风貌、民族风俗、旅游景点、特色资源、产业发展状况，为滇西 10 州市 61 个县搭建招商引资平台，推介特色产品，使网站成为滇西对外交流的窗口。在启动会上，教育部部长袁贵仁强调要充分利用网络平台，促进滇西招商引资、推介特色产品。

●2013 年 3 月 27～29 日，教育部首批赴滇西挂职干部岗前培训班在昆明开班。教育部人事司司长管培俊、副司长廖舒力，教育部发展规划司副司长陈锋，云南省人民政府副省长高峰，云南省委组织部部务委员陈为群，云南省发展与改革委员会重点建设项目稽查特派员尤愈，云南省政府扶贫开发领导小组副组长、省扶贫开发办主任李新平、副主任阿堆，云南大学党委书记刘绍怀、副校长林文勋，教育部机关、直属事业单位、直属高校的司局级和处级领导干部等出席开班仪式。本次培训为期两天，54 名学员参与，共开设 5 个专题讲座，培训内容主要涉及教育部定点联系滇西边境山区工作、云南及滇西边境山区教育改革发展的有关情况、云南滇西边境山区经济社会发展总体情况、挂职与民族工作政策和方法、滇西边境山区区域发展与扶贫开发规划。

●2013 年 5 月 29 日，首批教育部滇西挂职干部座谈会在大理召开。省委高校工委、省教育厅领导何金平、邹平，大理州州长何华，省扶贫办副主任阿堆，云南大学副校长刘晓江，以及大理学院党政领导戴志明、洪世久，党委委员杨韶春、鲁黎虹和相关部门负责人出席会议。云南省委组织部、省发改委、省教育厅、省财政厅、省扶贫办、云南大学和州市相关部门负责人和教育部挂职滇西的 49 名干部参加会议。云南大学副校长刘晓江、省扶贫办副主任阿堆分别就挂职、扶贫等工作发表讲话。

●2013 年 7 月 16 日，云南省校企合作促进会在云南大学成立并召开第一次会员代表大会。教育部定点联系滇西边境山区工作领导小组办公室、云南省教育厅、云南省民政厅、云南省扶贫办相关负责人和 31 家会员单位代表参加了本次大会。大会表决通过了《云南省校企合作促进会章程（草案）》和《云南省校企合作促进会会费缴纳及管理办法（草案）》，还通过无记名投票方式选举出云南大学副校长肖宪、云南农业大学校长盛军、云南省文化产业投资控股集团有限责任公司总经理陶国相、云南天士力生物茶科技有限公司总经理贾黎辉等11位促进会理事。随后召开的第一届理事会第一次会议选举云南大学副校长肖宪任促进会会长，普洱学院院长成文章、大理学院院长杨荣新、云南省文化产业投资控股集团有限责任公司总经理贾黎辉等5位理事任副会长，云南大学滇西发展研究中心办公室副主任李东红任秘书长。云南省校企合作促进会是由云南大学、昆明理工大学、云南天士力生物茶科技有限公司、云南省文化产业投资控股集团有限责任公司等12家单位联合发起成立的省级社会团体，目前共有会员单位31家。组建云南省校企合作促进会是贯彻落实《滇西边境片区区域发展与扶贫攻坚规划》，特别是教育部与云南省部省合作的具体举措之一。其成立既是当地企业振兴与产业升级以及教育更好地为区域经济社会发展服务的需要，同时也是滇西边境山区扶贫开发工作的支撑平台。校企合作促进会将以建设滇西人力资源开发扶贫示范区为目标，推动校企合作、产教合作、工学结合，围绕搭建校企合作的公共服务平台和对口支援平台、推进建立产业为区分的校企合作模式、推动地方高校转型发展、促进产教融合、参与实训基地及协同创新中心建设、为校企提供咨询培训等各种形式服务、为滇西扶贫开发提供相关项目支撑等方面开展工作。

●2013年7月，滇西发展研究中心向教育发展基金会申报荣达基金6大课题。《滇西民族地区教育发展研究》《新形势下滇西边境山区少数民族人才培养模式研究》2项重点课题分别由徐延宇教授、李东红教授承担，《滇西边境山区特困民族教育扶贫研究》《滇西边境山区少数民族双语教学实证研究》《滇西民族地区集中办学问题研究》《滇西边境山区跨境民族教育发展比较研究》4项一般课题分别由滇西发展研究中心龙晓燕教授、杨文辉教授、杨毅教授、高志英教授承担。

●2013年10月6～10日，云南省校企合作促进会第一次理事会（通讯）会议召开。促进会成文章等11位理事分别就“拟在北京设立‘云南省校企合作促进会北京服务联络中心’”和《云南省校企合作促进会议事规则》两个议题，进行了通讯审议和表决，形成以下决议：①全体理事表决同意在北京设立“云南省校企合作促进会北京服务联络中心”；②全体理事表决同意发布《云南省校企合作促进会议事规则》。决议自2013年10月11日起施行。

●2013年10月，为深入贯彻落实十八届三中全会“扩大内陆沿边开放”战略，依据教育部及云南省委加强滇西边境民族地区发展工作精神，经教育部定点联系滇西扶贫领导小组办公室同意，云南大学滇西发展研究中心启动了滇西边境县研究项目，研究成果将以“滇西边境县研究丛书”形式，充分展示各县社会经济现状，积极谋划沿边各县未来和发展，促进沿边开放开发，发挥云南大学在促进滇西边境片区扶贫开发及区域发展中的作用。

●2013年11月4～8日，教育部副部长鲁昕一行到滇西大理、临沧等地就教育和扶贫等进行调研及考察。教育部发展规划司司长谢焕忠、副司长陈锋，云南省人民政府副秘书长杨杰，教育部滇西发展研究中心主任、云南大学校长林文勋，云南农业大学校长盛军，省扶贫办副主任阿堆，省教育厅副厅长宋光兴等参与实地调研，并对滇西职业园区建设、职业教育发展及滇西应用技术大学筹建等进行实地调研。

●2013年12月24～28日，滇西发展研究中心李东红教授率工作人员分别赴西双版纳州勐海县、普洱市孟连傣族拉祜族佤族自治县及西盟佤族自治县进行“边境县研究书系”项目座谈并开展调研工作。

●2014年1月5~20日，滇西发展研究中心李东红教授率工作人员前往保山市龙陵县、德宏州陇川县、芒市及怒江州泸水县、福贡县、贡山县等地，看望教育部派出的滇西挂职干部并开展“边境县研究书系”项目座谈和调研工作。

●2014年3月20日，教育部在京组织召开滇西边境片区区域发展与扶贫攻坚第二次部际联系会议。教育部部长袁贵仁主持会议，国务院扶贫办主任刘永富出席会议并讲话。会议听取了教育部副部长鲁昕关于“教育部定点联系滇西边境片区工作情况”的专题汇报和云南省政府关于《滇西边境片区区域发展与扶贫攻坚规划（2011—2020年）》实施情况及对中央部委、上海市的政策、项目需求情况的汇报。国务院扶贫办、国家发改委、外交部等28个部际联系会议成员单位代表，上海市、云南省及云南大学有关负责同志参加会议。

●2014年4月8~11日，教育部赴滇西第二批挂职干部培训会在云南大学召开，教育部人事司副司长廖舒力主持开班仪式，云南省人民政府扶贫开发领导小组副组长、省扶贫办党组书记、主任李新平，云南省教育厅副厅长王建颖，云南大学副校长肖宪分别出席了开班仪式并致辞，云南省省委组织部干部一处处长岳宁代表省委组织部宣布了新一批挂职干部的任命。第二批滇西边境片区挂职干部均来自教育部直属高校和部门，他们将分赴保山、楚雄、红河、普洱、大理、西双版纳、德宏、丽江、怒江、临沧10州市，加快教育改革先行区、教育开发试验区、人力资源开发扶贫示范区建设步伐，共同为滇西边境片区打造全国连片特困地区区域发展与扶贫攻坚典范贡献力量。

●2014年5月20日，滇西发展研究中心召开“滇西边境县研究书系”专家审稿定稿会。

●2014年6月20日，云南省校企合作促进会“校企洽谈会”在云南大学召开。

●2014年8月1日，《国务院关于同意设立“扶贫日”的批复》（国函〔2014〕97号）明确：自2014年起，将每年的10月17日设立为扶贫日。

●2014年10月8日，根据国务院扶贫开发领导小组关于第一个扶贫日活动的统一部署，为开展好教育系统扶贫日活动，教育部印发《2014年教育系统扶贫日活动方案》。

（董云云辑）

《滇西发展研究（第二辑）》稿约

云南大学滇西发展研究中心是教育部定点联系滇西扶贫的综合性研究机构和工作支撑平台。为进一步做好全面服务滇西边境山区扶贫开发工作，真实记录滇西边境山区的发展变化，客观展示滇西边境山区取得的丰硕成果，深入探寻滇西边境山区的发展规律，本中心拟于2015年出版《滇西发展研究（第二辑）》，旨在全面展示滇西经济社会现状，积极谋划滇西地区未来和发展，为国家决策咨询和地方经济社会发展服务。为此，特向社会各界征稿，欢迎您不吝赐稿。

一、征稿内容

1. 滇西地区经济社会发展总体政策性意见及建议等。

2. 滇西地区贫困现状、反贫困研究及扶贫开发政策意见及建议等。

3. 滇西地区人力资本开发现状、问题及对策性研究。

4. 滇西地区社会保障及公共服务体系建设现状、问题及对策性研究。

5. 滇西地区城镇化建设现状、问题及对策性研究。

6. 滇西地区民族文化传承与保护现状、问题及对策性研究。

7. 滇西各县市特色产业开发现状调查、研究报告及政策性意见及建议等。

8. 滇西各县市资源环境与特色能源开发现状调查、研究报告及政策性意见及建议等。

9. 边境贸易及外向型特色产业开发现状调查、研究报告及政策性意见及建议等。

10. 滇西教育发展（包括学前教育、义务教育、高中教育、职业技术教育、国家跨境教育等）现状调查、研究报告及政策性意见及建议等。

11. 滇西边境开放口岸建设与边境贸易发展现状调查、研究报告及政策性意见及建议等。

12. 滇西边境山区沿边交通、通信网络现状调查、研究报告及政策性意见及建议等。

13. 滇西挂职工作汇报及总结等。

二、征文要求

1. 篇幅要求：文字精炼，文理通顺，字数控制在10000字左右。来稿除正文外，要求以下要素齐全：作者姓名、单位、挂职县市、联系电话及电子邮箱地址。

2. 编排要求：来稿请务必按下列要求规范标注。

（1）文章题名：应简明、具体、确切，概括文章的要旨，一般不超过20个汉字，必要时可加副题名。题目三号黑体，副题目四号仿宋。

（2）作者（工作单位）：五号仿宋。

（3）摘要、关键词：摘要一般为200～300字，关键词一般为3～5个，术语之间用分号隔开。五号仿宋。

（4）正文：五号宋体。

（5）注释：使用文后注。小五号仿宋。脚注范式：①高丙中：《民间仪式与国家在场》，《北京大学学报》2001 年第 1 期，第 42－49 页。

（6）参考文献：按在文中出现的先后顺序编号，并用方括号在文中引用处加以标注。小五号仿宋。参考文献范式：［1］郭于华．仪式与社会变迁［C］．北京：社会科学文献出版社，2000.

3. 论文不得抄袭、剽窃他人成果，文责自负。

三、截稿日期

2015 年 8 月 31 日。

四、投稿方式

来稿请您以电子文稿的形式发送至滇西发展研究中心《滇西发展蓝皮书》编委会秘书处（E－mail：dalixinyue@163.com）。地址：云南省昆明市翠湖北路 2 号云南大学映秋院 312 室；邮编：650091；联系人：董云云；电话：0871－65036376，15887829703。

教育部云南大学滇西发展研究中心

《滇西发展研究（第二辑）》编委会秘书处

2014 年 12 月